WALTER BRUNO BERG

LATEINAMERIKA

WALTER BRUNO BERG

LATEINAMERIKA

Literatur – Geschichte – Kultur

Eine Einführung

WISSENSCHAFTLICHE BUCHGESELLSCHAFT
DARMSTADT

Einbandgestaltung: Neil McBeath, Stuttgart.

Einbandmotive: Vorne: Präkolumbianischer Wandteppich,
aus: Arte y tesoros del Perú, Lima 1980.
Hinten: Erste Begegnung der Neuen und Alten Welt (Felipe Guamán Poma de Ayala:
Nueva Crónica y Buen Gobierno).

Die Deutsche Bibliothek – CIP-Einheitsaufnahme

Berg, Walter Bruno:
Lateinamerika: Literatur – Geschichte – Kultur;
eine Einführung / Walter Bruno Berg. – Darmstadt:
Wiss. Buchges., 1995
ISBN 3-534-11585-6

Bestellnummer 11585-6

Gedruckt auf säurefreiem und alterungsbeständigem Offsetpapier
Gesamtherstellung: Wissenschaftliche Buchgesellschaft, Darmstadt
Printed in Germany
Schrift: Garamond, 9.5/11

ISBN 3-534-11585-6

Für Marischa, Daniel, Anselm und Ivo

INHALT

VORWORT

Lateinamerika als Gegenstand allgemeinen Interesses beginnt sich zu „etablieren", auch bei uns, im Kontext eines größer gewordenen Deutschland. Sinkende Umsatzziffern lateinamerikanischer Autoren, schwindendes Vertrauen in die Realisierbarkeit politischer und gesellschaftlicher Utopien, spektakuläre Umschichtungen im Etat der Ministerien verweisen scheinbar in eine andere Richtung. Sie sind Indizien globaler Veränderungen historischer Rahmenbedingungen. Auch der Stellenwert Lateinamerikas ist im Zuge dieser Veränderungen ein anderer geworden. Gemessen am *Boom* der 60er und 70er Jahre bedeuten diese Veränderungen jedoch eher die Rückkehr zur Normalität. Letztere schlägt sich nieder sowohl in der zunehmenden Berücksichtigung Lateinamerikas in Lehr- und Studienplänen als auch in der Einrichtung spezieller Lateinamerikasektionen in Seminaren, Forschungsinstituten, Verbänden und Ministerien. Solidaritätsgruppen verschiedenster weltanschaulicher Couleur, Forschungsprojekte, basierend auf den unterschiedlichsten Prämissen, beschäftigen sich mit „Lateinamerika". Auch die Massenmedien der 80er und 90er Jahre kennen ihren Lateinamerika-Boom. Ihre Stars heißen nicht länger Cortázar und García Márquez, sondern Isabel Allende, Laura Esquivel, Manuel Puig und Fernando Solanas.

Ziel der vorliegenden Einführung ist es, historische und diskursive Konvergenzpunkte einer allgemeinen Lateinamerikakunde sichtbar zu machen, auf die sich die Vielfalt der Aktivitäten, in denen das gesellschaftliche Interesse an Lateinamerika zum Ausdruck gelangt, sinnvoll beziehen läßt: Eroberung, Identität, «visión de los vencidos», Unabhängigkeit, Kirche, Revolution, Nation, Indigenismus und Magischer Realismus. Ob der Ausdruck „kulturelle Universalien Lateinamerikas" zu hoch gegriffen ist oder die Sache trifft, mag der Leser selbst entscheiden. Entstanden im Kontext universitärer Lehre und Forschung des Fachs Romanistik, wendet sich die Einführung an das wissenschaftlich interessierte Publikum, darüber hinaus jedoch auch an Leserinnen und Leser, die aufgrund anderer, außerhalb des Raums der Universität bestehender Kontakte interessiert sind an reflektierter Hintergrundinformation über Lateinamerika.

Der Untertitel „Einführung" weckt Erwartungen, die der Präzisierung bedürfen, und zwar in doppelter Hinsicht. Zum einen: Die vorliegende Einführung ist keine Neuauflage der in ausreichender Zahl vorhandenen einführenden Handbücher in Grundbegriffe und wissenschaftliche Verfahren der traditionellen philologischen Teilfächer. „Lateinamerikanistik" als die wissenschaftliche Beschäftigung mit Lateinamerika erscheint den Grundannahmen dieser Einführung zufolge vielmehr in kulturwissenschaftlicher – und damit notwendigerweise – interdisziplinärer Perspektive. Es ist dies der Grund, warum auf das für Einführungen in wissenschaftliche Einzeldisziplinen legitime Prinzip *relativer Voraussetzungslosigkeit* bewußt verzichtet wurde. Die Kenntnis der wissenschaftlichen Grundbegriffe und Verfahren der implizierten Teilfächer wird bis zu einem gewissen Grade vielmehr vorausgesetzt. Zum anderen: Bis auf gelegentliche Ausblicke in Teil I gerät „Lateinamerika" im wesentlichen nur in den Grenzen von *Hispano*amerika in den Blick. Die – von der Sache her gebotene – Ausweitung der Betrachtung auf die außer-hispanischen Gebiete Lateinamerikas – insbesondere auf Brasilien – hätte den konzeptionellen und thematischen Rahmen dieser Einführung gesprengt und muß einer späteren Neufassung überlassen bleiben.

Teile dieser Einführung wurden im Rahmen von Vorlesungen an den Universitäten Mannheim, München und Freiburg vorgetragen. Meinen damaligen Zuhörerinnen und Zuhörern sei an dieser Stelle für ihre Geduld und ihr kritisches Interesse gedankt. Dank schulde ich des weiteren Frau Petra Glockner, Lektorin der Wissenschaftlichen Buchgesellschaft, die das Buchprojekt von Anfang an mit viel Sympathie und professionellem Scharfsinn begleitet hat. Entscheidenden Anteil an der Entstehung des Manuskripts in seiner redaktionellen Schlußphase hatten ferner meine Mitarbeiterinnen und Mitarbeiter Karoline Mueller-Stahl, Christoph Mohr und Markus Klaus Schäffauer. Ohne ihre engagierte und weiterführende Kritik, ihre weder Zeit noch Mühe scheuende Unterstützung ist das Buch in seiner vorliegenden Fassung undenkbar.

Emmendingen, Juni 1994 W. B. B.

EINLEITUNG

1. Thematik und Ziel

In doppelter Weise – sowohl in bezug auf ihren Gegenstand als auch das zugrunde gelegte methodologische Verfahren – weiß sich die vorliegende Einführung in Grundprobleme der Lateinamerikanistik der philologischen Tradition des Fachs Romanistik verpflichtet: „Lateinamerika" – so haben die kontrovers verlaufenen 500-Jahr-Feiern für jedermann sichtbar gemacht – ist offensichtlich ein „Text". Ein Text freilich mit besonderen Inhalten – ein Text in Konkurrenz stehend zu anderen Texten, z.B. den Begriffen „Amerika" (ohne weiteren Zusatz) oder „Amerindia" bzw. der Betonung des „spanischen" auf Kosten des „luso-afrikanischen" Erbteils des Kontinents; „Namen" allesamt, denen darüber hinaus noch traditionelle Bezeichnungen wie „Neue Welt" oder moderne Strukturbegriffe wie „Entwicklungsländer" bzw. „Dritte Welt" gegenüberstehen.

Wer sich mit Lateinamerika ernsthaft beschäftigt, sieht sich mit einer verwirrenden Vielfalt heterogener Texte konfrontiert – Mythen, Ideologien, theologisch-philosophischen bzw. wissenschaftlichen Modellen –, jenem kulturellen Phänomen der *litterae*, dessen Erforschung seit jeher zum Aufgabenfeld der „Philologien" im weiteren oder engeren Sinne gehörte. Die Diskursanalysen Michel Foucaults haben gezeigt, daß dergleichen Texte die „Wirklichkeit" keineswegs nur „interpretieren", sondern in unterschiedlicher Weise immer auch gestalten, ja „konstituieren". Der „Indigenismus", d.h. die Klage über den Identitätsverlust, der aufgrund der Eroberung durch die Spanier über die indianische Urbevölkerung Amerikas hereingebrochen ist, gehört in diesem Sinne ebenso zu den konstitutiven Texten Lateinamerikas wie die Unabhängigkeitsbewegung, d.h. die von den in den spanischen Kolonien ansässigen Kreolen gegen Ende des 18. Jahrhunderts erhobene Forderung nach wirtschaftlicher und politischer Freiheit und Gleichberechtigung, oder das gewaltsame Aufbegehren besitzloser Massen gegen eine unerträglich gewordene Sozialstruktur, das den Diskurs der revolutionären Bewegungen im 20. Jahrhundert charakterisiert.

Die Einführung thematisiert „Lateinamerika" jedoch nicht nur als jene durch Texte – „Diskurse" also im weitesten Sinne – mitgestaltete kulturelle und historische Wirklichkeit, sondern fragt darüber hinaus auch nach der speziellen Funktion einer „Literatur" im engeren Sinne, jener dominant „ästhetischen", dem Alltagsverständnis zufolge lediglich „fiktionalen" Zwecken dienenden Textpraxis, wie sie in Lateinamerika ebenfalls seit den Tagen der ersten Eroberer anzutreffen ist. Lateinamerikanische Literatur – es ist dies die Hauptthese dieser Einführung – ist jedoch kein separater Text jenseits der historischen und kulturellen Wirklichkeit, sondern mit dieser in vielfältiger Weise – d.h. „intertextuell“ – verwoben. Diese Intertextualität der Literatur mit dem allgemeinen Text der Geschichte und Kultur Lateinamerikas konstituiert ihrerseits eine je spezifische, von den übrigen Diskursen unterschiedene Perspektive historisch-kultureller Wertung. Die angedeutete Hypothese soll einleitend an drei Texten überprüft werden. Jeder der drei Texte thematisiert in je eigener Weise eine der Grundfragen der Lateinamerikanistik überhaupt, und zwar die Frage nach ihrem „Gegenstand“.

2. Was ist das – „Lateinamerika“? (exemplarische Antworten der Literatur)

Die ausgewählten Texte beantworten die Frage aus je unterschiedlicher Perspektive und Interessenlage heraus. Der erste Text ist den *Comentarios reales de los Incas* des Garcilaso «Inca» de la Vega (1539–1616) entnommen; der zweite ist eine Kurzgeschichte von Julio Cortázar mit dem Titel «Reunión»; der dritte ist der kulturhistorische Essay *Posdata* des mexikanischen Schriftstellers Octavio Paz.

Garcilaso Inca de la Vega

Garcilaso beginnt seine Darstellung der Geschichte der Inka-Dynastie mit einer ausführlichen Erörterung der Namensgeschichte des neuentdeckten Kontinents. Im Sinne der Tradition des scholastisch-aristotelischen Begriffsrealismus, in dem Garcilaso erzogen wurde, steht der Name – als „nomen proprium“ – für die Sache selbst. Das Verfahren, durch welches die Wahrheit dieses Realismus zur Evidenz gebracht wird, heißt „Deduktion“ – Herleitung der wahren Bedeutung eines Begriffs aus seinen Ursprüngen. «Deducción del nombre Perú» lautet dementsprechend die Überschrift des Kapitels. Zur Durchführung des Verfahrens bedient sich Garcilaso der Form einer Erzählung; ihr Inhalt ist die Geschichte eines Mißverständnisses: Ein mit friedlichem Fischen beschäftigter Indianer wird von der Besatzung des ersten spanischen Schiffes, das in den Bereich der peruanischen Küste gelangt ist, gewaltsam an Bord gebracht und einem Verhör unterzogen. Auf die spanisch geäußerte Frage, wie das Land heiße, dessen Bewohner er sei, antwortet er, die Frage mißverstehend und auf sich selbst beziehend, «Berú» und fügt an «Pelú». Das eine ist sein eigener Name, das andere der Name des Flusses, an dem er mit Fischen beschäftigt war.

„Die Christenleute“, kommentiert Garcilaso, „verstanden aufs Geratewohl («conforme a su deseo») und bildeten sich ein, der Indianer habe sie verstanden und entsprechend geantwortet, so als ob er und sie Spanisch gesprochen hätten, und seit dieser Zeit, genauer gesagt seit dem Jahr 1515 oder 16, nannte man dieses reiche und riesige Imperium ‚Perú', indem man beide Namen verunstaltete («corrompiendo»), wie die Spanier fast alle Wörter verunstalteten, die sie drüben von den Indianern übernommen haben, denn sofern sie den Eigennamen [...] *Berú* genommen haben, so vertauschten sie *b* mit *p*, wenn sie dagegen *Pelú* nahmen, was soviel wie ‚Fluß' bedeutet, so vertauschten sie das *l* mit dem *r*; wie dem auch sei, das Resultat war Perú." (24)[1]

Am Anfang der Geschichte der Neuen Welt steht also der Irrtum – kein performativer Sprachakt, wie ihn die jüdisch-christliche Schöpfungsgeschichte kennt, sondern der Zufall einer phonetischen Metathese. Es ist dies die Pointe der durch die Deduktion zu Tage geförderten „Wahrheit" der realistischen Namensgebung. Es handelt sich freilich um einen Irrtum, so betont Garcilaso, dessen Elemente gewissermaßen asymmetrisch verteilt sind – Irrtum nämlich eigentlich nur auf seiten der die Sprache des Indio mißverstehenden Europäer, denn die Indianer selbst fuhren fort, sich zur Bezeichnung ihres Landes weiterhin des traditionellen Begriffs «Tahuantinsuyu» zu bedienen. In der Sicht der Indios steht der Name allerdings durchaus für die Sache. Die Pointe bedarf also der Präzisierung: Bereits am Anfang der Geschichte „Lateinamerikas" steht die konstitutive Doppelperspektive einer durch die Sicht der Betroffenen repräsentierten „Wahrheit" sowie einer durch die Sicht der Eroberer repräsentierten „Fälschung" der Realität der Ereignisse.

Noch eine dritte Bedeutungsebene der Anekdote muß jedoch hervorgehoben werden: Ob Irrtum oder Wahrheit – Garcilaso bleibt bei der traditionellen Textform „Deduktion". Er affirmiert also durchaus die abendländisch-metaphysische Geste der Frage nach dem Ursprung: Demnach *hat* Lateinamerika einen Ursprung, einen Ursprung jedoch, der die metaphysische Frage nach der gründenden Wahrheit des Seins zugleich in ihr potentielles Gegenteil verkehrt: Die Wahrheit des historischen Seins Lateinamerikas ist zugleich der „Irrtum"!

Julio Cortázar

Während Garcilasos Text die Frage nach der Identität Lateinamerikas „historisch", d.h. mit Hilfe einer Erörterung der Ursprungsproblematik, zu beantworten versucht, ist die Kurzgeschichte Cortázars dominant gegenwartsbezogen. Cortázar ist desinteressiert an der historisierend-metaphysischen Frage nach den gründenden Ursprüngen der Geschichte. Ihm geht es um die Bedeutung des aktuellen, gegenwärtigen Geschehens der Geschichte. Thema der 1966 erschienenen Erzählung ist dementsprechend das wichtigste Ereignis der lateinamerikanischen Geschichte der 60er Jahre – die kubanische Revolution, näherhin die Darstellung der Umstände jener nach der Landung der *Granma* für die kubanische Revolution und den schließlichen Sturz des Batista-Regimes entscheidende (Wieder-)Vereinigung («Reunión») der zerstreuten Guerillatruppen. Anführer des Vortrupps ist die durch den Ich-Erzähler repräsentierte – bzw. suggerierte – Figur Ché Guevaras; Anführer des Haupttrupps dagegen ist Luis; letzterer steht offensichtlich für Fidel Castro. Nicht die historische Faktizität der Begegnung als solcher, sondern die Vielzahl der konnotativen Ebenen des Ereignisses jedoch ist das eigentliche Thema des Textes. Erst die Zusammenschau all dieser Ebenen vermag dem Ereignis historische Bedeutung in der Sichtweise Cortázars zu verleihen. In diesem Bemühen um historische Sinngebung geht der Autor so weit, die Figuren des «Ché» einerseits und die des Guerillaführers Luis andererseits geradezu als Oppositionen zu modellieren: Während für diesen «Reunión» identisch ist mit dem De-facto-Anbruch einer neuen, revolutionären Zeit, verliert sich der andere – des De-facto-Erreichten zum Trotz – immer mehr in einen inneren Phantasiemonolog, der die Realitätserfahrung der Gegenwart entwertet zugunsten einer imaginativen Antizipation der Zukunft. Es ist vor allem das Medium der Musik, die das Vehikel dieser utopischen Zeit- bzw. Geschichtsmetaphorik darstellt, und zwar ein Streichquartett Mozarts, das dem als Melomanen gezeichneten Guerillaführer vor und während der Begegnung im Ohr klingt:

«[...] yo veía», so heißt es am Ende der Erzählung, «cómo las hojas y las ramas se plegaban poco a poco a mi deseo, eran mi melodía, la melodía de Luis que seguía hablando ajeno a mi fantaseo, y después vi inscribirse una estrella en el centro del dibujo, y era una estrella pequeña y muy azul, y aunque no sé nada de astronomía y no hubiera podido decir si era una estrella o un planeta, en cambio me sentí seguro de que no era Marte ni Mercurio, brillaba demasiado en el centro del adagio, demasiado en el centro de las palabras de Luis como para que alguien pudiera confundirla con Marte o con Mercurio.» (*Todos los fuegos el fuego*, 86)

„Ich sah, wie sich die Blätter und Zweige der Reihe nach meinem Verlangen einfügten, meine Melodie waren, Luis' Melodie, der – meinen Träumereien gegenüber ein Fremder – unablässig redete, und dann sah ich einen Stern mitten im Gewebe, einen kleinen Stern, durch und durch blau, und obwohl ich nichts verstehe von Astronomie und nicht hätte sagen können, ob es ein Stern war oder ein Planet, war ich mir doch sicher, daß es weder Mars noch Merkur sein konnte, er glänzte allzusehr im Zentrum der Worte von Luis, als daß jemand ihn mit Mars oder Merkur hätte verwechseln können."

Was ist „Lateinamerika"? Es ist dies die erste Frage, die wir an die lateinamerikanische Literatur gerichtet haben. Cortázars Antwort bildet zu derjenigen Garcilasos gewissermaßen das revolutionäre Gegenstück. Die Antwort Garcilasos ist „konservativ" in einem prinzipiellen Sinne; sie wiederholt die metaphysische Ursprungsfrage, beantwortet sie jedoch durch ein semantisches Paradox: die Wahrheit des Ursprungs ist der Irrtum. Der „Nominalismus" der Eroberer und der „Realismus" der Eroberten bezeichnen die Realität Lateinamerikas fortan *gemeinsam*. Schon bei Garcilaso also enthält die Antwort auf die Frage nach der Identität Lateinamerikas eine konstitutive Doppelperspektive. Bei Cortázar wandelt sich diese zur *Poly*perspektive: Die revolutionär veränderte Wirklichkeit – so die Botschaft der Erzählung «Reunión» – ist keinesfalls identisch mit dem aktuellen Ist-Zustand der siegreichen Revolution. Gerade als revolutionär veränderte entzieht sich lateinamerikanische Realität einer der Prämisse der Einheit verpflichteten Charakterisierung. Revolutionäre Veränderung gegebener Verhältnisse und utopisches Imaginieren und Antizipieren zukünftiger Möglichkeiten – in der Erzählung repräsentiert durch die freundschaftliche Opposition des gegenwartsentrückten Ich-Erzählers und des in der Hingabe an die aktuelle Wirklichkeit ganz und gar erfüllten Revolutionärs Luis –, die Pluralität widerstreitender Sinngebungen sowie die Individualisierung heterogener Emotionalitäten gehören in der Sicht Cortázars zu den Wesenseigenschaften lateinamerikanischer Realität, gerade auch dann, wenn es gelingen sollte, die drängendsten gesellschaftlichen Antagonismen einmal zum Verschwinden zu bringen.

Octavio Paz

Bei beiden Autoren – Garcilaso sowohl als auch Cortázar – erscheint die Gegenwart im Lichte einer eigentümlichen Ambivalenz: bei Garcilaso – symbolisiert in der Anekdote der Namensgebung – als der allzeit präsente „Irrtum", bei Cortázar dagegen als die Wesenlosigkeit des „musikalisch" erlebten Augenblicks, der bezogen bleibt auf das *Furioso* eines revolutionären *Allegro Finale* der Geschichte. In einem kurzen Essay von Octavio Paz mit dem Titel *Posdata* (1970) ist diese Ambivalenz auf ihre Formel gebracht. *Posdata* ist eine kritische Nachschrift zu der 1950 erschienenen Essaysammlung *El laberinto de la soledad* und hat ihren äußeren Anlaß in den blutigen Ereignissen während der Olympischen Spiele von 1968 auf der Plaza de Tlatelolco in Mexiko-Stadt, in deren Verlauf Hunderte demonstrierender Studenten Opfer polizeilicher Repression wurden. Über den konkreten Anlaß hinausgehend enthält der Essay jedoch zugleich auch Ansätze zu einer allgemeinen Kulturtheorie Lateinamerikas.

Im Zentrum der Pazschen Gegenwartsdiagnose steht der Begriff der „Alterität", der Hinweis nämlich auf die Existenz jenes *„anderen*, des verschütteten und verdrängten Mexiko"[2], welches jederzeit bereitsteht, erneut die Oberhand zu gewinnen über das, was Kultur und Zivilisation des modernen Mexiko auszeichnet. Die Alterität ist „an erster Stelle zu nennen, wenn es darum geht, die Gründe zu erörtern, die die bestürzenden Ereignisse von Tlatelolco möglich gemacht haben. Was jedoch ist unter „Alterität" konkret zu verstehen? Paz' Definition ist rhetorisch eindrucksvoll, philosophisch dagegen unbefriedigend. Alterität, so formuliert er, ist der Hinweis auf

[...] esa realidad gaseosa que forman las creencias, imágenes y conceptos que la historia deposita en el subsuelo de la psiquis social, esa cueva o sótano en continua somnolencia y, asimismo, en perpetua fermentación. (109)

[...] diese gasförmige Realität, geformt aus fragmentarischen Glaubenssätzen, Bildern und Konzepten, die die Geschichte auf dem Grund der sozialen Psyche ablagert, dieses unterirdische Verließ, in beständigem Halbschlaf befindlich und zugleich in dauernder Gärung.

Zu den zentralen Momenten der Alterität gehören – dieser Definition zufolge – Phänomene wie „Ideologie", „Unbewußtes" oder „Archetypus". Kulturelles Leben ist dann jedoch durch Andersheit schlechthin konstituiert. Dies gilt ebenso für die Kultur in ihrer Gesamtheit als auch für Individuen:

La otredad nos constituye. No afirmo con esto el carácter único de México – ni el de México ni el de pueblo alguno –, sostengo que esas realidades que llamamos culturas y civilizaciones son elusivas. No es que México escape a las definiciones: somos nosotros mismos los que nos escapamos cada vez que intentamos definirnos, asirnos. El carácter de México, como el de cualquier otro pueblo, es una ilusión, una máscara; al mismo tiempo, es un rostro real. Nunca es el mismo y siempre es el mismo. Es una contradicción perpetua: cada vez que afirmamos una parte de nosotros mismos, negamos otra. (113)

Die Andersheit konstituiert uns. Ich will damit nicht sagen, daß dies der einzige Charakter Mexikos sei – weder derjenige Mexikos noch der irgendeines anderen Volkes –, ich behaupte nur, daß diese Realitäten, die wir Kulturen nennen oder Zivilisationen, die Tendenz haben, uns unter den Fingern zu zerrinnen («son elusivas»). Keineswegs ist es ja Mexiko, das sich der Definition entzieht: Wir selbst sind es, was sich uns entzieht, wenn wir versuchen, uns zu definieren, zu fassen. Der Charakter Mexikos, so wie der jedes anderen Volkes, ist eine Illusion, eine Maske; und gleichzeitig ein wahres Gesicht. Es ist niemals es selbst und immer dasselbe. Es ist ein immerwährender Widerspruch: Indem wir eine Seite von uns affirmieren, negieren wir die andere.

Konkret auf Mexiko bezogen bedeutet „Alterität"

[...] la negación de aquello que hemos querido ser desde la Revolución y la afirmación de aquello que somos desde la Conquista y aún antes. (Ebd.)

[...] die Negation dessen, was wir seit der Revolution sein wollten und die Affirmation dessen, was wir seit der Conquista sind und vorher waren.

Dennoch geht es nicht darum, das Gewaltpotential der mexikanischen Geschichte einseitig einem verdrängten Erbteil aztekischer Vorgeschichte anzulasten, sondern darum, zu erkennen, daß die so gedeutete Alterität – als eine sich im Rücken von Kulturen und Individuen durchsetzende Geschichte der Gewalt – Kulturen im allgemeinen eignet, insbesondere jedoch der Kultur des Abendlandes, in deren Geltungsbereich die „Neue Welt" von Paz nachdrücklich einbezogen wird:

En realidad, los émulos de los aztecas no están en Asia sino en Occidente pues sólo entre nosotros la alianza entre política y razón metafísica ha sido tan íntima, exasperada y mortífera: las inquisiciones, las guerras de religión y, sobre todo, las sociedades totalitarias del siglo XX. (134)

Die besten Schüler der Azteken fanden sich nämlich keineswegs in Asien, sondern im Abendland, denn nur bei uns war die Allianz von Politik und metaphysischer Vernunft so intim, unerbittlich und tödlich: die Inquisition, die Religionskriege und nicht zuletzt die totalitären Gesellschaften des 20. Jahrhunderts.

Es ist für unsere Überlegungen im Augenblick gleichgültig, ob die hier vorgelegte Kulturtheorie wirklich konsequent vom „Anderen“ her gedacht ist oder nicht doch eher als eine apologetische, mit romantisch-mythisierenden Elementen versetzte Version des „offiziellen“ mexikanischen Kultur- und Nationaldiskurses einzustufen sei, wie dies seitens der neuesten Forschung kritisch hervorgehoben wird.[3] Auch wenn der kulturellen Andersheit bei Paz immer noch die Rolle eines Fatums zugesprochen wird, auch wenn als Prämisse dieses negativen Alteritätsbegriffs immer noch die Vorstellung einer erst durch die europäische Eroberung in ihrer Integrität und Identität zerstörten „indigenen“ Kulturwelt mitschwingt, so verdient der Versuch O. Paz' dennoch Anerkennung, *Kultur überhaupt* – und zwar nicht nur die konkrete Kulturproblematik Lateinamerikas – vom Phänomen der Alterität her zu denken. Paz' Diagnose trifft sich in diesem Punkt sowohl mit dem „konservativen“ als auch dem „utopisch-progressiven“ Kulturmodell, das wir bei Garcilaso und Cortázar vorgefunden haben. Allen dreien gemeinsam ist der Verzicht auf einen planen, unproblematischen Begriff lateinamerikanischer Identität: Nicht die „Alterität“ als solche, sondern die unberechtigte Setzung kultureller „Identitäten“ erscheint in der Perspektive dieser Autoren als das eigentliche Gewaltpotential der Geschichte. Angesichts dieser „fatalen“ Praxis verfehlter Identitätssetzungen im Verlauf der lateinamerikanischen Geschichte werden somit die Konturen einer kulturellen Praxis sichtbar, die in der permanenten Kritik kultureller „Identitäten“ auf das Sichtbarmachen kultureller Alteritäten abzielt. Wir nennen diese Praxis fundamentaler Kultur*kritik* im folgenden *Literatur.*

TEIL I

LATEINAMERIKA UND LATEINAMERIKANISTIK

KAPITEL 1: LATEINAMERIKA ALS THEMA DER SOZIAL- UND GESELLSCHAFTSWISSENSCHAFTEN

1.1 Der interdisziplinäre Ansatz

Unter „Lateinamerikanistik" werden im folgenden die vielfältigen wissenschaftlichen Bemühungen um den Gegenstand „Lateinamerika" verstanden, wie sie sich in den letzten Jahrzehnten mit dem Anspruch universitärer Disziplinen sowohl auf nationaler als auch internationaler Ebene entwikkelt haben.[4] „Wissenschaftliche" Bemühungen um Lateinamerika sind zwar keine Erfindung des 20. Jahrhunderts – seit dem 18., insbesondere jedoch dem 19. Jahrhundert wurde der Kontinent mehr oder weniger systematisch, mit den Mitteln und unter den Prämissen der jeweils tonangebenden Wissenschaften „erforscht" –, doch ist es unbestreitbar, daß Lateinamerika unter den Bedingungen zeitgenössischen „Wissens", d. h. unter den Bedingungen der Geltung „wissenschaftlicher" Weltdeutung, mehr und mehr, ja geradezu mit einer gewissen Tendenz zur Ausschließlichkeit als Gegenstand *wissenschaftlicher* Analysen thematisiert wird. Ökonomie und Ökologie, Historiographie und Demographie, Soziologie und Theologie, Ethnologie und Geographie, Politologie und Literaturwissenschaft – eine jede dieser Wissenschaften, unbekümmert meist um die Grenzen und die Aussagekraft ihrer eigenen Prämissen, strukturiert ihren Gegenstand, erklärt die Perspektive und Parzelle ihres Wissens zum Maßstab objektiver Erkenntnis.

Es kann hier nicht darum gehen, Reichweite und Geltung dieser Einzelerkenntnisse prinzipiell in Zweifel zu ziehen. Es soll jedoch unterstrichen werden, daß nur auf dem Wege einer interdisziplinären Zusammenschau – gegebenenfalls auch Relativierung – der wissenschaftlichen Einzelergebnisse ein verläßliches Bild des „wirklichen" Lateinamerika gewonnen werden kann. Ohne Zweifel hat die kulturelle Praxis der „Literatur" zur Konstituierung dieses Bildes ein wesentliches Element beigetragen. Um diesen Beitrag in seiner Reichweite abschätzen zu können, ist jedoch zunächst ein ausführlicher Blick auf die Ergebnisse der wissenschaftlichen Bemühungen um Lateinamerika *sensu strictu* erforderlich. Gemäß einer groben Unterteilung geht es hierbei zum einen um eine dominant „synchrone", zum anderen um eine dominant „diachrone" Beschäftigung mit Lateinamerika. Die erste bezeichnet das Arbeitsfeld der Sozial- und Gesellschaftswissenschaften (siehe 1. Kapitel), die zweite dasjenige der historischen Wissenschaften (siehe 2. Kapitel) (zu welchen natürlich auch die weitgehend immer noch „literarhistorisch" arbeitende Literaturwissenschaft zu rechnen ist).

1.2 Lateinamerika synchron: die Problematik relevanter Querschnitte

Die Annahme einer doppelten, komplementären Perspektive von Synchronie und Diachronie ist dem Philologen insbesondere aus der modernen Linguistik geläufig. Linguistische Phänomene – Sprachen, Literaturen, Kulturen insgesamt – zeigen sich immer unter beiden Aspekten: zum einen als gewissermaßen „zeitlos" vorhandene statische „Strukturen" bzw. „Systeme", zum anderen als dynamisch verlaufende, der Veränderung unterworfene historische Entwicklungslinien. Nur beide Perspektiven zusammengenommen – so lautete bereits die Grundeinsicht Ferdinand de Saussures – erlauben den Blick auf das Gesamtphänomen. Aus Gründen analytischer Klarheit jedoch ist es ratsam, beide Perspektiven soweit wie möglich voneinander getrennt zu behandeln. Am Anfang steht deshalb die Thematisierung Lateinamerikas als synchrones „System", die Art und Weise also, in der Volkswirtschaftslehre, Soziologie oder Politologie, aber auch z. B. – als ebenfalls „synchron" arbeitende Wissenschaft – die Geographie sich methodisch dem Gegenstand „Lateinamerika" annähern. In Frage steht insofern das Problem der Erstellung relevanter Querschnitte, die das Funktionieren (bzw. Nicht-Funktionieren) des kulturellen Systems Lateinamerikas für die Gegenwart erklären. Es geht im folgenden nicht um eine sozialwissenschaftlich erschöpfende Beschreibung Lateinamerikas, sondern lediglich darum, anhand ausgewählter Beispiele bzw. Themen die Arbeitsweise der Sozialwissenschaften zu erläutern.

„Subregionen"

Ein Basisproblem der sozialwissenschaftlichen Beschäftigung mit Lateinamerika ist die Einteilung des Kontinents in sog. „Großräume". Es versteht sich, daß die Großräume anders aussehen, je nachdem, ob die Kriterien der Einteilung z.B. nach geographischen, sozialen oder kulturellen Gesichtspunkten definiert sind. Schon unter rein synchronen Aspekten zeigt sich die Unmöglichkeit, verbindliche Einteilungskriterien zu benennen. So enthält die unter dominant geographischen Gesichtspunkten abgefaßte *Länderkunde* von Sandner und Steger eine Einteilung in sechs,[5] das von den Politologen Nohlen und Nuscheler herausgegebene *Handbuch der Dritten Welt* (Bd. 2 und 3, 2. Aufl. 1982) dagegen eine Einteilung in lediglich drei Großräume.[6] Die Reduktion erfolgt, da die Autoren des *Handbuchs* sich dominant an ökonomischen Fragestellungen orientieren.

Unter einer vor allem den Problemen kultureller Entwicklung zugewandten Perspektive dagegen – selbst wenn sie ebenfalls nur die Diagnose der Gegenwart zum Gegenstand hat – ist jedoch weder die eine noch die andere Einteilung befriedigend. So ergibt gerade das Faktum der im Zuge der Unabhängigkeit vollzogenen arbiträren, sowohl geographische, demographische als auch kulturhistorische Gegebenheiten in den Wind schlagenden, rein politisch motivierten Aufteilung des Kontinents in Nationalstaaten nach europäischem Muster ein mittlerweile fast 200jähriges neues Kriterium „großräumiger" Einteilung, dem weder Sandner und Steger noch Nohlen und Nuscheler in befriedigender Weise Rechnung tragen.[7] Auch die unabhängig gewordenen Nationalstaaten Lateinamerikas bilden jedoch – trotz ihrer bereits mehr als anderthalb Jahrhunderte andauernden relativen Stabilität – keineswegs ein hinreichendes Einteilungskriterium für – z. B. – kulturelle Großräume. So gehören der Andenteil Perus, das gesamte Staatsgebiet Boliviens sowie ein kleiner Teil Nordargentiniens zweifellos zu einem – durch gemeinsame Inkatraditionen legitimierten – kulturellen Kontinuum, während sich in den Küstenmetropolen Lima und Buenos Aires mittlerweile kulturelle Entwicklungstendenzen abzeichnen, die die beiden Städte – trotz flagranter geographischer und vor allem politischer Trennungslinien – durchaus vergleichbar machen. Der folgende Einteilungsvorschlag versucht sowohl die nationalstaatlich-politischen Gegebenheiten der Länder als auch die erwähnte Problematik kultureller Großräume zu berücksichtigen.[8] Eine Einteilung des Kontinents in fünf Großräume erscheint demnach sinnvoll:

1. Mittelamerika
   - Mexiko
   - Guatemala
   - El Salvador
   - Honduras
   - Belize (ehem. Britisch-Honduras)
   - Nicaragua
   - Costa Rica
   - Panama
2. Karibik
   a) Große Antillen
   - Kuba
   - Jamaika
   - Haiti
   - Dominikanische Republik
   - Puerto Rico

   b) Kleine Antillen
   - Guadeloupe
   - Martinique
   - Grenada
3. Andenstaaten
   - Venezuela
   - Kolumbien
   - Ecuador
   - Peru
   - Bolivien
   - Guayana, Surinam, Frz.-Guayana
4. Brasilien
5. Südstaaten (Cono Sur)
   - Paraguay
   - Uruguay
   - Argentinien
   - Chile
   - Falklandinseln (Malvinas)

Natürlich ist auch diese Einteilung „arbiträrer" Natur. Sie trägt z. B. der rassischen, kulturellen, politischen und historischen Differenziertheit der Karibik, wo Formen bzw. historische Resultate des spanischen, französischen, englischen sowie US-amerikanischen Kolonialismus bis heute Seite an Seite fortbestehen, nur ungenügend Rechnung. Eine noch weitergehende Differenzierung stößt dann jedoch bald an eine Grenze, an der die Frage nach kulturellen „Groß"-Räumen übergeht in die – sinnvollere – Frage nach kulturellen Mikrostrukturen.

Statistische Querschnitte

Das Problem einer Einteilung des Kontinents in „Großräume" orientiert sich also an inhaltlichen Kriterien. Inhaltliche Aussagen im Bereich der Sozialwissenschaften – beispielsweise über Armut und Reichtum, wirtschaftliche, politische oder demographische Entwicklungstendenzen usw. – beruhen in der Regel auf den bekannten Verfahren der empirischen Sozialforschung: Repräsentative Datenmengen des jeweiligen Untersuchungsfeldes werden mit den Mitteln der Statistik oder der Wahrscheinlichkeitsrechnung erfaßt und im Hinblick auf allgemeine Wirklichkeitsmodelle („Hypothesen") interpretiert. Die Empirie der Daten und die Prämissen der Hypothesen stehen zueinander im Verhältnis gegenseitiger, dynamischer Abhängigkeit: Einerseits führen die Daten laufend zur Korrektur („Falsifikation") der Hypothesen; andererseits jedoch ist die Erhebung der Daten auch bereits geleitet durch die Prämissen der Wirklichkeitsmodelle, auf die sie bezogen werden sollen. Der Vorteil des Verfahrens liegt in der Zurückdrängung „subjektiver" Elemente, in einem Zugewinn an empirisch abgesicherter „Objektivität". Thematisiert werden im folgenden einige der Grundaussagen der empirischen Sozialwissenschaften zu Lateinamerika mit dem Ziel, diese zugleich im Hinblick auf Reichweite und Pertinenz zu hinterfragen.

Die Erhebung verläßlicher Daten ist mühsam und erfordert spezielle Studien. Da es im folgenden vor allem um die Klärung von Grundproblemen bzw. die Diskussion eines *wissenschaftlichen Verfahrens* geht, beschränkt sich die Auswahl der verwendeten Daten auf die oben erwähnten, mit statistischem Material reich versehenen *Handbücher.*[9]

Geographische Daten

Das mit Lateinamerika gemeinhin bezeichnete Gebiet erstreckt sich zwischen dem 32. Breitengrad nördlicher Breite (Mexiko) und dem 54. Breitengrad südlicher Breite (Feuerland) auf einer Gesamtfläche von insgesamt rd. 21 Mio. Quadratkilometern. Die Hauptmasse des Gebietes liegt – abgesehen von der Südspitze des Kontinents – in der Tropenzone. Die für diese Zone charakteristischen Vor- und Nachteile bestehen – je nach Niederschlagsmenge bzw. dem Ausbleiben derselben – im Wechsel von Gebieten mit üppiger Vegetation und Trockengebieten, die u.U. die Form regelrechter Wüsten annehmen können. Erstere finden sich vor allem in Mittelamerika, letztere an der Ostküste Südamerikas (bis Mittelchile) sowie – tendenziell – im Landesinnern im Bereich der sog. „warmgemäßigten Subtropenzone“ (so z.B. das Gebiet der argentinischen „Pampa“). Charakteristisch für das geologische Relief des südamerikanischen Kontinents ist außerdem die Andenkordillere, deren höchste Spitzen bis auf fast 7000 m ansteigen (Aconcagua 6958 m; Huascarán 6768 m), und als natürliche Barriere zum Osten hin die Bildung des Staates Chile ermöglichten, das mit 4000 km Länge und einer Breite von z.T. nur 100 km allen „natürlichen“ Voraussetzungen, denen die Bildung von Nationalstaaten normalerweise unterliegt, Hohn zu sprechen scheint. Im tropischen Nordteil des Kontinents folgt ostwärts der doppelten Andenkette im Küstenbereich das in etwa 3000 bis 4000 m Höhe gelegene Gebiet der Hochebenen („Puna“) – Kerngebiet der indianischen Hochkulturen, die die Spanier bei ihrer Ankunft hier antrafen (Cuzco 3380 m). Auf die Region der indianischen Hochebenen folgt schließlich die tropische Urwaldzone des riesigen Amazonasgebietes. Ähnlich wie der Amazonas bilden auch zwei weitere Flüsse ausgedehnte Becken und Tiefebenen – der Orinoco im Norden sowie im Süden der Rio Paraná. Die systematische und verantwortungsvolle Nutzung dieser natürlichen Ressourcen steht bis zur Gegenwart immer noch aus. Alle drei Becken verkehrstechnisch miteinander zu verbinden und so zur Grundlage einer auch politischen Union zu machen, gehört seit dem 19. Jahrhundert zu den Zukunftsträumen politischer Essayisten.

„Unterentwicklung“

Mit 21173000 Quadratkilometern ist Lateinamerika mehr als doppelt so groß wie Europa. Zum Vergleich siehe Tabelle 1:

Tabelle 1

	Fläche in km²	Einwohner in Mio.
Frankreich (1989)	543965	56
BR Deutschland (1990)	356957	79
Europa (1987)	10500000 (einschl. Inseln u. Binnenmeere)	704

Quellen: Haensch/Tümmers: Frankreich, München 1991, 390; dtv-Lexikon, Bd. 5, Mannheim/München 1992, 167.

Die Gesamtbevölkerung dieser Landmasse beträgt bis jetzt jedoch nur etwa 60% der Bevölkerung Europas (1989: 433,7 Mio.; Bd. 2, 92). Die Tatsache, daß hiervon 15–20% in den städtischen Metropolen konzentriert sind, ergibt einen ersten Hinweis auf das Phänomen der sog. „Unterentwicklung“ – wobei der Begriff hier zunächst einmal in seiner durchaus vordergründigen, physikalisch-geographischen Bedeutung verwendet werden soll. Lateinamerika ist vielerorts immer noch «tierra virgen» – unbebaute, sich selbst oder einer vordergründigen und zerstörerischen Ausbeutung überlassene „Natur", deren z.T. überaus reiche Ressourcen – wenn überhaupt – dann meist nur extensiv genutzt werden. Von einer systematischen oder gar ökologisch verantwortungsvollen Erschließung kann nur in den seltensten Fällen die Rede sein. Strukturell gesehen besteht die von Sarmiento im 19. Jahrhundert mit dem Schlagwort «civilización y barbarie» angedeutete Dichotomie[10] zwischen urbanen Zentren einerseits und der „leeren Mitte" (Nohlen, Bd. 2, 19) andererseits also fort. Diese strukturelle Unterentwicklung Lateinamerikas ist gewiß das brennendste Gegenwarts- und vor allem Zukunftsproblem des Kontinents: Obwohl die Bevölkerung nämlich – gemessen an europäischen Größenordnungen – im Verhältnis zur Extension der Länder bzw. dem Vorhandensein potentiellen Reichtums eher gering ist, ist ihr rapides Anwachsen dennoch zugleich die entscheidende soziale und politische Hypothek, der sich der Kontinent für die kommenden Jahrzehnte gegenübersieht. Während die Bevölkerung in Europa nämlich entweder stagniert oder sogar zahlenmäßig abnimmt, sind in Lateinamerika steile Zuwachsraten zu verzeichnen. Sie reichen von Werten über 3% in Mittelamerika (Honduras 3,5%; Nicaragua 3,4%) bis zu Werten zwischen einem und zwei Prozent in den (europäisch geprägten) Südstaaten (Chile 1,7%; Argentinien 1,4%; Bd. 2, 92). So muß bis zum Jahre 2000 mit einem Wachstum auf ca. 525 Mio. gerechnet werden,[11] womit Lateinamerika zahlenmäßig in den Bereich der Größenordnung der europäischen Bevölkerung gerät.

Ihre eigentliche Dramatik offenbaren diese Zahlen jedoch erst in der Zusammenschau mit den Zahlen, die von der Sozialwissenschaft als „Sozialindikatoren" bezeichnet werden. Es sind dies einmal das Bruttoinlandsprodukt (BIP) – berechnet pro Kopf der Bevölkerung –, die allgemeine Beschäftigungslage sowie – hieraus resultierend – Schätzungen, soweit sie die Bestimmung sog. Armuts- bzw. Hungergrenzen betreffen (s. u.).

So betrug das Pro-Kopf-Einkommen in Lateinamerika 1989 nur etwa ein Zehntel des Standards der OECD-Länder (1950 US-$ in Lateinamerika zu 18330 US-$ in OECD-Ländern; Nohlen/Nuscheler 1992, Bd. 2, 17), wobei von Land zu Land ungeheure Schwankungen zu beobachten sind:

- Argentinien 2685 US-$
- Bolivien 763 US-$
- Peru 1343 US-$
- Haiti 341 US-$ (Bd. 2, 95)

Die Sozialwissenschaft spricht im Hinblick auf diese Zahlen von einem Verhältnis „Zentrum–Peripherie" (zwischen den Industrieländern und Lateinamerika). Dennoch sind die Zahlen – für sich alleine betrachtet – natürlich wenig aussagekräftig, denn die Lebenshaltungskosten sind in den einzelnen Ländern ja überaus unterschiedlich. Der Sozialwissenschaftler Oscar Altimir hat deshalb, bezogen auf elf Länder Lateinamerikas, sog. Armutsgrenzen definiert, „bei deren Unterschreiten ‚Situationen des effektiven Mangels auftreten, die nicht nur moralisch inakzeptabel, sondern [...] menschenunwürdig sind'" (Bd. 2, 45). Von der Armutsgrenze (30–70 $ pro Person und Monat) ist sodann die „Hungergrenze" (18–35 $ pro Person und Monat) zu unterscheiden. Demnach ergeben sich die der Tabelle 2 zu entnehmenden Prozentzahlen der Gesamthaushalte.

Tabelle 2

	Haushalte unterhalb der Armutsgrenze in %	Haushalte unterhalb der Hungergrenze in %
Argentinien (1986)	13	4
Brasilien (1987)	40	18
Mexiko (1984)	30	10
Peru (1986)	52	25

Quelle: Bd. 2, 110.

Die Gründe für diese Situation liegen in der Beschäftigungssituation der arbeitsfähigen Bevölkerung, wobei – wiederum im Unterschied zu Europa – der Kern des Problems nicht nur in der sog. „offenen Arbeitslosigkeit" liegt, sondern mehr noch in den mannigfachen Formen von „Unterbeschäftigung". Nicht der Arbeitslose (die Statistiken sprechen nur von fünf bis acht Prozent) ist das eigentliche Problem Lateinamerikas, sondern – wie Nohlen sagt – „der arbeitende Arme" (Bd. 2, 35). Die in Tabelle 3 wiedergegebene Statistik spiegelt jedoch nur die Verhältnisse Ende der 70er Jahre.

Tabelle 3

	städt. Arbeitskraft in %	Unterbeschäftigung in %	offene städt. Arbeitslosigkeit in %
Lateinamerika	65,2	41,4	?
Argentinien	84,4	25,7	2,4
Brasilien	62,2	44,7	3
Mexiko	61,4	40,3	6,9
Peru	58,8	55,8	10,5

Quelle: Bd. 2, 74 (2. Auflage).

Während – wie aus der Statistik ersichtlich – bis zum Beginn der 80er Jahre die „offene Arbeitslosigkeit" bei nur fünf bis acht Prozent lag und der entscheidende Unterschied zu Europa im Phänomen der „Unterbeschäftigung" lag,[12] hat sich die Situation in den 80er Jahren dramatisch verschlechtert. Die Zuspitzung liegt nun doch in einer drastischen Zunahme der offenen Arbeitslosigkeit. Letztere schnellte in der ersten Hälfte der 80er Jahre in zahlreichen Ländern Lateinamerikas auf bis dato kaum gekannte Höhen. In Argentinien und Bolivien verdoppelte sie sich zwischen Ende der 70er Jahre und 1982 bzw. 1983. Chile, Kolumbien, Jamaika, Panama, Uruguay und Venezuela wiesen für einen Großteil der 80er Jahre zweistellige Arbeitslosenquoten auf (Bd. 2, 50).

Das Problem der strukturellen Heterogenität

Das Bild der gegenwärtigen Situation Lateinamerikas, das sich auf der Grundlage der mitgeteilten Daten ergeben hat, ist düster – düsterer noch, wenn man es extrapoliert im Hinblick auf zukünftige Entwicklungen. Empirische Daten – Statistiken zumal –, so hieß es oben, sind immer bezogen auf zugrundeliegende bzw. vorausgesetzte Hypothesen und Modelle. Standen in den vorangegangenen Abschnitten die Daten als solche im Vordergrund, so soll nunmehr explizit nach den zugrundeliegenden (wissenschaftlichen) Modellen gefragt werden. Allgemein ist festzustellen, daß die sozialwissenschaftliche Theoriebildung, soweit sie auf Probleme der Beschreibung bzw. Erklärung von Phänomenen der lateinamerikanischen Wirklichkeit bezogen ist, sich derzeit entschieden wegbewegt von unilateralen und universellen Erklärungsmodellen, wie sie in den 60er und 70er Jahren die Fachliteratur vielfach beherrschten. Der Anspruch auf universelle Erklärungsmodelle wird dabei preisgegeben zugunsten mehrdimensionaler, differenzierterer Modelle, die es erlauben, Teilaspekte wissenschaftlich nachprüfbar zu analysieren und zu erfassen. Der Trend, Komplexität – bzw. das Faktum einer durch die Sache selbst gegebenen „strukturellen Heterogenität" – zu akzeptieren, ist natürlich nicht nur eine Folge der internen Wissenschaftsentwicklung dieser Disziplinen, sondern beruht vor allem auch auf der Einsicht, daß viele der globalen Erklärungsmodelle durch die tatsächliche soziale, wirtschaftliche und politische Entwicklung in Lateinamerika oftmals falsifiziert und überholt worden sind.

Beispiele für solche globalen Erklärungsmodelle sind – seitens der politischen Linken – das aus marxistischer Tradition stammende Imperialismus- oder auch das Dependenzmodell, seitens der politischen Rechten das neo-liberale Wirtschaftsmodell.

Die Dependenztheorie versucht, die allgemeine Situation der Unterentwicklung Lateinamerikas zurückzuführen auf die erwähnte „periphere" Situation der Länder der Dritten Welt, ihre strukturelle Abhängigkeit von den eigentlichen politischen und ökonomischen Machtzentren der modernen Industriestaaten. Das spektakulärste und folgenreichste Beispiel des Versuchs, die Prämissen der Dependenztheorie in politisch und historisch adäquates Handeln umzusetzen – sich der imperialistischen Umklammerung seitens der USA und Europas dauerhaft zu entziehen –, ist ohne Zweifel die kubanische Revolution. Ob dem Versuch angesichts des fast vollständigen Zusammenbruchs aller übrigen Regime des sog. „realen Sozialismus" allerdings auch in der Zukunft Erfolg beschieden bleibt, hängt u. a. davon ab, ob es der kubanischen Politik gelingt, das dogmatische Revolutionsprinzip durch die Übernahme von Prämissen „struktureller Heterogenität" in die Modernität zu überführen.

Was die Gegenposition der Rechten angeht, so wird man ihr zwar nicht von vornherein unterstellen dürfen, sie verfolge lediglich das Ziel, die Dependenzsituation für alle Zeit festzuschreiben. Die fatale Verknüpfung von Faschismus und ökonomischem Liberalismus, wie sie zum Erscheinungbild der Militärdiktaturen in Chile und Argentinien der 80er Jahre gehörte, zeigt jedoch, daß der doktrinäre Wirtschaftsliberalismus das Dependenzproblem bislang nur hat verschärfen können. Abschreckendes Beispiel für die Berechtigung dieser Einschätzung ist Argentinien, ein Land, das sich innerhalb weniger Jahre aus der Rolle eines Musterschülers der europäisch-nordamerikanischen Welt, in der das Land sich dank eines traditionell hohen Pro-Kopf-Einkommens immer gefallen hatte, in eine Dritte-Welt-Situation hineinmanövriert hat, die große Teile der Bevölkerung mittlerweile an den Rand struktureller Armut gebracht hat.

Die Lehren, die die Sozialwissenschaften ihrerseits aus diesen Erfahrungen zu ziehen versuchen, bestehen vor allem in der Diversifizierung der den Modellen zugrundeliegenden Prämissen: Volkswirtschaftliche Produktivitätsmodelle, (geo-)politische Dependenzmodelle und die ethisch begründete Denunziation der permanenten Menschenrechtsverletzung, wie sie das Faktum der „Unterentwicklung" darstellt, werden nicht mehr als einander ausschließende oder gar alternative Modelle betrachtet, sondern im Hinblick auf ihren jeweiligen Erklärungswert kritisch einander gegenübergestellt. So steht bei Dieter Nohlen die Erörterung von „Einheit und Vielfalt" – als keineswegs einander ausschließende, sondern komplementäre Begriffe aus unterschiedlicher Perspektive – bereits am Beginn einer zusammenfassenden Darstellung der Gesamtsituation Südamerikas. „‚Einheit und Vielfalt'", so heißt es später, „sind [...] Ausdruck der spezifischen Ungleichzeitigkeiten von Politik und Gesellschaft, die sich aus den im peripheren Kapitalismus vorherrschenden Bedingungen struktureller Heterogenität herleiten" (Bd. 2, 40, 2. Auflage).[13] Was damit gemeint ist, soll im folgenden an zwei allgemeinen – in der Fachliteratur oft diskutierten – Phänomenen illustriert werden. Es handelt sich um die Probleme des Wachstums sowie der politischen Entwicklung.

Wachstum

Wirtschaftswachstum – darin stimmen Theoretiker fast aller Couleur überein – ist die Voraussetzung dafür, daß Lateinamerika aus den gegenwärtigen Schwierigkeiten herausfindet. Ein Blick in die Statistiken zeigt jedoch, daß der Begriff nur dann als ein verläßlicher Faktor zur Diagnostizierung globaler Phänomene wie Entwicklung bzw. Unterentwicklung Verwendung finden kann, wenn er durch eine Reihe differenzierender Merkmale ergänzt bzw. seine Interdependenz mit anderen Faktoren deutlich gemacht wird. Während es zu Beginn der 70er Jahre in mehreren Ländern Lateinamerikas gelang, mit Hilfe einer auf das Instrumentarium „importsubstituierender Industrialisierung“ (Bd. 2, 20; 2. Aufl.) gestützten Wirtschaftspolitik und einer dadurch erzielten „langsamen Steigerung des Exports der traditionellen Ausfuhrgüter“ (ebd.) Wachstumsraten von durchschnittlich 5% zu erzielen, erlebte der Kontinent „zwischen 1981 und 1983 [...] die tiefste Rezession seit der Weltwirtschaftskrise Anfang der 30er Jahre“ (Bd. 2, 26). Die Gründe hierfür liegen, so wird von Nohlen unterstrichen, „in der Entwicklung der internationalen Rahmenbedingungen“ (ebd.). Es ist dies jedoch ein Grund, der sich mit Fug und Recht auch für die im großen und ganzen eher günstige Bilanz der 70er Jahre anführen läßt.

Eine erste notwendige Differenzierung globaler Wachstumsraten liegt im Hinweis auf den sehr unterschiedlich verlaufenden, in verschiedene Phasen einteilbaren Rhythmus, den das Wachstum in den beiden Dekaden aufwies. Das Operieren mit globalen Wachstumszahlen verschleiert sowohl diese Phaseneinteilung als auch vor allem den Umstand, daß bereits in den 70er Jahren die insgesamt günstigen Wachstumsraten Einbrüche erlebten, deren Gründe allerdings erst in den 80er Jahren zu jenen spektakulären Folgen führen, von denen eben die Rede war.

Es handelte sich – nicht anders als in den 80er Jahren – um internationale Rahmenbedingungen, die diese Einbrüche bewirkten. Zu nennen sind hier insbesondere die Ölpreissteigerung, die hierdurch bewirkte allgemeine Abflachung der Weltkonjunktur sowie eine spürbare Differenzierung in erdölexportierende und nicht-erdölexportierende Länder.

Die allgemeine Rezession bedeutet für die Gesamtheit der lateinamerikanischen Staaten eine Verschlechterung der Absatzchancen ihrer Exportprodukte. Mit besonderer Härte trifft sie jedoch die nicht-erdölexportierenden Länder. Um der Aufrechterhaltung der Importhöhe willen, insbesondere jedoch, um der einheimischen Wirtschaft weiterhin die gewohnten Wachstumsraten zu sichern, greifen letztere zu einem Mittel, das fortan zu einem „zentralen Parameter der wirtschaftlichen Entwicklung der lateinamerikanischen Länder“ (Bd. 2, 26) werden wird, der Auslandsverschuldung. Im Zeichen allgemeiner Rezession wird die unkontrollierte Kreditaufnahme jedoch auch für die durch die Entwicklung zunächst bevorzugten erdölexportierenden

Länder zunehmend zur *ultima ratio* einer (verfehlten) Wirtschaftspolitik. Eine unmittelbare Folge dieser Entwicklung besteht im dramatischen Verlust der Stabilität der Währung, wie sie für viele Länder Lateinamerikas in den 80er Jahren kennzeichnend geworden ist. Fatalerweise werden deshalb „die 80er Jahre [...] in die Wirtschaftsgeschichte vieler Länder als eine Phase traumatischer Inflationserfahrungen eingehen" (Bd. 2, 27). So stieg die Auslandsverschuldung Lateinamerikas von 242,2 Mrd. US-$ im Jahre 1980 auf die Rekordhöhe von 431,1 Mrd. US-$ im Jahre 1990 (vgl. Bd. 2, 33; Tabelle 4).

Abgesehen von dieser Interdependenz der Faktoren nennt die 2. Auflage des *Handbuchs* als weiteren Faktor der Differenzierung die Berechnung des Wachstums auf der Grundlage des Pro-Kopf-Einkommens. Es versteht sich, daß hier der Faktor des oben kommentierten Bevölkerungswachstums voll zu Buche schlägt: So liegen im Hinblick auf ein pro Kopf berechnetes Wachstum nicht weniger als 16 Länder Lateinamerikas *unterhalb* des durchschnittlichen Wachstums von 3,1%. Während es Brasilien dann immerhin noch auf eine Wachstumsrate von 6,1% bringt, beträgt das Wachstum für Peru dagegen nur noch 0,4%.

Es erstaunt, daß das *Handbuch* in seiner 3. Auflage den Parameter „Pro-Kopf-Einkommen" nur noch implizit – und zwar lediglich in Tabelle XXI a „Einkommensverteilung nach Einkommensgruppen" (vgl. Bd. 2, 114) – erwähnt. Auf die explizite Inbeziehungsetzung zweier gegensätzlicher Dynamiken – der ökonomischen einerseits, der biologischen andererseits –, von deren Harmonisierung die Entwicklungsproblematik des Kontinents in Zukunft entscheidend abhängt, wird damit verzichtet.

Ein dritter Faktor ist die Differenzierung nach Wirtschaftssektoren. Die Daten scheinen zunächst nur für Fachleute von Interesse. Von allgemeiner Bedeutung dagegen ist die Tatsache, daß der Anteil des Agrarsektors an der Erwirtschaftung des Bruttosozialprodukts stetig abnimmt (1950: 20%; 1980: 11%). Die erheblichen Schwankungen in der Versorgung mit Grundnahrungsmitteln, wie sie in vielen Ländern des Kontinents – gerade auch in den traditionellen Agrarexportländern – zu beobachten sind, finden hier ihre Erklärung. Die Rezession der 80er Jahre – so wird demgegenüber in der 3. Auflage des *Handbuchs* betont – wirkte sich auf Industrie- und Agrarsektor indes unterschiedlich aus. Sie traf insbesondere die in der Wachstumsphase einseitig favorisierte Industrie, weniger stark dagegen die Landwirtschaft. „Unter dem Eindruck der vom Internationalen Währungsfonds und der Weltbank bei Umschuldungsverhandlungen gesetzten Prämissen" (Bd. 2, 27) – so konstatiert Nohlen – ist es einigen Ländern sogar gelungen, Strukturanpassungen des Agrarsektors erfolgreich ins Werk zu setzen.

Politische Entwicklung

Soviel zum Modell der „strukturellen Heterogenität" in seiner Anwendung auf die Probleme des ökonomischen Wachstums. Das gleiche Modell findet

Anwendung auch auf Fragen im Bereich der Politologie. Wie die Sozialforschung im engeren Sinne begnügt sich auch die Politologie nicht mit der reinen Beschreibung. Der Anspruch der Deskription zielt vielmehr darauf ab, die Phänomene zugleich auch zu erklären. So impliziert z. B. die marxistische Prämisse einer „klaren Zuordnung zwischen sozioökonomischer Entwicklung und politischen Systemstrukturen“ (Nohlen, 2. Aufl., Bd. 2, 40) sowohl den Anspruch auf adäquate Beschreibung als auch die Erklärung des Phänomens. Nohlen hebt jedoch hervor, daß dieses Erklärungsschema für die Verhältnisse in Lateinamerika kaum applikabel ist: Länder, die durch ähnliche sozioökonomische Verhältnisse gekennzeichnet sind, weisen trotzdem z. T. sehr unterschiedliche politische Strukturen auf; in Ländern mit unterschiedlichen Strukturen auf der Ebene der sozioökonomischen Basis dagegen finden sich vergleichbare politische Systeme.

Um die These zu untermauern, diskutiert Nohlen zwei weitere – in ihren Resultaten entgegengesetzte – Theoriebeispiele, die ebenfalls von der Voraussetzung der Möglichkeit der strikten Korrelierung sozioökonomischer und politischer Strukturen ausgehen. Das eine ist die sogenannte „Modernisierungstheorie“. Sie geht aus von der (neoliberalistisch-)optimistischen Annahme, wirtschaftliches Wachstum führe auf die Dauer zu sozialem und politischem Wandel, d. h. schließlich – gewissermaßen automatisch – zu einem demokratischen System. Andere Autoren dagegen vertreten auf der Grundlage ähnlicher Daten den genau entgegengesetzten Standpunkt: Ihnen zufolge führt ein hoher Modernisierungsgrad des Zentrums gerade *nicht* zum Erstarken demokratischer Strukturen, sondern fördert im Gegenteil das Entstehen autoritärer, ja diktatorischer Strukturen. Als klassisches Beispiel für diesen Fall gilt Argentinien. Keine der beiden Theorien scheint also die Komplexität der politischen Wirklichkeit adäquat zu erfassen.

1.3 Vergleichszahlen der Länder Kuba, Mexiko, Peru, Brasilien, Argentinien

Die erwähnten allgemeinen Prinzipien und Parameter zur Erstellung eines synchronen Querschnitts Lateinamerikas sollen nun am Beispiel von fünf Ländern sehr unterschiedlicher Struktur konkretisiert werden: Kuba, Mexiko, Peru, Brasilien, Argentinien. Die gewählten Parameter sind: 1. Bevölkerungsexplosion; 2. Industrialisierung und Verstädterung; 3. Dependenz und Konzentration; 4. Sozialstruktur und Marginalisierung.

Ad 1: Bevölkerungsexplosion

Bei den in Tabelle 4 aufgeführten Zahlen handelt es sich um grobe Schätzungen. Übereinstimmend zeigt sich jedoch in fast all diesen Ländern die für

Tabelle 4

	Bevölkerung in Mio. (1930)	Bevölkerung in Mio. (1989)	Zuwachs in % 1981–1989	Projektion für 2000 (in Mio.)
Kuba	4	10,5	0,8 (1980–85)	11
Mexiko	16,5	86,7	2,3	107
Peru	6	21,8	2,6	27
Brasilien	[?]	147,4	2,2	180
Argentinien	14	32,0	1,4	36

Quellen: Bd. 2, 92; Nohlen 1989, 745–747.

das 20. Jahrhundert offenbar allgemein geltende Tendenz zur Verdopplung der Bevölkerungszahlen innerhalb eines Zeitraums von etwa 30 Jahren, was einer durchschnittlichen Wachstumrate von 2,3% entspricht.

Diese astronomischen Zuwachsraten, denen man die drastische Dezimierung der einheimischen Bevölkerung in den ersten Jahrhunderten des spanischen Kolonialreiches entgegenhalten muß, erklären sich vor allem durch den Import einer modernen, technologisch organisierten Gesundheits- und Sozialfürsorge in die Dritte Welt. Paradoxerweise hat diese – für sich genommen – natürlich positive Entwicklung aufgrund des fehlenden Ausbaus einer allgemeinen sozialen Infrastruktur bislang nur zur katastrophalen Verschärfung der allgemeinen sozialen Situation der Bevölkerung beigetragen. Eine erste Konsequenz, die sich hieraus ergibt, besteht darin, daß Lateinamerika in dieser Hinsicht nicht so sehr als „Neue Welt“ denn als „Junge Welt“ betrachtet werden muß, jung nämlich im durchaus buchstäblichen Sinne des Wortes. An der Spitze dieser „jungen“ Nationen liegen die beiden bevölkerungsreichsten Länder des Kontinents, Mexiko und Brasilien, und zwar mit einem Anteil der Gesamtbevölkerung unter 15 Jahre, der in Mexiko 1990 trotz fallender Tendenz noch etwa 40% beträgt (vgl. Bd. 3, 170) und für Brasilien auf etwa 35% (vgl. Bd. 2, 221 f.) geschätzt wird. Im Verhältnis zu diesen „Spitzenländern“ zeichnet sich Argentinien dagegen einmal mehr durch europäisch geprägte, den „westlichen Industrieländern“ (Bd. 2, 145) vergleichbare Strukturen aus. Der Anteil der Jugendlichen an der Gesamtbevölkerung liegt hier nämlich nur bei etwa 39% (Mexiko: 57%; Brasilien: 50%) (vgl. Bd. 2, 83, 2. Auflage; die 3. Auflage bestätigt die Tendenz, ohne neue Zahlen zu nennen.) Die aus diesen Zahlen zu folgernden enormen Belastungen für Bildungswesen und Arbeitsmarkt liegen auf der Hand. Um der Gesamtheit der Jugendlichen eine menschenwürdige Existenzgrundlage zu schaffen, müßten deshalb beispielsweise allein in Brasilien jährlich etwa 1,3 Mio. neuer Arbeitsplätze geschaffen werden (Bd. 2, 143, 2. Aufl.).

Ad 2: Industrialisierung und Verstädterung

Was Europa als *Resultat* eines allgemeinen und langwierigen Prozesses zuteil wurde (einhergehend jedoch vor allem mit einer allgemeinen Entfaltung der materiellen Produktivität) – Zurückdrängung der Kindersterblichkeit, allgemeine Hebung des Gesundheitsniveaus und der Lebenserwartung –, überfällt die Entwicklungsländer Lateinamerikas gewissermaßen über Nacht und führt deshalb zu einer Verschärfung der allgemeinen Krise. Es ist insofern nur folgerichtig, wenn die verantwortlichen Regierungen der betroffenen Länder – sofern ihnen an der Übernahme wirklicher Verantwortung überhaupt etwas gelegen ist – wiederum bei Entwicklungsmodellen Zuflucht suchen, die der europäischen Sozialgeschichte entlehnt sind, so z.B. den Modellen „Industrialisierung" oder „Importsubstitution". Was sich hinter den Begriffen verbirgt, ist das ehrgeizige Projekt, die globale internationale Arbeitsteilung in rohstoffproduzierende und industriegüterproduzierende Staaten langfristig zu verändern. Das Ziel besteht darin, die lateinamerikanischen Länder aus der Abhängigkeit von den Importen ausländischer industrieller Fertigwaren, deren der einheimische Markt bedarf, allmählich zu befreien, die benötigten Produkte selbst zu produzieren oder – wenn möglich – in einem zweiten Schritt sogar zu exportieren.

Ansätze zu dieser Umstrukturierung sind in allen Ländern zu beobachten – mit von Fall zu Fall allerdings sehr unterschiedlichen Resultaten. Erste Erfolge dieser mit aller Macht betriebenen Industrialisierung zeigen sich in den erstaunlich hohen industriellen Wachstumsraten, die sich in allen Ländern Lateinamerikas beobachten lassen. Brasilien liegt mit der – zumindest auf einigen Gebieten erfolgreichen – Applizierung dieses Modells an der Spitze: Mit einer Wachstumsrate von rund 11,5% des BIP erreichte die brasilianische Wirtschaft in den Jahren 1968–1974 dank der Allianz des autoritären Militärregimes mit der zivilen Technokratie Rekordziffern, so daß die Rede vom brasilianischen «milagre econômico» (Bd. 2, 237) bald zum geflügelten Wort wurde (Bd. 2, 146). Die Sozialwissenschaftler rechnen Brasilien deshalb – im Unterschied zu den übrigen lateinamerikanischen Staaten – sogar zu den „halbindustrialisierten Schwellenländern" (2. Aufl., Bd. 2, 148) bzw. reden vom *Newly Industrialized Country* (Bd. 2, 240).

Gegenstand einer kritischen sozialwissenschaftlichen Analyse sind jedoch insbesondere die aus Industrialisierung und Wachstum sich ergebenden *Folgelasten*. Zu den unmittelbaren Negativfolgen der forcierten Industrialisierung gehören z.B. die überproportionierte Konzentration der Bevölkerung in den urbanen Zentren, die Monopolisierung der Industriezweige gerade mit den höchsten Wachstums- und Produktivitätsziffern, die Überfremdung gerade *dieser* Wirtschaftszweige mit ausländischem Kapital sowie – mit alldem einhergehend – die Vernachlässigung bzw. der De-facto-Rückgang der landwirtschaftlichen Produktivität (s.o.). Unmittelbares Gegenstück zur Urbanisierung ist der Rückgang der landwirtschaftlichen Produktion (siehe Tabelle 5).

Tabelle 5

	Anteil der Landwirtschaft am BIP (in %)		
	1950	1980	1989
Kuba	15,5 (1962)	11,2 (1979)	15,0 (1987)
Mexiko	19,0	8,2	7,7
Brasilien	19,1	10,5	11,4
Peru	23,7	10,2	14,6
Argentinien	16,5	8,6	10,6

Quellen: Bd. 2, 97; Bd. 3, 482.

Der Rückgang beträgt in Mexiko, Brasilien und Peru zwischen 1950 und 1980 teilweise mehr als 50%; er ist tendenziell jedoch auch zu beobachten in traditionellen Agrarexportländern wie Argentinien und sogar Kuba (das ja einen Teil seiner gesamten wirtschaftlichen Existenz auf den Export von Zucker gründet). Die Leistungsverbesserung in den 80er Jahren ist wohl auf die oben erwähnten, auf Druck des Internationalen Währungsfonds zustandegekommenen Strukturanpassungen im Agrarsektor zurückzuführen.

Im Unterschied zu Europa, wo viele Industrieunternehmen zu Beginn dieses Jahrhunderts, als sich hier ähnliche Migrationswellen abzeichneten, am Rande der Großstädte primitive, aber wenigstens das Lebensnotwendigste bietende Arbeitersiedlungen anlegten, sind die lateinamerikanischen Städte mit riesigen Gürteln von ausgesprochenen Elendsvierteln umzogen («villa miseria», «barriada», «pueblo joven», «favela»), die beweisen, daß für den Großteil der Immigranten die Migration zum «espejismo», zur bloßen Fata Morgana der erhofften Verbesserung geworden ist.

Ad 3: Dependenz und Konzentration

Die Ursache dafür, daß nur ein kleiner Teil der Bedürftigen trotz des hohen Wachstums der Industrie Arbeit findet, liegt in den beiden anderen der genannten Faktoren: die eigentlichen Produktionsstätten des ökonomischen Reichtums nämlich konzentrieren sich in der Hand weniger Firmen. Diese werden streng marktwirtschaftlich nach modernen westlichen Produktionsmethoden bewirtschaftet – kapitalintensiv und personalsparend – und bieten nur relativ wenigen Arbeitssuchenden Beschäftigung und Auskommen. Zudem erfordert der Zugang zumeist eine Facharbeiterausbildung und bleibt der großen Masse deshalb von vornherein verschlossen. So erwirtschaftet z. B. in Argentinien „ein verschwindend kleiner Prozentsatz von knapp 2% aller Unternehmen […] rund die Hälfte der industriellen Produktion" (2. Aufl., Bd. 2, 90). Hinzu kommt, daß der Prozentsatz ausländischer Investoren je nach Größe der Betriebe rapide ansteigt, die ausländischen Kapitalgeber jedoch naturgemäß weniger an der Mobilisierung des einheimischen Marktes interessiert sind als vielmehr an der privaten Gewinnmaximierung der eigenen Unternehmen.

Nach den vorliegenden Daten scheint es unter den lateinamerikanischen Ländern im Augenblick lediglich dem „Schwellenland" Brasilien gelungen zu sein, Entwicklungserfolge im Rahmen dieser gegebenen Prämissen erzielt zu haben. Welcher Art diese Prämissen sind, läßt sich an dem vom brasilianischen Planungsminister Delfin Neto kolportierten Zynismus abschätzen, „daß der Kuchen vor seiner Verteilung erst geschaffen werden müsse" (2. Aufl., Bd. 2, 147), der expliziten Akzeptierung mithin einer beschämenden Einkommenspyramide und der damit verbundenen sozialen Ungleichheit – für welche gerade Brasilien ein herausragendes Beispiel ist –, „um die für hohes wirtschaftliches Wachstum erforderliche Kapitalbildung zu gewährleisten" (ebd.).

Ad 4: Sozialstruktur und Marginalisierung

Es zeigt sich also, daß die bisher angedeuteten Analysefaktoren nur dann ein realistisches Gesamtbild zutage fördern, wenn man ihrer strukturellen *Interdependenz* Rechnung trägt. Dies wird besonders dann deutlich, wenn man den Faktor Sozialstruktur und Marginalisierung ins Auge faßt.

Der explosionsartige Bevölkerungszuwachs – Landflucht und Urbanisierung auf der einen Seite, monopolkapitalistisch strukturierte Industrialisierung und die Dominanz multinationaler Gesellschaften auf Kosten der Förderung einheimischer Produzenten auf der anderen Seite – hat zur Marginalisierung immer größerer Teile der Bevölkerung geführt. Dieses Phänomen läßt sich am leichtesten demonstrieren anhand der Einkommensverteilung.

So weist die Statistik für Mexiko die folgenden Zahlen aus[14]: „54,2% des gesamten Einkommens konzentrierten sich auf 20% der Bev. bzw. 34,2% auf lediglich 10%. Dagegen entfielen auf die beiden niedrigsten Einkommensgruppen (Dezile) (= 20%) lediglich 3,1% bzw. 0,9%. Damit liegt ihr Anteil unter dem von 1968" (Bd. 3, 191).

Die für Kuba vorliegenden Daten beziehen sich auf die Besitzverhältnisse *vor* der Revolution: Demnach mußten hier 28735 Betriebe (Größe: *unter* 67,1 ha) mit nur 7,4% der Gesamtfläche vorliebnehmen, während – auf der anderen Seite – lediglich 3602 Betriebe (Größe: über 402,6 ha) insgesamt 73,3% der Bodenfläche kontrollierten (2. Aufl., Bd. 3, 361).

Die Daten für Peru zeigen eine Kuba vergleichbare Struktur: Der die peruanische Politik seit den 20er Jahren (bis 1968) dominierende Machtblock rekrutierte sich vor allem aus der Agrarexportbourgeoisie.

Als Baumwoll-, Zucker-, Woll- und Kaffeeproduzenten trug er noch 1968 ca. 1/5 zu den Exporterlösen bei, ein weiteres Fünftel durch ihre Aktivitäten im Bergbau (*mediana minería*). Unter den 10000 Haciendas des Landes befanden sich jene Güter über 500 ha, durch die 181 Familien die Hälfte der Küstenanbaufläche kontrollierten. 44

dieser Familien geboten mit Betrieben über 200 ha allein über 1/4 dieser Fläche (2. Aufl., Bd. 2, 322).

Zur Spitze der Sozialpyramide werden 10% der Familien des Landes gerechnet [...]. Sie verfügen über 44% des Gesamt-Familieneinkommens. Da sie hauptsächlich in Lima wohnen [...], konzentrieren sich 44% des nationalen Konsums in der Hauptstadt [...] (ebd., 323).

Daß die entsprechenden Zahlen für Brasilien noch extremer ausfallen, wurde bereits angedeutet. So weist Brasilien gemäß dem „Weltwirtschaftsbericht 1980 der Weltbank [...] die stärkste Einkommenskonzentration auf die oberen 10% aller Haushalte auf". Der bereits 1960 sehr niedrige Anteil der 40% ärmsten Familien am Volkseinkommen von 9,4% fiel bis 1976 auf 7,5%, während sich der Anteil der 10% reichsten Einkommensbezieher bis 1972 auf über die Hälfte des gesamten Volkseinkommens erhöhte (2. Aufl., Bd. 2, 166).

Hartmut Sangmeister, der Verfasser des Brasilien-Artikels im *Handbuch*, kommentiert:

Im Zuge der Verschlechterung der wirtschaftlichen Bedingungen während der 80er Jahre haben sich die interpersonellen und interregionalen Einkommensunterschiede in Brasilien weiter verschärft. Die fortschreitende Einkommenskonzentration bedeutete, daß 1989 auf die 10% der ärmsten Personen mit Einkommen lediglich 0,6% des gesamten Einkommens entfielen (1981: 0,9%), während die 10% der Personen an der Spitze der Einkommenspyramide 53,2% (1981: 46,6%) des Gesamteinkommens erzielten. Kaum ein anderes Land der Welt weist eine ähnliche Konzentration der Einkommen auf; [...] (Bd. 2, 263).

Auch für Argentinien liegen entsprechende Zahlen vor. Selbst Peter Waldmann, der im Ton sehr moderate Verfasser des Argentinien-Artikels, weist entschieden auf den Trugschluß hin,

in Argentinien eine nivellierte Mittelstandsgesellschaft im Sinne Schelskys sehen zu wollen, verfügen doch nur 5% der Bevölkerung über 30% des Volkseinkommens, während die unteren zwei Zehntel der sozioökonomischen Schichtungspyramide mit 7% des nationalen Einkommens vorliebnehmen müssen (2. Aufl., Bd. 2, 96).

Von „sozialer Nivellierung" zu sprechen (ebd.), wäre also auch im Hinblick auf das seiner Sozialstruktur nach noch am ehesten europäischen Vergleichsmaßstäben angenäherte Argentinien nichts weniger als „irreführend" (ebd.). In der 3. Auflage weist Waldmann darauf hin, daß die erhoffte „Trendwende" durch „die Ablösung der Streitkräfte an der Herrschaft durch zivile Regierungen ab 1983" bislang ausgeblieben sei und die „von *Menem* aufs nachdrücklichste verfolgte Liberalisierung [...] vielmehr noch eine zusätzliche Öffnung der Einkommensschere zwischen Arm und Reich" (Bd. 2, 167) bewirkt habe.

Wir brechen die „synchrone" Annäherung an das komplexe Problemfeld „Lateinamerika" hiermit ab. Das Ziel des Kapitels bestand darin, sozialwissenschaftliche Deskriptions- und Erklärungsmodelle, soweit sie mit unserem Gegenstand befaßt sind, vorzustellen und ihre Pertinenz, wenn möglich, kritisch zu hinterfragen. Der vorliegende synchrone Schnitt ist beschränkt durch die methodologischen Prämissen dieser Wissenschaften. Natürlich sind die sozialen Konflikte in Wirklichkeit Resultate eines erheblich umfangreicheren *Bündels* von Faktoren – u. a. auch ethnischer, kultureller und historischer Art. Für jedes Land ist das Bündel – seiner spezifischen Geschichte bzw. geographischen Lage gemäß – zudem unterschiedlich geschnürt.

Es wird im folgenden Kapitel zu zeigen sein, in welchem Maße sich die Komplexität des Gegenstandes durch die Einbeziehung der „diachronischen" Perspektive noch erhöht. Erst dann jedoch befinden wir uns auf der Höhe des Problembewußtseins, das wir vorfinden im anspruchsvollen „literarischen" Text. Letzterer nämlich hat es immer mit Synchronie und Diachronie *zugleich* zu tun: In ihm laufen die Entwicklungslinien beider Aspekte – wie im „wirklichen" Leben – unentwirrbar zusammen. Sie sind verdichtet im poetischen Text.

KAPITEL 2: LATEINAMERIKA ALS THEMA DER GESCHICHTSWISSENSCHAFT

2.1 «Visión de los vencidos» und «question de l'autre»

Das Bedürfnis, die Entdeckung und Eroberung der „Neuen Welt" zu dokumentieren, das Geschehene und Erlebte mit Hilfe schriftlicher Zeugnisse im Dienste der politischen Autoritäten, zum Amüsement oder zur Erbauung der zeitgenössischen Leserschaft oder der Nachwelt festzuhalten, ist so alt wie die Entdeckung selbst. Die spanische Kolonialverwaltung ihrerseits förderte die Geschichtsschreibung schon früh mit Hilfe amtlich bestallter „Chronisten".[15] Der neuentdeckte Kontinent wird durch „historiographisches" Schrifttum alsbald geradezu überflutet. Die Geschichtsschreibung ist konstitutiver Bestandteil der geistigen und kulturellen Eroberung des neuentdeckten Kontinents; sie läuft zur materiellen parallel. Insofern verkörpert sie in besonderer Weise jene Form des Macht-Wissens («pouvoir-savoir»), wie es Michel Foucault Diskursen überhaupt nachgesagt hat. Die uns bekannte Geschichte Lateinamerikas seit dem 16. Jahrhundert ist deshalb nahezu ausschließlich eine Geschichte, die geschrieben ist aus der Perspektive der „Sieger". Nicht nur jedoch das Faktum als solches sollte zu denken geben, sondern vor allem die Tatsache, daß es einer mehr als 400jährigen Geschichte bedurfte, um es endlich ins allgemeine Bewußtsein zu heben: So besteht das umfangreiche Kontingent der von León Portilla 1947 unter dem programmatischen Buchtitel *La visión de los vencidos* veröffentlichten Texte überwiegend aus Auszügen der von dem Franziskanerpater Bernardino de Sahagún bereits im 16. Jahrhundert in Náhuatl mit Hilfe autochthoner Informanten abgefaßten Darstellung der Aztekenkultur (*Historia general de las cosas de Nueva España*), einem Werk, das trotz seines unvergleichbaren Dokumentationswerts erst im 19. Jahrhundert in Auszügen gedruckt werden konnte. Seine philologisch-kritische Sichtung dagegen gehört erst der Gegenwart an. Kaum anders verläuft die Rezeptionsgeschichte der *Nueva crónica y buen gobierno* („Neue Chronik und gute Regierung") des peruanischen Mestizen Felipe Guamán Poma de Ayala, einer wenige Jahrzehnte nach Sahagúns *Historia* entstandenen Darstellung der Geschichte und Gegenwart der Verhältnisse im Vizekönigtum Peru, aufgezeichnet im Originalton jenes durch Quechuasubstrate „korrumpierten" Spanisch, dessen sich Guamán Poma im alltäglichen Leben zu bedienen pflegte. Die allgemeine Wertschätzung auch dieses Werkes ist kaum wenige Jahrzehnte alt; das Manuskript der *Nueva crónica* erschien erst in diesem Jahrhundert im Druck.

„Problematisch“ ist die Geschichte Lateinamerikas aufgrund ihres bislang durch und durch „eurozentrischen“ Zuschnitts. Die Wahrnehmung dieses – erst in den letzten Jahrzehnten entdeckten – „Defizits“ der gewissermaßen „offiziellen“ Geschichtsschreibung ist jedoch keineswegs identisch mit einer Antwort auf die Frage, wie der Forderung nach einer Geschichtsschreibung Lateinamerikas, die der sog. «visión de los vencidos» gemäß ist, in der Praxis entsprochen werden kann. Gewiß kann die Antwort nicht darin bestehen, die Ergebnisse der „eurozentrischen“ Geschichtsschreibung von vornherein für nichtig und irrelevant zu erklären. Sie kann vielmehr nur bedeuten, die Frage selbst – die Frage nach der Funktion einer eigenständigen «visión de los vencidos» vor dem Hintergrund der Erkenntnisse traditioneller Historiographie – zunächst einmal überhaupt als solche verantwortlich zu stellen. Wir werden uns also davor hüten, die Frage im Rahmen dieser Einführung bündig beantworten zu wollen, und die Antwort einmal mehr denen abzunehmen, an die die Frage als einzige sinnvollerweise gerichtet werden kann – «los vencidos». Es soll nur versucht werden, den *Sinn* der Frage – insbesondere ihre Berechtigung – deutlich zu machen. Der hierzu beschrittene Weg besteht einerseits im Rekurs auf das Wesen und die Besonderheit des abendländischen Geschichtsbegriffs, zum anderen im Rückgriff auf zentrale Thesen aus Tzvetan Todorovs Buch *La conquête de l'Amérique. La question de l'autre.*[16]

Es war nicht nur abendländischer „Wille zur Macht“, der sich in dem mit der Eroberung der Neuen Welt allüberall entstehenden Bemühen um historiographische Erfassung der Wirklichkeit manifestierte, es war mehr; es war „Über-Macht“, der Einbruch und der Beginn von etwas gänzlich Neuem, mit dem sich die einheimischen Völker des amerikanischen Kontinents konfrontiert sahen – dem nämlich, was im „Abendland“ seit ungefähr 2000 Jahren immer schon praktiziert wurde, eben der „Geschichte“: In der Tat indiziert der Terminus „Geschichte“ nichts anderes als eine kulturelle Idiosynkrasie. Angezeigt ist ein fundamentaler Doppelsinn, der im deutschen Begriff (wie in den analogen Begriffen der meisten europäischen Sprachen [*histoire*, *historia*, *history*]) mitschwingt – die Suggestion potentieller Identität nämlich von Sprache und Wirklichkeit, Diskurs und Ereignis;[17] nicht minder jedoch auch ihre fundamentale Differenz. „Geschichte“ im abendländischen Sinn meint ebensowohl das Faktum der historischen Überlieferung als solches – Geschichtserzählung, historischen Diskurs – als auch die kritische Frage danach, „wie es wirklich gewesen“ ist (L. v. Ranke). Im Ansatz bereits enthält die abendländische Geschichtskonzeption also eine potentiell kritische Gegenüberstellung von Fiktion und Wahrheit, von Geschichte und Mythos. Über die kulturphilosophischen Gründe dieser abendländischen Geschichtskonzeption ist viel spekuliert worden. Ihnen nachzugehen ist hier nicht unser Thema. Halten wir jedoch fest, daß die Frage nach der Geschichte in *diesem* Sinne bei den autochthonen Kulturen Lateinamerikas offenbar inexistent war.

Andererseits ermöglicht es erst die in dieser Konzeption enthaltene fundamentale Entgegensetzung von Wahrheit und Fiktion, Identität und Nichtidentität, die Frage nach so etwas wie „kultureller Identität" – Berechtigung oder Nichtberechtigung eines historischen Handelns – überhaupt explizit zu stellen.

Die von Octavio Paz (und anderen Kulturtheoretikern Lateinamerikas) herausgehobene Sprachlosigkeit, das „Schweigen" der autochthonen Kulturen in der Herausbildung einer lateinamerikanischen Identität, deren fast restlose Überfremdung durch europäisch-abendländisches Denken, reduziert sich keineswegs auf ein reines Perspektivenproblem. Es ist nicht so, daß von einer ursprünglichen Konkurrenzsituation zweier Perspektiven auszugehen wäre, aus welcher dann die eine – die europäische – im Laufe der Zeit dominierend als Sieger hervorgegangen wäre. Die europäische Geschichtskonzeption besetzte vielmehr von Anfang an in Lateinamerika gewissermaßen ein Vakuum, ein freies Feld, das ihr von den autochthonen Kulturen eher kampflos überlassen wurde.

Es ist deshalb kein historisches Paradox, sondern unterstreicht die Folgerichtigkeit des Faktums der kulturellen Eroberung der Neuen Welt durch Europa, wenn es ebenfalls Europäer waren bzw. in europäischem Geist erzogene Indios – z. B. die oben erwähnten Bernardino de Sahagún bzw. Guamán Poma de Ayala, aber auch, wie wir sehen werden, der Dominikaner Las Casas –, die bereits im 16. Jahrhundert den Versuch unternahmen, das Kulturgut der autochthonen Völker sei es für die Nachwelt historisch zu überliefern, sei es gegen Formen barbarischer Zerstörung seitens der Konquistadoren zu schützen.[18]

Wenn es jedoch so ist, daß historisches Denken *überhaupt* erst mit der Ankunft der Europäer in der Neuen Welt entstanden ist, so stellt sich die Frage natürlich um so dringlicher, warum dieser neue Diskurs seine Dynamik doch nur „einseitig" hat entfalten können, warum er bisher lediglich als der „Diskurs der Sieger" in die Weltgeschichte eingegangen ist. T. Todorovs Buch *La conquête de l'Amérique* enthält den Versuch einer Antwort.

Gleich zu Beginn seines Amerika-Buches[19] verweist Todorov auf die allgemeine weltgeschichtliche Bedeutung der Tatsache der Entdeckung als solcher: Die Entdeckung Amerikas, behauptet Todorov, bedeutete für die Europäer die wichtigste „Begegnung" (i. e. mit dem Fremden, Anderen) in ihrer bisherigen Geschichte.

[...] la découverte de l'Amérique, ou plutôt celle des Américains, est bien la rencontre la plus étonnante de notre histoire (12).

[...] c'est bien la conquête de l'Amérique qui annonce et fonde notre identité présente [...]. Nous sommes tous les descendents directs de Colon, c'est en lui que commence notre généalogie [...]. Depuis 1492 nous sommes, comme l'a dit Las Casas, «en ce temps si neuf et à nul autre pareil» (14).

[...] Zunächst einmal ist die Entdeckung Amerikas, oder vielmehr die der Amerikaner, die bei weitem erstaunlichste Begegnung in unserer Geschichte (12).

[...] doch gerade die Eroberung Amerikas hat, wie ich zeigen will, unsere gegenwärtige Identität vorgezeichnet und begründet [...] Wir alle sind direkte Nachkommen Colóns, mit ihm beginnt unsere Genealogie [...] Seit 1492 sind wir, wie es Las Casas ausgedrückt hat, „in dieser so gänzlich neuen und keiner anderen vergleichbaren Zeit“ (14).

Sie ist zugleich also auch „Selbst“-Entdeckung: Die Entdeckung Amerikas ist nicht nur gleichbedeutend mit der Entdeckung der geographischen Totalität des Planeten Erde – das auch; sie entspricht einem Akt der „Totalisierung“ vor allem deshalb, weil sie die Totalisierung der europäischen Kultur bedeutet, den Beginn ihrer siegreichen Verbreitung in globalem Maßstab.

[...] les hommes ont découvert la totalité dont ils font partie tandis que, jusqu'alors, ils formaient une partie sans tout (ebd.).

[...] die Menschen haben nun die Ganzheit entdeckt, deren Bestandteil sie sind, während sie bis dahin ein Teil ohne Ganzes waren (ebd.).

Der unerhörte Siegeszug europäischer Kultur, dessen Beginn das Jahr 1492 markiert, hat indessen seinen Preis: «le seizième siècle aura vu se perpétrer le plus grand génocide de l'histoire de l'humanité» (12). Warum ist die entscheidendste Begegnung mit dem kulturellen Anderen, die die Geschichte Europas zu verzeichnen hat, einhergegangen mit einer tendenziellen Vernichtung des Anderen in seiner physischen und kulturellen Existenz? Die Frage zu prüfen, ist das Thema des Buches. Todorov unterstreicht, daß die Untersuchung auf die Klärung einer allgemeinen Fragestellung abzielt: «Comment se comporter à l'égard d'autrui?» (ebd.).

Die Untersuchung dieser Frage wird durchgeführt im Hinblick auf vier Grundformen des Umgangs mit dem Anderen, durch die die Begegnung zwischen Europa und Amerika historisch Gestalt gewonnen hat – «découvrir», «conquérir», «aimer» und «connaître». Alle vier Grundformen lassen sich auf der Grundlage überlieferter Texte rekonstruieren; sie sind bis in die Gegenwart – als exemplarische Verhaltensformen gegenüber dem Anderen der lateinamerikanischen Geschichte und Realität – aktuell geblieben.

Schon in der Entdeckungsphase – also in der Gestalt von Kolumbus selbst – zeigen sich in exemplarischer Weise die beiden „Elementarfiguren der Alterität“ (48), wie sie das Verhältnis der Europäer zu den Indianern in der Folgezeit immer wieder kennzeichnen werden – zum einen die von Todorov als «assimilationnisme» (48) bezeichnete Haltung, welche, indem sie die Prämisse der Gleichheit an den Anfang setzt, das Fremde und Andere dem eigenen Wertesystem blindlings einzuverleiben trachtet; zum anderen die der ersten genau entgegengesetzte Haltung, die aus der Wahrnehmung der realen Differenz – der Ungleichheit also – gefolgerte These von der Minderwertigkeit des Anderen, eine These, die in der Folgezeit dann immer wieder als Rechtfertigung für das an den Indianern begangene Unrecht Verwendung finden wird.

Im Hinblick auf die eigentliche Eroberungsphase – die Phase des «conquérir» – diskutiert Todorov insbesondere die Frage der Gründe, die den vernichtenden Sieg einer Handvoll spanischer Soldaten über eine Streitmacht von Hunderttausenden von Indianern erklären. Die Protagonisten dieser exemplarischen Auseinandersetzung sind Cortés auf der einen, Moctezuma auf der anderen Seite. Die Antwort wird gegeben im Verweis auf den asymmetrischen Gebrauch, den beide Kontrahenten vom kulturellen Zeichensystem des Gegenübers machen. Im Gegensatz zur Entdeckungsphase bei Kolumbus, wo von reziproker Kommunikation noch keine Rede sein kann, ist eine solche zwischen Cortés und Moctezuma offenbar durchaus im Spiel: Moctezuma versucht, das unerhörte Ereignis der Ankunft der Fremden im Rahmen des durch Überlieferung fixierten und durch starre Rituale festgeschriebenen Systems der eigenen Kultur zu erklären; er ist jedoch unfähig, auf die Herausforderung des Neuen pragmatisch, situationsangemessen zu reagieren, den Anderen mithin *als* den Anderen – d. h. im Horizont anderer als der eigenen kulturellen Prämissen – zu *erkennen*.

Cortés dagegen besitzt diese Fähigkeit in hohem Maße. Nicht nur zeigt er sich fähig, die Prämissen des so gänzlich anderen kulturellen Weltbilds seines Gegenspielers theoretisch zu *verstehen*, sondern ist darüber hinaus auch in der Lage, dieses Wissen in ein Element des eigenen zweckgerichteten Handelns zu verwandeln, d. h. strategisch zu *benutzen*. Er bedient sich nicht nur von Anfang an der Dienste von Dolmetschern, um Moctezumas Absichten und Gedanken genau zu erforschen, sondern übernimmt für sein eigenes Auftreten Elemente des bei Moctezuma beobachteten symbolischen Zeichensystems, um dem Aztekenherrscher als gleichwertiger „Souverän" entgegentreten zu können. Die Asymmetrie läßt sich beschreiben als der Gegensatz zwischen einer rituellen „Kommunikation mit der Welt" einerseits – bei welcher der personale Kommunikationspartner nur eine untergeordnete Rolle spielt – und einer «communication interhumaine» (75) andererseits. Erstere findet sich bei Moctezuma, letztere bei Cortés. Das Verhalten des Spaniers beruht gewissermaßen auf der impliziten Prämisse der Konventionalität der Zeichensysteme («l'arbitraire du signe») und gewinnt hieraus die Möglichkeit, die in Gebrauch befindlichen sozialen Zeichen pragmatischen Zielsetzungen entsprechend zu *manipulieren*. Nur auf der Grundlage der «communication interhumaine» ist so etwas möglich wie eine Erkenntnis des Anderen. Die Erkenntnis des Anderen bildet bei Cortés also die Voraussetzung des Sieges. Die Unfähigkeit zu dergleichen Erkenntnis – die Unfähigkeit einer Integration des Anderen ins eigene kulturelle System – ist dagegen der wichtigste Grund für die Niederlage Moctezumas.

Die schockierende Erkenntnis, daß die Fähigkeit zum Verständnis des Anderen, über die Cortés im Gegensatz zu Moctezuma in so hohem Maße verfügte, offenbar gradlinig hinführt zu Raub, Plünderung, ja physischer Vernichtung von Millionen, verlangt indes nach einer Erklärung. In der Analyse des Zusammenhangs zwischen «comprendre», «prendre» und «détruire» „gelangt Todorov zu einer Position, die uns von fundamentaler Bedeutung scheint als Grundlage einer zeitgenössischen Beschäftigung mit dem Phänomen lateinamerikanischer Geschichte.

Im Zentrum der Argumentation Todorovs steht ein Modell zur Differenzierung der Beziehungen zum Anderen («typologie des relations à autrui»). Jede Beziehung zum Anderen nämlich läßt sich denken als ein komplexes Beziehungsverhältnis dreier Ebenen: 1. der Ebene der Wertsetzungen («plan axiologique»), 2. der Ebene des Handelns («plan praxéologique») sowie 3. der Ebene des Erkennens («plan épistémique»). Insbesondere die erste und die dritte Ebene sind für eine Diskussion adäquater Kategorien für eine im Hinblick auf die «question de l'autre» problematisierte Geschichte Lateinamerikas von entscheidender Bedeutung. Todorov erläutert die Argumentation am Beispiel der sog. „axiologischen Wende“ bei Las Casas bzw. dem „epistemologischen“ Erkenntnisinteresse bei Bernardino de Sahagún.

Die „axiologische Wende“ bei Las Casas, auf die Todorov anspielt, zeigt sich in der Gegenüberstellung der von Las Casas eingenommenen theologischen Positionen im berühmten Streitgespräch mit Sepúlveda von 1550 und der Weiterentwicklung und teilweisen Revision dieser Positionen in der später erschienenen Schrift *Apologética Historia.* Da wir im zweiten Teil (vgl. Kapitel 3, Abschnitt 3.3) auf die einzelnen Argumentationsschritte ausführlich zurückkommen, genügt an dieser Stelle der summarische Hinweis, daß Todorov bei Las Casas eine Wende hin zum „moralischen Perspektivismus“ zu erkennen glaubt. Die Einführung des Prinzips der Relativität bzw. des Perspektivismus „in einem hierfür nur denkbar schlecht geeigneten Terrain“ («dans un champs qui s'y prête aussi mal», ebd.) ist gleichbedeutend mit der Anerkennung eines *Rechts auf Anderssein des Anderen als eines Anderen.* Zugleich bedeutet sie die potentielle Preisgabe des Universalitätsanspruches der (katholischen) „Theologie“ zugunsten eines Standpunktes, den man – modern – als denjenigen einer «anthropologie religieuse» bezeichnen könnte (196).

Die Frage «Comment se comporter à l'égard d'autrui?» als die Grundfrage der lateinamerikanischen Geschichte hat damit eine erste Antwort gefunden. Sie ist „axiologischer“ Natur und besteht im Grundsatz des „moralischen Perspektivismus“[20] –

> cette forme supérieure de l'égalitarisme [...] où chacun est mis en rapport avec ses valeurs à lui, plutôt que d'être confronté à un idéal unique (197).

> [...] jene höhere Form des Egalitarismus, in der jeder zu seinen eigenen Werten in Beziehung gesetzt und nicht mit einem einheitlichen Ideal konfrontiert wird (228).

Die zweite Antwort dagegen ist „epistemologischer" Natur. Todorov entwikkelt sie am Beispiel der Darstellung der Aztekenkultur in Bernardino de Sahagúns *Historia general de las cosas de Nueva España*. Sahagún ist Franziskanermönch. Das Motiv seines Werkes ist Bekehrung und Missionierung. Im Laufe einer fast vierzigjährigen Arbeit mit einheimischen Informanten kommt es jedoch zu einer allmählichen – zunächst offenbar weitgehend unbewußt vollzogenen – Revision der ursprünglichen Prämissen. Diese Revision blieb auch den Zeitgenossen nicht verborgen. Sie führte dazu, daß Sahagún immer stärker in das Schußfeld der offiziellen Kritik geriet und schließlich mit einem expliziten Arbeitsverbot belegt wurde.

Worin besteht die – für die Zeitgenossen offenbar unannehmbare – Provokation dieser Revision? Todorov zufolge besteht sie in einer Erkenntnishaltung, wie sie in der modernen Ethnologie zu finden ist – der Haltung „reiner" Beschreibung, der Anerkennung des Anderen in seiner grundsätzlichen Andersheit, der Relativierung der eigenen Wertsetzungen, des dialogischen Zur-Geltung-Bringens der „Stimme des Anderen" im eigenen Text:

L'ethnologue [...] contribue à l'éclairage réciproque d'une culture par une autre, à «nous faire mirer en la face d'autruy», selon la belle formule dont usait déjà au seizième siècle Urbain Chauveton: on connaît l'autre par soi mais aussi soi par l'autre (245).

Der Ethnologe [...] leistet seinen Beitrag zur gegenseitigen Erhellung einer Kultur durch eine andere, um uns im Angesicht des anderen sehen zu lassen, nach der schönen Formulierung, die schon im 16. Jh. von Urbain Chauveton geprägt wurde: man erkennt den anderen durch sich selbst, aber auch sich selbst durch den anderen.

Es sei dahingestellt, ob Todorovs Erwartungen an die methodologischen Leistungen der Ethnologie – der Todorov es offenbar zutraut, bereits auf der Ebene der eigenen Prämissen den „Eurozentrismus" zu überwinden – die Arbeitsweise der „wirklichen" Ethnologie idealisieren. Die Erwartungen haben zweifellos Modellcharakter; sie beziehen sich weniger auf die existierende wissenschaftliche Disziplin „Ethnologie" als vielmehr auf ein wissenschaftliches Konstrukt, das Todorov in Ansätzen bereits bei Diego Durán oder Bernardino de Sahagún präfiguriert sieht.[21] Was Todorov hier überaus vage als «notre présent» bezeichnet, ist nichts anderes als das Konzept einer Historiographie, die den eurozentrischen Teufelskreis des «comprendre – prendre – détruire» endlich zu durchbrechen in der Lage ist, ein Konzept, das es erlaubt, das Wissen vom Anderen nicht länger ausschließlich manipulativ als *Macht-*, sondern in der Tat als *Anerkennungs*wissen zu verwenden. Es handelt sich – was die Historiographie als wissenschaftliche Disziplin i. e. S. angeht – zweifellos um ein utopisches, als Erwartung an zukünftiges Handeln gerichtetes Konzept. Es scheint mir indes bedeutsam, daß Todorov sein eigenes Werk im weitgehend undefinierten Grenzbereich *zwischen* „Literatur" und „Historiographie" ansiedelt.

A la question: comment se comporter à l'égard d'autrui? je ne trouve pas moyen de répondre autrement qu'en racontant une *histoire exemplaire* (ce sera le genre choisi), une histoire donc aussi vraie que possible mais dont j'essaierai de ne jamais perdre de vue ce que les exégètes de la Bible appelaient le sens tropologique, ou moral. Et dans ce livre alterneront, un peu comme dans un roman, les résumés, ou vues d'ensembles sommaires; les scènes, ou analyses de détails farcies de citations; les pauses, où l'auteur commente ce qui vient de se passer; et, bien entendu, de fréquentes ellipses, ou omissions: mais n'est-ce pas le point de départ de toute histoire? (12)

Auf die Frage: wie sollen wir uns dem anderen gegenüber verhalten? finde ich keine andere Antwort als die, eine Geschichte zu erzählen, eine *exemplarische Geschichte* (es ist dies das Genre, zu dem ich mich entschlossen habe), eine Geschichte, die so wahr wie möglich ist, bei der ich jedoch niemals das aus den Augen zu verlieren versuche, was die Bibelexegeten den tropologischen oder den moralischen Sinn genannt haben. Und so findet der Leser in diesem Buch ohne rechte Ordnung aufeinanderfolgend – ganz wie in einem richtigen Roman – Zusammenfassungen oder summarische Überblicke; Szenen oder mit Zitaten gespickte Detailanalysen; Pausen, in denen der Autor kommentiert, was geschehen ist; und natürlich auch häufige Ellipsen oder Auslassungen: aber geht es so nicht zu am Anfang einer jeden Geschichte? (12)

Für die Zwecke dieser Einleitung, in der versucht wird, lateinamerikanische „Literatur" als Medium der Vermittlung historischer Realität zu diskutieren, sind die Sätze Todorovs nichtsdestoweniger ein wichtiges Signal. Wir bleiben jedoch zunächst einmal bei den Ergebnissen des historiographischen Wissens i. e. S. Nur vor ihrem Hintergrund wird deutlich, worin der historiographisch bedeutsame *eigene* Beitrag der Literatur bestehen kann.

2.2 Orientierungsdaten zur Eroberung und Kolonialgeschichte

Das fundamentale Problem der Perspektive, das die Beschäftigung mit lateinamerikanischer Geschichte notwendigerweise mit sich bringt, zeigt sich bereits auf der Ebene einer scheinbar vordergründigen Nomenklatur. „Entdeckung" oder gar „Eroberung" («conquista») sind zweifellos eurozentrische Begriffe. Man mag dagegenhalten, daß das in Frage stehende Ereignis auch für die einheimische indianische Bevölkerung den Tatbestand einer „Entdekkung" erfüllte, denn es war ja schließlich das erste Mal, daß der „weiße Mann" amerikanischen Boden betrat. Es ist jedoch dies offensichtlich nur eine rationalisierende Abstraktion. Aus der Sicht der Eroberten («visión de los vencidos») nämlich handelte es sich vielmehr eher um so etwas wie die „Erfüllung einer Prophezeiung" – keineswegs also um eine „Entdeckung", sondern um ein im Rahmen einer vorausgesetzten Ordnung des Wissens und der Dinge *vorhersagbares* Ereignis. Einerseits also Empirie, andererseits jedoch Dogmatismus und Metaphysik: die Perspektiven sind von Anfang an unvereinbar. Sie bleiben es – auch wenn die Empirie, dasjenige, was die Europäer alsbald

„Wirklichkeit" nennen, das mythologische Weltbild der Indianer scheinbar Lügen strafen wird. Die Eroberung wird zum «fait accompli»; der Glaube an die besiegten Götter dagegen schwindet keineswegs im gleichen Maße. So finden sich Reste der ehemals gültigen Mythen bis hinein in unsere Tage.[22] „Lateinamerikanistik" – sofern sie nicht von vornherein die Prämissen „eurozentrischer" oder „indigenistischer" Geschichtsschreibung kritiklos übernimmt – sieht sich mithin von Anfang an dem Postulat einer notwendigen, ja unhintergehbaren *Poly*perspektive konfrontiert: Nicht die eurozentrische – aber auch nicht die „indigenistische" Perspektive *allein* – konstituieren die Geschichte Lateinamerikas. „Lateinamerika" ist offenbar in der Tat eine neue Welt – nicht so sehr diejenige des Mythos Utopia, den die europäischen Renaissancemenschen augenblicklich in die neuentdeckten Gebiete hineinexportierten, als vielmehr jene durch heterogene historische Prämissen konstituierte „Mestizenwelt", die wenige Jahre nach Ankunft der ersten Spanier Gegenwart und Zukunft des Kontinents bestimmten. „Lateinamerika" in diachroner Hinsicht ist also zumindest immer jene perspektivische „Trias", deren konstitutive Elemente wie folgt zu bezeichnen sind:

1. Lateinamerika in der Sicht der den Kontinent entdeckenden, erobernden, kolonisierenden, aber auch ausbeutenden Europäer;
2. Lateinamerika in der Sicht der diese Vorgänge erleidenden Urbevölkerung;
3. Lateinamerika als das eigentliche Resultat all dieser Vorgänge, d.h. als das historische Produkt einer polyperspektivisch verlaufenden Ereignisgeschichte, wie sie – Todorov zufolge – die zeitgenössische Ethnologie zum Gegenstand ihrer Forschungen macht.

Natürlich ist auch diese Dreiteilung eine wissenschaftliche Abstraktion. Nicht in jeder Hinsicht und bei jedem Thema hat die erwähnte Polyperspektive die gleiche Funktion und Relevanz. So gehört die pure Feststellung des Ablaufs der historischen Ereignisse als solcher wohl in der Tat zu den Problemen, deren Lösung der traditionellen Methode des positivistischen Quellenstudiums überlassen bleiben sollte. Allerdings bleibt die Arbeit des Historikers so gut wie nie auf die Festellung „positiver" Tatsachen beschränkt: Mag das Datum der Landung der ersten Spanier an der Pazifikküste, mit der die Eroberung Perus eingeleitet wurde, auch mit einiger „Exaktheit" feststellbar sein, andere Tatsachen der Eroberungsgeschichte – so z.B. Umstände und Deutung des Todes des letzten Inkaherrschers Atahualpa – entziehen sich dem Kriterium der Exaktheit dagegen in grundsätzlicher Weise: Handelte es sich schlicht um einen feigen Mord nach vorausgegangener monatelanger Erpressung (so die vereinfachende Version des Ereignisses im Sinne einer ideologiekritischen Aufarbeitung der Geschichte aus heutiger Sicht)? Handelte es sich um eine Hinrichtung, die jedoch aufgrund der ungerechtfertigten Übertragung spanischer Rechtsnormen auf die neuentdeckten Gebiete als Justizmord interpretiert werden muß (so die Wertung des Ereignisses durch kritische Zeitgenossen in Europa)? Handelte es sich um eine Hinrichtung, die in der Anwendung spanischen Rechts jedoch zugleich auch universell gültige Rechtsnormen berücksichtigte (so u. a. der Wortlaut des offiziellen Urteils)? Handelte es sich gar nur um einen symbolischen Tod, ein nur vorübergehendes Verschwinden Atahualpas, das die dereinstige machtvolle Wiederkehr des Inka-Herrschers als Befreier seines Volkes keineswegs ausschließt (so die mythologische Deutung des Todes, wie sie in Resten eines messianischen Volksglaubens bis heute offenbar immer noch nachzuweisen ist)? Es liegt auf der Hand, daß für eine vornehmlich an Texten i. w. S. interessierte Lateinamerikanistik insbesondere die Darstellung der an diesem Beispiel deutlich werdenden „diskursiven“ Seite der historischen Ereignisse von Bedeutung ist. Für die Zwecke des in diesem Abschnitt intendierten Überblicks können wir die Diskursproblematik der historischen Fakten jedoch fürs erste weitgehend ausblenden. Die zu beantwortenden Fragen lauten:

- In welchem Zustand befand sich der lateinamerikanische Kontinent unmittelbar vor der Ankunft der europäischen Eroberer?
- Welches Bild bietet der Kontinent, nachdem die Eroberungsphase abgeschlossen ist?
- In welchem Zustand befindet er sich in der zweiten Hälfte des 18. Jahrhunderts, d. h. zum Zeitpunkt der unter Karl III. durchgeführten administrativen Reformen?

Die Indianerreiche Ende des 15. Jahrhunderts

Die wichtigsten Indianerreiche, die die Spanier bei ihren Eroberungszügen vorfanden, waren (von Norden nach Süden) die folgenden:

1. *die Antillen-Indianer*:
   Zur Zeit der Ankunft des Kolumbus waren die Antilleninseln von Indianern bevölkert. Ihre fast vollständige physische Vernichtung geht auf das Konto der Eroberer und ersten Kolonisatoren («encomenderos»). Las Casas hat das Schicksal der Antillenindianer vor Augen, wenn er in der *disputatio* mit Sepúlveda sowie vor Karl V. für die Rettung der Indios streitet.
2. *die Azteken bzw. Mexicas*:
   Sie waren ansässig im Hochland von Mexiko und bildeten zur Zeit der Ankunft von Cortés den Drei-Staaten-Bund der Städte Tenochtitlán, Texcoco und Tlalcopan. Tenochtitlán unter Moctezuma II. (1502–1520) behauptete die Vorherrschaft. Eine vierte Stadt namens Tlaxcala gehörte nicht zum Staatenbund und verbündete sich nach Moctezumas Tod mit Cortés.
3. *die Mayas*:
   Zur Zeit der Ankunft der Spanier befanden sich die Mayas im Einflußbereich der Azteken. Ihre Heimat war die Halbinsel Yucatán sowie das guatemaltekische Hochland.

4. *die Inkas*:
   Das Zentrum dieses an Ausdehnung größten Indianerreiches aller Zeiten war Cuzco in den peruanischen Anden. Im Norden reichte das Staats- bzw. Einflußgebiet der Inkas bis einschließlich dem heutigen Ecuador, im Süden dagegen bis Mittelargentinien. Zur Zeit der Ankunft der Spanier befand sich das Reich in einer Art Erbfolgekrieg, der zwischen dem legitimen Thronfolger Huáscar und seinem Bruder Atahualpa um die Nachfolge des verstorbenen Inkaherrschers Túpac Amaru I. ausgetragen wurde. Der Nordteil des Reiches – das Gebiet von Tumbes, wo Pizarro landete – befand sich in der Hand Atahualpas.
5. *die Araukaner, die Mapuche- sowie die Chaco-Indianer*:
   Ihre Stammesgebiete befanden sich in den südlichen Anden (auf der Höhe des heutigen Chile) sowie im argentinischen Tiefland.

Sowohl das Azteken- als auch das Inkareich befanden sich zur Zeit der Ankunft der Spanier auf dem Höhepunkt ihrer kulturellen Entwicklungsstufe und politischen Machtentfaltung. Die Tatsache der Eroberung dieser Reiche binnen kürzester Zeit durch eine Handvoll spanischer Abenteurer birgt für die Geschichtswissenschaft bis heute immer noch ungelöste Rätsel. Restlos glückte die Eroberung indes nur in Mexiko; in Peru zog sie sich nach kurzen Anfangserfolgen über fast 40 Jahre hin. Eine naheliegende Erklärung für die Erfolge der Spanier liegt im straffen Zentralismus sowie der engen Verschränkung von politischer und religiöser Hierarchie, Strukturen, wie sie sich sowohl bei den Azteken als auch bei den Inkas fanden. Obwohl die Eroberung im Detail in beiden Fällen sehr unterschiedlich verläuft, ist die Ausgangssituation offenbar vergleichbar. Sowohl in Mexiko als auch in Peru gelang es den beiden Eroberern, zunächst ein vorläufiges Vertrauensverhältnis zu den jeweiligen Herrschern aufzubauen, sie sodann in ihre Gewalt zu bringen und unter Druck zu setzen; sowohl Moctezuma als auch Atahualpa bezahlten die Haft schließlich mit dem Tod. Die Eroberung selbst vollzog sich sodann in Form eines „Staatsstreichs unter Bedingungen autokratischer Herrschaft" – wie man modern formulieren könnte: das seiner politischen und vor allem religiösen Führer beraubte Volk verlor augenblicklich die Orientierung, bildete neue, den Eroberern willkommene oder von diesen manipulierte Koalitionen und ordnete sich den neuen Herren rasch unter.

Anders lagen die Verhältnisse bei den Mayas, deren politische und soziale Struktur bei Ankunft der Spanier eine gänzlich andere war. Sie waren seit dem 11. Jahrhundert von den Tolteken politisch überfremdet worden und lebten in dezentralisierter Form, beherrscht von den lokalen Führungsgruppen der jeweiligen Tempelzentren. Der Widerstand, den sie den Eroberern leisteten, war hartnäckig und wurde in seinen letzten Resten erst in den 80er Jahren des 16. Jahrhunderts gebrochen.

Während die Azteken-, Maya- und Inkareiche alle Kriterien sog. Hochkulturen erfüllten, befanden sich die im Süden lebenden Araukaner auf einer niedrigeren Kulturstufe. Die meisten dieser Stämme lebten als Nomaden. Ebensowenig wie vor ihnen den Inkas gelang es den Spaniern, die Kriegerhorden der Araukaner, Mapuche- oder Chaco-Indianer zu besiegen. Sie bewahrten bis in die zweite Hälfte des 19. Jahrhunderts hinein Formen der Unabhängigkeit. Aufgrund kriegerischer Expeditionen und Beutezüge gegen die ihnen benachbarten europäischen Siedler galten sie der weißen Bevölkerung als „Wilde".[23]

Während in Mexiko und Peru das Verhältnis von Eroberern und Eroberten neben härtester Ausbeutung und physischer Repression durchaus auch Elemente kultureller (nach beiden Seiten hin verlaufender) „Assimilation" kennt – Voraussetzung für das Entstehen kultureller Mischformen («mestizaje») –, bleibt es in Chile und Argentinien hauptsächlich bei polemischer Abgrenzung. Einer der Gründe hierfür liegt gewiß in der mangelnden Assimilationsbereitschaft der in diesem Gebiet ansässigen Indianerstämme, insofern auch in der Eigenart der von ihnen erreichten Stufe zivilisatorischer Entwicklung. Ein weiterer Grund liegt gewiß in dem gänzlich anders verlaufenden Prozeß der Besiedelung – insbesondere – Argentiniens, einem vor allem von Europäern seit der Mitte des 19. Jahrhunderts bevorzugten Einwanderungsland. Der Ausrottungskampf, den die argentinische Armee seit der 2. Hälfte des 19. Jahrhunderts im Auftrag der Republik gegen die „Wilden" geführt hat und den sie bis heute mit Stolz in ihren Annalen verzeichnet,[24] zeigt Ähnlichkeit mit dem Prozeß der Kolonisierung und Landgewinnung, wie er zur gleichen Zeit in den Vereinigten Staaten von Nordamerika und in Kanada auf Kosten der indianischen Urbevölkerung durchgeführt wurde.

Die angedeuteten Unterschiede sind bis heute ablesbar an den für die einzelnen Staaten verfügbaren Daten zur Bevölkerungsstatistik (siehe Tabelle 6).

Tabelle 6

	Zusammensetzung der Bevölkerung in %		
	Indios	Weiße	Mestizen
Mexiko	10–15	unbedeutend	85–90
Guatemala	45 bzw. > 66%	5	40
Peru	45	12	32
Chile	4,5	30,5	65
Argentinien	< 0,2	> 90	5

Quellen: 2. Aufl., Bd. 3, 121 (Mexiko), 3. Aufl., Bd. 3, 119 (Guatemala), Bd. 2, 439f. (Peru), Bd. 2, 279f. (Chile), Bd. 2, 145 (Argentinien).

Der Statistik zufolge ist der Mestizierungsprozeß in Mexiko und Guatemala am weitesten fortgeschritten. Der Anteil der weißen Bevölkerung ist hier in der Tat verschwindend gering, wobei Guatemala jedoch zugleich von allen Staaten Lateinamerikas den höchsten Prozentsatz reiner Indiobevölkerung aufweist. Umgekehrt liegt der Anteil der weißen Bevölkerung in Argentinien bei 90%, während Indios und Mestizen nur einen kleinen Teil der Bevölkerung ausmachen. In Peru ist der Anteil der Indiobevölkerung dem Guatemalas vergleichbar, während er in Chile tendenziell ebenso niedrig liegt wie im Nachbarland Argentinien. Aus dem Rahmen fällt allerdings der hohe Mestizenanteil, den die Statistik für Chile angibt. Er liegt doppelt so hoch wie der peruanische. Sollte es zutreffen, daß die chilenische Mestizenbevölkerung in der Hauptsache auf die araukanische Urbevölkerung zurückgeht, so wäre die These von der Assimilationsunfähigkeit der letzteren allerdings zu revidieren.

Die Kolonialmächte Spanien und Portugal

Zu den erklärungsbedürftigen Aspekten der südamerikanischen[25] Eroberungsgeschichte gehören – aus heutiger Sicht betrachtet – nicht allein die erstaunlich schnellen Kriegserfolge der spanischen Konquistadoren gegenüber der Übermacht der indianischen Streitkräfte, sondern auch der relativ ungestörte Ablauf der Eroberung selbst, ungestört nämlich im Hinblick auf Interventionen der übrigen europäischen Mächte. Wie war dies möglich?

Zu den Erklärungsgründen – zumindest, was die Anfangsphase der Entdekkung und Eroberung angeht – gehört ohne Zweifel der Zufalls- bzw. Irrtumseffekt,[26] der die Conquista in ihrer Anfangsphase begleitete. „Kolumbus, dieser größte Mystiker, der je zur See gefahren ist, besetzte das Ziel mit einer fixen Idee" (*Propyläen Geschichte Europa* [*PE*], Bd. 1, 264). In der Tat mußte sich Kolumbus ja mit seinen Plänen zur Entdeckung des Seewegs nach (West-) Indien in einem langwierigen Prozeß erst durchsetzen. Das seeerfahrene Portugal, das unter Heinrich dem „Seefahrer" bereits in der ersten Hälfte des 15. Jahrhunderts Kolonialbesitz in Westafrika erworben und 1488 zum ersten Mal Schiffe um die Südspitze Afrikas nach Ostindien entsandt hatte (*PW*, 608 ff.), wies ihn ab; Paris und London ebenfalls. Die Katholischen Könige ihrerseits ließen sich nur zögernd überreden, die Flotte auszurüsten, empfingen den Entdecker nach seiner ersten Fahrt dann jedoch aufs prächtigste. Machtpolitische Interessen standen mit einem Mal auf dem Spiel. Auch Portugal zeigte sich nunmehr interessiert und berief sich auf das Abkommen von Alcáçovas (1479), in dem ihm die afrikanischen Gewässer südlich der Kanarischen Inseln als Entdeckungsbereich zugesichert worden waren. Der offiziell vertretene Standpunkt lautete, die Linie sei gegen Westen hin beliebig zu verlängern. Damit war eine Konkurrenzsituation zwischen spanischen und portugiesischen Ansprüchen gegeben. Zusammen baten beide Mächte den Papst um Vermittlung. Papst Alexander VI. traf daraufhin in der berühmten Bulle von 1493 die folgenreiche, im spanisch-portugiesischen Staatsvertrag von Tordesillas (*Fischer Weltgeschichte* [*FW*], 30 f.) später besiegelte Entscheidung, gemäß der alles Land westlich einer „370 Seemeilen westlich der Kapverdischen Inseln verlaufenden Meridianlinie“ (ebd., 31) Spanien, alles Land östlich dieser Linie Portugal zugesprochen wurde. Es handelt sich bei dieser Bulle nicht so sehr – wie vielfach in der Literatur nachzulesen – um eine „Aufteilung der Welt durch den Papst“ – die Initiative jedenfalls ging gar nicht von Alexander VI. selbst aus –, vielmehr wurde er von Spanien und Portugal gewissermaßen als Schiedsrichter angerufen (vgl. Konetzke, *PW*, 625). Daß damit tatsächlich für längere Zeit eine Aufteilung der (Neuen) Welt besiegelt war, kam den übrigen europäischen Mächten erst relativ spät zu Bewußtsein. So spricht Franz I. erst 30 Jahre später – im Streit mit Karl V. – den klassischen Satz:

> Die Sonne leuchtet für mich genauso wie für jeden anderen. Ich würde gerne die Klausel in dem Testament Adams sehen, nach der ich von der Teilung der Welt ausgeschlossen bin (*PE*, 267).

Die Entdeckung und Eroberung Brasiliens, das den Portugiesen durch den Vertrag von Tordesillas zufiel, beginnt dagegen erst im Jahre 1500, und zwar eher zögernd und unspektakulär. Erst als (ab 1516) andere Mächte – insbesondere Frankreich – sich anschicken, in das Gebiet einzudringen, beschließt die portugiesische Krone, Brasilien systematisch zu besetzen (*PW*, 629). Ab 1549 residieren königliche Gouverneure in Bahia. Erst Mitte des 18. Jahrhunderts dagegen wird Brasilien in den Rang eines Vizekönigtums erhoben bei gleichzeitiger Verlegung der Verwaltung nach Rio de Janeiro.

Das spanische und portugiesische Kolonialreich in Lateinamerika vom 16. bis zum 18. Jahrhundert

Als Resultat der Eroberungsphase im eigentlichen Sinne ergibt sich etwa Mitte des 16. Jahrhunderts folgendes Bild des hispano-lusitanischen Kolonialreichs: Das riesige Gebiet ist eingeteilt in zwei ausgedehnte Vizekönigtümer: zum einen «Nueva España» mit der Hauptstadt Mexiko, wo bereits 1535–1550 der erste Vizekönig A. de Mendoza regiert; zum anderen «el virreynato del Perú» mit der Hauptstadt Lima. Das Kolonialgebiet Portugals besteht aus Brasilien, das allerdings erst 1763 zum Vizekönigtum erklärt wird. Neuspanien umfaßt im 16. und 17. Jahrhundert das gesamte – bis weit in die heutige USA hineinreichende – Gebiet Mexikos, Mittelamerikas sowie – auf dem südamerikanischen Kontinent – Venezuelas. Zum Vizekönigtum Peru dagegen rechnen sowohl das riesige Gebiet des ursprünglichen Inkaterritoriums als auch das Gebiet des heutigen Kolumbiens sowie im Süden Argentinien (soweit das Gebiet bereits in vorkolumbianischer Zeit Teil des Inkaterritoriums war).

Die Einteilung des Kolonialreiches blieb in dieser Form für mehr als ein Jahrhundert erhalten. Die Gründe für diese erstaunliche Konstanz und Stabilität – so werden wir im nächsten Abschnitt sehen – liegen insbesondere im institutionellen Bereich. Die Stabilität war die Voraussetzung für das Entstehen eigenständiger kultureller Leistungen, die dazu führten, daß der Einfluß und die historische Wirksamkeit der in der Kolonialepoche entstandenen politisch-institutionellen sowie geistig-mentalitätsgeschichtlichen Strukturen weit über das politische Ende der Kolonialepoche i. e. S. hinausreichte. Als die Edelmetallströme, die nach Europa flossen, jedoch dünner wurden, und die Möglichkeiten weiterer kapitalistischer Ausbeutung allmählich Grenzen zeigten, geriet das System – im Laufe des 17. Jahrhunderts – schließlich in eine Krise.

Als Folge des Spanischen Erbfolgekrieges zu Beginn des 18. Jahrhunderts kommt es in Spanien zum Dynastiewechsel. Die Ablösung der Habsburger durch die Bourbonen zog langfristig auch einen Prozeß ideologischen bzw. politischen Umdenkens nach sich: Der im 16. und 17. Jahrhundert allein vorherrschende „Beutekapitalismus" hatte die Ressourcen der Länder zwar nicht erschöpft, zweifellos jedoch an eine Grenze geführt, an der es notwendig wurde, nach neuen Formen der Ausbeutung der Kolonien Ausschau zu halten. Ein erster Schritt bestand in der Dezentralisierung der Verwaltung. Er wurde vollzogen durch die Schaffung des Vizekönigtums «Nueva Granada» (1739) unter Philipp V. (1701–1746). Die neue Verwaltungseinheit umfaßte das Gebiet des heutigen Panama, Venezuelas, Kolumbiens und Ecuadors – eine sinnvolle Beschränkung sowohl von «Nueva España» als auch des überdimensionierten Vizekönigtums Peru. Letzteres wurde unter Karl III. (1759–1788) – dem einzigen spanischen Monarchen, der den Ideen eines aufgeklärten „Kapitalismus" wirklich nahestand und bereit war, sie in politische Tat umzusetzen – 1776 in das als Kernland fortbestehende, aber im wesentlichen auf das Gebiet des heutigen Peru und Bolivien beschränkte Vizekönigtum Peru, das selbständige Vizekönigtum Rio de la Plata[27] sowie das weiterhin Lima unterstellte Generalkapitanat Chile aufgeteilt. Wenige Jahre vorher war auch Brasilien, das zu dieser Zeit bereits weitgehend den heutigen Grenzen entsprach, zum Vizekönigtum erhoben worden.

2.3 Beständigkeit und Wandel der kolonialen Institutionen

Als eine ihrer wichtigsten Aufgaben betrachtete die spanische Krone in den ersten Jahrzehnten der Kolonisation den systematischen Aufbau kolonialer Institutionen. Es steht außer Zweifel, daß die erstaunliche Stabilität, die das hispanoamerikanische Kolonialsystem über drei Jahrhunderte hin aufgewiesen hat, zu einem Großteil dem Funktionieren dieses institutionellen Rahmens zu verdanken ist. Die Beschäftigung mit diesem Rahmen ist deshalb nicht lediglich Gegenstand eines antiquarisch-historischen „Wissens". Sie ist unumgänglich, da die in der Kolonialzeit geschaffenen politischen und institutionellen Strukturen – gerade da ihnen natürlich zugleich bestimmte Mentalitätsstrukturen korrespondierten – durch die Erlangung der politischen Unabhängigkeit ja keineswegs spurlos verschwunden sind, sondern ihre Wirksamkeit bis weit in die republikanische Epoche der lateinamerikanischen Staaten hinein entfaltet haben.

Angesichts der niederdrückenden Bilanz, die sich – wie wir sahen – aus der synchronen Sicht der Sozialwissenschaften für das Bild Lateinamerikas in der Gegenwart ergibt, ist vor einem vorschnellen Urteil über die historische Epoche der lateinamerikanischen Kolonialzeit dennoch zu warnen. Wie vor den Monumenten und Leistungen der präkolumbianischen Kulturen gilt es auch vor den Leistungen der „Sieger" – der spanisch-portugiesischen Kolonisation – die Augen zu öffnen. Was sie zerstört – aber auch geschaffen – hat, ist die Grundlage des gegenwärtigen Lateinamerika. Die berechtigte und moralisch geforderte Identifikation mit der Sprachlosigkeit untergegangener Kulturen, die der Siegeszug der Konquistadoren zum Schweigen verurteilt hat, darf nicht dazu führen, die Sprache der auf ihrem Wege ebenfalls entstehenden neuen Kultur ebenfalls zu negieren. Dergleichen Negationen führen – wie am Beispiel zeitgenössischer Guerillaaktionen abzulesen ist – in der Regel nur zu historischer Bilderstürmerei, unhistorischer Restauration oder – schlimmstenfalls – zu Akten blinder, terroristischer Gewalt. Lateinamerikanisches Identitätsbewußtsein schließt das spanische Kolonialerbe *ein*, nicht *aus*. Carlos Fuentes hat dieses multikulturelle Erbe des zeitgenössischen Lateinamerika in einem wichtigen Essay unlängst mit beredten Worten nochmals unterstrichen:

> [...] el pacto de civilización consiste en reconocer que somos un área policultural, dueña de una enorme variedad de tradiciones de donde escoger elementos para un nuevo modelo de desarrollo y sin razones para estar casados con una sola solución. Nuestra cartelera no se limita a escoger entre los Chicago Boys y los Marx Brothers. Somos parte de las Américas que tienen viva una tradición indígena y una tradición medieval, agustiniana y tomista. El mundo anglosajón carece de ellas; su proyecto democrático es distinto del nuestro; la América Española sí tuvo una civilización preeuropea y una cultura política medieval. (*Valiente mundo nuevo. Épica, utopía y mito en la novela hispanoamericana*. Mondadori España. Madrid 1990, 16f.)

> [...] der Pakt, zu dem unsere Zivilisation uns verpflichtet, besteht in der Anerkennung der Tatsache, daß wir eine polykulturelle Landschaft darstellen, daß wir eine ungeheure Vielfalt von Traditionen besitzen, aus der wir die passenden Elemente auswählen können für ein neues Entwicklungsmodell, ohne daß es Gründe gibt, die dazu zwingen, unser Heil nur in einer einzigen Lösung zu suchen. Unser Spielplan beschränkt sich nicht darauf, lediglich zwischen den Chicago Boys und den Marx Brothers eine Wahl treffen zu müssen. Wir gehören zu beiden Teilen Amerikas, in denen sowohl eine indigene als auch eine mittelalterlich augustinische bzw. thomistische Tradition lebendig ist. Die angelsächsische Welt verfügt über dergleichen Traditionen nicht; ihr demokratisches Projekt unterscheidet sich deshalb von dem unsrigen; das spanische Amerika dagegen verfügt sehr wohl über eine prä-europäische Zivilisation und eine mittelalterliche Politikkultur.

Das koloniale Institutionensystem hatte über drei Jahrhunderte Bestand und besaß gegen Ende hin sogar noch die Kraft, sich zu reformieren. Die sich im Zeitraum von nur wenigen Jahren vollziehende Auflösung des Kolonialreiches zu Beginn des 19. Jahrhunderts, die für die meisten Länder Lateinamerikas gleichbedeutend war mit dem Weg in die Unabhängigkeit, war keineswegs die Folge innerer Dekadenz, des Nicht-mehr-Funktionierens der kolonialen Ordnung, sondern vor allem eine Reaktion der kreolischen Führungsschichten auf das Machtvakuum in den europäischen Mutterländern, bedingt durch die interne politische Mißwirtschaft unter Karl IV. (1788–1808) einerseits und die Dynamik des französischen Imperialismus der napoleonischen Epoche andererseits. Für die selbständig gewordenen lateinamerikanischen Nationalstaaten bedeutete die plötzlich erlangte Unabhängigkeit deshalb keineswegs den Beginn einer Epoche der Prosperität, sondern zunächst einmal – in fast allen Ländern – den Eintritt in eine über Jahrzehnte währende Epoche tiefgreifender Instabilität am Rande der politischen Anarchie, aus der sich Länder wie Peru und Argentinien erst um die Jahrhundertmitte wieder zu erholen begannen.

Welches sind die Institutionen, auf denen Prosperität und Stabilität der Kolonialepoche beruhten? Das Institutionensystem des Kolonialreiches war gewissermaßen doppelt verankert: zum einen in den „Mutterländern" selbst, also in Spanien und Portugal; zum anderen „vor Ort", in den Kolonien selbst.

2.3.1 Koloniale Institutionen in Spanien

Die wichtigste der kolonialen Institutionen war zweifellos die absolutistische spanische Monarchie, die sich die neuentdeckten Gebiete durch päpstlichen Schiedsspruch augenblicklich zu persönlichem Eigentum erklären ließ. Die unbeschränkte Machtfülle, das „katholische" – ja quasi „theokratische" – Sendungsbewußtsein der spanischen Monarchen, ihre – aufgrund der schier unüberbrückbaren räumlichen Entfernung – grundsätzlich nur symbolische Präsenz ließen sie im Bewußtsein der besiegten Völker offenbar schnell und nahezu bruchlos an die Stelle der durch die Konquistadoren gestürzten – ebenfalls mit theokratischen Insignien versehenen – eigenen staatlich-politischen Autoritäten treten.

Die lediglich symbolische Präsenz der höchsten staatlichen Autorität in den Kolonien stellt gleichzeitig ihre Stärke und ihre Schwäche dar: ihre Stärke, da sie den Verinnerlichungsprozeß der Autorität, ihre Amalgamierung mit den traditionellen Autoritäten der unterworfenen Kulturen, ihre Identifizierung mit einer quasi transzendenten Instanz begünstigt; ihre Schwäche, da aufgrund der räumlichen Entfernung des Zentrums auch der scheinbar reale Arm der Exekutive potentiell immer schon in bloß symbolischen Gesten zu erstarren drohte. Mit anderen Worten: staatliche Exekutive verkommt leicht zum bloßen Buchstaben des Gesetzes.[28]

Die vor allem symbolisch wirksame Macht der Monarchie bedurfte also einer wirksamen Exekutive – hüben sowie drüben. In Spanien selbst erfüllte diese Funktion vor allem der «Consejo de las Indias».[29] Der Consejo war Legislative, Exekutive und Judikative in einem. Ihm oblag sowohl die Gesetzgebung betreffs der Kolonien als auch die Überwachung der Ausübung derselben. Sowohl die militärische und politische als auch die kirchliche Autorität in den Kolonien waren von ihm abhängig. In der *Recopilación de las leyes de las Indias* ist die Arbeit des Indienrates dokumentiert. Bedeutsam war vor allem die Zuständigkeit des Rates für kirchliche Fragen, insbesondere etwa die Investitur der Kirchenämter (s. u.).

Zu den weiteren Aufgaben des Indienrates gehörte die Kontrolle der Finanzen und des Handels: Als eine Art Unterbehörde entstand deshalb die sog. «Casa de Contratación» in Sevilla, über die die gesamte Handelsaktivität der Kolonien mit dem Mutterland bzw. mit den übrigen Staaten – nicht weniger jedoch auch der zwischen den Kolonien abgewickelte Handel – kontrolliert werden konnte.

Funktion und Macht des Indienrates blieben bis zum Ende des Kolonialreiches fast ungebrochen erhalten. Stärke und Schwäche auch dieser Behörde lassen sich nach ähnlichen Kriterien wie diejenigen der Monarchie selbst diskutieren: Seine Stärke lag im rigorosen Zentralismus; seine Schwäche dagegen in der Langsamkeit und Schwerfälligkeit der Entscheidungen sowie – vor allem – in der Langwierigkeit der Umsetzung von Entscheidungen in praktische Politik. Daß auch hier die faktische Umgehung der „Legalität" großenteils zur Regel erhoben wurde, ist deshalb ebenfalls einleuchtend.[30]

Andererseits gehörte die erwähnte Distanz des eigentlichen Machtzentrums von den Kolonien zu den unzweifelhaften Pluspunkten und Stärken des Systems. Da die eigentliche Verwaltung der Monarchien in Händen eines funktionierenden Verwaltungsapparats lag, wirkte sich die schon unter Philipp III. spürbar werdende Dekadenz der spanischen Monarchie für die Kolonien weit weniger verhängnisvoll aus als für das Mutterland selbst. So verlief die Geschichte der überseeischen Kolonien im 17. Jahrhundert zwar zunehmend glanzloser und uneffektiver, erreichte jedoch nicht jenen Tiefstand, auf welchem die sozioökonomische Entwicklung des spanischen Mutterlandes unter Karl III. (1665–1700) schließlich angelangt war.

Auch im Hinblick auf die ökonomische Ausbeutung (seitens der Monarchie) gilt es, die Proportionen historisch und faktisch angemessen zu verteilen. So erhob die spanische Monarchie, die sich legaliter ja als unbeschränkter Eigentümer der gesamten Besitzungen betrachten durfte, Anspruch nur auf Erhebung des sog. „Fünften", des fünften Teils also aller Einkünfte. Weitere Einnahmen für den Staat ergaben sich durch Export-, Import- und Verkaufssteuern sowie durch eine Art Kopfsteuer, deren Summe jedoch insgesamt niedriger lag als in Spanien selbst (vgl. Fagg 258f., 260). Es besteht Grund, diese Ausbeutungspolitik seitens der staatlichen Gewalt als grundsätzlich „maßvoll" zu bezeichnen – insbesondere, wenn man bedenkt, daß ein Großteil dieser Einnahmen in den Kolonien selbst verblieb und zum Unterhalt der Verwaltung und des Militärs sowie für Zwecke der Repräsentation verwandt wurde. Diese Politik ließ privaten Formen und Initiativen der Ausbeutung breiten Raum (vgl. Fagg, 258). Was die staatliche Machtausübung im engeren Sinne angeht, so ist wohl davon auszugehen, daß sie in den amerikanischen Kolonien kaum verschieden war von derjenigen, die während dieser Zeit auch in Europa praktiziert wurde.

This machine functioned for 300 years well enough to insure Spain's control and to permit the steady peopling of the Americas by Iberians. The Americas were not held by force, at least in the sense of large garrisons holding down unwilling populations. Extremely few rebellions against the authority of Spain took place until 1810. Whether the longevity of the empire was the product of inherent virtue in the imperial system or the inertia of the people, it speaks for itself (228f.).

Das System funktionierte 300 Jahre lang, und zwar gut genug, um die spanische Oberhoheit fest zu etablieren und den ständigen Fluß der iberischen Einwanderung nach Amerika zu gewährleisten. Amerika wurde nicht durch Gewalt gehalten, zumindest nicht in dem Sinne, daß ausgedehnte militärische Garnisonen eine ständig aufmüpfige Bevölkerung niederzuhalten gehabt hätten. Bis 1810 gab es nur eine äußerst geringe Anzahl von Rebellionen, die gegen die staatlichen Autoritäten gerichtet waren. Mag die Langlebigkeit des Kolonialreiches das Produkt der inhärenten Vortrefflichkeit des Herrschaftssystems sein, mag es auf der Willenlosigkeit der Bevölkerung beruht haben, in jedem Falle spricht es für sich.

Es war bisher jedoch nur von der *einen* Seite, der Verankerung des kolonialen Institutionenrahmens im Mutterland selbst, die Rede. Welches waren die Einrichtungen, die das Reich „vor Ort" zusammenhielten?

2.3.2 Koloniale Institutionen in Amerika

Der Vizekönig

Der ausgeprägte Sinn der spanisch-habsburgisch-burgundischen Monarchie für die symbolische Ebene staatlicher Machtausübung und Repräsentation führte dazu, daß die neuentdeckten Gebiete bereits kurz nach der Eroberung zu Vizekönigtümern erhoben wurden.[31] Der Vizekönig repräsentierte die spanische Monarchie in den Kolonien. Auch er sollte von jener eigentümlichen Dialektik der Ferne profitieren, die die Institution der Monarchie überhaupt umgab. Von dieser Tendenz der offiziellen Politik zeugt bereits die Personalpolitik: Von den insgesamt 170 Vizekönigen, die während der gesamten

Epoche herrschten, stammten nur vier aus Übersee; alle übrigen dagegen aus Spanien. Es handelte sich durchweg um Angehörige des Hochadels, des hohen Klerus oder der Militärkaste. „Repräsentations"-Funktion und politische Machtausübung gingen Hand in Hand. Die politische Funktion des Vizekönigs i. e. S. bestand vor allem in der militärischen Sicherung der Grenzen, dem Oberbefehl über die Flotte, dem Vizepatronat über die Kirche sowie der Aufsicht über Finanzen und Verwaltung. In all seinen Entscheidungen blieb er jedoch dem Indienrat verantwortlich: Sosehr die Institution des Vizekönigs für die Kolonien die unbeschränkte Macht des spanischen Monarchen zu repräsentieren hatte, so wenig sollte sich diese Macht in irgendeiner Weise verselbständigen.

«Audiencias» und lokale Administration

Die zweitwichtigste koloniale Institution waren die sog. «audiencias», eine in unregelmäßigen Abständen und an immer wieder neuen Orten des Reiches tagende oberste Justiz- und Verwaltungsbehörde, vergleichbar etwa dem unter Kaiser Maximilian I. 1497/98 gegründeten Reichshofrat.[32] Die Auswahl der Ratsmitglieder gehorchte dem gleichen Prinzip wie die Nominierung des Vizekönigs: die Mitglieder bestanden ausschließlich aus Spaniern; ihre Familien und ihre Güter verblieben im Mutterland. Während sie in der Neuen Welt waren, war es ihnen verboten zu heiraten, Handel oder Geldgeschäfte zu treiben; sogar die Anwesenheit bei Hochzeiten oder Begräbnissen war ihnen untersagt (vgl. Fagg, 200).

Ähnlich wie für die Institution des Vizekönigtums ist auch für die Audiencias das Nebeneinanderherbestehen einer konkret-praktischen und einer symbolisch-repräsentativen Funktion charakteristisch. Es geht ebensowohl um die Regelung strittiger juristischer bzw. administrativer Fragen als auch um die Kreierung eines gleichsam puritanischen, streng hierarchisch strukturierten Rechtsbewußtseins als solchem. Der oben erwähnte Abstand zwischen Legalität und Faktizität wurde durch die Audiencias mithin keineswegs verringert, sondern vielmehr eigens geschaffen.

Auf lokaler Ebene manifestierte sich die Verwaltungshierarchie in verschiedenen Institutionen. Nominell den Vizekönigen bzw. den Audiencias untergeordnet, gewinnen diese mit der Zeit an Unabhängigkeit. Die Tendenz zur Verselbständigung wurde verstärkt durch die Tatsache, daß viele dieser Posten auf dem Wege des Ämterkaufs direkt über den Indienrat erworben werden konnten (vgl. Fagg, 221 und 223).

An erster Stelle stehen die sog. Generalkapitanate (Chile, Guatemala, Venezuela, Kuba). Die eigentlichen Provinzautoritäten tragen verschiedene Namen: «adelantados», «alcalde mayor« (Fagg, 220) und «corregidores» (Fagg, 221). Wie die Mitglieder der Audiencias sind sie in der Regel gebürtige Spanier und verlassen das Land nach Beendigung ihrer Dienste. Ihre Verflechtung mit den lokalen Geschäften und Interessen ist meist hoch, so daß viele von ihnen in den Kolonien zu bleiben versuchen. Das System der Corregidores bildet die Grundlage für die mit der Zeit immer einflußreicher werdende „Institution" der Provinzdespoten bzw. „Kaziken". Gerade sie haben zur Vergrößerung des Abstands von Legalität und Faktizität nicht unwesentlich beigetragen.

Ansätze zu einer demokratischen Selbstverwaltung dagegen zeigten sich in den Städten. Die Zahl der spanischen Städtegründungen in der Neuen Welt war außerordentlich hoch; sie betrug allein im 16. Jahrhundert mehr als 250. Jede der Städte besaß ein Verwaltungszentrum («cabildo» oder «ayuntamiento»), dessen ständige Mitglieder «regidores» hießen. Aufgrund des auch hier geltenden Prinzips des Ämterkaufs bzw. der Erblichkeit der Ämter konnte von einem Funktionieren effektiver demokratischer Strukturen jedoch auch in den Städten kaum die Rede sein. Entscheidende politische Bedeutung gewannen die Cabildos deshalb erst im Zuge der Unabhängigkeitsbewegung selbst. Beispielhaft für die Herausbildung eines „revolutionären" kreolischen Selbstbewußtseins ist so z. B. der Cabildo von Buenos Aires geworden.

Kirche

Neben den politisch-administrativen Institutionen i. e. S. gehört zweifellos die Kirche[33] zu den tragenden Säulen der spanischen Kolonialherrschaft in Amerika.[34] Wichtigstes Merkmal der lateinamerikanischen Kirche in historischer Hinsicht ist ihre enge Verflechtung mit dem Staat.[35] Juristische Grundlage dieses Verhältnisses bildete der sog. «patronato», das allgemeine Investiturrecht für Bischöfe und kirchliche Benefizien aller Art, das den Katholischen Königen auf dem Höhepunkt der «Reconquista» in einer päpstlichen Bulle von 1486 zugestanden worden war. Der Geltungsbereich des «patronato» war auf das maurische Königreich Granada beschränkt, wurde von der Monarchie seit dem Beginn der Eroberung jedoch auf die neuentdeckten Gebiete in Amerika übertragen.[36] Die Macht der spanischen Krone über die Institution Kirche war damit – abgesehen vom Modell des ehemaligen Königreichs Granada – beispiellos. Es blieb der offiziellen Kirche deshalb kaum eine andere Wahl, als die von der Monarchie geschaffenen Realitäten alsbald auch *de jure* zu sanktionieren; der spanische Monarch erhielt das Recht, den Titel eines „Vikars Christi" zu führen (ebd.).

Es wäre jedoch unhistorisch, wollte man die Formen, in denen sich das gegenseitige Verhältnis in der Folgezeit gestaltete, als einen permanenten Interessenkonflikt kennzeichnen. Trotz der De-facto-Macht des einen über den anderen bestand es wohl eher in einer weitgehenden Interessenkoalition. Die Monarchie selbst verstand sich ja – daran besteht trotz allem praktischen „Machiavellismus", der die konkrete Politik kennzeichnete, kein Zweifel – als

„christliche" Macht und bedurfte deshalb der Kirche schon aus Gründen ideologischer Rechtfertigung. Die Kirche ihrerseits bedurfte des Staates, um den missionarischen Aufgaben, die sie in nicht gekannter Größenordnung in Amerika auf sich zukommen sah, gerecht zu werden. Die Interessenkoalition von „Schwert und Kreuz" gehört damit zu den Basisbedingungen der spanischen Herrschaft in Amerika.

Es wäre jedoch ebenso unhistorisch, diese Koalition nur unter den pragmatischen Vorzeichen einer – sagen wir – zeitgenössischen Parteienkoalition beurteilen zu wollen. Das gegenseitige Verhältnis von „Staat und Kirche" war vielmehr von vornherein immer auch durch ein hohes Maß an (Eigen-)Dynamik gekennzeichnet, das eine gewissermaßen „blinde" Machtübertragung des einen auf den anderen ausschloß. Seitens der Kirche lag diese Dynamik in der Institution der Orden begründet – der Franziskaner, die mit Fray Martín de Valencia 1524 als erste amerikanischen Boden betraten, gefolgt von den Dominikanern und Augustinern und schließlich den Jesuiten. Humanistische Geistigkeit und gegenreformatorischer Glaubenseifer kamen – zumindest bei der ersten Generation dieser Ordensleute – zusammen und ließen sie das Treiben der Konquistadoren und Encomenderos mit wachsender Kritik beobachten. Bereits 1511 führte dies zu der berühmten Anklagepredigt des Dominikaners Antonio de Montesinos in Salamanca, die den Anstoß gab zu den 1512 in Burgos erlassenen Indianerschutzgesetzen. Las Casas, der spätere Bischof von Chiapas,[37] nahm 1514 das Thema auf und stellte von nun an all seine Kräfte in den unbedingten Schutz der Indianer. Las Casas' Kampf war es maßgeblich zu verdanken, daß 1542 die Amerika betreffenden «Leyes Nuevas» erlassen wurden, die in dieser Form den wichtigsten Forderungen von Las Casas nachkamen – dem Verbot der Heranziehung der Indianer zu persönlichen Dienstleistungen sowie der Definition ihres Status als „Vasallen" des spanischen Königs.

Die Krone ihrerseits – sosehr sie einer Einlösung der ethischen Forderungen der Orden wohl zugeneigt schien – sah sich auf der pragmatischen Ebene einem tiefgreifenden Interessenkonflikt gegenüber. Er bestand in der Notwendigkeit, einen Ausgleich zu schaffen zwischen den sie selbst – die Krone – betreffenden materiellen Interessen und den Ansprüchen auf Gewinn und Belohnung, mit der die Konquistadoren sich zunehmend zu Wort meldeten. Angesichts der nun auch bei den übrigen europäischen Mächten langsam sich regenden Begehrlichkeiten galt es zudem, auch auf der allgemeinen politischen Ebene eine Argumentationsstrategie zu finden, die die Rechtmäßigkeit der Eroberung unzweideutig darlegte. Es war der Dominikaner Francisco de Vitoria, der 1539 in Salamanca diesen Erwartungen zu entsprechen versuchte und eine auf den Grundsätzen des scholastischen Völkerrechts fußende Argumentation vorlegte, die eine Besetzung der überseeischen Gebiete mit friedlichen Mitteln und dem ausschließlichen Ziel der Missionierung für erlaubt hielt, die Anwendung kriegerischer Mittel jedoch nur für den Fall konzedierte, daß die Indianer die freie und friedliche Predigt des Evangeliums zu verhindern trachteten (vgl. Bethell 1987, 77f.).

Trotz der «Leyes Nuevas» und des spektakulären rhetorischen Sieges, den der 76jährige Las Casas 1550 in Valladolid über Juan Ginés de Sepúlveda errang,[38] waren es nicht die christlichen und humanistischen Grundsätze der Ordensleute, sondern der Pragmatismus der Politiker und der Zynismus der ökonomischen Abenteurer, die sich in der Folgezeit durchzusetzen begannen. Selbst der Enthusiasmus der Missionare der ersten Stunde wich mit der Zeit der nüchternen Einsicht, daß auch auf diesem Gebiet das meiste noch zu tun blieb. Bekehrung – so hieß es nun – sei mehr als oberflächlicher Synkretismus, sie müsse die Gesamtperson erfassen, erfordere mithin eine gründliche und genaue Kenntnis der Sitten und Gebräuche des zu Bekehrenden, um das „Übel", die fremden Glaubensüberzeugungen und religiösen Riten, schon an ihrer Wurzel zu bekämpfen und christliche Inhalte an ihre Stelle setzen zu können. Der Dominikaner Diego Durán und der Franziskaner Bernardino de Sahagún stellen sich der Aufgabe mit einem Elan, der – wie wir sahen – modernen Kriterien ethnologischer Forschung standhält (vgl. Abschnitt 1). Bei aller Bewunderung, die uns Heutigen die Lektüre ihrer Werke abnötigt, wird jedoch offensichtlich, daß auch diese Autoren dem Horizont ihrer Zeit fest verwurzelt bleiben. Von der Universalität christlicher Religion und Kultur[39] tief überzeugt, sind sie weit davon entfernt, die Berechtigung der europäischen Invasion des amerikanischen Kontinents grundsätzlich in Frage zu stellen.[40]

Formen indianischer Zwangsarbeit: «encomienda» und «mita»

Abschließend ist noch eine Institution zu erörtern, die zu den entscheidendsten Hinterlassenschaften der Kolonialepoche sowohl im Hinblick auf die nachfolgende Zeit der Unabhängigkeit als auch der Gegenwart gehört – die institutionalisierten, unter den Begriffen «encomienda» und «mita» bekannten Formen indianischer Zwangsarbeit.

Das bisher gezeichnete – relativ positive – Bild der spanischen Kolonialepoche verdüstert sich rapide, wenn man nach dem Schicksal der einheimischen Indianerbevölkerung fragt. Der an ihr verübte Genozid[41] und ihr Schicksal hatte die Moralisten in Europa und Amerika keineswegs unbeeindruckt gelassen. Die Vielzahl der politischen und legislativen Maßnahmen, die in der ersten Hälfte des 16. Jahrhunderts seitens der Kolonialregierung sowie seitens der spanischen Krone unternommen wurden, um die Lebensbedingungen der Indianer zu verbessern bzw. sie wenigstens zu erhalten, sind ein Lehrstück zum Thema Legalität und Faktizität. Es galt, humanitäres und christliches Denken, das zum Verbot der Versklavung der Indianer geführt hatte, in Einklang zu bringen mit ökonomischen Interessen – Interessen sowohl der spanischen Krone als auch der privaten weißen Minderheit, die nach Abschluß der Eroberung nun „Lohn" einforderte für die erbrachten Dienste. Der Kompromiß hieß «encomienda»: Die Indios lebten unter dem Schutz eines «encomendero», einer Art europäischen Feudalherrn, betraut – darüber hinaus – mit den Zusatzaufgaben eines christlichen Missionars. Die Indios lebten weiterhin in ihren angestammten Sozialgemeinschaften, empfingen in den Encomiendas europäische Kultur und christliche Unterweisung und waren verpflichtet, pro Jahr und männliche Person zwei Monate unentgeltlicher Arbeitsleistung («mita») zu erbringen. Hinzu kamen die Zahlungen von Tributen sowie der zwangsweise Erwerb von Handelsgütern.[42] Das System funktionierte, jedoch nicht, wie es von Moralisten intendiert wurde, sondern wie es den Interessen der «encomenderos» entsprach – als die De-facto-Versklavung der Indios (Fagg, 339).

In struktureller Hinsicht funktionierte die Einrichtung nach dem bewährten hierarchischen Modell der Kolonialverwaltung überhaupt: An der Spitze eines Bezirks stand ein (spanischer oder kreolischer) «corregidor de indios»; ihm unterstanden eine Reihe von «curacas», dem System (d.h. der weißen Herrenschicht) hörige einheimische Stammeshäuptlinge, die die unter ihnen lebenden Indios an die einzelnen Encomiendas verteilten.[43]

Nicht auf alle Curacas ist das Urteil der „Kollaborationsmentalität" anwendbar – so zumindest nicht auf den Ende des 18. Jahrhunderts lebenden José Gabriel Condorcani Noguera, der sich später den Namen Túpac Amaru II. zulegte. Condorcani genoß eine europäische Erziehung, stammte aus einer alten Inkafamilie und erfüllte seine Aufgaben als Curaca zunächst zur vollen Zufriedenheit der Audiencia von Lima. Um das Jahr 1770 jedoch beginnt er, sich zum Wortführer seiner Stammesgenossen zu machen, deren Unzufriedenheit mit den Jahren angestiegen war. Die ausbrechende Rebellion war die heftigste, die das Vizekönigtum je heimgesucht hatte; sie brachte die Kolonialmacht an den Rand des Zusammenbruchs. 1780 wurde Túpac Amaru besiegt und hingerichtet. Verschiedene „Reformen" wurden ins Werk gesetzt, unter ihnen das Gebot für die Indios, europäische Kleidung zu tragen, aber auch, die Werke von Garcilaso Inca de la Vega zu lesen ... (vgl. Fagg, 352)

2.4 Die Unabhängigkeitsepoche

Ihr politisches Ende findet die Kolonialepoche im 19. Jahrhundert mit dem Beginn der Unabhängigkeitsbewegung. Wir können die Ereignisse in ihrem faktischen und chronologischen Verlauf im Rahmen dieser Einführung nur in einigen grundsätzlichen und exemplarischen Aspekten nachzeichnen. Der Hauptakzent der Darstellung liegt deshalb auf der Erörterung der Frage nach der historischen *Bedeutung* der Unabhängigkeitsbewegung für die Geschichte Lateinamerikas im allgemeinen.

Die Unabhängigkeitsepoche:
Geburtsstunde der lateinamerikanischen Nationen

Die Unabhängigkeitsbewegung gilt gemeinhin als die Geburtsstunde der lateinamerikanischen Nationen. Die in dieser Formulierung enthaltene Behauptung versucht, lateinamerikanische Geschichte gewissermaßen eines Ursprungs zu versichern. Dieser Ursprung ist der mit der Unabhängigkeitsbewegung vollzogene Akt der Befreiung, mit dem Lateinamerika als solches – als ‚historisches Subjekt' – seine Rolle auf der weltgeschichtlichen Bühne zu spielen beginnt. Der allgemeine Begriff, der der Behauptung zugrunde liegt, ist der der Einheit einer *Nation* bzw. eines Volkes. Diese allgemeine Behauptung wird wenig später dann in den Verfassungen der einzelnen Staaten festgeschrieben.

Der historische Stellenwert dieser Behauptung – ungeachtet zunächst einmal des Abstands zwischen Legalität und Faktizität, zwischen ideologischem Versprechen und historischer Einlösung, wie er die Verfassungs*wirklichkeit* der lateinamerikanischen Staaten charakterisiert – ist kaum zu überschätzen: Im Namen der Unabhängigkeit wurden Könige und Kaiser gestürzt, wurden Grenzen verwischt und neue gezogen, Helden gekürt und wieder vergessen, setzten Tausende und Abertausende ihr Leben aufs Spiel. Die Verfassungstexte der lateinamerikanischen Staaten sind eine Magna Charta republikanischer Freiheit, deren Buchstaben bei Konservativen und Liberalen umstritten sind, deren Geist von der Bourgeoisie okkupiert und vom Militär korrumpiert wird, von Marginalisierten aller Schattierungen – Menschenrechtsgruppen, Indigenisten und Marxisten – zugleich jedoch immer wieder aufs neue eingefordert wird.[44]

Nichtsdestoweniger darf die Problematik der These, die den Ursprung der lateinamerikanischen Staaten in die Unabhängigkeitsepoche verlegt, nicht verschwiegen werden.

Sie ist problematisch – zunächst einmal – im Hinblick auf die oben erörterte Ursprungsproblematik der lateinamerikanischen Geschichte überhaupt (siehe Abschnitt 1): Wenn es stimmt, daß die Erfahrung der „Geschichte" (in dem uns geläufigen Begriff) für die unterworfenen Völker des Kontinents immer schon eine von außen kommende – spezifisch europäische – Kulturerfahrung darstellte, so muß die Identifizierung von Ursprung und Unabhängigkeit als ein weiterer Schritt dieser kulturellen Überfremdung (im Sinne radikaler Europäisierung) angesehen werden. Es wird dies deutlich insbesondere an dem Begriff, der das neue Identitätsbewußtsein am treffendsten zum Ausdruck bringen soll, dem Begriff der *Nation*.

Inhalt, Ursprung und Kontext des Begriffs sind zweifellos europäisch.

Kurioserweise – so zeigt ein Blick in die Lexikonliteratur – handelt es sich jedoch offenbar gar nicht um einen im eigentlichen Sinne historischen,[45] sondern eher um einen philosophischen Begriff, der – so heißt es im *Historischen Wörterbuch der Philosophie* (Hrsg. Ritter/Gründer) – „nur selten eindeutig und ausdrücklich definiert" wird, denn „seine Bedeutung ist häufig schillernd und überschneidet sich mit der anderer Begriffe, besonders mit ‚Volk'" (Bd. 6, 406).[46]

Was die unterschiedlichen und konkurrierenden Definitionen des Begriffs vergleichbar macht, ist der implizit immer mitgedachte oder explizit formulierte Bezug zum Problem der *Einheit*. Das Modell für Einheit ist offenbar das menschliche Subjekt. Analog zur menschlichen Subjektivität werden deshalb auch der Nation Qualitäten zugesprochen wie „Vernunft", „Freiheit", „Identität" und „Selbstbestimmung".

Soweit einige Hinweise zum Inhalt des Begriffs auf der analytisch-abstrakten Ebene. Sie ist weitgehend unstrittig. Problematisch wird der Begriff dagegen, sobald nach den empirischen Kriterien gefragt wird, die es erlauben, die Rede von der „Einheit der Nation" an der Realität zu überprüfen. Solche Kriterien sind z. B. biologische Abstammung, geographische Zusammengehörigkeit, politische Verfassungen, Sprache und Kultur, Stellung der zur „Nation" gehörenden Individuen innerhalb der sozialen Hierarchie, etc. Es leuchtet ein, daß keines dieser Kriterien sich auf einen allgemeinen Konsens berufen kann, der der Bewährung an der Realität standzuhalten vermag. Je nach Konjunktur werden dergleichen Merkmale vielmehr als normativ-ethische Kriterien – wenn nicht gar als schlichte Hypostasierungen – zur Bestimmung nationaler Einheit ins Spiel gebracht. Gerade auch im Hinblick auf Lateinamerika erscheint somit die Skepsis, die in der folgenden Bemerkung Max Webers mitschwingt, zutreffend:

> Nation ist so ein Begriff, dem alle „empirischen Qualitäten" abgehen und der nur besagt, „daß gewissen Menschengruppen ein spezifisches Solidaritätsempfinden anderen gegenüber *zuzumuten* sei, [er] gehört mithin der Wertsphäre an" (*Historisches Wörterbuch der Philosophie*, a. a. O., 411).

Einige der zentralen Problembereiche, die von den Sozialwissenschaften als Indikatoren der spezifischen sozioökonomischen bzw. soziokulturellen Situation Lateinamerikas in der Gegenwart angeführt werden, zeigen sich nunmehr in einer neuen Perspektive. Es handelt sich insbesondere um drei Bereiche:

a) *die ethnische Problematik*:
Sie betrifft insbesondere die nahezu in allen lateinamerikanischen Staaten fortdauernde Ausgrenzung der autochthonen indianischen Bevölkerung aus dem nationalen Konsens. Der Verweis auf die Einlösung der mit dem Modell der Nation verbundenen Versprechen auf die Vertretung indiani-

scher Interessen gehört zu den Basisforderungen des politischen Indigenismus.

b) *die soziale Problematik*:
Wie die ethnische gehört auch die Ausgrenzung sozialer Randgruppen aus dem nationalen Konsens nach wie vor zu den Basisproblemen lateinamerikanischer Gegenwart. Angesichts der Tatsache, daß diese Gruppen (Proletarier, Landarbeiter, Slumbewohner, Unterbeschäftigte, Arbeitslose, durch „Armut“ Betroffene im weitesten Sinne des Wortes) jene Gruppen der Bevölkerung, auf die sich der vermeintliche nationale Konsens im wesentlichen stützt (Aristokratie und wohlhabendes Bürgertum), mittlerweile längst – und mit steigender Tendenz – majorisieren, wirkt die Rhetorik des offiziellen Nationaldiskurses nur um so peinlicher.

c) *das Identitätsproblem*:
Die notorische Nichtbewältigung der beiden vorgenannten Basisprobleme der lateinamerikanischen Gesellschaft – die Integration von aus ethnischen bzw. sozialen Gründen aus dem nationalen Konsens ausgeschlossenen Teilen der Bevölkerung – ist der wohl entscheidendste Grund für die immer wieder beklagte Tatsache eines fehlenden allgemeinen Identitätsbewußtseins in den lateinamerikanischen Staaten. Auch hier gilt es, die Ebene offizieller Rhetorik und die Ebene einer meist zynischen Pragmatik genau auseinanderzuhalten. Während erstere bei nationalen Gedenktagen, internationalen Konferenzen oder sportlichen Wettbewerben gefragt ist, funktioniert letztere um so lautloser und effektiver – im Schatten der ersteren natürlich! – beim Abschluß von Finanzgeschäften, bei denen der Verkauf (bzw. Ausverkauf) nationalen Eigentums auf dem Spiele steht.[47]

Natürlich haben die Länder Lateinamerikas in den zurückliegenden 150 Jahren mannigfache Anstrengungen unternommen, um die drei Problembereiche – oder einzelne von ihnen – einer Lösung zuzuführen. Auch wenn Fortschritte in manchen Gebieten unübersehbar sind, bleibt die Gesamtbilanz dennoch ernüchternd. „Nationale Einheit“ – die zumindest tendenzielle Lösung *aller* drei Problembereiche – gehört nach wie vor zu den politischen Utopien Lateinamerikas (vgl. dazu Tabelle 7).

Durch einfache Ja-Nein-Entscheidungen wird für sechs Länder Lateinamerikas die Situation zur Zeit der Unabhängigkeit (1820) mit der der Gegenwart (1980) verglichen. Es handelt sich natürlich um grobe Schätzungen, deren Funktion lediglich darin besteht, Tendenzen sichtbar zu machen und Vergleiche zu ermöglichen. Peru bildet dieser Statistik zufolge das eine Extrem. Für alle drei Faktoren läßt sich hier behaupten, daß die Probleme, wie sie sich vor 150 Jahren darstellten, in kaum veränderter Form virulent geblieben sind. Die gegenüberliegende Seite der Skala wird u.a. durch Mexiko angeführt. Dank der Mexikanischen Revolution – so könnte man sagen – ist es hier gelungen, die ethnischen Antagonismen stärker als in anderen Ländern zu besei-

Tabelle 7

	ethnische Problematik		soziale Problematik		politische Identität	
	1820	1980	1820	1980	1820	1980
Mexiko	+	−(?)	+	+	+	−
Kuba	+	−	+	−(?)	+	−(?)
Peru	+	+	+	+	+	+
Brasilien	+	−	+	+	+	−
Chile	+	−(?)	+	+	+	−(?)
Argentinien	+	−	+	−(?)	+	+

\+ Problem virulent.
– Problem weitgehend beseitigt.

tigen und die zahlenmäßig vorherrschende Bevölkerungsgruppe der Mestizen zum Modellbild nationaler Identität zu erheben. Darüber hinaus läßt sich behaupten, daß in Mexiko auch das Identitätsproblem an Aktualität verloren hat, wenn man es mit Ländern wie etwa Peru und Argentinien vergleicht, wo die Frage der nationalen Identität nach wie vor Aktualität besitzt. Dafür ist die soziale Problematik – deren Bewältigung die Revolution als erste auf ihre Fahnen geschrieben hatte – in Mexiko nach wie vor ungelöst. Die Diagnose für Brasilien ist ähnlich zu stellen wie für Mexiko, obwohl die historischen Gründe hierfür gänzlich andere sind.[48] Vergleichbar mit Mexiko ist sodann – wenn auch mit Fragezeichen! – Chile. Die ethnische sowie die Identitätsproblematik sind hier tendenziell ebenfalls gelöst; es besteht jedoch der soziale Antagonismus – der dem Land Anfang der 70er Jahre eine marxistische Volksfront bescherte – nach wie vor fort. Es versteht sich, daß die Pinochet-Diktatur das Problem trotz gelegentlicher Anzeichen von ökonomischer Prosperität nicht gelöst, sondern nur verstärkt hat. Einen Sonderfall stellt natürlich das revolutionäre Kuba dar. Folgt man dem offiziellen Bild, das der Revolutionsrat von der Situation des Landes verbreitet, so dürften alle drei Problembereiche tendenziell als gelöst betrachtet werden. Am ehesten mag dieses Bild für die Ebene der ethnischen Integration der Wirklichkeit entsprechen. Die soziale Integration ist zwar faktisch vollzogen, war jedoch nur auf dem Wege des Zwanges, der allgemeinen Pauperisierung sowie des Exodus von großen Teilen der Bourgeoisie zu verwirklichen. Das immer noch ununterbrochen wirksame Wirtschaftsembargo der USA gehört allerdings zu den Faktoren, die diese Negativbilanz entscheidend verstärkt haben. Angesichts dieser Abstriche auf der Ebene der sozialen Integration wird man auch das von offizieller Seite zur Schau getragene „revolutionäre" Identitätsbewußtsein mit Fragezeichen versehen müssen.

Die Vieldeutigkeit des Begriffs der Unabhängigkeit

Die erläuterten drei Problembereiche verdanken ihr Entstehen natürlich keineswegs der Gegenwart. Sie gehören vielmehr zur historischen Hinterlassenschaft der Kolonialzeit, also gewissermaßen zum Problembestand dessen, was der Unabhängigkeitsbewegung zu bewältigen aufgegeben war. Daß „Unabhängigkeit" ursprünglich durchaus als eine Strategie zur Konfliktbewältigung in diesem mehrfachen Sinn verstanden wurde, ist u. a. ablesbar an den verschiedenen Begriffen, die bis heute zur Bezeichnung des historischen Phänomens in Gebrauch sind.

a) *Independencia*:
Es ist dies der allgemeinste und unverfänglichste dieser Begriffe. Der Sprachgebrauch folgt offenbar dem Modell der von Jefferson formulierten "Declaration of Independence" (1776) der Vereinigten Staaten von Nordamerika. Inhaltlich verweist der Begriff – abgesehen von diesem Bezug auf das historische Vorbild – auf das bloße Faktum der Loslösung vom Mutterland.

b) *Emancipación*:
Der Begriff konnotiert den Akt der Loslösung mit einem positiven Wert. Der historische Sinn der Loslösung vom Mutterland (der «Madre España», wie es offiziell formuliert wurde, der sodann – im Zuge der «independencia» – ironisch eine «Madre Patria» gegenübergesetzt wurde) ist das Selbständigwerden, das Zur-freien-Selbstbestimmung-Gelangen der bisher unter der patriarchalischen Vormundschaft Spaniens stehenden „jungen Völker" des lateinamerikanischen Kontinents. Hervorzuheben ist auch hier wieder der Bezug zur anthropologischen Metaphorik der Etymologie des Wortes „Nation". Darüber hinaus jedoch erhält der Begriff seine eigentliche Dynamik durch den Verweis auf zentrale Wertvorstellungen der europäischen Aufklärung.

c) *Revolución*:
Auch dieser Begriff wird von lateinamerikanischen Autoren im Austausch mit den beiden erstgenannten verwendet. Meist dient er unspezifisch zur bloßen Unterstreichung der Tatsache, daß die Loslösung vom Mutterland sich keineswegs unproblematisch vollzog, sondern in der Tat – zumindest für die *spanischen* Kolonien – den Charakter von Gewaltsamkeit, einer „Revolution" also, in sich trug. Der Begriff der Revolution erinnert so vor allem an die Tatsache der radikalen Veränderung der staatlichen Ordnung als solcher, an den Übergang von der monarchischen zur republikanischen Staatsform; er hält jedoch darüber hinaus auch den im modernen Sprachgebrauch natürlich mitschwingenden Anspruch aufrecht auf grundlegendere Veränderung der sozialen Verhältnisse im allgemeinen.

Der zeitliche Ablauf der Auseinandersetzungen um die Unabhängigkeit

Es ist abschließend ein kurzer Blick zu werfen auf den chronologischen Ablauf der „revolutionären" Auseinandersetzungen. Die bisher entwickelten Kategorien dienen dabei zur Charakterisierung der einzelnen Phasen bzw. der sie repräsentierenden Protagonisten.

Die Vorgänge in Spanien sowie das Verhalten der kreolischen Oberschicht

Der Auslöser der lateinamerikanischen Unabhängigkeit liegt nach dem übereinstimmenden Urteil der Historiker in den Verhältnissen im Mutterland Spanien: Hier hatte Napoleon 1807 den amtierenden König Ferdinand VII., der kurz zuvor auf Druck des Volkes seinen Vater Karl IV. vom Thron verdrängt hatte, zur Abdankung gezwungen, von Vater und Sohn eine Verzichtserklärung auf den Thron erwirkt und seinen eigenen Bruder Joseph als König von Spanien an die Macht gebracht. In den von Napoleon nicht besetzten Provinzen bildeten sich daraufhin freiheitlich-demokratische Volksvertretungen («juntas»), deren wichtigste – die von Cádiz – 1812 eine spanische Verfassung verabschiedete. Unmittelbar nach dem Einzug der Franzosen in Spanien setzte allerorts eine Art Volkskrieg («guerrilla»)[49] ein. Sein Ziel war die Wiedereinsetzung des legitimen Herrschers Ferdinand VII. Der Krieg band Spanien für nahezu sieben Jahre lang außenpolitisch die Hände. Erst 1814 konnte Ferdinand VII. zurückkehren.

Die kreolischen Oberschichten in den amerikanischen Kolonien ihrerseits reagieren auf das Machtvakuum im spanischen Mutterland zunächst keineswegs mit offener Auflehnung, sondern vielmehr mit Solidaritätsbekundungen im Hinblick auf die legitimen Herrschaftsansprüche Ferdinands VII. Es bilden sich nun auch in den Kolonien allerorts sog. «juntas»; ihr Zentrum sind insbesondere die «cabildos» in den Städten. Anfangs verstehen sich diese traditionellen Zentren lokaler Selbstverwaltung keineswegs als revolutionäre Zellen, sondern vielmehr als legitime Repräsentanten der temporär außer Kraft gesetzten spanischen Souveränität. Zumindest für die Anfangsphase der lateinamerikanischen Unabhängigkeit (1808–1810) muß man deshalb davon ausgehen, daß dieselbe „nicht das Resultat einer Bewegung [war], die mit einem festumrissenen Programm und einer klaren ideologischen Zielsetzung aufgetreten wäre, sondern eine Antwort, die erst im Laufe der Ereignisse formuliert [wurde]" (G. Beyhaut, *FW* II, 26).

Es soll damit nicht behauptet werden, daß es nicht auch schon in dieser Zeit Unabhängigkeitsbestrebungen manifester Art gegeben hätte. Zentren dieser Bestrebungen waren in der Tat die Cabildos. Es bestand jedoch keinerlei Einigkeit im Hinblick auf konkrete Zielsetzungen oder gar die zu ihrer Erreichung einzuschlagenden Strategien. Die eigentlich zur Debatte stehende Alternative – größere Freiheit gegenüber dem Mutterland vs. radikale Trennung – mußte von Fall zu Fall neu ausgehandelt werden.

Dieses Urteil trifft wohl zu vor allem für das Verhalten der Mehrheit der kreolischen Oberschicht. Letztere war ja zweifellos der eigentliche Nutznießer der oben beschriebenen institutionellen *Stabilität* der Kolonialepoche gewesen. Auf diese wollte man keineswegs leichtfertig verzichten und war infolgedessen an einer radikalen Loslösung von Spanien zunächst kaum interessiert.

Aufgrund der nur zögerlichen, unentschiedenen Haltung der kreolischen Oberschicht fehlte der Unabhängigkeitsbewegung deshalb in ihrer Anfangsphase überhaupt ein festumrissener dynamischer Aktionsplan. Dies gilt namentlich für die beiden ältesten und wichtigsten Zentren der spanischen Kolonialmacht – Mexiko und Peru. Bis zuletzt blieb so z. B. in Peru die kreolische Oberschicht der spanischen Monarchie fest verbunden: So kommt es, daß die peruanische Nation ihre Unabhängigkeit dem Wirken zweier Ausländer verdankt – dem Argentinier San Martín sowie dem Venezolaner Bolívar.[50]

Dies erklärt, warum die lateinamerikanischen Oberschichten vorzugsweise Ideologien anhängen, deren Funktion darin besteht, Realität *post festum* zu rechtfertigen, statt sie im Hinblick auf die ihr eigenen Widersprüche kritisch zu hinterfragen, eine Aufgabe, die sich die bürgerliche Ideologie im ausgehenden 18. Jahrhundert – zumindest in ihrer „revolutionären" Phase, auf die man sich in Lateinamerika gerne beruft – einstmals zu eigen gemacht hatte.

Das Scheitern der sozialen Revolution

Jedoch auch die Inangriffnahme der „ethnischen" bzw. „sozialen" Problemfelder im eigentlichen Sinne gehört zu den integrierenden Elementen der lateinamerikanischen Unabhängigkeitsbewegung. Ihr Austragungsort ist jedoch nicht Peru – dessen autochthone und sozial marginalisierte Bevölkerung seit der blutigen Unterdrückung Túpac Amarus dem militärischen und politischen Geschehen um die sogenannte Unabhängigkeit mit vornehmlich pragmatisch motivierter Parteinahme mal für die eine, mal für die andere Seite eher emotionslos und desinteressiert beiwohnte –, sondern Mexiko: Zwei Priester sind es – Hidalgo (1810) der eine, Morelos (1813) der andere –, die zum bewaffneten Aufstand gegen die Spanier aufrufen, die Sklaverei für abgeschafft erklären und den Indianern die Rückgabe ihrer Ländereien in Aussicht stellen (vgl. *FW* II, 27f.). Hidalgo wird 1811, Morelo 1815 hingerichtet. Die soziale Revolution und die indianische Emanzipation – als Ziele der Unabhängigkeitsbewegung – sind damit als endgültig gescheitert zu betrachten.[51]

Die De-facto-Unabhängigkeit Mexikos dagegen ist „das Ergebnis gemeinsamer Anstrengungen des hohen Klerus und der grundbesitzenden Aristokratie" (*FW* II, 29), angeführt durch den ehemals royalistischen General Iturbide; dies jedoch unter Mitwirkung – so verzeichnen die Historiker – eines ehemals unter Morelos operierenden Rebellenführers namens Guerrero, was darauf hinweist, daß der emanzipatorische *Anspruch* auf soziale Revolution und Gerechtigkeit bereits in der mexikanischen Unabhängigkeitsbewegung nicht gänzlich ungehört bleibt. Ein Jahrhundert später trägt er dann (allerdings auch wieder rasch verwelkende) Früchte.

Die Stunde der Generäle: Bolívar und San Martín

Die politische Situation am Vorabend der Unabhängigkeit war mithin durch extreme Heterogenität gekennzeichnet: Auf der einen Seite stand die zwischen Loyalität und Egoismus schwankende Haltung der kreolischen Cabildos; auf der anderen standen sich konservativ-monarchistische bzw. progressiv-republikanische Modelle eines zukünftigen „freien" Lateinamerika gegenüber, wie sie alternativ von den beiden Hauptgestalten der Unabhängigkeitsbewegung, den Generälen Bolívar und San Martín, vertreten wurden. Hinzu kamen – als eine dritte Gruppe – sozialengagierte Freiheitskämpfer mit sozialrevolutionärer Zielsetzung. Die verworrene Situation bedurfte offenbar eines Alexander, der den gordischen Knoten mit der Waffe zerteilte:

Bolívar y San Martín fueron los libertadores de un nuevo mundo republicano, que restableció el dinamismo del mundo político por efecto de la revolución que hicieron triunfar con sus armas. Su acción fue dual, como la de los miembros de un mismo cuerpo, y hasta su choque y antagonismo final responden a su acción dupla, que se completa la una por la otra, aunque la más poderosa prevalezca incorporándose en una sola las respectivas fuerzas iniciales, sin que por esto se extinga la absorbida.[52]

Bolívar und San Martín waren die Befreier einer neuen republikanischen Welt, die die Dynamik der politischen Welt wiederherstellte dank der Revolution, der sie mit ihren Waffen zum Triumph verhalfen. Der Dualismus ihres Handelns – wie derjenige von Gliedern eines einzigen Körpers –, ja noch ihr Zusammenprallen und ihr schließlicher Antagonismus entsprechen diesem doppelten Wirken, das sich gegenseitig ergänzt, obwohl das mächtigere schließlich den Sieg davonträgt, indem es die zunächst unterschiedlichen Kräfte in einer einzigen Aktion zusammenbindet, ohne daß deshalb die andere gänzlich zum Verschwinden gebracht würde.

Mit diesen Worten resümiert Bartolomé Mitre, der erste Historiker der argentinischen Republik – der von 1862 bis 1868 das Präsidentenamt innehatte –, das Wirken der beiden wichtigsten Gestalten der lateinamerikanischen Unabhängigkeit. Die Unabhängigkeit wurde mithin militärisch entschieden. Man wird den von Mitre mit der Aura des Tragischen und Fatalen überhöhten Antagonismus der beiden Generäle heute weniger psychologisieren als es unter lateinamerikanischen Historikern bisweilen üblich ist. Doch der Antagonismus als solcher bleibt bestehen und bestimmt die Problematik des Kontinents bis in die Gegenwart. Der von Mitre erwähnte «choque», in dem er offen zutage tritt, ist die berühmte Begegnung der beiden Generäle im ecuadorianischen Guayaquil im Jahre 1822: Der im Norden siegreiche Bolívar hält fest an der Utopie einer pan-lateinamerikanischen Republik, dessen Präsidentschaft er selbst offenbar autokratisch anstrebt; San Martín dagegen, der Argentinien nach Westen hin durchquert, die Anden überschritten, Chile befreit und in Lima 1821 die Unabhängigkeit ausgerufen hat, hält die Stunde der Republik für noch nicht gekommen und tritt für die Schaffung konstitutioneller, von Spanien allerdings losgelöster Monarchien ein. Dabei denkt er offenbar an „konstitutionelle Monarchien“ nach englischem Vorbild. Vor allem jedoch dringt er im Interesse der unter der Last der Kämpfe leidenden Bevölkerung auf eine baldige Beendigung des Krieges. Als die angestrebte Einigung unmöglich erscheint, verläßt San Martín Guayaquil, tritt von seinem Amt als Protektor Perus zurück und fährt über Chile zurück nach Buenos Aires. Erst zwei Jahre später gelingt Bolívar in der Schlacht von Ayacucho der endgültige Sieg.

Der Sieg Bolívars beschert dem hispanoamerikanischen Amerika die republikanische Staatsform. In den Köpfen idealistischer Generäle geboren und mit Waffengewalt oktroyiert, vergrößert sie fortan den Abstand zwischen Legalität und Faktizität. Die republikanische Geburt der lateinamerikanischen Nationen ist keine Fehlgeburt, aber eine Geburt unter Schmerzen. Sie hat das Trauma der Conquista nicht beseitigt, sondern durch den falschen Triumphalismus der Nationalismen lediglich verdrängt.

TEIL II

LATEINAMERIKANISCHE GESCHICHTE IM SPIEGEL DER LITERATUR

KAPITEL 1: LITERATUR UND GESCHICHTE: METHODOLOGISCHE ÜBERLEGUNGEN AM BEISPIEL DREIER TEXTE

1.1 Literatur und die Sprachlosigkeit lateinamerikanischer Geschichte

Die methodologische Prämisse dieser Einführung ist diskursiver Natur: Lateinamerika soll als Polytext betrachtet werden, als perspektivische Zusammenschau unterschiedlicher Wirklichkeitsmodelle. Zwei dieser Modelle sind bisher zur Sprache gekommen – das „synchron" auf die Gegenwart bezogene Modell der Sozialwissenschaften sowie das „diachron" der Geschichte zugewandte Modell der Historiographie. Thema des zweiten und dritten Teils dieser Einführung ist der Diskurs der Literatur. Bereits oben wurde die Vorstellung einer Literatur als eines separaten, jenseits der historischen und kulturellen Wirklichkeit angesiedelten Textes zurückgewiesen. Ihr gegenseitiges Verhältnis wurde vielmehr bestimmt als dasjenige der „Intertextualität": Literatur ist mit dem allgemeinen Text der Geschichte und Kultur Lateinamerikas in mannigfacher und enger Weise verwoben, konstituiert sich diesem gegenüber jedoch durch eine je spezifische, von den übrigen Diskursen durch charakteristische Differenzqualitäten unterschiedene Perspektive der Darstellung und Wertung. Dies soll nun in den folgenden Kapiteln an vier Themen, die sich im letzten Kapitel als zentrale Problembereiche der lateinamerikanischen Geschichte erwiesen haben, aufgezeigt werden – der Identitätsproblematik im allgemeinen (Kapitel 2), der Rolle der Kirche (Kapitel 3), dem Begriff der Nation (Kapitel 4) sowie dem Problembereich Revolution (Kapitel 5). Im vorliegenden 1. Kapitel dagegen stehen allgemeine Gesichtspunkte des Verhältnisses von Geschichte und Literatur in Lateinamerika im Vordergrund. Sie werden erörtert anhand dreier Texte:

– José María Arguedas: *Agua*
– Ernesto Cardenal: *Homenaje a los indios americanos*
– Pablo Neruda: «Alturas de Macchu Picchu».

Alle drei Texte beschäftigen sich mit einem Thema, das – wie wir sahen – zu den grundlegendsten der lateinamerikanischen Geschichtsproblematik überhaupt zählt, ihrer Überfremdung nämlich mit Kategorien europäischer Geschichte. Der Arbeit von Historikern und Ethnologen insbesondere ist es zu verdanken, daß das Thema in den letzten Jahrzehnten Eingang gefunden hat ins allgemeine Bewußtsein. Es gilt – so die Argumentation der Ethnologen –, bislang unbekannte, gar nicht oder nur unzureichend zur Kenntnis genommene Dokumente neu zu sichten, sie im Hinblick auf eine zur bisherigen Geschichtsdeutung in Opposition stehende «visión de los vencidos»[1] neu zu interpretieren.

Es sei zunächst einmal daran erinnert, daß das historische Schicksal und die aktuelle Problematik der indianisch-präkolumbianischen Bevölkerung des Kontinents seitens der Literatur, geraume Zeit, bevor die Ethnologie das Thema gewissermaßen okkupierte, bereits entdeckt worden war. Die ersten Zeugnisse des „Indianismus", einer teils nostalgischen, teils engagierten, teils idyllischen Behandlung des Themas des «indio», fallen noch in die Zeit der Romantik.[2] Als Folge hieraus entsteht dann um die Jahrhundertwende und in den ersten Jahrzehnten des 20. Jahrhunderts in vielen Ländern Lateinamerikas der sog. «indigenismo», eine unter unterschiedlichen Prämissen stehende und ebenso heterogene Ziele verfolgende kulturpolitische Sammelbewegung, deren Einfluß bis in die Gegenwart spürbar ist.[3] Von den in diesem Abschnitt zu behandelnden Texten steht José María Arguedas' Erzählung *Agua* den Prämissen des «indigenismo» am nächsten. Unsere Fragestellung betrifft jedoch eine allgemeinere Ebene.

In der Tat geht es in allen drei Texten um die Behandlung eines „indigenistischen" Themas: Die Erzählung des peruanischen Autors J. M. Arguedas behandelt die Lebensbedingungen der indianischen Andenbevölkerung, die sich trotz der herrschenden republikanischen Staatsform traditionellen, eher noch verschärften Formen von Ausbeutung und Willkür seitens der Großgrundbesitzerklasse ausgesetzt sieht. Der Gedichtzyklus E. Cardenals beschäftigt sich in ähnlicher Weise mit dem kulturellen, humanen und politischen Erbe der „Indianer Amerikas". «Alturas de Macchu Picchu» schließlich – ein Gedicht aus P. Nerudas *Canto General* – thematisiert ein archäologisches Monument aus der Inkazeit, das in der Gegenwart zu einer der zugkräftigsten Touristenattraktionen aller Zeiten geworden ist. Thema der Texte ist also – so könnte man folgern – die autochthon-„präkolumbianische" Bevölkerung Lateinamerikas, ihre Lebensbedingungen, ihre Vergangenheit und Gegenwart, die Monumente, die von dieser Vergangenheit bis heute Zeugnis ablegen, d. h. «la visión de los vencidos».

Eine erste wichtige Feststellung besteht jedoch darin, daß sich das Problem für die Autoren offenbar gar nicht in der uns gewohnten – neuerdings auch von der Ethnologie zur Diskussion gestellten – Form der Alternative darstellt. Die Wahrheit der – vergessenen, verdrängten, unterdrückten – «visión de los vencidos» bewährt sich nicht in Form dichotomischer Ja-Nein-Entscheidungen. Sie soll nicht als Wahrheit „gegenüber" – oder vielmehr „auf Kosten" – anderer Sichtweisen der Geschichte durchgesetzt werden, sondern als solche erst einmal überhaupt zur Geltung gebracht werden. Es geht um das Problem der *Versprachlichung* eines historischen Diskurses, um sein Hörbarmachen, sein Zur-Geltung-Bringen im Dialog mit den übrigen Diskursen der

Geschichte. Halten wir fest, daß sich das historische Anliegen der Autoren damit – so läßt sich bereits an dieser Stelle antizipierend formulieren – mit einem für Literaten aller Schattierungen grundlegenden Problem ästhetischer *Schöpfung* verbindet. Auch für die Rezipientenseite reduziert sich der Umgang mit Literatur ja keineswegs auf seine – im traditionellen Sinne – hermeneutischen Seiten, auf ein Problem der Interpretation von Dokumenten, die Reproduktion vorliegender Diskurse. Eine adäquate Rezeptionshaltung gegenüber literarischen Texten impliziert vielmehr den Versuch, auch die eigentliche *Arbeit* des ästhetischen Textes, die schöpferische Hervorbringung *neuer* Botschaften und Diskurse, nach Möglichkeit nachzuvollziehen.

1.2 José María Arguedas: *Agua*

Das Problem der „Universalisierung" der Quechuakultur

Welches sind die ästhetisch-literarischen Lösungen, die der Peruaner J.M. Arguedas in seiner Erzählung *Agua* für diese Aufgabe gefunden hat? Welches ist die Botschaft der Betroffenen, der Sprachlosen und durch den bisherigen Verlauf der Geschichte immer nur „Besiegten", die der Text hervorbringt?

Auch bei Arguedas sind wir mit einem Problem konfrontiert, das wir in der Einleitung bereits bei O. Paz angetroffen haben, dem Problem der Alterität. O. Paz hatte auf die Alterität – die „Maske" – als eine Art Kollektivschicksal der mexikanischen Kultur und Gesellschaft verwiesen, um einen offiziellerseits – seitens der regierenden „Revolutionspartei" – vertretenen Macht- bzw. Identitätsdiskurs zu denunzieren, d.h. die einseitige Inanspruchnahme aztekischer Vergangenheit nämlich zu Zwecken politischer Propaganda. Die Massaker von Tlatelolco sind für Paz die direkte Folge eines kollektiven Verdrängungsprozesses. Die offizielle Politik erscheint ihm deshalb als eine fatale Wiederholung gerade jener Züge der aztekischen Vergangenheit, die vom Standpunkt einer als universell angesetzten Humanität aus gesehen der Kritik bedürfen. Thema dieser allgemeinen Kulturkritik ist jedoch nicht nur die «crítica de la pirámide», sondern das Alteritätsproblem von Kulturen und Gesellschaften überhaupt. O. Paz liegt zwar – so haben wir gesehen – eine „Aufhebung" der (lateinamerikanischen) Alterität in ein planes (europäisch akzentuiertes) „Identitätsbewußtsein" fern, doch läuft die von ihm eingeforderte «crítica de la pirámide» im Grund auf eine Form von Versprachlichung hinaus, die in seiner Darstellung eher die Züge einer freudianischen Anamnese denn einer sozialpolitischen Emanzipationsformel trägt.

Bei Arguedas dagegen bedeutet Versprachlichung etwas ganz anderes. Nichts liegt Arguedas ferner als das gewissermaßen kulturkritische Weltbürgertum O. Paz'. Anders als die Náhuatlkultur in Mexiko ist die Quechuakultur in Peru niemals in den Status eines offiziellen Kulturdiskurses erhoben worden. Im Rahmen des offiziellen – europäisch geprägten – Diskurses der verschiedenen Regierungen der peruanischen Republik (mit Ausnahme lediglich der Militärregierung von 1968) besaß die Quechuakultur vielmehr immer nur den Status einer marginalisierten Subkultur, obwohl sie quantitativ immer durch mehr als die Hälfte der peruanischen Bevölkerung repräsentiert war. Das Problem der Versprachlichung überschreitet bei Arguedas also den Horizont einer lediglich linguistischen oder sozialpsychologischen Fragestellung. Es ist vielmehr gleichbedeutend mit dem, was er selbst bezeichnet hat als «el problema de la universalidad» (*Ob. comp.*, I, 77). Was ist hiermit gemeint? Es bedeutet, der offiziellen Sprachlosigkeit, zu der die dominierende «Criollo»-Kultur der Küste die andinen Indiokulturen seit Jahrhunderten verurteilt hat, wirksam entgegenzutreten, und zwar nicht auf dem Wege einer nostalgischen Rückwendung zur Vergangenheit, sondern auf dem Wege und unter Nutzung der durch die Gegenwart bereitgestellten Möglichkeiten und Chancen. Die im Ausdruck „Versprachlichung" indizierte linguistische Bedeutungsebene ist jedoch nur ein erster Schritt im Rahmen dieses Universalisierungsprozesses. Versprachlichung bedeutet also zunächst einmal, die herrschende spanische (Sprach-)Kultur – das bisherige Instrument kultureller und politischer Repression – durchlässig zu machen für die Artikulation von Ansprüchen und Bedürfnissen der bislang marginalisierten Kultur der Quechua. Das Problem der Universalisierung und Versprachlichung impliziert jedoch zugleich, die sprachlich artikulierten Ansprüche auf humane Lebensgestaltung sodann in der Gesellschaft praktisch zu verwirklichen, zwar nicht unbedingt in der bedingungslosen Gegnerschaft gegen die herrschende Kultur der «criollos», wenn nötig jedoch auch auf dem Wege einer revolutionären Umgestaltung der letzteren.

Thema, Handlung und Protagonisten

Schon in einem der ersten literarischen Texte des peruanischen Autors, der Kurzgeschichte *Agua*, sind beide Bedeutungsebenen präsent. Die scheinbar im Vordergrund stehenden linguistischen Aspekte der Versprachlichung verweisen auf ein grundlegenderes – eben „universelles" – Problem der marginalisierten Kultur der Quechua. Sowohl die „Quechuanisierung" des Spanischen als auch die Hispanisierung des Quechua (auch dies ist Gegenstand der Darstellung!) sind nur das Vehikel einer allgemeinen sozialen und kulturellen Problematik. Im Rahmen dieser allgemeinen Problematik reiht sich die Erzählung *Agua* ein in die große Tradition der realistischen sozialkritischen Literatur des 19. und 20. Jahrhunderts. Handlung und Personenkonstellation der Erzählung demonstrieren in holzschnittartiger Einfachheit einen Grundkonflikt der peruanischen Andengesellschaft und deuten Modelle an zu seiner – allerdings utopisch bleibenden – Bewältigung: Thema der Erzählung sind die

Probleme der Wasserversorgung und -verteilung in einer kleinen Andengemeinde namens San Juan. Da Wasser unter den extremen Bedingungen der peruanischen Geographie nicht nur in den wüstenähnlichen Küstengebieten, sondern auch den hochgelegenen Andenzonen grundsätzlich unter dem Gesetz der Knappheit steht, ist der Zugang zum Wasser für die Bauern nach einem von alters her feststehenden Verteilungsschlüssel, der vom Dorfvorsteher kontrolliert wird, streng geregelt. Während die traditionelle Gemeindeverfassung in den Anden seit den Tagen der Inkas eine streng egalitäre, „sozialistische" Verteilung der natürlichen Ressourcen vorsieht, ist es im Falle von San Juan einer kleinen Gruppe von Großgrundbesitzern gelungen, die Verfügungsgewalt über den gesamten Wasserreichtum des Dorfes in die eigenen Hände zu bringen. Dem Beispiel des Dorfvorstehers – Don Vilka – folgend haben sich die Comuneros von San Juan in ihrer Mehrzahl dem Diktat Don Braulios untergeordnet. Als eines Sonntags eine Gruppe von etwa 200 Indios aus einer höhergelegenen Andengegend nach San Juan hinabsteigt und unter Führung von Don Wallpa lautstark eine Neuverteilung des Wassers reklamiert, gerät die Koalition jedoch ins Wanken. Auch im Dorf selbst hat sich um den Musiker Pantaleón bereits eine kleine Gruppe Oppositioneller formiert, die gegen Don Vilkas und Don Braulios Regiment agitieren. An der Seite Pantaleóns befindet sich Ernesto, der (aus „testimonialer" Perspektive berichtende) Ich-Erzähler. Schließlich erscheint – betrunken und mit einer Pistole bewaffnet – Don Braulio persönlich in Begleitung einiger Getreuer. Pantaleón und Don Wallpa tragen die Forderung nach Neuverteilung der Wasseranteile vor. Don Braulio greift zur Pistole und schießt Pantaleón nieder. Der Aufruhr bricht in sich zusammen. Alle Anwesenden ergreifen die Flucht – bis auf Ernesto. Dieser fährt fort, Don Braulio als Ausbeuter und Blutsauger zu beschimpfen. Braulio erteilt seinem Begleiter Don Antonio den Befehl, Ernesto ebenfalls zu erschießen. Antonio schießt drohend in die Luft. Ernesto verläßt daraufhin ebenfalls den Ort des Geschehens und bricht auf nach Utek'pampa, einer Nachbargemeinde, die sich der Willkür Don Braulios bislang mit Erfolg entzogen hat.

Die Universalisierung der Quechuaperspektive

Warum erfüllt die gerade wiedergegebene Geschichte die oben erwähnten Kriterien von „Universalität"? Der in der Zusammenfassung im Vordergrund stehende Erzähl*inhalt* gehört zweifellos zu den zentralen Aspekten dieser Universalität. Er demonstriert, daß das Problem der Sprachlosigkeit bereits beim frühen Arguedas eingebunden erscheint in die allgemeine Problematik der sozialen und kulturellen Deklassierung der autochthonen Bevölkerung.

Man kann jedoch auch umgekehrt argumentieren: Die Nacherzählung des „Inhalts" erfaßt eben doch nur einen Teilaspekt der Geschichte; unerwähnt bleibt die durch den Text gleichzeitig vermittelte, für die Funktion der „Wertung" entscheidende „diskursive" Ebene der Erzähl*perspektive*; unerwähnt bleibt des weiteren die Ebene der sprachlichen Realisierung – jene Ebene „fingierter Mündlichkeit" des Andendiskurses, auf der Arguedas seine Figuren zu Zwecken sprachlicher bzw. soziokultureller Indizierung konkret sprechen läßt. Ohne die angedeuteten Zusatzaspekte erscheint die Erzählung – reduziert auf der Ebene des erzählten „Inhalts" – lediglich als die (durchaus konventionelle) Geschichte einer sozialen Revolte.

Der erzählerische Kunstgriff Arguedas' besteht jedoch darin, die Geschichte in einer Weise zu erzählen, die den Leser die vermittelte Wirklichkeit ausschließlich aus der Perspektive der marginalisierten Quechuakultur heraus erleben läßt. Wie gelingt es dem Autor, dieses Ziel zu erreichen? Durch ein doppeltes Mittel: Zum einen dank der Figur des Kornettspielers Pantaleón, der das Volk nicht nur durch revolutionäre Worte zu reizen versteht, sondern mit seinem Spiel bei den Zuhörern zugleich eine emotionell-enthusiastische Identifikation mit den Werten ihrer eigenen Kulturwelt zu erzeugen vermag. Die Effizienz dieser nicht-verbalen Botschaft ist derjenigen der Worte offenbar noch überlegen. Das zweite dieser Mittel zeigt sich in der Rolle und Funktion des (Ich-)Erzählers: Namensgleich mit dem Erzähler in *Los ríos profundos* verläßt Ernesto am Ende die bis zu diesem Zeitpunkt rein „testimoniale" Rolle eines bloßen Zeugen des Geschehens und wandelt sich – neben Pantaleón – zum eigentlichen Protagonisten der Revolte. *Sein* Erleben, *sein* Handeln, *seine* Sprache bilden mithin auch für den Leser das entscheidende Medium, durch welches er das Geschehen vor allem erfährt.

Versprachlichung bedeutet im vorliegenden Falle die konkrete sprachlich-emotionelle Reproduktion der Erlebnisperspektive der durch die Willkürakte der Großgrundbesitzer betroffenen sowie gegen sie revoltierend aufbegehrenden Subjekte. In der Kreierung dieser Perspektive – der Erzählung aus der „Sicht der Betroffenen" – liegt, so meine ich, die eigentliche Bedeutung dieses Textes. Nicht nur die wörtlichen Reden der Protagonisten, sondern vor allem auch der auktoriale Diskurs des Ich-Erzählers reproduzieren alle Ebenen des quechuanisierten Spanisch bzw. hispanisierten Quechua, das für die Sprache der Andenbevölkerung eigentümlich ist – *alle* Ebenen, d.h. gerade nicht nur die linguistisch beschreibbaren Ebenen von Vokabular und Syntax, sondern vor allem auch die durch letztere transportierten emotionellen Werte (Haß, Liebe, Begeisterung, Abscheu und Trauer), darüber hinaus jedoch auch soziale und mythische Weltvorstellungen im allgemeinen, so z.B. die Erfahrung der gesellschaftlichen Hierarchie oder die Erfahrungen von Autorität, Natur oder Religion etc.

Fiktion und Utopie

In einem späteren Ausgaben der Erzählung beigefügten Kommentar hat Arguedas ausdrücklich auf den *fiktionalen* Charakter der in *Agua* angewendeten literarischen Verfahren hingewiesen: Das Quechua-Spanisch der Protagonisten wird in der Sierra nirgends gesprochen. Die soziale Umgangssprache ist „reines" Quechua. Es ist sowohl die Sprache der Ausbeuter als auch derer, die gegen sie revoltieren. Die Erzählung ist also kein Modell einer „wirklich" existierenden – sprachlich konstituierten oder sozialen – Welt, sondern die Versprachlichung einer Utopie. Die Utopie der literarischen Versprachlichung bezieht sich auf die Möglichkeit einer Verwirklichung der „Universalisierung", die Humanisierung der durch die Antagonismen zweier Kulturen gezeichneten Lebenswelt der Anden, die Möglichkeit, die bislang nur marginalisierte Quechuakultur akzeptierbar zu machen in der Perspektive der dominanten Kultur der «criollos».

Dieser Hinweis darf jedoch nicht mißverstanden werden. Keineswegs soll versucht werden, Arguedas' Werk umstandslos der (europäisch konnotierten) Gattung der Utopie einzuverleiben. Es geht um etwas anderes: Die – gemäß Erich Auerbach[4] – für die abendländische Literaturtradition überhaupt gültige Mimesis-Prämisse hat für die lateinamerikanische Literatur offenbar nur in eher eingeschränkter Weise Geltung. Dem auf der Grundlage der historischen und sozialen Produktions- und Rezeptionsbedingungen Lateinamerikas beruhenden Typus von Literatur ist an der Abbildung „gegenwärtiger" Verhältnisse nur wenig gelegen. Literatur ist vielmehr ebensowohl – so zeigte sich bereits am Beispiel der in der Einleitung analysierten Autoren – schöpferische Re-Produktion der Vergangenheit (Garcilaso) als auch utopischer Vorgriff in die Zukunft (Cortázar) oder radikale Kritik der Gegenwart (Paz). „Utopisch" ist die Erzählung von Arguedas also höchstens, sofern man einen – im Sinne von Ernst Bloch – verallgemeinerten Begriff „konkreter" Utopie zugrunde legt:

> Künstlerischer Schein ist überall dort nicht nur bloßer Schein, sondern eine in Bilder eingehüllte, nur in Bildern bezeichenbare Bedeutung von Weitergetriebenem, wo *die Exaggerierung und Ausfabelung einen im Bewegt-Vorhandenen selber umgehenden und bedeutenden Vor-Schein von Wirklichem darstellen*, einen gerade ästhetisch-immanent spezifisch darstellbaren. (E. Bloch, *Das Prinzip Hoffnung*, Frankfurt 1970, 1. Bd., S. 247; Hervorhebungen von Bloch)

Der Blochsche Begriff der Utopie ist mit der Praxis lateinamerikanischer Literatur allerdings nicht unbedingt deckungsgleich. Er steht noch unter den Prämissen eines (marxistischer Tradition entstammenden) Begriffs der „Wirklichkeit", der sich von seinen positivistisch-wissenschaftsgläubigen Voraussetzungen keineswegs grundsätzlich abgelöst hat. So spielt der Begiff des „Vor-Scheins" der ästhetischen Gebilde natürlich an auf die (rational, ja „wissenschaftlich" begründete) „Hoffnung", daß sich die allgemeine „Fortschritts"-Prämisse der Geschichte irgendwann erfüllen bzw. durchsetzen möge. Utopie und Hoffnung stehen bei Bloch in dialektischer Spannung zum historischen Apriori einer auf dem Kriterium empirischer Verifizierbarkeit beruhenden

Wirklichkeitserfahrung. „Realistische“ und „utopische“ Literatur verweisen insofern auf ähnliche historisch-diskursive Rahmenbedingungen. Die für die lateinamerikanische Praxis von Literatur vorauszusetzende Wirklichkeitserfahrung ist demgegenüber auf Erfahrungen begründet, für welche empirische Verifizierbarkeit auf der einen Seite und Phantasie und Einbildungskraft auf der anderen Seite keine Gegensätze bilden, sondern erst in ihrem Zusammenspiel den Gesamthorizont von Wirklichkeit erfüllen. Literatur konstituiert eine auf der Entfaltung schöpferisch-imaginativer Kräfte basierende Erfahrung, deren Maß und Grenze weder durch die Fortschrittsprämisse der abendländischen Geschichtskonzeption noch durch das Wahrheitskriterium wissenschaftlicher Rationalität festzusetzen sind.

1.3 Ernesto Cardenal: *Homenaje a los indios americanos*

Auch Ernesto Cardenal – für einige Jahre amtierender sandinistischer Kulturminister in Nicaragua, ein lyrischer Dichter von Rang, katholischer Priester und prominenter Vertreter der „Theologie der Befreiung“ – hat sich in seinem 1972 entstandenen Gedichtzyklus *Homenaje a los indios americanos* mit den untergegangenen Kulturen Amerikas befaßt:

Palabras falsas han llovido sobre nosotros
Sí, hemos tenido un ataque de palabras
El pan de la vida
nos ha sido reducido a la mitad
Los discursos del demonio llamado *Ah Uuuc*, El-siete-muerte
Ahora nos gobiernan los coyotes
ahora los lagartos están mandando
Coje tierras Hapai-Can, Serpiente tragadora
Diréis: en aquel katún hubo Subdesarrollo etc. ...
El terrible Ayin, Lagarto
y el maligno Xooc, Tiburón.
Y sobre nuestras cabezas, los zopilotes de la muerte
En esta época de Señores Plebeyos ...
Palabras falsas. Palabras de locura
Hemos tenido el ataque de las malas lenguas.
(Los enemigos de nuestra comida)
Augurio de pésimos gobiernos ...
(E. Cardenal, *Homenaje a los indios americanos*, 1972, 58)

Ein Regen von falschen Worten ist auf uns gefallen
Ja, wir sind angegriffen worden mit Worten
Das Brot des Lebens
wurde uns auf die Hälfte reduziert
Die Reden des Teufels, genannt *Ah Uuuc*, Der-Sieben-Tod

Jetzt regieren Kojoten uns
jetzt haben Schlauberger zu sagen
Hapai-Can nimmt die Länder, die gierige Schlange
Ihr werdet sagen: in jenem Katún gab es Unterentwicklung usw. ...
Der schreckliche Ayin, der Schlauberger
und der bösartige Xooc, der Hai.
Und über unseren Häuptern die Geier des Todes
In dieser Zeit der Plebejer-Herren ...
Falsche Worte. Worte des Irrsinns
Wir sind angegriffen worden von falschen Zungen.
(die Feinde unserer Speise)
Auguren pessimistischer Regierungen ...
(E. Cardenal, *Die Stunde Null*, Wuppertal 1979, 225)

Thema ist also wiederum ein Problem von Sprachlosigkeit. Die Art und Weise jedoch, in der Cardenal den autochthonen Kulturen Stimme verleiht, ist verschieden von Ziel und Methode, wie wir sie bei Arguedas kennengelernt haben. In lockerer, Pop-Art entlehnter Collagetechnik montiert Cardenal Informationen, die wir dank archäologischer Arbeit über das Leben der präkolumbianischen Kulturen besitzen, mit Indizien zeitgenössischer Realität. Weniger noch als bei Arguedas geht es um Rekonstruktion des Vergangenen. Die Stimme der Vergangenheit wird zum Medium von Analyse und Kritik gegenwärtiger Verhältnisse. „Sprachlosigkeit" ist kein Schweigen, sondern das Vorherrschen „falscher" Stimmen. Die Falschheit der Sprache ist aggressiver Natur; sie raubt das Lebensnotwendige – «el pan de la vida». Die Ration des Lebensnotwendigen wurde so auf die Hälfte reduziert. Die Bevölkerung befindet sich in einem Zustand, den die Soziologen als „Hungergrenze" bezeichnen. Der Teufel hat das Wort. Sein Name ist «Ah Uuuc», „Sieben-Tod". „Kojoten" und „Echsen" («lagartos» = Eidechse, aber auch „Schlauberger") sind an der Macht[5]: der länderverschlingende «Hapai-Can» und die Schlange. Der Name des Zeitalters («katún») ist „Unterentwicklung" etc. ... „Etc.", betont der Text. Die Nomenklatur scheint zweitrangig; die Opfer sind dieselben; die Herren und Nutznießer sind es auch – der schreckliche Ayin, Eidechse, der Böse Xooc, Hai, die Geier über unseren Köpfen. An der Macht sind die „Plebejer" – nicht Proletarier also, sondern emporgekommene Kleinbürger. Ihnen verdanken wir die „falschen Worte", die Irrsinnsworte, die uns von allen Seiten her befallen, uns des täglichen Brotes berauben – Indizien einer korrupten Regierung ...

Die kulturkritischen Intentionen von O. Paz praktizierend, rezipiert Cardenal – den Verfahren der Agit-Prop-Ästhetik folgend – Sprache und Weltbild der indianischen Hochkulturen und macht sie zu Diagnoserastern zeitgenössischer Verhältnisse. Eine wörtlich genommene «visión de los vencidos» wird somit zum kritischen Maßstab für die Gegenwart.

„Versprachlichung" ist bei Cardenal jedoch mehr als ein Perspektivenproblem. Sprache „repräsentiert" Wirklichkeit; die Rolle der Versprachlichung der alten Kulturen besteht darin, kritisch-utopische Modelle zu liefern für Gegenwart und Zukunft. Dies vor allem im Hinblick auf die großen politischen und religiösen Leitfiguren der indianischen Hochkulturen: Netzahualcóyotl, der als Dichter überlieferte Herrscher auf dem Aztekenthron, erscheint in der Rolle eines jeder Form von Gewalt abholden Friedensfürsten:

> El Rey dice: «yo soy sólo un cantor ...»
> El Rey-Poeta, Rey-Filósofo (antes, Rey-guerrillero)
> Cambió su nombre «León-Fuerte» por «Coyote-Hambriento»
> (una cabeza de coyote con un nudo; el nudo quiere decir *ayuno*)
> ¿tal vez por sus años de guerrillero en las montañas?
> y fue Místico, Legislador, Astrólogo, Ingeniero
> hizo versos, y también hizo diques
> platicando de puentes y de poesía nueva
> cuestiones de carreteras y cuestiones de melodía
> [...]
> Un Estadista-poeta, cuando había democracia en Texcoco
> paseando
> bajo los aguacates; va Moctezuma I y otros poetas
> son sus cuates
> «Oh Moctezuma
> sólo entre las pinturas de tus libros
> perdurará la ciudad de Tenochtitlán»
> El poder decir unas palabras verdaderas
> en medio de las cosas que perecen.
> (*Homenaje*, 66)

> Der König sagt: „Ich bin nur ein Sänger ..."
> Dichter-König, Denker-König (früher Guerrillero-König).
> Er änderte seinen Namen „Starker Löwe" in „Hungriger Kojote"
> (ein Kojotenkopf mit einem Knoten; der Knoten bedeutet *Fasten*)
> Vielleicht wegen seiner Guerrillero-Jahre in den Bergen?
> Und er war Mystiker, Gesetzgeber, Astrolog, Baumeister.
> Er schrieb Verse, aber er baute auch Deiche
> er sprach über Brücken und neue Lyrik
> Probleme des Straßenbaus und Fragen der Melodie.
> [...]
> Ein Dichter-Staatsmann. Als es eine Demokratie gab in Texcoco
> spazierte er
> unter Birnbäumen mit Moctezuma I und anderen Dichtern
> seinen Zwillingsbrüdern
> „Oh Moctezuma
> allein in den Malereien deiner Bücher
> wird die Stadt Tenochtitlán bestehen bleiben."
> Die Macht, Worte zu sagen, die Wahrheit sind
> inmitten vergänglicher Dinge.
> (*Die Stunde Null*, 233)

Er erzieht seine Untertanen durch eigenes Beispiel zu schöpferischem Kollektivkünstlertum und imaginativer Sozialarbeit. Die „Huitzilopochtlisten" – die Anhänger des Kriegsgottes Huitzilopochtli – fahren währenddessen fort, die bedauernswerten Opfer des Kriegskultes die Pyramidenstufen hinabzustürzen. Netzahualcóyotl seinerseits errichtet

> Una pirámide para *Tloque Nahuaque*
> el dueño de la Presencia y de la Intimidad
> el Invisible como la noche e Impalpable como el viento
>   Que tenga 9 tramos
>   arriba, por fuera, sólo negro con estrellas
>   y ningún ídolo dentro.
> Aquí enfrente de la del dios Feroz
> y que sea más alta que *ésa*.
> Precisamente enfrente de la del Huitzilopochtli-Nazi
> la pirámide del Dios Desconocido, sin
> imagen dentro ni piedra de sacrificio ...
> Allí oraba a solas, el Coyote con Nudo
> Coyote que Ayuna.
>
> (A. a. O., 69)

> Eine Pyramide für *Tloque Nahuaque*
> den Herrn der Anwesenheit und Vertrautheit
> der Unsichtbar ist wie die Nacht und Ungreifbar wie der Wind.
>   9 Höhen soll sie
>   haben, von außen nur Schwärze mit Sternen
>   und innen kein Götzenbild.
> Gegenüber der Pyramide des Grausamen Gottes
> und sie soll höher sein als *jene*.
> Genau gegenüber der Pyramide des Huitzilopochtli-Nazi
> die Pyramide des Unbekannten Gottes, ohne
> Bild im Innern und ohne Opferstein ...
> Hier betete er allein, der „Kojote mit Knoten"
> Kojote der fastet.
>
> (A. a. O., 235)

Dem Kriegsgott Huitzilopochtli ist polemisch-anachronistisch das Suffix „Nazi" angehängt. Cardenal ist der von Todorov hochgeschätzte „Perspektivismus" also offenbar fern. Der blutige Kult der aztekischen Menschenopfer ist *nicht* Teil des hier entfalteten Projekts der Zukunft. Dennoch ist der Tenor des Textes nicht „assimilationistisch". Keineswegs macht Cardenal den Versuch, die Aztekenkultur der eigenen – als „universal" betrachteten – zu assimilieren. Die Formulierung „Huitzilopochtli-Nazi" richtet sich vielmehr eher kritisch gegen die eigene kulturelle Vergangenheit bzw. ihre fatale Tendenz, der Anbetung falscher Götter Hekatomben von Menschenleben zu opfern. Die Formulierung enthält allerdings auch eine Warnung vor der – allzeit präsenten – Gefahr des ethnologischen Exotismus. So kann der Modellcharakter der indianischen Hochkulturen nicht darin bestehen, sie vorbehaltlos als vermeintliche Sozialparadiese für die Zukunft zu reklamieren. Die Art bzw. der Grad ihrer Verwendung als Modelle der Zukunft unterliegt vielmehr den Wertkategorien der Gegenwart. Eben hierin liegt die Funktion der Modelle als soziale *Utopien*.

1.4 Pablo Neruda: «Alturas de Macchu Picchu»

Der *Canto General* des chilenischen Dichters Pablo Neruda ist ein engagiertes Nationalepos lateinamerikanischer Geschichte und Gegenwart, eine lateinamerikanische Replik auf die romantische *Légende des Siècles* eines Victor Hugo, getragen – wie jene – vom unerschöpflichen – mitunter auch geschwätzigen – Atem der Poesie, kompromißlos in der Anklage sozialen Unrechts und historischer Lüge, unbefangen im rhetorischen Einsatz für Gerechtigkeit und Humanität, genial in der schöpferischen Verarbeitung und Synthese romantischer Sozialrhetorik, surrealistischer Wortakrobatik und pamphletistischer Agit-Prop-Lyrik. Die 15 Gesänge sind chronologisch angeordnet. Der erste Gesang – «La lámpara en la tierra» – behandelt das präkolumbianische Amerika – Vegetation, Tierwelt, Geographie, Landschaft und schließlich, als Anhängsel gleichsam, keineswegs als Höhepunkt, die Welt des Menschen. Der zweite Gesang – «Alturas de Macchu Picchu» – verbleibt noch in präkolumbianischer Zeit, nähert sich jedoch in der Konnotierung der Epoche der Inkas bereits der Zeit der Conquista. Es handelt sich der Form nach um eine Hymne auf eines der erstaunlichsten archäologischen Denkmäler, die von den indianischen Kulturen überliefert sind – die erst im 20. Jahrhundert entdeckten und archäologisch zugänglich gemachten Reste der inkaischen Ruinenstadt „Macchu Picchu". Der Text verzichtet jedoch gänzlich auf die Aktualisierung der gewohnten Exotikperspektive, unter der sich das rätselhafte Bauwerk tagtäglich den staunenden Touristen darbietet. Keine einzige der vielen im Umlauf befindlichen Hypothesen im Hinblick auf seine ursprüngliche Verwendung wird erinnert. Vor allem jedoch fehlt der für das kulturelle Staunen obligatorische Hinweis auf Größe, Macht und Leistung der Inkas bzw. der sie tragenden Herrscherdynastie gleichen Namens. Der dichterische Zugang, den Neruda dem Leser zumutet, besteht statt dessen gleichsam in einem beschwerlichen Fußmarsch durch ein dichtgeknüpftes Metaphernwerk, bei dessen Durchquerung er Gefahr läuft, das exotische Ziel – die «alturas de Macchu Picchu» – vorerst gar nicht zu Gesicht zu bekommen:

> Del aire al aire, como una red vacía
> iba yo entre las calles y la atmósfera, llegando y despidiendo,
> en el advenimiento del otoño la moneda extendida
> de las hojas, y entre la primavera y las espigas,

lo que el más grande amor, como dentro de un guante
que cae, nos entrega como una larga luna.
(Neruda, *Canto General*, 1980, 25)

Zwischen Lüften, wie ein leeres Netz,
ging ich hin zwischen Straßen und Atmosphäre, kommend und verabschiedend
bei der Ankunft des Herbstes das abgezählte Geld
der Blätter, und zwischen Frühling und Ährensammeln
was die überschwenglichste Liebe, wie in einem niederfallenden Handschuh
verborgen uns gibt wie einen langen Mond.

Der barocke Metaphernwald der poetischen Sprache Nerudas, den der Leser durchschreiten muß, um das Bauwerk endlich zu Gesicht zu bekommen, entspricht der Perspektive, aus der sich das Bauwerk – auch heute noch! – darbietet, wenn man, moderne Verkehrsmittel meidend, den stundenlangen Fußweg gewählt hat, der den Touristen durch dichte tropische Urwaldvegetation aus der Talsohle des Urubamba hinaufführt zur verborgenen Stadt in der Höhe. Es ist die Perspektive – so wollen wir gleich hinzufügen –, in der sich das Bauwerk zeigte sowohl während der Bauzeit als auch später, als es den pragmatischen Zwecken zu dienen begann, um deretwillen es einst errichtet worden war.

Welches ist der Lohn, der den Leser erwartet, wenn er die Mühe der Lektüre hinter sich gebracht hat? In den ersten sechs Strophen aktualisiert Neruda zunächst eine langatmige und beschwerlich formulierte Liebesanthropologie, in deren Zentrum das romantisch vereinsamte, zu Kommunikation und Liebe kaum noch befähigte lyrische Ich des Dichters plaziert ist. Was es auf sich hat mit diesem Motiv, ist an dieser Stelle noch nicht recht zu erkennen. Vermerken wir jedoch, daß bereits in den Anfangsstrophen die Rede ist von „Sprachlosigkeit" – der Sprachlosigkeit allerdings des eigenen dichterischen Ichs. Später erst – in der sechsten von zwölf Strophen, also „auf halber Höhe" – erlaubt uns der Dichter einen ersten Blick auf das staunenerregende Bauwerk. Was jedoch wird sichtbar? Nicht das Klischeebild des Touristen, sondern ein Monument menschlicher Arbeit; nicht das Werk eines genialen Architekten, sondern die Objektivation jener vielen Namenlosen, die das steinerne Wunder auf eine Höhe von 700 Meter über den Urubamba hinaufbrachten und unter der Anstrengung zusammengebrochen sind. Mit ihnen, den Namenlosen – den „Juan Cortapiedras", „Juan Comefrío", „Juan Piesdescalzos" (*Canto*, 36) –, erklärt der Dichter sich solidarisch:

Juan Cortapiedras, hijo de Wiracocha,
Juan Comefrío, hijo de estrella verde,
Juan Piesdescalzos, nieto de la turquesa, sube a nacer conmigo, hermano.
[…]
Mostradme vuestra sangre y vuestro surco,
decidme: aquí fui castigado,

porque la joya no brilló o la tierra
no entregó a tiempo la piedra o el grano
[...] (ebd.)

Johann Steinmetz, Sohn Wiracochas,
Johannes Habenichts, Sohn des grünen Sternes,
Johann Barfuß, Türkisneffe, mein Bruder, komm herauf, um ein zweites Leben mit mir zu leben [...]
Zeigt her euer Blut und eure Furche,
sprecht: hier wurde ich bestraft,
da der Edelstein keinen Glanz und die Erde
nicht rechtzeitig das Mineral oder die Frucht der Ähre preisgab
[...]

Nicht die triumphalistische Identifikation mit vergangener Größe, sondern Solidarität mit dem vergessenen und verdrängten Leid der Namenlosen ist der Imperativ, von der diese poetische Archäologie sich leiten läßt. Auch bei Neruda – ebenso wie schon bei Cardenal – fehlt die gewohnte Geste der Idealisierung. Weder Hölle noch Paradies – die präkolumbianischen Kulturen werden vielmehr erfahren in der Perspektive einer *Kontinuität des Leidens*. Solidarität mit diesem Leiden entbehrt bei Neruda allerdings des patriarchalischen Gestus. Die Versprachlichung des namenlosen Leides der Vergangenheit nämlich führt zur Einsicht in das Leiden der Gegenwart. Solidarität ist also wesentlich Mit-Leiden. In der Erfahrung dieses Mit-Leidens – der Kontinuität namenlosen Leidens, das aus präkolumbianischer Zeit hineinreicht bis in die Gegenwart – findet der Dichter selbst auch wieder zur Sprache (die er anfangs verloren zu haben schien!), der schöpferischen Sprache der Solidarität:

Yo vengo a hablar por vuestra boca muerta.
A través de la tierra juntad todos
los silenciosos labios derramados
y desde el fondo habladme toda esta larga noche
como si yo estuviera con vosotros anclado
[...] (37)

Ich komme, um durch euren toten Mund zu sprechen.
Allüberall auf der Erde sammelt
die verstreuten schweigenden Lippen
und erzählt mir von Grund auf die ganze Nacht hindurch
als wenn ich mitten unter euch vor Anker gegangen wäre
[...]

KAPITEL 2: DAS IDENTITÄTSPROBLEM

2.1 Die historische Dimension der Identitätsproblematik

Zu den Grundformen der literarischen Erfahrung von Geschichte in Lateinamerika – so sahen wir an den Beispielen des letzten Kapitels – gehört das Problem der „Sprachlosigkeit". Sosehr das Ausgangsproblem im wesentlichen ähnlich gelagert ist – der literarische Text funktioniert als eine Art Sprachwerdung der untergegangenen bzw. zum historischen Schweigen verurteilten autochthonen Kulturen –, so existiert doch keine allgemeine Regel, nach der die Autoren auf diese Grunderfahrung literarisch reagieren. Es sind literarische Diskurse höchst unterschiedlicher Art, die wir in den untersuchten Texten vorgefunden haben: bei Arguedas die Forderung nach einer radikalen sozialrevolutionären Veränderung der bestehenden Macht- und Eigentumsordnung im peruanischen Andenhochland; bei Cardenal die poetische Evokation exemplarischer Gestalten der indianischen Hochkulturen, die als utopische Modelle für soziales bzw. politisches Verhalten in der Gegenwart aktualisiert werden; bei Neruda die solidarisierende Erinnerung an die archäologischen Monumente der Indianerkulturen als Objektivationen „anonymer" menschlicher Arbeit.

Auch die Identitätsproblematik gehört – wie das Motiv der „Sprachlosigkeit" – zu den Grundformen literarischer Erfahrung von Geschichte in Lateinamerika[6] und erfährt insofern in den verschiedenen Ländern die unterschiedlichsten Aktualisierungen. Es versteht sich, daß sich das Problem in einem traditionellen Einwanderungsland wie Argentinien, in dem der Prozentsatz der ehemals autochthonen Bevölkerung auf eine verschwindende Minderheit reduziert ist, grundsätzlich anders stellt als in Peru, wo sich bis heute die drei annähernd gleich großen Blöcke der indianischen, der weißen sowie der Mestizenbevölkerung gegenüberstehen; anders schließlich in Mexiko, einem Land, in dem die „Mestizierung" am weitesten fortgeschritten ist und das zudem seit den Tagen der Revolution als offizielles Identitäts-„Modell" propagandistisch verwertet wird.

Der peruanische Autor J. M. Arguedas hat das Identitätsproblem als existentielles Schicksal erfahren und in seinem Werk in vielfältiger Weise literarisch gestaltet. Bereits in *Los ríos profundos* gehört es zu den zentralen Motiven. Da bei Arguedas das Identitätsproblem in expliziter Weise mit einem allgemeinen Problem literarischer bzw. ästhetischer Praxis verbunden wird, soll die exemplarische Analyse des Romans hier am Anfang stehen. Es gilt jedoch zunächst noch einmal, den allgemeinen historischen Kontext der Identitätsproblematik in Erinnerung zu rufen:

Die Stabilität der kolonialen Institutionen in Lateinamerika – so haben wir oben gesehen – beruhte u. a. in einer Politik der systematischen „Umkodierung“ des vorgefundenen autochthonen Sozialsystems. Ziel dieser Politik war es, die Effizienz und Produktivität des bestehenden Sozialsystems weitgehend zu erhalten, um sie neuen Zwecken zuzuführen. So wurden die Formen kollektiver Arbeit, wie sie das Inkareich gekannt hatte, weitergeführt, dienten nun jedoch nicht mehr der Erwirtschaftung eines kollektiven Reichtums, sondern flossen direkt in die Kassen des spanischen Königs. Die gleiche subtile Methode kultureller „Enteignung“ wurde auch auf dem Gebiet der Religion praktiziert. Auch das Missionierungskonzept der Franziskaner und Jesuiten zielte weniger ab auf Zerstörung der alten Riten und Mythen als vielmehr ihre Umdeutung und Neuformulierung in den dogmatisch festgelegten Grenzen der christlichen Religion. Was den Einfluß des römischen Katholizismus angeht, waren diese Grenzen zwar mitunter erstaunlich weit gesteckt und gehörten insofern zu den historischen Voraussetzungen des Entstehens der für Lateinamerika charakteristischen Mestizenkulturen; der Effekt dieser Politik – sowohl auf ökonomischer als auch religiöser Ebene – bestand jedoch nichtsdestoweniger in einem Prozeß radikaler Selbst-Entfremdung, im Verlust kultureller „Identität“. Das im letzten Kapitel behandelte Problem der „Sprachlosigkeit“ ist eine unmittelbare Folge dieses Identitätsverlustes.

Die Unabhängigkeitsbewegung als die „Geburtsstunde“ der lateinamerikanischen (National-)Geschichte stand insofern vor einer doppelten Aufgabe: „Unabhängigkeit“ bedeutete einerseits die Ablösung vom europäischen – insbesondere spanischen – Erbe; es bedeutete andererseits, sich der Aufgabe zu stellen, die „Leerstelle“ des angedeuteten Identitätsverlustes mit neuem Inhalt zu füllen. Wir haben oben gesehen, daß die neuentstandenen lateinamerikanischen Republiken an dieser doppelten Aufgabe bis heute weitgehend gescheitert sind. Die Geburt Lateinamerikas aus dem Geiste der „Nation“ war eine Geburt unter Schmerzen; die Schmerzen dauern an. Auch wenn die politische Ablösung von Europa schließlich gelungen ist, so stand ihr doch offenbar eine entschiedene Übernahme von Prämissen der europäischen Geistes- bzw. Politikgeschichte entgegen. Wir haben diese These oben am Beispiel des Begriffs der „Nation“ deutlich zu machen versucht. Der bereits in der Kolonialepoche grundgelegte „Eurozentrismus“ Lateinamerikas wird durch die Unabhängigkeit also nicht etwa rückgängig gemacht, sondern eher noch verstärkt.

Was die Identitätsproblematik angeht, so wird man vorsichtiger argumentieren müssen: Zwar ist es richtig, daß die Unabhängigkeit – aufgrund ihrer eurozentrischen Prämissen – die durch die 300jährige spanische Herrschaft geschaffene „Leerstelle“ nicht zu füllen vermag, doch erhält das Identitätsproblem dank der Unabhängigkeit zugleich einen neuen, juristisch einklagbaren

Rahmen. Die allgemeine Formel dieses Rahmens ist – wie wir sahen – wiederum der Begriff der „Nation". Wesentlicher Inhalt des Begriffs ist der Verweis auf Einheit – „Einheit" nämlich eines historischen Subjekts in Analogie zu den Einheitskriterien der menschlichen Person wie „Freiheit", „Selbstbewußtsein" oder „Identität". Auch wenn die empirische Ausfüllung dieses Einheitsversprechens bis auf weiteres auf sich warten läßt, so ist die Forderung als solche – die Forderung, die bisher marginalisierte autochthone Indiobevölkerung politisch, sozial und kulturell in den „nationalen" Konsens einzubeziehen – mit der Unabhängigkeit doch faktisch in die Welt gesetzt. Er ist gewissermaßen politisch jederzeit „abrufbar". Was die Verhältnisse in Peru angeht, so hat sie der peruanische Philosoph J. C. Mariátegui mit folgenden Worten gekennzeichnet:

Mientras el Virreinato era un régimen medioeval y extranjero, la República es formalmente un régimen peruano y liberal. Tiene, por consiguiente, la República deberes que no tenía el Virreinato. A la República le tocaba elevar la condición del indio. Y contrariando este deber, la República ha pauperizado al indio, ha agravado su depresión y ha exasperado su miseria. La República ha significado para los indios la ascensión de una nueva clase dominante que se ha apropiado sistemáticamente de sus tierras. En una raza de costumbre y de alma agrarias, como la raza indígena, este despojo ha constituido una causa de disolución material y moral. [...] La feudalidad criolla se ha comportado, a este respecto, más ávida y más duramente que la feudalidad española.
(*7 Ensayos de interpretación de la realidad peruana*. Biblioteca Amauta. Lima 1968, 39)

Während das Vizekönigreich ein mittelalterliches und ausländisches Regime war, ist die Republik in formeller Hinsicht ein peruanisches und liberales Regime. Infolgedessen hat die Republik Pflichten, die das Vizekönigreich nicht besaß. Dazu gehörte, daß die Republik die Lebensbedingungen des Indios verbessern mußte. Dieser Verpflichtung zuwiderlaufend, hat die Republik den Indio in noch ärgere Armut gestürzt, sie hat den Zustand seiner Unterdrückung noch verschärft und hat seine Misere zum Äußersten geführt. Die Republik war für die Indios gleichbedeutend mit dem Aufstieg einer neuen regierenden Klasse, die sich in systematischer Weise seines Landes bemächtigte. Bei einer Rasse mit agrarischer Lebensgewohnheit und einer agrarischen Seele, wie sie bei unserer indigenen Rasse vorzufinden sind, stellte dieser Raub einen ausreichenden Grund dar, um materiell und geistig auf einen absoluten Tiefpunkt zu gelangen. [...] Die kreolische Feudalgesellschaft zeigte sich in dieser Hinsicht also noch habgieriger und unerbittlicher als der spanische Feudalismus.

Sehen wir nun, wie Arguedas dieses Problem 20 Jahre nach Erscheinen der *7 Ensayos* Mariáteguis in *Los ríos profundos* behandelt.

2.2 J. M. Arguedas: *Los ríos profundos*

Der Erzähler-Protagonist

Gegenstand des Romans sind die in autobiographischer Form erzählten Erlebnisse eines etwa 14jährigen Peruaners weißer Abstammung in einer unter kirchlicher Leitung stehenden Internatsschule der Provinzstadt Abancay. Protagonist und Erzähler ist Ernesto, namensgleich mit dem Ich-Erzähler der oben besprochenen Kurzgeschichte *Agua*. Die Namensgleichheit indiziert die Ähnlichkeit, vor allem jedoch auch die Unterschiede der beiden Protagonisten: Was sie verbindet, ist ihr gemeinsames Interesse an der indianischen Kultur und der sozialen Lage, in der sich die Indios befinden. Beide sind „Weiße", d.h. es gibt für ihr Engagement – im Gegensatz zu den indianischen Anführern der Revolte in *Agua* – keine „rassische", also gewissermaßen natürliche Begründung. Die Frage nach der Motivation ihres Engagements verlagert sich damit auf die Ebene der Erzählung selbst: In *Agua* – so sahen wir – bleibt das Engagement Ernestos für die Sache der Indios, das ihn schließlich in die Rolle eines Protagonisten der Revolte gegen den Machtmißbrauch der Hacendados hineinbringt, letztlich anekdotisch-abstrakt, erzähltechnisch nämlich „unmotiviert". Man kann es natürlich als „ethisch" motiviert ansehen. Diese Deutung unterstreicht aber nur die Abstraktheit der Figur; sie ist austauschbar gegen jede andere, die sich dem gleichen ethischen Imperativ unterstellt.

Die Situation Ernestos in *Los ríos profundos* ist dagegen eine gänzlich andere. Ernesto erzählt *seine* Geschichte: Von weißen Eltern abstammend ist er in indianischem Milieu aufgewachsen und erzogen worden. Die Sozialisation im Kreise der Indios hat sein Denken und Fühlen zutiefst geprägt. Er spricht ihre Sprache, lebt in der Vorstellungswelt ihrer Mythen, erlebt soziale Umwelt und Natur durch die Filter ihrer Emotionalität. Zugleich jedoch ist Ernesto – vermittelt über die Person seines Vaters – unauflöslich verbunden mit der kulturellen Welt der Weißen. Für Ernesto in *Los ríos profundos* ist das Indianerproblem mithin nicht Gegenstand eines „Engagements", kein moralischer Imperativ, sondern am eigenen Leibe erfahrenes existentielles Schicksal.

Diese narrative Motivation der Identitätsproblematik durch die Person des Erzähler-Protagonisten erlaubt es Arguedas, „Identität" in *Los ríos profundos* im gesamten Spektrum ihrer motivischen Breite zu entfalten: Identität ist zunächst einmal – so die Basisinformation des Romans – ein individuelles, ja subjektives Schicksal. Das Schicksal Ernestos ist gerade kein allgemeiner „Fall". Sein Fall ist vielmehr – im Hinblick auf die allgemeine Regel – eher die Ausnahme: Der von Indianern erzogene Weiße erlebt das Milieu seiner Väter als Entfremdung. Dieser Sonderfall peruanischer Identität wird jedoch gerade deshalb zum Kristallisationspunkt einer allgemeinen Problematik: *psychologisch*, als die Konfrontation einer durch indianische Sozialisation geprägten Sensibilität mit den Maximen einer „weißen", durch das Fortbestehen kolonialer Mentalität charakterisierten Umwelt; *ästhetisch*, als die Erfahrung einer zeitweiligen Äquivalenz repräsentativer Symbole und Praktiken der jeweils anderen Kultur; *sozial und politisch*, als Solidarisierungsakt Ernestos mit den Zielen der indianischen Revolte.

Zur Vielfalt dieser Motivationen tritt jedoch noch eine weitere – ebenfalls idiosynkratisch bedingte – hinzu: Ernesto fühlt sich zum Schriftsteller geboren. «Oye, Ernesto, me han dicho que escribes como poeta» (68) [Ernesto, ich hab gehört, du kannst schreiben wie ein Dichter], sagt ihm sein Freund Antero im 6. Kapitel und überträgt ihm die Redaktion der Briefe an die Erwählte seines Herzens. Der Anstoß ist für Ernesto von entscheidender Bedeutung. Dank des Vertrauens, das Antero in ihn setzt, erfährt er die potentielle Macht des Schreibens – der „Literatur“ im allgemeinen – als kommunikativer Brücke nicht nur von Individuum zu Individuum, sondern auch als Brücke zur Überwindung von als unüberwindlich erfahrenen Schranken sozialer Klassen bzw. kultureller Welten. Die autobiographische Motivierung der Identitätsproblematik in der Person des Erzähler-Protagonisten verweist auf die Person des Autors selbst. Es besteht kein Zweifel, daß J.M. Arguedas in *Los ríos profundos* autobiographische Elemente seines eigenen Schicksals literarisch verarbeitet. Dank dieser autobiographischen Elemente gelingt es dem Autor, der eigentlichen Problematik des Identitätsthemas Gewicht zu verleihen, dem Problem der Vermittlung nämlich und der Universalisierung, der Aufgabe, ein individuell erfahrenes Schicksal in den Strukturen seiner allgemeinen, historischen Dimension sichtbar zu machen. Wie erreicht es Arguedas, so bleibt nunmehr zu fragen, seine eigene Geschichte – bzw. die Geschichte seines *alter ego* Ernesto – *so* zu erzählen, daß sie zugleich allgemeine und universelle Bedeutung gewinnt?

Die Rolle des Vaters

Grundlage der Identitätserfahrung Ernestos – soweit die Information des ersten Kapitels – ist die Figur seines Vaters. Der Vater – obwohl Weißer – ist paradoxerweise der Agent seiner Sozialisation durch die Welt der Indios. Er selber ist dieser Welt offenbar eng verbunden; sein Abstand, ja seine Feindschaft gegenüber der traditionellen Welt der weißen Großgrundbesitzer, die durch den «viejo» – einen alten Hacendado aus Cuzco, mit dem der Vater in einem entfernten Verwandtschaftsverhältnis steht – repräsentiert ist, scheint unüberbrückbar. „Identität“ zu verwirklichen, ist für den 14jährigen Ernesto deshalb zunächst einmal gleichbedeutend mit dem Projekt, sein Leben zu gestalten gemäß dem „Willen des Vaters“, d.h. gemäß der ihm in der Sozialisation zugewachsenen Vorstellungswelt und Emotionalität.

Der Vater repräsentiert in *Los ríos profundos* also eine gewissermaßen patriarchalisch-positive Seite des Identifikationsprozesses mit der Gesellschaft, der sich Ernesto konfrontiert sieht. Der Vater tritt auf als Lehrer, als gründlicher Kenner der in Cuzco präsenten Kulturwelt der Inkas, der sich beide – Vater und Sohn – gemeinsam und voller Emotionalität nähern. Legitimiert wird diese positive Seite insbesondere durch die Gegnerschaft des Vaters zu jener Instanz, die einer Identitätsfindung Ernestos – gemäß den Parametern seiner bisherigen Sozialisation – am entschiedensten im Wege steht, der Welt des habgierigen «viejo».

Diese positive Seite des Vaters jedoch ist begrenzt. Noch vor Beginn der eigentlichen Handlung in Abancay zieht er sich zurück. Der Rückzug hat symbolische Funktion. Er zeigt die Ohnmacht des Vaters gegenüber der durch den «viejo» repräsentierten „anderen" Seite der Gesellschaft, die die Indios zu armseligen Tagelöhnern erniedrigt und Ernesto und den Vater mit kalkulierten Gesten sozialer Herabsetzung zu demütigen versucht. Durch die Ferne des Vaters sieht Ernesto sich nun auf sich selbst gestellt, unterworfen – wie bereits in der Kindheit – der Autorität der Ersatzväter seiner neuen Umgebung. Es ist jedoch nicht mehr die Humanität der Indios, die ihn umgibt, sondern der Zwiespalt der – insbesondere durch Padre Linares repräsentierten – Sozialwelt des Internats in Abancay. In der unausweichlichen Konfrontation mit dieser Welt erst wird „Identität" für Ernesto zum eigentlichen Problem.

Am Ende des Romans tritt der Vater zum letzten Mal in Erscheinung: Ernesto muß das Internat verlassen; der Vater hat ihm nun doch eine Stelle auf der Hacienda des «viejo» aus Kapitel 1 vermittelt und wird damit zum eigentlichen Agenten seiner Assimilation an die Welt der Weißen – ein symbolischer Akt unvermeidlicher Autorität, der die konventionelle, historisch begründete Über-Ich-Rolle des Vaters noch einmal aufs anschaulichste unterstreicht.

Die Ankunft in Cuzco sowie – wenige Monate später – der Aufbruch zur Hacienda des Alten sind die Eckpunkte der Handlung. Der Prozeß der eigentlichen Identitätssuche Ernestos im neuen Milieu fällt in die kurzen Monate, die er zwischen diesen Punkten im Internat von Abancay verbringt. Die Hauptstationen dieses Prozesses lassen sich nach drei Phasen unterscheiden:

Mythische Selbstidentifizierung im Zeichen des «zumbayllu»

Abancay está cercado por las tierras de la hacienda Patibamba. Y todo el valle, de sur al norte, de una cima a la otra, pertenece a las haciendas (41)

Abancay ist von den Ländereien der Hacienda Patibamba umzingelt. Und das ganze Tal, von Süden bis Norden, von einem Berggipfel zum anderen, ist Hacienda-Land

heißt es im vierten Kapitel. Die geographische Lage der Stadt, eingekesselt und an ihrer natürlichen Entfaltung gehindert durch die Willkürgrenzen der Großgrundbesitzer («terratenientes»), ist ein Bild der Situation, in der sich Ernesto selbst bei seiner Ankunft im Internat vorzufinden meint. Die Internatsleitung tritt ihm entgegen mit Signalen einer repressiven und sterilen Autorität; seitens der Mitschüler erfährt er Zeichen pubertärer Brutalität, die sich entlädt in Akten sozialer und sexueller Gewalttätigkeit. Opfer der ersteren sind die „Schwächlinge" Añuco und Lleras; Opfer der letzteren eine indianische Küchenangestellte, die schwachsinnige «opa», die von den Schülern kollektiv vergewaltigt wird. Ernesto steht alledem passiv und hilflos gegenüber und wird von seinen Mitschülern als Neuling, Außenseiter, d. h. «forastero» behandelt. Um so stärker lebt in ihm die Erinnerung an die Welt voll sozialer Wärme, in der er seine Kindheit verbracht hat – die Welt „Don Pablo Maywas, von allen Indios der, den ich am liebsten gehabt hatte" (44). Eine Brücke zwischen jener Welt und der, in der er sich nun befindet, scheint nicht zu existieren.

Langsam jedoch faßt Ernesto Fuß. Eine erste Brücke beginnt sich zu bilden. Er schließt Freundschaft mit Romero, „dem hochgewachsenen Rondín-Spieler mit indianischen Gesichtszügen aus Andahuaylas" (50), mit dem er zusammen Musik macht. Es ist die ästhetische Praxis der peruanischen Folklore, die ihn Freundschaft mit Romero schließen läßt. Die Sprache der Musik – so werden wir sehen – wird ihm später die Türen der «chicherías» öffnen und ihn lehren, die sozialen Anliegen der «chicheras» besser zu verstehen.

Entscheidender noch als die musikalisch vermittelte Freundschaft mit Romero ist jedoch die sich anbahnende Freundschaft mit Antero. Im Gegensatz zu Romero ist Antero keineswegs «aindiado». Sein Vater ist vielmehr Hacendado. Dennoch ist auch er ein Kenner und Liebhaber folkloristischer Künste und bringt eines Tages einen sog. «zumbayllu» mit in die Schule. Der «zumbayllu», ein selbstgefertigter Holzkreisel, der bei einer bestimmten Frequenz seltsame Töne von sich gibt und die Eigenschaft hat, sich bei hoher Drehgeschwindigkeit in die Luft zu heben, gilt in der Kultur der Indios, in der Ernesto aufgewachsen ist, als Träger geheimnisvoller Kräfte. Als Antero die Begeisterung des «forastero» für das Spielzeug entdeckt, macht er es ihm spontan zum Geschenk. Ernesto ist davon überzeugt, daß der Besitz des «zumbayllu» es ihm erlaubt, mit dem abwesenden Vater telepathisch Verbindung aufzunehmen. Zunächst einmal glaubt er sich dank des Spielzeugs jedoch in Freundschaft mit Antero verbunden. Einen ersten Beweis seiner Frieden und Freundschaft stiftenden Kräfte legt der «zumbayllu» ab, indem er zum Anlaß wird, einen handgreiflichen Streit, in den sich Ernesto mit Rondinel, einem anderen Mitschüler, eingelassen hat, zu schlichten. Ernestos Glücksgefühl ist geradezu euphorisch:

Y seguimos adelante. Ni rastros de forzada amabilidad hubo entre nosotros. Deseábamos halagarnos. Hicimos cantar a nuestros zumbayllus con gran destreza. Los arrojábamos al mismo tiempo. Y una vez el Flaco derrotó en duración al de Antero. ¡Qué felicidad fue para él! Saltaba; me miraba y miraba al Markask'a. Daba vueltas sobre un pie. El sol alumbraba para él solo, esa mañana. El mundo redondo, como un juguete brillante, ardía en sus manos. ¡Era de él! Y nosotros participamos de la dicha de sentirlo dueño. (83)

Und wir machten immer weiter. Keine Spur gezwungener Liebenswürdigkeit gab es zwischen uns. Wir wollten einander einfach gut sein. Jeder ließ seinen Zumbayllu nach Herzenslust singen. Wir warfen ihn zu gleicher Zeit empor. Einmal flog der des Dünnen weiter als der von Antero. Wie glücklich er sich fühlte! Er sprang vor Freude in die Luft; schaute mich an und dann den Markask'a. Er tanzte auf einem Bein. Die Sonne schien nur für ihn allein, an diesem Morgen. Die große runde Welt, sie war wie ein glänzendes Spielzeug, sie brannte in seinen Händen. Sie gehörte *ihm*! Und wir nahmen teil am Glück, ihn als Herrn zu fühlen.

Der Höhepunkt seines Glückes ist jedoch erreicht, als Antero ihn im Gegenzug bittet, von seinen schriftstellerischen Fähigkeiten Gebrauch zu machen und ihn – Antero – als Briefschreiber gegenüber seiner Freundin zu vertreten.

Ernestos Reaktion ist im Hinblick auf unsere Grundfrage nach dem Beziehungsverhältnis von Identität und Literatur von höchster Bedeutung. Romeros Musik, Anteros «zumbayllu» und nun die „Literatur“: es handelt sich offenbar um ein dreifaches – sagen wir – „Identitätszeichen“, eine dreifache Möglichkeit, eine Brücke zu schlagen zwischen den verschiedenen Welten, die sich in Ernesto treffen und nicht zusammenfinden. Während die Musik und der «zumbayllu» jedoch gewissermaßen „von außen“ kommen, als Kommunikationsangebote der Welt der Indios an ihn, den bisher Ausgeschlossenen, erfährt er die „Literatur“ nun umgekehrt als eine schöpferische, aus ihm selbst stammende Kraft, die es ihm ermöglicht, den Brückenschlag selbst zu wagen. Antero hatte ihm Salvina, seine Angebetete, zunächst nur vorgestellt als „die Königin [«la reina»] von Abancay“ (68). Vor dem leeren Blatt sitzend und nach Worten suchend verliert sich der Briefschreiber zunächst in einen langen inneren Monolog, um sein Beziehungsverhältnis zur Gesellschaft von Abancay – insbesondere zu deren weiblichen Mitgliedern – zu ordnen und zu überdenken:

Yo no conocía a las señoritas del pueblo. Los domingos me internaba en los barrios, en las chicherías, en los pequeños caseríos próximos. Consideré siempre a las señoritas como seres lejanos, en Abancay y en todos los pueblos. Las temía, huía de ellas; aunque las adoraba en la imagen de algunos personajes de los pocos cuentos y novelas que pude leer. *No eran de mi mundo. Centelleaban en otro cielo.* (69; Hervorhebung: W. B. B.)

Ich kannte die Mädchen im Dorf nicht. Des Sonntags war ich Gast in den Vierteln, den Chicherias, den kleinen Häusern an der nächsten Ecke. Für mich sind die Mädchen immer wie Wesen in der Ferne, in Abancay ist das so oder in den übrigen Orten. Ich hatte Angst vor ihnen, floh sie; obwohl ich sie im Bild von gewissen Figuren verehrte, die ich aus den wenigen Erzählungen und Romanen kannte, die ich hatte lesen können. *Sie waren nicht von meiner Welt. Ihre Sterne leuchteten an einem anderen Himmel.*

Die Situation, in der er sich nun befindet, ist jedoch eine andere: «la reina de Abancay» ist offenbar dabei, sich in *seine* Königin zu verwandeln; der Brief, den er für Antero im Begriff ist zu schreiben, ist *sein* Brief, dem er die Fähigkeit zutraut, bisher als unüberwindbar angesehene Gräben effektiv zu überbrücken:

Yo sabía, a pesar de todo, que podía cruzar esa distancia, como una saeta, como un carbón encendido que asciende. La carta que debía escribir para la adorada del Markask'a llegaría a las puertas de ese mundo. «Ahora puedes escoger tus mejores palabras –me dije–. ¡Escribirlas!» No importaba que la carta fuera ajena, quizá era mejor empezar de ese modo. «Alza el vuelo, gavilán ciego, gavilán vagabundo», exclamé.
Un orgullo nuevo me quemaba. Y como quien entra a un combate empecé a escribir la carta del Markask'a. (70)

Trotz allem wußte ich, daß ich diese Distanz nicht überbrücken konnte wie ein Pfeil, wie eine Flamme, die aufsteigt von einem brennenden Stück Kohle. Der Brief, den ich für die Angebetete des Markask'a schreiben mußte, würde an die Türen dieser Welt anklopfen. „Nun kannst du deine besten Worte wählen", sagte ich zu mir selbst. „Schreib sie hin!" Gleichgültig, ob es sich um einen fremden Brief handelte, vielleicht war es überhaupt besser, auf diese Weise zu beginnen. „Erhebe dich in die Lüfte, blinder Gavilan, heimatloser Gavilan", rief ich.
Ein neuer Stolz brannte in mir. Und wie einer, der sich ins Kampfgetümmel wirft, begann ich den Brief des Markask'a zu schreiben.

Die soziale Identifikation im Zeichen der Salzrevolte der «chicheras»

Während sich Ernesto auf dem Höhepunkt einer, wie er meint, gelungenen sozialen Integration befindet, bereitet sich in der Realität außerhalb der Internatsmauern ein Sturm vor: Ihr Monopol nützend haben die Salzhändler in Abancay künstlich eine Knappheit des Grundnahrungsmittels erzeugt. Die Bevölkerung leidet Not, während die Hacendados das Produkt wie gewohnt erhalten und es an ihr Vieh verfüttern. Eines Sonntags rottet sich eine Gruppe von Besitzerinnen kleiner Kneipen – sog. «chicherías» – unter Führung der «chichera» Doña Felipe zusammen und stürmt das Salzwerk. Anschließend ziehen sie im Triumphmarsch zur Hacienda Patibamba und verteilen das Produkt an die dort beschäftigten Indios («colonos»). Angezogen von den Tumulten schließt sich Ernesto dem Zug der revoltierenden Frauen an. Kurz darauf zieht Militär in der Stadt ein, entzieht den «colonos» das Salz und vollzieht an den «chicheras» ein öffentliches und demütigendes Strafgericht. Der Anführerin Doña Felipe gelingt die Flucht. Alle Versuche, sie zu fassen, schlagen fehl.

Die Parallelität der Revolte zu den bisherigen „Identitätszeichen" – Musik, «zumbayllu», „Literatur" – liegt auf der Hand: Ernestos Suche nach einem Platz in der Gesellschaft von Abancay erhält dank der Revolte der «chicheras» nunmehr einen konkreten Inhalt. Es ist derjenige, so glaubt er erfahren zu haben, der „Solidarität" – Solidarität mit den revoltierenden «chicheras» auf der einen, mit den ausgebeuteten Indios auf der anderen Seite.

Doch die Reaktion der Repräsentanten der öffentlichen Ordnung läßt nicht lange auf sich warten. Der geistliche Direktor des Internats – Padre Linares –

zitiert Ernesto zu sich, stellt ihn zur Rede, unterzieht ihn einer körperlichen Züchtigung und zwingt ihn, niederzuknien und sein Verhalten als Sünde zu bekennen. Tags darauf wird Ernesto Zeuge eines überraschenden Umschwungs der öffentlichen Meinung: Manipuliert durch ein von Linares raffiniert inszeniertes Betrugsmanöver lassen sich die «colonos» von Patibamba von der Schuldhaftigkeit ihres Handelns überzeugen, liefern das von den «chicheras» erhaltene Salz wieder ab und erhalten im Gegenzug eine geringe Menge des kostbaren Gutes als „Geschenk" (vgl. 103). Die Kirche – repräsentiert durch Padre Linares – und das Militär haben sich einmal mehr als Ordnungsmacht bewährt. Die Bevölkerung – sogar die «chicheras» selber – läßt sie hochleben.

Mythische und soziale Desintegration im Zeichen der „Pest"

Die Machtübernahme des Militärs bedeutet nicht nur die bedingungslose Wiederherstellung des sozialen Status quo in Abancay, sondern führt auch innerhalb des Internats zu einer Neuverteilung der sozialen Rollen, insbesondere durch die Ankunft eines neuen Mitschülers – Gerardo, des Sohnes des Militärkommandanten. Nicht nur aufgrund der Stellung des Vaters, sondern auch aufgrund der angenehmen – „urbanen" – Umgangsformen, durch die sich sein Verhalten auszeichnet, erwirbt er schnell Prestige. Über Nacht gewinnt er Antero, Ernestos besten Freund, zu seinem Vertrauten. Insbesondere bei den Mädchen sind Gerardos Erfolge nahezu grenzenlos. Snobistisch versucht Antero, mit ihm gleichzuziehen, und läßt seine Freundin Salvina, der Ernesto glühende Liebesbriefe geschrieben hatte, an der langen Leine laufen. Ernesto ist entsetzt angesichts dieses zynisch zur Schau gestellten Machismus des Großgrundbesitzerzöglings und gibt ihm das Zeichen ihrer – einst „mythisch" vermittelten – Freundschaft, den «zumbayllu», wieder zurück.

Die symbolische Funktion dieses Rückgabeaktes liegt auf der Hand: Funktionierte der «zumbayllu» zunächst als Zeichen bzw. Medium der *Integration* Ernestos in die soziale Gemeinschaft der Schule – darüber hinaus auch als Zeichen eines für möglich gehaltenen Brückenschlags zur Gesellschaft von Abancay –, so steht die demonstrative Rückgabe des Spielzeugs an seinen ehemaligen Besitzer nun als Zeichen für soziale *Desintegration*, d.h. den radikalen Funktionsverlust der erwähnten Identitätszeichen. Es geht also nur vordergründig um den Bruch einer privaten Freundschaft. Der «zumbayllu» hat aufgehört zu funktionieren, da Antero ihnen beiden – Ernesto sowie der «reina de Abancay» – nunmehr Gerardo, den Sohn des Militärkommandanten, vorzieht. Die Anwesenheit des Militärs in Abancay ist jedoch der Grund für den Funktionsverlust jenes anderen Identitätszeichens, in dessen Besitz sich Ernesto für die Dauer einiger Stunden wähnte – der Solidarität mit der indianischen Bevölkerung der Haciendas.

Der als Funktionsverlust der „Identitätszeichen" dargestellte Prozeß gesellschaftlicher Desintegration verläuft jedoch nicht nur auf der Ebene dieser äußeren Handlung: Der «zumbayllu» hat seine Kraft auch deshalb verloren, weil Ernesto ihn während des „Bußaktes" mit Padre Linares und anschließend in der Kapelle, als der Bruder Miguel seine Hand zum Segen über ihn ausbreitete, bei sich trug. Es ist somit auch der angedeutete „Exorzismus" seitens der beiden Geistlichen, der dem «zumbayllu» die ihm ursprünglich innewohnende mythische Kraft zur Identitätsstiftung genommen hat.

Was der entmythologisierende Ritus der katholischen Kirche begonnen, was die repressive Ordnung verbreitende Macht des Militärs fortgesetzt hat, vollendet im letzten Kapitel die „Natur": Eine verheerende Epidemie („Typhus" bzw. „Pest") bricht aus und rafft die Bevölkerung dahin. Fast alle Schüler verlassen das Internat und werden von ihren Familien heimgeholt. Ernesto bleibt als einer der letzten zurück und erlebt, wie die Epidemie in Gestalt der Indios buchstäblich die Mauern der Schule übersteigt: Die Indios durchbrechen die Absperrungen und zwingen den Padre, ihnen die Messe zu lesen, um dem Unheil Einhalt zu gebieten.

Tags darauf erhält Ernesto einen Brief seines Vaters, in dem dieser ihm mitteilt, daß der «viejo», jener reiche Verwandte, mit dem Vater und Sohn in Cuzco zusammengetroffen waren, ihm eine Stelle anbietet auf seiner Hacienda. Ernesto macht sich auf den Weg. Padre Linares bleibt als einzige Person in der leeren Schule zurück:

> Coronado de su cabellera blanca, su frente, sus ojos, aun sus mejillas, sus manos que tenía bajo mi rostro, transmitían calma; aquietaron la desesperación que sentía ante la evidencia de que no podría ver la llegada de los colonos, su ingreso al templo, con los cabellos levantados en desorden, los ojos candentes. (200)

> Seine Stirn, seine Augen, sogar seine Wangen und seine Hände, die er unter mein Gesicht gelegt hatte, alles dies, umrahmt von seinem weißen Haar, strahlte Ruhe aus; drängte die Verzweiflung zurück, die mich überkam angesichts der Tatsache, daß ich die Ankunft der Indios, ihren Einzug in die Kirche mit wehenden unordentlichen Haaren und glühenden Augen, nicht würde erleben können.

Padre Linares ist eine Gestalt voller Zweideutigkeit. Er ist der eigentliche Agent jenes fundamentalen Identitätsverlustes, der im Roman dargestellt wird. Er ist es, der die definitive, durch die militärische Intervention sanktionierte „Machtergreifung" der Großgrundbesitzer in Abancay möglich macht – definitiv, da die wiederhergestellte öffentliche Ordnung seitens der Bevölkerung, ja sogar seitens der «chicheras» und der «colonos» akzeptiert wird, d. h. als solche verinnerlicht worden ist. Medium dieser Verinnerlichung ist offenbar die Religion. Dennoch ist der Blick, mit dem der Padre im Roman verabschiedet wird, kein Blick zurück im Zorn: Auch das patriarchalische Haupt des Priesters repräsentiert „Identität", nicht jene im Roman utopisch bleibende Identität der *verschiedenen* (Kultur-)Welten, auf deren Verwirklichung das Streben des Erzähler-Protagonisten Ernesto gerichtet ist, wohl aber Identität in Form der Assimilation der fremden Kultur an die okzidental-christliche, in der lateinamerikanische Identität empirisch und historisch weitgehend ihre Form gefunden hat. Auch die gesenkten Häupter der um Gesundheit betenden Indios sind mithin „Identitätszeichen", deren sich Ernesto, als er zur Hacienda des hartherzigen «viejo» aufbricht, mit nostalgischer Seele erinnert. Die potentielle Umdeutung auch dieses Identitätszeichens ist im Kapitel 1 jedoch bereits angedeutet. Vater und Sohn verrichten gemeinsam das Nachtgebet. Letzteres hat – dogmatisch gesprochen – die Form einer Blasphemie, denn der Vater bittet Gott, die Gebete des «viejo» *nicht* zu erhören:

Mi padre pidió a Dios que no oyera las oraciones que con su boca inmunda entonaba el Viejo en todas las iglesias, y aun en las calles. (20)

Mein Vater betete zu Gott, daß er die Gebete nicht erhören sollte, die der Alte mit seinem unreinen Mund in allen Kirchen, und sogar auf den Straßen, anstimmte.

Analyse und Kritik dieser Zweideutigkeit sind Thema des nächsten Kapitels.

KAPITEL 3: UNTERDRÜCKUNG UND BEFREIUNG: DIE DOPPELROLLE DER KIRCHE

3.1 „Identitätszeichen" vs. Identität

Identität – so wollen wir den Begriff vorläufig umschreiben – ist eine Leistung des sog. kollektiven Bewußtseins: in historischer Hinsicht *das Bewußtsein gemeinsam erlebter, auf einen ursprünglichen Gründungsakt bezogener Geschichte.* Lateinamerika ist in diesem Sinne ein Kontinent ohne Identität. Am Anfang steht – so sahen wir – das Phänomen einer doppelten Negation: auf der einen Seite die durch die Conquista hereinbrechende Zerstörung und Vernichtung der präkolumbianischen Kulturen; auf der anderen Seite die dank der Unabhängigkeit nunmehr auch ermöglichte Negation des europäischen Erbteils. Die doppelte Negation ist indes keine hegelianische. Sie schafft Neues, ohne zu einer Synthese zu gelangen. Weder führte die am Anfang stehende Zerstörung zur (angestrebten) vollständigen Europäisierung, noch war die spätere Abkehr von Europa identisch mit dem Programm der (von Utopisten verfochtenen) Re-Indianisierung. Trotz Zerstörung und Negation bleiben die jeweiligen Traditionen weiterhin gültig. Das Neue, das sich bildet, ist von Anfang an hybrider Natur. Es widerspricht insofern dem oben angeführten Begriff (abendländischer) „Identität". Nicht durch „Identität", wohl aber Identität*en* – durch eine Pluralität von Identitäten – ist das sich bildende „Lateinamerika" von Anfang an gekennzeichnet. Für dieses Mit- und Nebeneinander verschieden-ursprünglicher, gegebenenfalls auch antagonistischer kultureller Systeme verwende ich in Anlehnung an Juan Goytisolo fortan den Begriff *Identitätszeichen.*[7] Der Ausdruck wird einerseits verwandt im Sinne des aus der Peirceschen Semiotik bekannten Begriffs „Indiz": Identitätszeichen „indizieren" Identität – eine je spezifische Identität –, ohne sie jedoch in ihrer Einheit voll zu erfassen. Andererseits hat die Begriffsverwendung auch kritische Akzente: Identitätszeichen „indizieren" nicht nur Identitäten, sondern haben im Regelfall die Tendenz, dieselben zu „repräsentieren". Auf Kosten der Pluralität und Differenz zu allen übrigen setzen sie sich *für das Ganze.* Aus der Vielzahl der Identitätszeichen, denen – in letzterem Sinne – in der Vergangenheit die Funktion zugesprochen wurde, die Identität Lateinamerikas zu repräsentieren, sollen im folgenden drei der bedeutendsten untersucht werden: *Kirche*, *Nation* und *Revolution*.

3.2 Die traditionelle Rolle der Kirche

Die Biographie des Protagonisten in Arguedas' Roman *Los ríos profundos* – so sahen wir im letzten Kapitel – ist für die Problematik lateinamerikanischer Identität in der Tat von exemplarischer Bedeutung. Im Zentrum des Romans steht Ernestos Suche nach einer Möglichkeit, Vorstellungswelt und Emotionalität, die seine Persönlichkeit dank der Sozialisation im indianischen Milieu geprägt haben, in die Welt der „weißen" Kreolen von Abancay hineinzutragen und zu verwirklichen. Die Institution „Kirche", die in dieser Welt eine beherrschende Rolle spielt, ist bei diesem Prozeß für Ernesto ein identität*stiftendes* bzw. identität*verhinderndes* Element ersten Ranges. Arguedas' Darstellung der Kirche impliziert insofern ein Problem der *Wertung*, die Frage nämlich nach der Rolle der Kirche im Rahmen sozialer, politischer und kultureller Kommunikation. Es ist vor allem die patriarchalische Figur des Padre Linares, in der dieses ambivalente Erscheinungsbild der Kirche ihren Ausdruck findet:

> Coronado de su cabellera blanca, su frente, sus ojos, aun sus mejillas, sus manos que tenía bajo mi rostro, transmitían calma; aquietaron la desesperación que sentía ante la evidencia de que no podría ver la llegada de los colonos, su ingreso al templo, con los cabellos levantados en desorden, los ojos candentes. (III, 200) [Übersetzung siehe S. 89]

Auch Ernesto flieht vor der „Pest" und wird Abancay für immer den Rücken kehren. Ein letztes Mal fällt sein Blick auf die Identifikationsgestalt des Padre: Weißes Haar umgibt – einer Krone gleich – seine Stirn, seine Augen, seine Wangen; die segnenden, Abschied winkenden Hände strahlen Ruhe aus, *Beruhigung* – unterstreicht der Erzähler – angesichts der Hoffnungslosigkeit, von der die Szenerie des verlassenen Internatsgebäudes eigentlich geprägt ist. Hoffnung – so vermeint Ernesto zu wissen – wird der Padre auch den verzweifelten Indios wieder einmal schenken, wenn sie sich bald darauf in Scharen im Hof versammeln, um mit dem Padre den geforderten Bittgottesdienst zu feiern.

Dieses Bild der Ruhe verströmenden Person des Padre Linares, mit dem der Roman endet, bedeutet an dieser Stelle zweifellos einen abermaligen Sieg der durch den Padre repräsentierten Institution, sanktioniert es doch die Rolle jener Ruhe und Ordnung verbürgenden Instanz, die der Padre während der gesamten Romanhandlung – insbesondere jedoch im Verlauf des Aufstands der Chicheras – gespielt hat, jener Instanz nämlich, in der die (geistigen!) Fäden der „Konterrevolution", die die Revolte der «chicheras» zum Scheitern brachte, letztendlich zusammenlaufen. Für den Leser ist der nostalgische Blick Ernestos am Ende des Romans jedoch höchst ambivalent. Diese Ambivalenz ist es, die uns im folgenden beschäftigen wird. Es sind insgesamt vier Passagen, in denen die Gestalt des Padre im Vordergrund steht: die erste ist ein unmittelbar nach der Ankunft Ernestos in Abancay (vgl. 43 f.) situiertes Porträt, in dem die wichtigen Charaktermerkmale des Padre bereits vorweggenommen sind; die zweite ist das „Inquisitionstribunal", das Linares mit Ernesto vor den Stufen der Internatskapelle veranstaltet; die dritte ist die als religiöses „Theater" inszenierte Strafpredigt des Padre vor den Indios in Patibamba und die vierte schließlich die an die „weißen" Internatsschüler gerichtete Strafpredigt im Anschluß an ihre gewalttätige Auseinandersetzung mit dem farbigen Bruder Miguel. Ich beschäftige mich im folgenden vor allem mit der ersten und der dritten Passage.

Allgemeine Charakterisierung der traditionellen Rolle der Kirche

In der einleitenden Charakterisierung des Padre sind es vor allem die folgenden Punkte, die es verdienen, hervorgehoben zu werden:

– Linares versteht sich als Garant und Bindeglied der überkommenen Koalition zwischen Großgrundbesitz und Kirche:

Los dueños de las haciendas sólo venían al Colegio a visitar al Padre Director. Cruzaban el patio sin mirar a nadie.
– ¡El dueño de Auquibamba! – decían los internos.
– ¡El dueño de Pati!
– ¡El dueño de Yaca!
Y parecía que nombraban a las grandes estrellas.

El Padre Director iba a celebrar misa para ellos en las capillas de las haciendas. Pero ciertos domingos venían los hacendados al pueblo. Entonces había sermón y canto en la iglesia. (III, 43 f.)

Die Besitzer der Haciendas kamen nur zum Colegio, um den Pater Direktor zu besuchen. Sie überquerten den Hof, ohne jemanden anzusehen.
– Der Herr von Auquibamba! riefen die Internatsschüler.
– Der Herr von Pati!
– Der Herr von Yaca!
Und es schien, als redeten sie von den Gestirnen.

Der Pater Direktor sollte für sie in den Kapellen der Haciendas Messe lesen. Aber an bestimmten Sonntagen kamen die Hacendados auch ins Dorf. Dann gab es in der Kirche Predigt und Gesang.

– Die Predigt des Padre ist ein Sammelsurium reaktionärer Klischees und verbindet christliche Sanftmut mit martialischer Härte:

El Padre Director empezaba suavemente sus prédicas. Elogiaba a la Virgen con palabras conmovedoras; su voz era armoniosa y delgada, pero se exaltaba pronto. [...] Elogiaba a los hacendados [...]. Se refería a la religiosidad de los señores, al cuidado con que conservaban las capillas [...] y a la obligación que imponían entre los indios de confesarse, de comulgar, de casarse y vivir en paz, en el trabajo humilde. (Ebd.)

Der Pater Direktor begann seine Predigten mit leiser Stimme. Er rühmte die Jungfrau mit bewegenden Worten; seine Stimme war harmonisch und leichtgeschwungen, aber bald kam er in Fahrt. [...] Er rühmte auch die Hacendados [...]. Er sprach von der tiefen Religiosität der Herren, der Sorgfalt, die sie den Kapellen angedeihen ließen [...] und der Verpflichtung, in der sie die Indios erzogen im Hinblick auf Beichte, Kommunion, Ehe- und friedliches Gemeinschaftsleben und die Akzeptierung niedriger Arbeiten.

– Der religiöse Traditionalismus des Kirchenmannes geht Hand in Hand mit dem politischen. Neben der römischen ist seine Religion diejenige des „Vaterlandes". So findet er in der Erinnerung an den Topos der peruanischen Nationalisten – die Niederlage gegen die Chilenen von 1870 – Akzente, die dem Buchstaben des Evangeliums explizit widersprechen:

Odiaba a Chile y encontraba siempre la forma de pasar de los temas religiosos hacia el loor de la patria y de sus héroes. Predicaba la futura guerra contra los chilenos. Llamaba a los jóvenes [...] que [...] no olvidaran nunca que su más grande deber era alcanzar el desquite. (Ebd.)

Sein Haß galt Chile, und er fand immer eine Form, um von religiösen Themen schnurstracks auf das Lob des Vaterlandes und seiner Helden überzugehen. Er predigte vom bevorstehenden Krieg gegen die Chilenen. Er rief der Jugend zu [...], nie zu vergessen, daß ihre höchste Pflicht darin bestand, Rache zu nehmen.

– Ist die Predigt des Padre, was ihre politischen Passagen angeht, explizit anti-christlich, so ist sie in ihrem sozialen Teil explizit „ideologisch". Linares betreibt die religiöse Überhöhung weltlicher Macht- und Besitzstrukturen in großem Stil. Seine Lobrede auf die Hacendados projiziert das Bild des idealen «encomendero» umstandslos[8] in die Wirklichkeit.
– Ein weiteres Charakteristikum der Predigt des Padre ist seine Vorliebe für die sentimentalen Seiten der Kreuzestheologie: «Luego bajaba nuevamente la voz y narraba algún pasaje del calvario» (ebd.). Anders als der Erzähler selbst, der aus dem Anblick des leidenden Christus in der Kathedrale von Cuzco («Señor de los Temblores») befreiende Kraft schöpft, ist die Passionstheologie des Padre jedoch – wie wir anläßlich seiner Predigt vor den Indios von Patibamba sehen werden – „repressiv". Aus der Identifikation mit den Leiden des Herrn schöpft er lediglich rhetorische Argumente, menschliches Leiden und Elend akzeptierbar zu machen.
– Trotz des patriarchalischen Grundzugs seiner Erscheinung – angebetet von den Frauen, verehrt von den Indios, akzeptiert von den ihm schutzbefohlenen Schülern – bleibt Linares' Bild in den Augen des Protagonisten gespalten; er verkörpert sowohl das böse als auch das gute Prinzip. Er repräsentiert für Ernesto – mit einem Wort – sowohl „Gott-Vater" als auch „Schlange" in einer Person:

Las mujeres lo adoraban; los jóvenes y los hombres creían que era un santo, y ante los indios de las haciendas llegaba como una aparición. Yo lo confundía en mis sueños; lo veía como un pez de cola ondulante y ramosa, nadando entre las algas de los remansos, persiguiendo a los pececillos que viven protegidos por las yerbas acuáticas, a las orillas de los ríos; pero otras veces me parecía don Pablo Maywa, el indio que más quise, abrazándome contra su pecho al borde de los grandes maizales. (Ebd.)

Die Frauen beteten ihn an; die Jugendlichen und die Männer hielten ihn für einen Heiligen, und vor den Indios der Haciendas trat er auf wie eine Erscheinung. Für mich war er eine wechselnde Gestalt in meinen Träumen; ich sah ihn als Fisch mit einer breiten mächtigen Schwanzflosse, in den stillen Gewässern an den Ufern der Flüsse zwischen den Algen nach kleinen Fischen jagend, die Schutz suchen im Schatten der Wassergewächse; aber ein anderes Mal erschien er mir als Pablo Maywa, jener Indio, den ich von allen am meisten liebte, der mich am Rande der großen Maisfelder an seine Brust zog.

Garantin bürgerlicher Ordnung

Die eindringlichste Demonstration dieser im Porträt lediglich angedeuteten Ambivalenzfunktion des Padre findet sich in der – oben erwähnten – „Exorzismusszene", in der die dank der unheiligen Koalition von Großgrundbesitzern, Militär und Kirche ermöglichte Unterdrückung der Salzrevolte ihren symbolischen Abschluß auch innerhalb der Internatsmauern findet. Die Strafpredigt des Padre zeigt hier gewissermaßen ihr wahres Gesicht, besteht sie doch in der Verteufelung sozialen Aufbegehrens unter Einsatz der klassischen Requisiten der Inquisition:

Am Anfang steht die explizit formulierte „Verteufelung".[9] Der Delinquent wird geschlagen; er gesteht unter „Folter".[10] Das Geständnis selbst wird religiös motiviert, als „Beichte".[11] Der Inquisitor seinerseits fungiert als Beichtvater; trotz seiner Grausamkeit behält er die Gesten patriarchalischer Fürsorge bei.[12] Sein Handeln dient dem Wohl des Delinquenten, der Versöhnung mit Gott. Der Vorgang insgesamt hat somit vor allem rituelle bzw. symbolische Funktion. Dies ist der Grund, warum die zur Züchtigung benutzte Geißel nur klein ist und der Delinquent nicht ernsthaft verletzt wird.[13] Ernesto soll beten und spricht selber die entsprechenden Formeln in lateinischer Sprache.[14] Der auszutreibende Frevel allerdings – trotz der „mittelalterlichen" Inszenierung – entstammt unübersehbar der neuzeitlich-bürgerlichen Werteordnung. Linares nennt ihn «robo», i. e. „Antastung des Privateigentums"; hier kennt der Padre kein Pardon:

- Les quitaron la sal a los pobres mientras reventaban zurriagazos. El corazón les arrancaron …
- Lo robado, no, hijo. Lo robado ni para los pobres. (III, 99)
- Sie nahmen den Armen das Salz ab, während es Peitschenhiebe regnete. Sie rissen ihnen das Herz buchstäblich aus dem Leibe …
- Diebstahl, mein Sohn, nein! Gestohlenes, nicht einmal für die Armen!

Nicht allein dem Leser, auch dem Erzähler-Protagonisten und Delinquenten bleibt die Verwandlung des Padre nicht länger verborgen: «Ya no era santo; parecía un vengativo.» [Das war kein Heiliger mehr, eher ein Racheengel.] Linares hat aufgehört, ein Heiliger zu sein; auch Ernesto erscheint er nunmehr als Racheengel.

Verinnerlichung kollektiver Moral

Linares verfügt jedoch noch über sublimere Rituale der Reinigung. Der Delinquent befindet sich noch unter der Tortur, als der Zuchtmeister ihm bereits ankündigt: «Irás conmigo a las haciendas. Tu alma necesita compañía.» (III, 100) [„Du begleitest mich zu den Haciendas. Deine Seele bedarf der Leitung."] Thema der dritten Passage also ist der Auftritt Linares' vor den Indios in Patibamba. Im Unterschied zum individuell akzentuierten Exorzismus in der Kapelle wendet sich der Auftritt des Padre in Patibamba an die *Kollektiv*seele der Indios. Nicht nur für die Indios, sondern auch für Ernesto intendiert Linares jedoch offenbar eine Lektion. Sie besteht darin, die Identifikation Ernestos mit der indianischen Seele ein für allemal zu unterbinden. Es geht in Patibamba also abermals um einen Exorzismus, in diesem Falle jedoch um ein öffentliches Schauspiel, um die ins Pragmatische, ja Politische gewendete Katharsis des religiösen Theaters.

Bei der Ankunft in Patibamba finden sie alles vorbereitet: «el palco» bzw. «el tabladillo» – die provisorische Holzbühne, wie man sie bei folkloristischen Sakramentsspielen am Fest Mariä Himmelfahrt heute noch in Spanien vor der Dorfkirche aufgebaut findet; die erwartungsvolle Zuschauergemeinde, die bald in Rührung verfallen wird – «los colonos», bzw. «los indios de Patibamba»; den Zeremonienmeister in hohen Lederstiefeln, dessen Rolle darin besteht, das Publikum bei Laune zu halten und den „Künstler" bei seiner Ankunft gebührend zu empfangen:

> el santo Padre había venido temprano, a decir un sermón para la gente de la hacienda, porque los colonos de Patibamba le preocupaban mucho; a ellos era a quienes más amaba. (III, 102)

> der heilige Pater hatte sich schon früh auf den Weg gemacht, um für die Leute auf der Hacienda zu predigen, denn die Indios von Patibamba lagen ihm sehr am Herzen; seine Liebe galt vor allem ihnen.

Der Impresario – dessen Rede der Erzähler hier quasi-wörtlich im «estilo indirecto libre» vorführt – spricht Quechua; auch der weiß gekleidete Padre beherrscht – wie man hören wird – die Indiosprache wie seine eigene. Doch was ist die Bedeutung der theatralischen „Handlung", deren Aufführung der Padre sich vorgenommen hat? Zur Aufführung gelangt offenbar eine Art Ritual: die Verinnerlichung der von der Kirche im Verein mit den Interessen der Großgrundbesitzer diktierten „Ordnung". Die Predigt des Padre ist dementsprechend ein subtil inszeniertes Rührstück, das alle Fasern des kollektiven Empfindens im Unisono eines gemeinsamen (Schuld-)Gefühls zum Schwingen bringen soll. Am Ende zerfließen die Zuhörer dann auch wirklich in Tränen der Rührung.

Linares beginnt mit der Unterstellung einer alle verbindenden Gleichheit: «Yo soy tu hermano, humilde como tú; como tú, tierno y digno de amor, peón de Patibamba, hermanito.» (Ebd.) [Ich bin dein Bruder, demütig wie du; wie du, zärtlich und würdig, geliebt zu werden, Bauer von Patibamba, mein Bruder.] In brüderlicher Liebe steigt der Heilige hinab in die Niedrigkeit seines Volkes, um es in seine Arme zu schließen. Die „Mächtigen" bleiben gemäß einer Formulierung des *Magnificat* ausgeschlossen von diesem Bruderkuß:

Los poderosos no ven las flores pequeñas que bailan a la orilla de los acueductos que riegan la tierra. (Ebd.)

Die Mächtigen übersehen die kleinen Blumen, die am Ufer der großen Wasserläufe tanzen, die die Erde bewässern.

Trotz der alle verbindenden Niedrigkeit bleiben Unterschiede jedoch gewahrt. Es existiert so etwas wie eine *Hierarchie des Leidens*, betont der Padre:

Ustedes sufren por los hijos, por el padre y el hermano; el patrón padece por todos ustedes; yo por todo Abancay, y Dios, nuestro Padre, por la gente que sufre en el mundo entero. (Ebd.)

Ihr leidet für eure Kinder, für den Vater und den Bruder; der Chef leidet für euch alle; ich für ganz Abancay und für Gott, unseren Vater, für das leidende Volk allüberall auf der Erde.

Bei dieser Klimax beginnt das Publikum zu schluchzen. Doch die Reaktion ist noch zu zaghaft; der Padre verlangt mehr; sein eigener Körper verfällt in Trance («El cuerpo del Padre se estremecía»):

¡Lloren, lloren – gritó –, el mundo es una cuna de llantos para las pobrecitas criaturas, los indios de Patibamba! (Ebd.)

„Weint, weint", rief er, „die Welt ist eine Wiege von Tränen für die Kleinen dieser Erde, die Indios von Patibamba!"

Die Ansteckung ist allgemein; der Zeremonienmeister wirft sich demonstrativ auf die Knie; die Indios tun es ihm nach. «Criaturas» hat Linares sie genannt; «criaturas» ist in Peru vor allem der Ausdruck für „Kinder". «Pobrecitas criaturas» – arme Kinder; sie dürfen sich – im Sinne des Evangeliums – als doppelt Auserwählte betrachten, als „Arme" *und* als „Kinder". Angesichts größeren Leides, der Leidensgeschichte der zum Göttlichen aufsteigenden Hierarchie – «Ustedes, sus hijos, todo Abancay, yo, el patrón, Dios!» – verblaßt das Leid der Indios zur bloßen Bedeutungslosigkeit.

Als der Redner wieder anhebt, zeigt sich, daß die Erzeugung der Rührung klarem rhetorischem Kalkül entsprach. Nicht die Rührung allein, sondern die durch sie vermittelte Moral ist die eigentliche „Katharsis": Die Indios sollen einsehen, daß das von den Chicheras verteilte Salz den Tatbestand eines verurteilungswürdigen „Mund-*Raubs*" erfüllte. Obwohl dieser durch militärischen Druck bereits wieder zurückerstattet wurde, wird die Moral nochmals unzweideutig verkündet:

El robo es la maldición del alma; el que roba o recibe lo robado en condenado se convierte [...] (III, 103)

Der Diebstahl ist der Fluch der Seele; wer stiehlt oder Gestohlenes annimmt, schlägt sich auf die Seite der Verdammten.

Die Intervention der militärischen Autorität hat die unwissenden Kinder jedoch glücklicherweise vor dieser Verdammnis bewahrt:

Hijitas, hermanitas de Patibamba, felizmente ustedes devolvieron la sal [...] (ebd.)

Meine Töchter, Schwestern von Patibamba, zu eurem Glück habt ihr das Salz zurückerstattet.

Linares lügt; die Soldaten haben es ihnen brutal mit der Peitsche in der Hand entrissen ... Aber dies ist hier nicht das Thema: Da die Kinder „brav" waren, das Salz *freiwillig* zurückgaben, das ihnen die wirklichen Delinquenten – «las chicheras borrachas» (ebd.) – hehlerisch zuspielten, werden sie nunmehr belohnt:

Ahora, ahora mismo, recibirán más, más sal, que el patrón ha hecho traer para sus criaturas, sus pobrecitos hijos, los runas de la hacienda. (Ebd.)

Auf der Stelle sollt ihr Salz in Fülle erhalten, das der Chef für seine armen Geschöpfe, seine Söhne und Töchter, die «runas» der Hacienda, hat besorgen lassen.

Der Coup ist geglückt; die hierarchische Fassade gewahrt; der Manipulator verabschiedet sich mit priesterlichem Segen:

El padre Director impartió la bendición a los colonos. Se persignaron todos [...] Eran felices. (Ebd.)

Der Pater Direktor spendete den Arbeitern seinen Segen. Sie bekreuzigten sich alle [...] Sie waren glücklich.

Und Ernesto? Ihm gilt das Schauspiel in gleicher Weise. Unmündig (in den Augen des Padre) wie die Indios, ihrem Denken und Fühlen ergeben wie sie – und gleichzeitig dennoch ein anderer –, versucht er, innerlich zu fliehen, «aunque no sabía adónde» (III, 102). Linares, als er seiner ansichtig wird, scheint zu ahnen, daß Ernestos Seele sich ihm entzieht:

Vete al Colegio, me dijo [...]. Tú eres una criatura confusa. Veré lo que hago. Un mayordomo te acompañará. (III, 103)

Geh zurück zum Colegio [...]. Du bist ein verwirrtes Geschöpf. Ich will sehen, was ich für dich tun kann. Einer der Angestellten wird dich begleiten.

Der strenge Moralist

Der Kontext der vierten Stelle ist ein gänzlich anderer. Auch hier geht es um das Thema der Kollektivmoral, nun allerdings um die Moral der Internatsschüler selber. Sie ist bedroht durch die gewalttätige Auseinandersetzung zwischen dem Schüler Lleras und dem schwarzen Bruder Miguel. Erneut hat der Direktor die Schüler in der Kapelle versammelt.

Ernesto erhält Gelegenheit, noch einen dritten Pater Linares kennenzulernen. Nicht der Quechua sprechende geistliche Komödiant, sondern der strenge Moralist spanischer Schule ist es, der hier den Schülern die Leviten liest. Nicht Verzeihung und Indulgenz, keine Geschenke für vermeintliches Wohlverhalten hat er zu bieten, sondern nur die abstrakte Strenge des Gehorsam erheischenden Gesetzes:

El padre hablaba esta vez de otro modo, no como lo hizo en el tablillo de la hacienda, frente al patio borroso que pisaban los colonos de Patibamba. [...] «¿Tiene varios espíritus?» me pregunté, oyéndole en la capilla. (III, 110)

Der Pater sprach dieses Mal anders, nicht in der Weise, wie er es auf der Bühne der Hacienda getan hatte, angesichts des weiten Hofes gefüllt mit den Indios von Patibamba. [...] „Verfügt er über verschiedene Geister?" fragte ich mich, als ich ihn nun in der Kapelle hörte.

Die Worte sind andere, doch die Botschaft bleibt – auch in diesem Falle – die gleiche. Linares fordert abermals Buße, Umkehr. Von den „Weißen" fordert er mehr jedoch als von den Indios: Schon die bloße Zeugenschaft eines von einer fremden Person begangenen Verbrechens befleckt. Linares ist angetreten, um den strengen Puritanismus altspanischer Erziehungsmoral zu verkörpern. Dieser sublimen Moral gegenüber verliert auch die Skepsis Ernestos zusehends an Boden:

El quechua en que habló a los indios me causaba amargura. «¿Tiene varios espíritus?» me pregunté, oyéndole en la capilla. «A nosotros no pretende hacernos llorar a torrentes, no quiere que nuestro corazón se humille, que caiga en el barro del piso, donde los gusanos del bagazo se arrastran ... A nosotros nos ilumina, nos levanta hasta confundirnos con su alma.» (III, 110f.)

Das Quechua, in dem er zu den Indios sprach, hinterließ in mir einen bitteren Nachgeschmack. „Verfügt er über verschiedene Geister?" fragte ich mich, als ich ihn nun in der Kapelle hörte. „Uns will er nicht zu Tränen rühren, er will nicht, daß unser Herz sich erniedrigt, daß es in den Schmutz der Erde fällt, wo sich die Würmer in der Jauche suhlen ... Uns will er erleuchten, uns erheben, um uns mit seiner Seele schließlich eins werden zu lassen."

Ihr Pendant hat die Szene im geistlichen Friedensgruß, den Lleras und der Hermano Miguel schon vorher zu Füßen des Altars ausgetauscht hatten. Lleras trug bei dieser Gelegenheit den mythenträchtigen Zumbayllu in der Tasche: Wie der Zumbayllu in der Folgezeit seine Funktion als mythisches Identitätszeichen Schritt für Schritt verliert, so ergeht es offenbar nun auch dem Protagonisten: Je größer seine religiös vermittelte Identifikation mit der Figur des Padre Linares wird, um so mehr verlieren die Identifikationselemente, die ihn mit der Welt der Indios verbanden – Musik, Zumbayllu, Freundschaft mit

Antero, Revolte der Chicheras –, an Kommunikation und Gemeinschaft stiftender Bedeutung.

3.3 Die Kirche der „Befreiung“: Dokumente aus Geschichte und Gegenwart

Das Bild der Kirche und die traditionelle Geschichtsschreibung

Soviel zu Arguedas. Die Besprechung soll deutlich machen, daß der literarische Text „Modell“-Charakter hat, d.h. ein *literarisches* Modell dessen erstellt, was in der Überschrift zu diesem Abschnitt als „die traditionelle Rolle der Kirche“ bezeichnet wurde. Es soll die These vertreten werden, daß auch die historischen Wissenschaften nicht anders verfahren, nicht anders verfahren *können*. Auch sie liefern immer nur Modelle von Wirklichkeit – mehr oder weniger interessante, immer aber doch nur „Modelle“. Ein solches Modell findet sich in der Darstellung, die der deutsche Historiker Richard Konetzke im ersten Band der Lateinamerika gewidmeten *Fischer Weltgeschichte* hinsichtlich der Rolle der Kirche im Zeitalter der Eroberung vermittelt. Die Arbeit entstand auf der Grundlage umfangreicher Quellenstudien in Madrid und zeichnet sich dadurch aus, die institutionelle, juristische und politisch-staatsrechtliche Rolle der Kirche aufs beste zu beleuchten.

Für die Beantwortung der uns hier zentral beschäftigenden Frage nach der *effektiven* Rolle der Kirche in der lateinamerikanischen Geschichte, der Frage nach ihrem Beitrag zur Herausbildung bzw. zur Verhinderung einer lateinamerikanischen *Identität*, trägt die Darstellung jedoch nur dann etwas bei, wenn zugleich auch die Frage gestellt wird nach der Umsetzung der allgemeinen Rechtstiteldiskussion in konkrete historische Praxis. Es ist dies eine Frage, die bei Konetzke eher im Hintergrund bleibt, so daß seine Darstellung streckenweise einen apologetischen Eindruck vermittelt. Wann immer er sich dagegen jenseits des Referats von Gesetzestexten, Beschlüssen und Korrespondenzen dem Problem zuzuwenden sucht, *wie es denn wirklich gewesen* ist, verliert sich der Historiker in Spekulationen, etwa die folgenden:

> Im allgemeinen ist die päpstliche Einsetzung des vom König ernannten Bischofs in sein Amt nur eine Formalität gewesen. Der Indienrat hatte strenge Anweisungen, eine sorgfältige Auswahl der Kandidaten nach Tugend, Wissen und sonstigen Fähigkeiten zu treffen. Man darf wohl urteilen, daß die hohen geistlichen Würdenträger im spanischen Amerika zumeist ihres Amtes würdig gewesen sind und daß unter ihnen sich *hervorragende Persönlichkeiten* befunden haben. (*FW* I, 229; Hervorhebung: W.B.B.)

Auch der bereits mehrfach zitierte Lateinamerika-Artikel von Alain Milhou widmet dem Referat der Rechtstiteldiskussion breiten Raum. Im Gegensatz zur Darstellung bei Konetzke wird die Frage nach dem Spannungsverhältnis, in dem die theologischen Entwürfe und die Ebene der historisch-politischen Praxis zueinanderstehen, beständig mitbedacht. Differenziert nach Zeit, Ort und den an der Debatte beteiligten Subjekten gewinnt die Diskussion damit historisches Relief. Eine Entwicklungslinie wird sichtbar, die vom *Utopie*[15] oder (bestenfalls) Prophetie bleibenden Radikalismus der dominikanischen Theologen um Las Casas und Vitoria – der den Ton angibt in der ersten Hälfte des 16. Jahrhunderts – hinführt zum *Pragmatismus* der auf missionarischen Erfolg und politische Wirksamkeit setzenden Jesuiten.

Die Figur des Padre Linares bei Arguedas scheint ziemlich genau auf jenen Typus der Vertreter des geistlichen Standes zugeschnitten, die von Konetzke als *hervorragende Persönlichkeiten* bezeichnet werden. Nach Milhou wäre sein Auftreten am ehesten der Mentalität und Praxis der Jesuiten zuzuordnen: Linares ist ein schillernder Repräsentant jenes klerikalen und kirchlichen *Paternalismus*, wie er durch die historische Figur José de Acostas am ehesten verkörpert wird. Wie dieser betrachtet er die Indios als *„vix homines"*, als „Halbmenschen", die man lehren muß, „Mensch zu sein, indem man sie wie Kinder erzieht" (Milhou 1992, 826). Zur Erreichung seiner Ziele bedient er sich der von den Jesuiten entwickelten „pädagogischen und missionarischen Waffen", insbesondere jener grundlegenden „Pädagogik der Angst" (ebd., 836), zu deren wichtigsten Elementen die Erinnerung „an die Schrecken der Hölle" sowie das Prinzip der „körperlichen Züchtigung" (ebd.) gehören. Die vom Ich-Erzähler mit Verwunderung registrierten tiefgreifenden Unterschiede in der Behandlung der Indios einerseits und der Internatsschüler andererseits beweisen, daß Linares seine eigentlichen Erziehungsaufgaben denn auch in der Heranbildung einer „kreolischen Kirche" (ebd., 815) sieht. Auch hierin folgt er der seit Jahrhunderten – vornehmlich von Jesuiten – geübten Praxis. Auf die Erziehung der Internatsschüler – der Kreolen also – sind folglich auch, so sahen wir, die rhetorischen *Effekte* seiner pädagogischen Maßnahmen vor allem abgestimmt.

Das literarische und fiktionale Modell, das Arguedas in *Los ríos profundos* präsentiert, stellt Fragen, die in der auf die Erfassung allgemeiner Strukturen abzielenden Darstellung der Fachhistoriker naturgemäß nur eine untergeordnete Rolle spielen können. Fragen solcher Art betreffen nicht nur die Rolle, die die Kirche als ein kulturbildender Faktor ersten Ranges bei der Herausbildung – oder auch der Unterdrückung – eines *allgemeinen* lateinamerikanischen Bewußtseins gespielt hat (bzw. in der Gegenwart, möglicherweise, immer noch spielt).[16] Arguedas thematisiert die Kirche vielmehr vor allem auf der Ebene des Individuums bzw. der verschiedenen sozialen Gruppen. Die durch die jeweiligen Perspektiven implizierten *Wertungen* sind von großer Eindeutigkeit: Allen Dokumenten zum Trotz, die beweisen, daß es – wenn überhaupt – Kirchenmänner waren, die Effektives geleistet haben für die Rettung der indianischen Kulturen bzw. die Wahrung allgemeiner Menschenrechte,[17] dekuvriert Arguedas die Rolle der Institution Kirche als ideologischer Stütze, ja Agent materieller Unterdrückung. Linares ist das Bindeglied zwischen Ausbeutern («hacenderos»), Repressionsapparat (Polizei und Militär) und Unterdrückten («los indios»/«los colonos de Patibamba»). Als Erzieher sieht er seine Aufgabe vor allem in der Erfindung und Durchführung von Strategien, deren Funktion in der Verinnerlichung vorgegebener Machtstrukturen besteht. Religiöse Praxis scheint weitgehend reduziert auf die theatralische Inszenierung und Ritualisierung solcher Strategien. Als Strategie ist das Handeln des Padre weitgehend erfolgreich und stößt auf allgemeine Akzeptanz: die Indios sind „glücklich", so heißt es ausdrücklich im Text; Linares selbst gilt deshalb als „Heiliger". Ohne explizites, eigenes Wollen erfüllt er damit eine Funktion im Rahmen eines allgemeinen Systems von Ausbeutung, insofern diese der Internalisierung[18] als universell akzeptierter „Moral" bedarf, da sie andernfalls – so wird deutlich an der in Kapitel VII dargestellten Chicherarevolte – in Zukunft kaum weiter wird Bestand haben können. Arguedas scheut nicht davor zurück, den Mann der Kirche als einen Ideologen des Privateigentums darzustellen, der es an Irrationalität mit jedem Vertreter des Manchesterliberalismus aufzunehmen vermöchte. Selbst der – von den Historikern eher positiv beurteilte – „Paternalismus" der Kirche (vgl. Milhou 1992, 844) erscheint bei Arguedas insofern eindeutig in negativem Licht: Fürsorge, Trost und Verzeihung, ja ausgesprochen karitative Gesten wie die Verteilung von Lebensmitteln gelten lediglich als integrierende Bestandteile einer kalkulierten Strategie von Unterdrückung.

Bartolomé de Las Casas: Assimilation und/oder Perspektivismus

Zweifellos gibt es – gab es *immer schon*, als warnende, mahnende, kritisch intervenierende Stimme – eine *alternative* Kirche. Ihre Symbolfigur ist der – von Pablo Neruda zum «libertador» *avant la lettre*[19] erklärte, von konservativen spanischen Historikern zum notorischen Nestbeschmutzer abgestempelte[20] – Kolumbusbegleiter und spätere Bischof von Chiapas Bartolomé de Las Casas (1474–1566). Angesichts der ideologischen Extreme, zwischen denen das Las-Casas-Bild der Geschichte hin- und herpendelt, verdient das kritische, respektvoll sowohl die eurozentrischen Grenzen als auch deren potentielle Überschreitung nachzeichnende Las-Casas-Porträt des französischen Semiotikers T. Todorov[21], auf das im folgenden nochmals Bezug genommen werden soll, besondere Erwähnung.

Todorovs Interesse an Las Casas ist mentalitätsgeschichtlicher Natur. Sein auslösendes Moment ist das Erschrecken angesichts des infolge der europäischen Eroberung an der indianischen Urbevölkerung verübten Genozids[22] In Todorovs Sicht hat der Genozid einen seiner Gründe in der generellen Unfähigkeit der Europäer, der *Alterität* der indianischen Kultur angemessen zu begegnen, d.h. sie in ihrer Andersheit positiv anzuerkennen. Las Casas' an höchster Stelle vorgetragenes Plädoyer für christliche Humanität, seine kompromißlose Frontstellung gegen die ökonomischen Interessen der «Encomenderos» sowie die zahlreichen Debatten und Polemiken, mit denen er konservative Kirchenleute in ihre Schranken wies, erscheinen unter dieser Fragestellung als historische Alternative und begründen seine bis in die Gegenwart fortbestehende Aktualität.[23]

Todorov diskutiert diese Aktualität unter einem doppelten Stichwort: «aimer» – i. e. das von Las Casas in all seinen Polemiken zur uneingeschränkten Handlungsnorm erhobene Gebot der christlichen Nächstenliebe; «connaître» – i. e. die reflexionsgesteuerte, erkennend-anerkennende Haltung epistemologischer Offenheit angesichts der Erfahrung prinzipieller Alterität, wie sie idealtypisch die Arbeit des zeitgenössischen Ethnologen auszeichnet. Beide Haltungen – «aimer» sowohl als auch «connaître» – finden sich bei Las Casas. Die originär christliche Position des «aimer» findet sich insbesondere im berühmten – schließlich zugunsten des „Apostels der Indianer“ entschiedenen – Streitgespräch, das Las Casas 1550 in Valladolid mit dem Theologen Sepúlveda austrug. Thema ist die Frage der Rechtmäßigkeit der Gewaltanwendung – des *bellum iustum* mithin – im Umgang mit den Indios. Sepúlveda verteidigt die Gewaltstrategie mit dem Argument der «inégalité» der durch die Indios repräsentierten Kultur, während Las Casas sie mit Hinweis auf die biblische Lehre von der prinzipiellen Gleichheit *aller* Menschen entschieden ablehnt. Todorov zeichnet die Argumentationsstruktur der beiden Kontrahenten detailliert nach und kommt zu einem überraschenden Schluß:

Sepúlvedas Verteidigung des *bellum iustum* nämlich kommt in empirischer Hinsicht der ethnologischen „Wahrheit“ der indianischen Kultur bedeutend näher als Las Casas' Plädoyer für Gewaltlosigkeit, das sich in seiner idealisierenden Darstellung des „guten Wilden“ an den Phantasien der ersten Entdecker zu orientieren scheint (vgl. 160, 165, 170 f.). Beide – Sepúlveda wie Las Casas – gehen aus vom Universalitätsanspruch der christlichen Religion, kommen jedoch zu gegensätzlichen Resultaten: So erlaubt es der Standpunkt der Universalität der christlichen Religion Sepúlveda, die Andersheit der Indianer zu erkennen, um sie sodann als „inferior“ einzustufen und die Gewalt zu rechtfertigen. Las Casas dagegen verurteilt jede Form von Gewaltanwendung mit dem Hinweis auf die prinzipielle Gleichheit der Indianer. Todorov sieht in dieser Argumentation eine Strategie der kulturellen *Assimilation*, die die indianische Kultur auf Kosten ihrer empirischen Andersheit dem eigenen kulturellen System *a priori* einverleibt. Hinsichtlich der für Todorov entscheidenden Frage nach dem Anderen ist die Egalitätsposition des christlichen «aimer» also ein noch schlimmeres Vorurteil als die Inferioritätsposition Sepúlvedas:

> S'il est incontestable que le préjugé de supériorité est un obstacle dans la voie de la connaissance, il faut aussi admettre que le préjugé d'égalité en est un encore plus grand, car il consiste à identifier purement et simplement l'autre avec son propre «idéal du moi» (avec son moi). (Todorov, 171)

Zwar ist unbestreitbar, daß das Vorurteil der Superiorität ein Hindernis auf dem Wege der Erkenntnis ist, doch man muß dann auch zugeben, daß das Vorurteil der Gleichheit ein noch größeres ist, denn es besteht darin, den anderen schlicht und einfach mit dem eigenen „Ich-Ideal" (oder mit dem eigenen Ich) zu identifizieren. (199)

Las Casas hat seine in Valladolid eingenommenen Positionen kurze Zeit später jedoch teilweise revidiert. Die Revision findet sich in der *Apologética Historia*, einem Werk, dessen Entstehung wohl noch in die Zeit der Debatte in Valladolid fällt (vgl. Todorov, 192). Sie ist Todorov zufolge „axiologischer" Natur, d.h. sie betrifft die Ebene der eine Argumentation leitenden allgemeinen Wertsetzungen. Aufgrund der für schlechthin universell erklärten Wertsetzungen der christlichen Religion hatte Las Casas in Valladolid die Versklavung der Indianer zwar bekämpft, für die Individualität ihrer ethnischen Andersheit jedoch wenig Sensibilität gezeigt.

Gegenstand der *Historia* ist der Stein des Anstoßes für jede okzidentale Moral – der Ritus der Menschenopfer.[24] Die Existenz dieses Ritus ist für Sepúlveda das entscheidende Argument, um auf die (moralische) Inferiorität der indianischen Kultur zu schließen.[25] Um die Inferioritätsthese zu widerlegen, bedient sich Las Casas einer Argumentation auf verschiedenen Ebenen. Die beiden ersten Argumente sind eher pragmatischer Natur:

Las Casas akzeptiert zunächst, daß Kannibalismus und Menschenopfer für sich selbst betrachtet verdammenswerte Handlungen seien, stellt jedoch zugleich – gegen Sepúlveda gewendet – die kritische Frage, ob man ihnen mit Krieg und Gewalt begegnen dürfe. Die Gefahr bestehe, das Übel nur noch zu vergrößern.

Das zweite Argument ist juristischer Natur. Las Casas macht geltend, daß Menschenopfer nach geltendem aztekischen Recht keineswegs als Vergehen eingestuft worden waren, auch wenn sie von den Spaniern verurteilt würden. Das ist natürlich im Grunde keine akzeptable Argumentation, da das Rechtssystem nach allgemeiner (scholastischer) Auffassung „naturrechtlich" (d.h. universalistisch) konzipiert sein muß. In dieser Form vorgetragen stößt die Argumentation also bereits an die Grenzen der spanisch-universalistischen Werteordnung.

Das dritte Argument – die Infragestellung des Rechtes auf moralische Verurteilung der Menschenopfer überhaupt – trifft jedoch den Kern der Sache. Las Casas verweist zunächst auf die Tatsache, daß das Menschenopfer auch im christlichen Kulturkreis nicht gänzlich unbekannt sei. Die angeführten Beispiele beziehen sich auf das in der Bibel berichtete Opfer Abrahams sowie auf empirisch belegbare Fälle von Kannibalismus aufgrund von Notsituationen.

Das eigentliche Argument gegen das Recht auf moralische Verurteilung der Menschenopfer jedoch ist religionsphilosophischer Natur und stützt sich auf die scholastische Lehre vom *lumen naturale*. Gemäß dieser Lehre besitzt jeder Mensch „von Natur aus" eine Kenntnis Gottes. Gott offenbart sich der individuellen Menschennatur – d. h. der Vernunft des Menschen – gemäß den je eigenen Fähigkeiten zur Einsicht, über die das Individuum verfügt. Sein eigenes Leben Gott, dem Allerhöchsten, zu opfern, ist jedoch zweifellos auch nach christlicher Lehre die höchste Form der Gottesverehrung. So findet sich das von den Indianern praktizierte Menschenopfer durch die – gerade auch von spanischen Scholastikern verteidigte – Lehre des Naturrechts gerechtfertigt.

Die durch und durch scholastische Argumentation mag uns heutzutage sophistisch erscheinen. In ihrer Zeit trug sie nichtsdestoweniger „revolutionäre“ Züge: Las Casas spielt nämlich den Wert «religiosité» aus gegen den der (dogmatisch und institutionell festgelegten) «religion» (Todorov, 195). Seine Argumentation läuft auf nichts anderes hinaus als die Einführung des Prinzips der Relativität bzw. des «‹perspectivisme› dans un champs qui s'y prête aussi mal» (ebd.). Der Perspektivismus ist gleichbedeutend mit der Anerkennung eines Rechts auf Anderssein des Anderen *als* eines Anderen. Die revolutionäre Wandlung bei Las Casas besteht im Aufgeben des moralischen Universalitätsstandpunktes zugunsten des moralischen Perspektivismus. Damit nimmt Las Casas Standpunkte vorweg, wie sie – modern gesprochen – als «anthropologie religieuse» (Todorov, 196) zu bezeichnen wären.

Das Überraschende der Argumentation liegt darin, daß Las Casas ja mit alledem das Zentrum der christlichen Lehre von der Gleichheit aller Menschen weiterhin verteidigt. Die Gleichheitsthese führt nun aber nicht mehr zum «assimilationisme», zur Einverleibung des Anderen (ins Selbst), sondern zu dessen Anerkennung als des Anderen[26]:

> Las Casas découvre cette forme supérieure de l'égalitarisme qu'est le perspectivisme, où chacun est mis en rapport avec ses valeurs à lui, plutôt que d'être confronté à un idéal unique. (Todorov, 197)

> […] entdeckt aber auch der spätere Las Casas den Perspektivismus als jene höhere Form des Egalitarismus, in der jeder zu seinen eigenen Werten in Beziehung gesetzt und nicht mit einem einheitlichen Ideal konfrontiert wird. (228)

Auf welch gefährlichem und schmalem Grat Las Casas sich bewegt, zeigt das Schicksal Giordano Brunos, der zur gleichen Zeit aufgrund seiner – gleichfalls „perspektivistisch“ orientierten – Modellvorstellungen vom Bau des Universums öffentlich verbrannt worden war. Las Casas dagegen vertritt seine Lehre nicht nur öffentlich, sondern erreicht sogar einen Punktsieg über Sepúlveda und konfrontiert den spanischen König mit der Forderung zum – notfalls unter Zwang zu vollziehenden – Rückzug der Spanier aus den überseeischen Gebieten:

> Le moyen qui offre le moins d'inconvénients, et le véritable remède à tous les maux, celui qu'à mon avis (et je le crois comme je crois en Dieu) les rois de Castille, par précepte divin, sont tenus d'appliquer, y compris par la guerre s'il ne le peuvent pacifiquement, et dussent-ils y hasarder tous les biens temporels qu'ils possèdent aux Indes, c'est

de délivrer les Indiens du pouvoir diabolique auquel ils sont soumis, de leur rendre leur liberté première, et de rétablir dans leurs souverainetés tous les rois et seigneurs naturels. (Todorov, 199)

Die Maßnahme, die die geringsten Nachteile mit sich bringt und all den Übeln wahrhaft abhilft, und die – das glaube ich, wie ich an Gott glaube – die Könige von Kastilien kraft göttlichen Gebots durchsetzen müssen, auch durch Krieg und mit Waffengewalt, wenn sie es nicht mit friedlichen Mitteln könnten, und selbst auf die Gefahr hin, all ihre weltlichen Güter in den indischen Ländern zu verlieren, besteht darin, die Indianer der Macht des Teufels zu entreißen und ihnen ihre ursprüngliche Freiheit wiederzugeben und ihren natürlichen Königen und Herren ihren alten Rang zurückzugeben. (230)

Der Vorschlag wird natürlich nicht in die Tat umgesetzt, aber es bleibt doch das bedeutsame Faktum des „utopischen Projekts" (vgl. Todorov, 198f.) als solchem, das Faktum der Existenz eines „Diskurses des Anderen" bereits im 16. Jahrhundert.

«Dios inquisidor» vs. «Dios liberador»

Die fatale Rolle der christlichen Mission bei der Zerstörung der indianischen Kultur steht außer Frage. Von Anfang an jedoch war die Zerstörung von einem Projekt des schöpferischen Wiederaufbaus begleitet. Das Ziel der Missionare bestand darin, die Seelen der Indios zu erobern, um in ihnen das Reich Gottes zu errichten. Auch Las Casas war von dieser Notwendigkeit zutiefst überzeugt. Nicht *ob überhaupt*, sondern *in welcher Form* es zu errichten sei: dies war die Frage. Die in *Los ríos profundos* vorgefundene Ambivalenzfunktion des „Identitätszeichens" Kirche findet hier ihre Erklärung. Der Roman ist vor allem ein Dokument der *Trauer* über den Verlust der überkommenen Identität, ein Dokument – des weiteren – über die erfolgreichen Strategien der Institution Kirche, die entstandene Leerstelle mit neuen Werten zu besetzen. Agent dieses Prozesses ist in *Los ríos profundos* der – je nach Kontext – als barmherziger Samariter verkleidete Inquisitor. Seine Strategie zielt ab auf Unterwerfung: zunächst auf diejenige der Seelen, sodann – als deren Folge – auch auf äußere Unterwerfung unter die durch Ungerechtigkeit und Ausbeutung gekennzeichnete soziale und politische Ordnung, Unterwerfung mithin unter die Norm der Unfreiheit in ihrer extremsten Form. Eine Norm der Unfreiheit – so lautet die düstere Diagnose des Romans –, die von den Indios, teilweise auch vom Erzähler-Protagonisten Ernesto, als *Identitäts*modell weitgehend akzeptiert wird.

Las Casas' „Perspektivismus" stellt der inquisitorischen Kirche das utopische Projekt der Koexistenz kulturell verschiedener Werteordnungen gegenüber. Gerade hierin, in dieser Koexistenz, sieht Las Casas eine adäquate Form der Verwirklichung der in der Bibel verkündeten Botschaft der Freiheit. Eine reduzierte Form dieser Utopie findet sich in der eingangs erwähnten – gewissermaßen kanonisch gewordenen – Rezeption, die den Namen „Las Casas" verbindet mit den Werten „Emanzipation" und „Befreiung".[27]

In seinem letzten Werk – *El zorro de arriba y el zorro de abajo* – bezieht sich Arguedas in vorsichtiger Form auf dieses Modell. Die Zukunft – so heißt es in einer in den Romantext integrierten quasi-authentischen „Tagebuch"-Eintragung – soll nicht länger dem «Dios inquisidor» gehören, sondern einem «Dios liberador»:

[...] Quizá conmigo empieza a cerrarse un ciclo y abrirse otro en el Perú y lo que él representa: se cierra el de la calandria consoladora, del azote; del arrieraje, del odio impotente, de los fúnebres «alzamientos», del temor a Dios y del predominio de ese Dios y sus protegidos, sus fabricantes; se abre el de la luz y de la fuerza liberadora invencible del hombre de Vietnam, el de la calandria de fuego, el del dios liberador (aus: «Último diario», zit. nach P. Trigo 1982, 239).

[...] Vielleicht beginnt sich mit mir in Peru ein Zyklus zu schließen und ein anderer zu öffnen: Es schließt sich der der trostspendenden Tretmühle[28], der Geißel, des Maultierwesens, des ohnmächtigen Hasses, der düsteren Erhebungen («alzamientos»), der Gottesfurcht und der Vorherrschaft dieses Gottes und seiner Schutzgarde, seiner Fabrikanten; es öffnet sich der Zyklus des Lichtes und der befreienden unbesiegbaren Kraft der Menschen aus Vietnam [dieser Text stammt aus dem Jahre 1968!], der der Tretmühle des Feuers, der des befreienden Gottes [...]

Nicht mit einem gewissen Padre Linares, wohl aber mit Padre Gustavo Gutiérrez, einem der Mitbegründer der sog. „Theologie der Befreiung", war Arguedas, der sich zeitlebens als Atheist bezeichnet hat, eng befreundet. Auch die Kirche der Befreiung ist in Lateinamerika präsent. Sie hat mit der inquisitorischen Kirche, der Kirche des kreolischen Mittelstandes, der staatlichen und militärischen Repräsentation, wenig mehr gemeinsam als das von beiden anerkannte Oberhaupt des römischen Papstes. Die Kirche der Befreiung gehört zu den entschiedensten Gegnern der überkommenen Strukturen. Die Bischöfe Romero (San Salvador), Angelelli (Argentinien) und Camara (Brasilien) sind die bekanntesten Gestalten aus dem Bereich der Hierarchie. Die beiden ersteren wurden Opfer der Repression. International renommierte Theologen wie Gustavo Gutiérrez und Leonardo Boff werden von der römischen Kurie beargwöhnt, sind belegt mit teilweisem Publikations- bzw. Berufsverbot, gelten konservativen Regierungen als Kommunisten. Dutzende von Priestern, Ordensleuten und Laien wurden Opfer des Terrors, der Tortur und der Verschleppung. Nur die Extremfälle machen international Schlagzeilen. Unbekannt ist die Arbeit der zahlreichen Pastoralequipen in den Barriadas, Favelas und Slums der Großstädte, in den abgelegenen Provinzen der Anden, wo die offizielle Kirche die Stellungen längst geräumt oder aber – wie der Staat – nie solche bezogen hat.

Ein erstaunliches Dokument solcher Arbeit ist der Mitte der 70er Jahre in der Diözese Bambamarca im Norden von Peru entstandene Katechismus

Vamos caminando.[29] Wie die Texte zeigen, haben die Autoren Arguedas' Lektion offenbar verstanden. Die hier sich artikulierende „Verkündigung" ist nicht länger gewillt, sich als Instrument innerer und äußerer Unterwerfung mißbrauchen lassen, sondern stellt sich explizit in den Dienst emanzipatorischer Praxis und Bewußtseinsbildung. Die Thematik ist breitgestreut. Neben religiösen und ethischen Gegenständen i. e. S. werden auch repräsentative Themen der nationalen und politischen Geschichte im allgemeinen behandelt. So z. B. im Artikel «¿Libres e independientes?» (136–137), in dem die Problematik der «Independencia» thematisiert wird:

Schon seiner äußeren Form nach unterscheidet sich der Artikel grundlegend von vergleichbaren Texten in einem traditionellen Lehrkathechismus. Auffällig ist zunächst die Zweiteilung des Artikels in einen „profanen" und einen „religiösen" Teil sowie – zweitens – die Ersetzung des Frage-und-Antwort-Schemas durch die Montage unterschiedlicher Textsorten. Der profane Teil besteht aus einer einleitenden allgemeinen Behauptung, dergemäß die Geschichte Perus mit der Geschichte einer Hacienda zu vergleichen sei, einem kurzen historischen Rückblick auf Kolonialgeschichte und Unabhängigkeit, einem Mariátegui-Zitat über die Situation der Indios seit der Einführung der Republik, einem abschließenden Hinweis auf die notorische Zentrum-Peripherie-Situation des Landes als eine der fatalen Folgen der republikanischen Staatsform sowie der realistischen Darstellung zweier barfüßiger Indios, die in demütiger Haltung den Vorbeiritt eines Hacendado beobachten.

Der religiöse Teil ist ebenfalls zweigeteilt und besteht aus einem mit «Vamos conversando» überschriebenen Reflexionsteil sowie einem Gebetsteil mit der Überschrift «Vamos con el Señor». Der Reflexionsteil enthält einleitend zwei präzise Fragen, gewissermaßen die Quintessenz des vorausgehenden profanen Teils: Gefragt wird, ob sich die allgemeine Situation in den zurückliegenden 150 Jahren Unabhängigkeit gewendet hat, und welches die Übel sind, die bis heute fortbestehen. So präzise die Fragen formuliert sind, so fern scheinen die Antworten zu liegen. Sie bestehen aus einer Reihe von teilweise wörtlichen Zitaten, die der im Buch Samuel erzählten Geschichte der israelitischen Könige entnommen sind. Seiner Form nach ist der Reflexionsteil also in der Tat nur eine Gesprächsvorlage, eine Vorlage, die dem kritischen Überdenken der Geschichte Perus im Horizont der Geschichte des „auserwählten Volkes" dient. Die aus dieser Reflexion resultierenden konkreten *Antworten* auf die eingangs formulierten Fragen dagegen sind *nicht* Gegenstand des Katechismus. Sie müssen von den am Gespräch Beteiligten selber gefunden werden. Sie fallen je nach Kontext, je nach Individualität der Gesprächsteilnehmer – so ist zu vermuten – *verschieden* aus.

Auch der abschließende Gebetsteil bleibt in seinen Formulierungen allgemein und beschränkt sich weitgehend auf das Zitieren biblischer Texte. Sie sind dem Propheten Isaias entnommen und enthalten – statt der ersehnten göttlichen Antwort – die Klage über deren Ausbleiben.

Das von ihren Kritikern gegen die Befreiungstheologie vorgebrachte Argument der Unterwanderung durch marxistisches Denken läßt sich angesichts der Befunde des vorliegenden Textes kaum aufrechterhalten. Zwar machen die Autoren aus einer wertbezogenen Geschichtskonzeption, in deren Horizont Lüge, Ausbeutung und Versklavung als Unwerte erscheinen, keinen Hehl. Der marxistische Analyseansatz, wie er z.B. in den Schriften Mariáteguis zu finden ist, hat im Rahmen dieser Geschichtskonzeption jedoch lediglich deskriptive Funktion. Die Texte lassen keinen Zweifel daran, daß die von marxistischen Denkern wie Mariátegui eingeforderten Werte wie Freiheit, Emanzipation und Selbstbestimmung zurückführbar sind auf die unvordenklichen Verheißungen des Alten und Neuen Testaments.

Die Theologie der Freiheit und Befreiung enthält jedoch keine plane Emanzipationsformel, wie sie in einer Defizienzform der marxistischen Geschichtskonzeption zu finden sein mag. So besteht die im Reflexionsteil thematisierte Parallelität von Heils- und Profangeschichte ja keineswegs in der Suggestion einer als modellhaft angesehenen Staatsform – z. B. des Königtums –, sondern lediglich in der Erinnerung, daß die Einführung des Königtums in Israel auf ausdrücklichen Willen des Volkes hin zustande kam:

Los israelitas llegaron a tener varios reyes y sucedió que éstos construyeron grandes edificios en Jerusalén, vivieron con gran lujo y dieron la espalda al pueblo.

Die Israeliten bekamen eine Reihe von Königen, und diese fingen an, in Jerusalem gewaltige Bauten zu errichten, und sie lebten in Saus und Braus und kümmerten sich einen Dreck ums Volk.

Auch die Könige Israels liebten den Luxus und sonnten sich – ähnlich den Vizekönigen in Lima – im Glanz repräsentativer Bauten. Mit alledem jedoch dienten sie dem Volke. Nur im Hinblick auf den letzten Bestandteil dieses Satzes – «... y dieron la espalda al pueblo ...» – ist die Geschichte Israels „modellhaft". Suggeriert wird – wenn überhaupt – eine Verbindung von Prosperität und Selbstbestimmung.

«¿Libres e independientes?» Bereits der Titel ist eine kritische Hinterfragung der längst zur Formel erstarrten Grundsatzerklärung des argentinisch-peruanischen „Befreiers" San Martín, die jeder Peruaner schon in der Grundschule auswendig lernt:

El Perú es desde este momento *libre e independiente*, por la voluntad general de los pueblos y por la justicia de su causa que Dios defiende.[30]

Durch den allgemeinen Willen der Völker und die Gerechtigkeit seiner Sache, die Gott selbst zu ihrem Verteidiger hat, ist Peru von diesem Augenblick an *frei und unabhängig*.

Im Lichte der christlichen Heilsgeschichte erscheint das republikanische Peru dagegen grundsätzlich revisionsbedürftig. «Libertad» – dies bedeutete im Munde San Martíns die politische Befreiung von spanischer Bevormundung; sie war im Sinne der zu dieser Zeit geborenen nationalen Ideologie gleichbedeutend mit dem Faktum der «independencia». Die kritische Frage des Katechismus kehrt die als selbstverständlich vorausgesetzte Kausalität in ihr Gegenteil um: Im Blick auf das Schicksal der – Mariátegui zufolge – auch in Zeiten der «República» weiterhin in feudaler Abhängigkeit verharrenden Indios fordert er als obersten Wert die Realisierung der «independencia» im Sinne des christlich interpretierten Prinzips der freien Selbstbestimmung der Individuen und der Völker. Erst die Realisierung dieses Wertes verhindert es, daß die in der ersten Strophe der peruanischen Nationalhymne beschworene „Freiheit" weiterhin als nationalistisches Klischee mißbraucht wird.

Vamos caminando – das besagt schon der Titel – weist in die Zukunft. Als Zeugnis einer Kirche, die dabei ist, ihre traditionelle Rolle zu überdenken, möchte der Katechismus zugleich Beitrag zur Bildung einer neuen – auf die Respektierung der Werte Freiheit und Selbstbestimmung gegründeten – Form von Identität sein.

KAPITEL 4: DAS PARADIGMA DER NATION: SARMIENTO, ALBERDI UND HERNÁNDEZ

4.1 Domingo Faustino Sarmiento: *Facundo*

Thema des letzten Kapitels waren Rolle und Funktion der katholischen Kirche als eines der grundlegenden „Identitätszeichen" lateinamerikanischer Geschichte. Eine allgemeine Klärung des Begriffs soll vorerst noch zurückgestellt werden. Es genügt an dieser Stelle darauf hinzuweisen, daß das in Frage stehende Phänomen am Beispiel der Institution Kirche exemplarisch deutlich wird: „Identität" ist eine spezielle Art von Bewußtsein. Hinsichtlich der Bildung und Verbildung, ja Manipulation eines kulturellen und historischen Identitätsbewußtseins fällt der Kirche, wie wir sahen, in Lateinamerika traditionellerweise eine zentrale Funktion zu. Arguedas zeigt in *Los ríos profundos*, daß diese Funktion im wesentlichen in einem Verinnerlichungsprozeß bestand, dem Akzeptierbarmachen von Macht- und Autoritätsstrukturen, und zwar der Situation permanenter Ausbeutung und kultureller Entfremdung. Arguedas zufolge verhindert dieser Verinnerlichungsprozeß die Herausbildung einer „positiven" Identitätsbildung, dies sowohl seitens des Protagonisten Ernesto als auch seitens der «colonos», den auf der Hacienda Patibamba arbeitenden Indios. Während Ernesto die eigene Nicht-Identität jedoch schmerzlich als innere Zerrissenheit – insofern als „unglückliches Bewußtsein" – erfährt, heißt es umgekehrt von den Indios, die Wirkung der Predigt des Padre Linares bestehe darin, sie „glücklich" zu machen. Das Glück der Indios erscheint im allgemeinen Kontext der Handlung allerdings in der Perspektive objektiver Ironie, d.h. als äußerster Grad bewußtseinsmäßiger Entfremdung: Die Identifikationsfigur Linares, mit dem die Indios am Ende – auf dem Höhepunkt der Pest – eine Messe zu feiern wünschen, war es ja, die während der vorausgegangenen Niederwerfung des Aufstandes eine Schlüsselrolle gespielt hatte.

Im Hinblick auf diese traditionelle Ausbeutungs- und Verinnerlichungsfunktion der Kirche erscheint die sog. Theologie der Befreiung als eine Art positives Emanzipationsmodell. In *Vamos caminando* gewinnt dieses Bewußtsein, so wurde im letzten Kapitel gezeigt, konkrete – ja mitunter politische – Gestalt. «Dios inquisidor» und «Dios liberador» sind die beiden Formeln, mit denen diese gegensätzlichen – historisch in je unterschiedlicher, ja oppositioneller Weise wirksam gewordenen – Funktionen des Identitätszeichens Kirche bezeichnet werden können.

Die allgemeine Bedeutung Sarmientos

Ein weiteres, geschichtlich wirksam gewordenes – und seit der Unabhängigkeit für alle lateinamerikanischen Staaten für verbindlich erklärtes – Modell lateinamerikanischer Identität ist das der „Nation". Wir haben oben (vgl. Teil 1, Kapitel 2.4) auf die allgemeinen Aporien verwiesen, unter denen der Versuch steht, lateinamerikanische Identität auf der Grundlage des Begriffs der „Nation", d.h. des historischen Faktums der „Emanzipation" bzw. der Auflösung des spanischen Kolonialreiches zu erklären. Diese allgemeinen Aporien haben natürlich nicht verhindert, daß es im Laufe der nun 150jährigen Nationalgeschichte der lateinamerikanischen Staaten immer wieder Versuche gab, historische und nationale Identität inhaltlich neu zu bestimmen.

Der bekannteste und bei weitem einflußreichste dieser Versuche stammt aus der Feder des Argentiniers Domingo Faustino Sarmiento (1811–1888). In seinem Essay *Facundo*, einer Biographie des Provinzcaudillos Facundo Quiroga, entwirft Sarmiento ein Modell nationaler Identität und Entwicklung anhand der Leitidee des europäischen Liberalismus. Identität wird von Sarmiento polemisch verstanden als die Affirmation europäischer Kulturtraditionen gegenüber der für Lateinamerika charakteristischen – seitens des Argentiniers jedoch als inferior betrachteten – Präsenz und Existenz der autochthonen Bevölkerung. Der suggestive Untertitel des Essays – «Civilización y Barbarie» – verleiht dem Modell darüber hinaus den Charakter logischer Evidenz. Einleuchtend bezeichnet die Formel die Alternative, vor die sich jedes nationale Entwicklungsmodell in Lateinamerika *mutatis mutandis* gestellt sieht: die Universalisierung nämlich europäisch geprägter Formen sozialstaatlichen Zusammenlebens (= «Civilización») auf Kosten autochthoner Kulturformen (= «Barbarie»). Die Suggestivwirkung der Formel liegt darin, die – wie wir sahen – ganz und gar eurozentrischen Prämissen der Unabhängigkeitsbewegung für die Zukunft gewissermaßen festzuschreiben. Nicht nur die breite Rezeption, die das sarmientinische Modell sowohl in Argentinien selbst als auch in vielen übrigen Staaten Lateinamerikas bis heute gefunden hat, sondern vor allem die für die Wirkung des Textes grundlegende Verschränkung der Ebene politischer und kultureller Reflexion mit Elementen literarisch-fiktionaler Modellbildung geben dem Text jedoch seinen unverwechselbaren Stellenwert im Kontext lateinamerikanischer Kulturgeschichte.

Der historische Kontext

Die epochale Bedeutung des 1845 erschienenen Essays *Facundo* liegt in der Lösung des 30 Jahre nach Ausrufung der Unabhängigkeit des Landes (9. Juli 1816, Tucumán) immer noch unentschieden gebliebenen politisch-kulturellen Identitätskonfliktes des Landes. Die Lösung ist natürlich alles andere als definitiv. Dennoch läßt sich sagen, daß das im *Facundo* diskutierte Liberalismusmodell seit der Mitte des 19. Jahrhunderts bis in die 20er Jahre des

20. Jahrhunderts für die politische und soziale Geschichte Argentiniens im großen und ganzen unbestritten in Geltung geblieben ist.

Worin bestand der Identitätskonflikt, auf den der Text polemisch Bezug nimmt? Äußerlich gesehen ging es um politische Herrschaft bzw. Vorherrschaft: Die Unabhängigkeit war in Buenos Aires erstritten worden. Buenos Aires beanspruchte mithin die Zentralgewalt. Schon in der Provinz Buenos Aires selbst blieb der Anspruch jedoch keineswegs unbestritten, dies jedoch noch viel weniger in den übrigen Provinzen. Zu Beginn der 20er Jahre des 19. Jahrhunderts existierten 13 der Provinzen praktisch als unabhängige Staaten (vgl. Fagg, 498). «El año 1820 se caracterizó por una gran anarquía. La independencia no había resultado en la unidad nacional, sino en un desmembramiento universal» (Lynch, 230), formuliert der englische Historiker John Lynch lakonisch und zutreffend. Bestimmend für den politischen Machtkonflikt zwischen Buenos Aires und den Provinzen waren zunächst einmal ökonomische Faktoren. Es handelte sich um den traditionellen Interessenkonflikt zwischen der die Provinzen politisch und ökonomisch beherrschenden Großgrundbesitzeroligarchie und der durch häufigen Kontakt mit Europa geprägten Handelsbourgeoisie der Hafenmetropole Buenos Aires. Die Erhebung von Buenos Aires zum alleinigen Machtzentrum der Republik führe – so befürchteten die ersteren mit Recht – zu einer Schmälerung ihrer Einkünfte. Die Tatsache, daß die Vertreter der Provinzen beim Ausbruch bewaffneter Auseinandersetzungen alsbald bereit waren, mit ausländischen Mächten – Brasilien insbesondere, jedoch auch den europäischen Expansionsmächten Frankreich und England – zu koalieren, findet in diesem Interessenkonflikt ihre Erklärung. Buenos Aires seinerseits – Aus- und Einfuhrhafen nach Europa – hatte weder Interesse noch verfügte es über die entsprechenden Machtmittel, das riesige Gebiet bis zur Andenkette der Pazifikküste effektiv und selbstlos zu verwalten.

Zum politisch-ökonomischen Machtkonflikt trat jedoch darüber hinaus noch ein Kulturkonflikt. Er bestand im Gegensatz zwischen einer urbanen, durch regelmäßigen Kontakt mit den Kernländern Zentraleuropas geprägten Mentalität, wie sie für die Bevölkerung von Buenos Aires charakteristisch war, und einer mehrheitlich feudalistisch, oligarchisch und traditionalistisch strukturierten Mentalität, wie sie die die Provinzen beherrschenden Vertreter der Großgrundbesitzerkaste auszeichnete. Diese stützten ihre Macht vornehmlich auf Gauchoheere.

Der bald nach der Unabhängigkeit einsetzende Machtkampf dauert mehr als 10 Jahre, doch am Ende erscheint die Lage verworrener denn je. Da betritt ein Mann die Bühne des historischen Geschehens, der sie für mehr als 20 Jahre nicht mehr verlassen wird – Juan Manuel Rosas.

Rosas war Großgrundbesitzer. Er stammte aus der Provinz und hatte als Caudillo Prestige im Kampf gegen die Indios erlangt. Man traute ihm zu,

Recht und vor allem Ordnung im ganzen Land wiederherzustellen. Der Titel «Restaurador de las leyes» war nicht nur ein Ehrentitel, der ihm seitens der eigenen Partei aus propagandistischen Gründen zugesprochen wurde, sondern entsprach auch den Wünschen und Vorstellungen weiter Kreise der übrigen Bevölkerung. Die Grundlage der Macht des Diktators war ein zentralistisch geführtes Regiment, das jede Opposition mittels des Terrorinstrumentes der Geheimpolizei – der «mazorca» – zum Schweigen brachte (vgl. Lynch, 233). Die Veränderungen der politischen Struktur und Kultur Argentiniens unter der Rosas-Regierung sind grundlegend und historisch von weitreichender Bedeutung: Als Rosas 1852 zum Rücktritt gezwungen wird, hat das Land erlangt, was die fortschrittliche „Unitarier"-Partei immer versprochen und gefordert, aber politisch nie hatte durchsetzen können – *Einheit*; Einheit jedoch, so wird Sarmiento sarkastisch behaupten, mit umgekehrtem Vorzeichen, Einheit nämlich in der *Barbarei*. In der Tat ist die von Rosas mit staatsmännischem Instinkt und kommerziellem Kalkül verwirklichte Einheit mitnichten jene durch Freiheit und Gleichheit vor dem Gesetz garantierte Einheit, wie es dem Ideal der modernen Verfassungsstaaten entspricht, sondern jene Einheit egoistischer Machtinteressen, wie sie – John Fagg zufolge – modellhaft verwirklicht ist in der Struktur eines nordamerikanischen Verbrechersyndikats: "[...] government would remain highly personal, not unlike a modern crime syndicate, with local bosses linked to one another by private pacts" (575).

Ziel und Thematik des „Facundo"

Sarmientos *Facundo* ist der Versuch, das Syndikat vor Gericht zu stellen. Die Jury setzt sich zusammen aus der seit den Tagen der Aufklärung in dieses Amt berufenen *Öffentlichkeit der gebildeten Leser*. Literatur als Mittel ideologischer Propaganda; Literatur als politische Waffe; Literatur als humanes Plädoyer: unübersehbar ist der Romantiker Sarmiento dabei, das Modell der europäischen Aufklärung nach Lateinamerika zu übertragen. Es versteht sich, daß der Kodex, nach dem geurteilt – bzw. verurteilt – werden soll, kein anderer sein kann als der von Kant metaphorisch beschworene „Richterstuhl" der reinen Vernunft ... Im chilenischen Exil geschrieben, verfolgt *Facundo* das Ziel, den Diktator zu stürzen, ihn zumindest gründlich zu demaskieren, zugleich jedoch den Weg in eine humanere Zukunft zu weisen. Alles dies am Modellfall einer Biographie – nicht der Biographie des verhaßten Diktators selbst, sondern eines seiner Wegbereiter, Juan Facundo Quirogas, eines – wie der Autor selbst – ebenfalls aus der Provinz San Juan stammenden Provinzcaudillos. Zwischen 1829 und 1834 war es Facundo gelungen, die Mehrheit der wichtigsten Provinzen der Föderation unter seine Kontrolle zu bringen. 1834 wird er – auf der Höhe seiner Macht stehend, nach einem Besuch in Buenos Aires – hinterhältig erschossen. 1835 ergreift Rosas daraufhin endgültig die Macht.

Die Biographie des toten Caudillos als Plädoyer gegen den lebenden Diktator; das Zerrbild der Barbarei als Suggestion von Zivilisation; die kulturkritische Analyse als Argument politischer Pragmatik: *Facundo* ist offenbar ein polyfunktionaler, insofern ein literarischer Text. Seine Realisierung erfordert den *Schriftsteller.*

Der literarische Charakter des «Facundo»

Der Hinweis auf den literarischen Charakter des *Facundo* ist ein Gemeinplatz der Sarmiento-Philologie. Letztere bestimmt das spezifisch Literarische in Sarmientos Essay jedoch vorwiegend nach den Kriterien eines traditionellen Literaturbegriffs, d.h. in erster Linie nach stilistisch-rhetorischen Gesichtspunkten.[31] Die nachhaltige – auch in der Gegenwart keineswegs abgebrochene – Wirkung des Textes läßt sich damit jedoch schwerlich erfassen. Sarmientos *Facundo* stellt vielmehr ein Beispiel dar für einen für die lateinamerikanische Kulturgeschichte keineswegs seltenen Fall schöpferischer Modellbildung. Diese Feststellung muß den Ausgangspunkt bilden für die Bestimmung seiner „Literarizität". Ich fasse sie in den folgenden Punkten zusammen:

- Sarmientos Virtuosität liegt nicht nur auf der Ebene rhetorisch-persuasiver, also stilistischer Mittel.
- Das zentrale Begriffspaar «civilización y barbarie» hat nicht den Stellenwert wissenschaftlicher Deskriptionsbegriffe – sosehr der essayistische und wissenschaftliche Diskurs Sarmientos in *Facundo* diesen Eindruck auch suggerieren mag. Die eigentlich „literarische" Funktion des Textes besteht vielmehr darin, ein Kulturmodell auf sekundärer, also metakultureller Ebene anzubieten.[32]
- Nur die primäre Ebene dieses Modells – gewissermaßen also sein „Material" – hat als Referenzebene die konkrete Biographie des Caudillo Facundo Quiroga.
- Sarmiento bedient sich dieses Materials jedoch in souveräner Weise zur Konstituierung eines nicht mehr ausschließlich auf die Figuren von Quiroga bzw. Rosas zu beziehenden *allgemeinen* Modells von Kultur.
- Die Stilisierung – möglicherweise auch Verfälschung – der konkreten historischen Gestalt Quirogas findet hiermit ihre Erklärung. Erklärt wird damit auch die Tatsache der erstaunlichen Breitenwirkung dieses Textes, die Übertragbarkeit seiner Botschaft auf kulturelle Systeme und Epochen, die der vordergründig behandelten Thematik dieser Biographie fernliegen.[33]

Die Biographie Facundo Quirogas als Modell „barbarischer" Kultur

Bereits der erste Satz der elf Seiten umfassenden «Introducción» enthält in Form einer pathetischen Anrufung einen zentralen Hinweis auf das mit der Biographie Quirogas verfolgte allgemeine Ziel:

¡Sombra terrible de Facundo, voy a evocarte, para que sacudiendo el ensangrentado polvo que cubre tus cenizas, te levantes a explicarnos la vida secreta y las convulsiones internas que desgarran las entrañas de un noble pueblo! (XV)

Schrecklicher Schatten Facundos, ich will dich zum Vorschein bringen, damit du aufstehst, den blutigen Staub, der deine Asche bedeckt, von dir abschüttelnd, uns das geheimnisvolle Leben und die Zuckungen, die die Eingeweide eines edlen Volkes zerreißen, zu erklären.

Facundos Schatten soll wiedererstehen aus dem Grabe des Vergessens, nicht um seiner selbst willen, sondern als Erklärung – Warnung, Form, Antizipation – zukünftiger Wirklichkeit des argentinischen Volkes. Ebenso bedeutsam wie das solchermaßen erklärte – rationale – Erkenntnisziel sind jedoch die – insbesondere – auf der Ebene der Metaphern mitschwingenden emotionalen Konnotationen der Botschaft: Sich der durch Facundo personifizierten Identität des argentinischen Volkes zu konfrontieren, bedarf des Mutes, denn der Schatten Facundos ist «terrible», furchterregend; seine Vergegenwärtigung versteht sich nicht von selbst, sondern bedarf dichterischer Einfühlung; als Adressat der „Anrufung" des Autors («evocarte») tritt Facundo gewissermaßen in die Fußstapfen der traditionellen, die Inspiration des (nationalen) Dichters beflügelnden Muse; der Schatten ist furchterregend, da er bedeckt ist mit Blut und Asche; aus dieser Asche jedoch erhebt sich der Phönix der jungen Nation und erklärt uns ihr Wesen – das geheimnisvoll pulsierende Leben eines edlen Volkes!

Facundo no ha muerto; está vivo en las tradiciones populares, en la política y revoluciones argentinas; en Rosas, su heredero, su complemento; su alma ha pasado a este otro molde más acabado, más perfecto; y lo que en él era sólo instinto, iniciación, tendencia, convirtióse en Rosas en sistema, efecto y fin. (Ebd.)

Facundo ist nicht gestorben; er lebt in den Traditionen des Volkes, in der Politik und den Revolutionen Argentiniens; in Rosas, seinem Erben und Vollstrecker; seine Seele hat einen vollendeteren, vollkommeneren Körper gefunden; was bei ihm Instinkt war, Initiation und Tendenz, wurde bei Rosas System, Erfolg und bewußt verfolgtes Ziel.

Wie der etwa zur gleichen Zeit an *Madame Bovary* schreibende Gustave Flaubert ist Sarmiento offenbar aufs tiefste fasziniert von seinem Gegenstand. «Facundo Quiroga – c'est moi»: der Satz findet sich auch bei Sarmiento, wenn nicht geschrieben, so doch gedacht, kommentieren deshalb manche seiner modernen Interpreten,[34] verkennend, daß seit *Madame Bovary* die Gleichanwesenheit von Identifikation und Distanz nicht länger als Widerspruch gelten kann, sondern Ausweis ist geradezu für die Authentizität des literarischen Produkts. Trotz aller Identifikation steht es natürlich außer allen Zweifels, daß Sarmiento bestrebt ist, das durch Quiroga und Rosas verkörperte Identitätsmodell als einen fatalen Irrweg der argentinischen Nation darzustellen.

Werfen wir deshalb nunmehr einen Blick auf das Buch als ganzes. *Facundo* besteht aus drei – in Länge, Struktur und Funktion verschiedenen – Teilen:

Der vier Kapitel umfassende *Teil 1* entwickelt in abstrakter Form die geographischen, mentalitätsgeschichtlichen, ethnologischen und historischen Voraussetzungen – also gewissermaßen die Elemente –, die das Verständnis der durch Facundo repräsentierten Gauchokultur ermöglichen:

Kapitel 1 behandelt zunächst geographische Aspekte des Landes. Der bekannten Theorie Montesquieus folgend leitet Sarmiento hieraus Charakter, Ethos, „Habitus" und Gedankenwelt seiner Bewohner ab. Kapitel 2 porträtiert vier repräsentative Gauchotypen: den Spurenleser («rastreador»), den ortskundigen Führer («baqueano»), die notorische Negativfigur dieser Kultur («gaucho malo») sowie den Sänger und Geschichtenerzähler («cantor»). Kapitel 3 analysiert unter dem Titel «Asociación – la pulpería» die Dorfkneipe als den repräsentativen Ort rudimentärer Formen von Sozietät und Gemeinschaftsleben, soweit sich diese in der Gauchogesellschaft überhaupt vorfinden lassen. Kapitel 4 schließlich behandelt die historische Vorgeschichte des Aufstiegs Quirogas – den politischen Antagonismus zwischen «moderados» und «exaltados», wie er die Revolution von 1810 charakterisierte, sowie die allmähliche Konstituierung einer dritten Gruppierung, der quasi halb-zivilisierten Gauchohorden («montonera», 47), die – je nach Schlachtenglück – sowohl von der einen Seite als auch von der anderen abwechselnd zu Hilfe gerufen wurden. An der Spitze der «montoneras»[35] steht ein sog. «comandante de campaña». Quiroga ist unter ihnen der berühmteste.

Der zukünftige Kulturkampf im Namen von «Civilización y Barbarie» ist damit grundgelegt. Er bricht aus, wenn eine der beiden politischen Gruppierungen («moderados» und «exaltados») die Kontrolle verliert über ihre Hilfstruppen und diese beginnen, sich selbständig zu machen. Es ist von vornherein ein Kampf auf Leben und Tod; Leben und Tod von *Kultur überhaupt*. Die durch die «montoneros» repräsentierte Kultur nämlich ist in den Augen Sarmientos Unkultur, Negation von Kultur bzw. „Barbarei". Er beschreibt sie mit folgenden Worten:

> El individualismo constituía su esencia, el caballo su arma exclusiva, la pampa inmensa su teatro. Las hordas beduinas que hoy importunan con sus algazaras y depredaciones las fronteras de la Argelia dan una idea exacta de la montonera argentina, de que se han servido hombres sagaces o malvados insignes. La misma lucha de civilización y barbarie de la ciudad y el desierto existe hoy en África; los mismos personajes, el mismo espíritu, la misma estrategia indisciplinada, entre la horda y la montonera. (47)

> Der Individualismus bestimmt sein Wesen, das Pferd seine unübertroffene Waffe, die riesige Pampa sein Aktionsfeld. Die Beduinenhorden, die heute mit ihrem Kriegsgeschrei und ihren Plünderungen die Grenzen Algeriens verunsichern, geben eine klare Vorstellung von der argentinischen Montonera, von welcher klarsichtige Männer und berühmte Verbrecher in gleicher Weise Gebrauch gemacht haben. Es ist der gleiche

Kampf zwischen Zivilisation und Barbarei, zwischen Stadt und Wüste, der heute in Afrika geführt wird; die gleichen Figuren, der gleiche Geist, die gleiche undisziplinierte Strategie; er findet sich bei der Beduinenhorde ebenso wie bei der Montonera.

Nicht die Vergangenheit jedoch, nicht das ferne Afrika, sondern *hic et nunc*, die aktuelle Auseinandersetzung mit Rosas ist der eigentliche Ort, an dem der Kulturkampf ausgetragen werden soll. Unvermittelt deshalb – auch an dieser Stelle – die Nutzanwendung der historischen Darstellung auf die aktuelle Gestalt des verhaßten Diktators:

La montonera [...] presentó ya ese carácter de ferocidad brutal y ese espíritu terrorista que al inmortal bandido, al estanciero de Buenos Aires, estaba reservado convertir en un sistema de legislación aplicado a la sociedad culta y presentarlo en nombre de la América avergonzada a la contemplación de la Europa. Rosas no ha inventado nada; su talento ha consistido sólo en plagiar a sus antecesores, y hacer de los instintos brutales de las masas ignorantes un sistema meditado y coordinado fríamente. (Ebd.)

Die Montonera [...] schon zeigte diesen Charakter brutaler Wildheit und diesen terroristischen Geist. Es blieb jedoch dem unsterblichen Banditen und Estanciero von Buenos Aires vorbehalten, denselben in ein System kodifizierter Regeln zu verwandeln, ihn der zivilisierten Gesellschaft überzustülpen und dem verblüfften Europa im Namen eines beschämten Amerika zu präsentieren. Rosas hat nichts erfunden; sein Talent bestand nur darin, seine Vorgänger zu plagiieren und die brutalen Instinkte der unwissenden Massen in ein kalkuliertes und wohldosiertes System zu verwandeln.

Der neun Kapitel umfassende *zweite Teil* des *Facundo* behandelt sodann in chronologischer Folge, exemplarisch sowohl im Hinblick auf die im ersten Teil behandelte allgemeine „Elementen"-Lehre der „barbarischen" Gauchokultur als auch im steten Vorgriff auf die reale zeitgenössische Figur von Rosas, ausgewählte Stationen der Jugend Facundos sowie die verschiedenen Schlachten, die er schlug. Die Darstellung kulminiert schließlich in dem mit engagiertem epischen Pathos ausgemalten Hinterhalt von «Barranco Yaco», in dem Facundo, Held und Anti-Held zugleich, unerwartet den Tod findet.[36]

Nicht nur in diesem letzten, sondern bereits im ersten Kapitel des biographischen Teils zieht Sarmiento alle Register seines literarischen Könnens: Alle formalen – auch die scheinbar lediglich rhetorischen – Elemente des Textes werden zu Bestandteilen der intendierten Botschaft.

So beginnt er die Darstellung der Jugendzeit Quirogas mit einer Anekdote, die ihm den Beinamen «Tigre de los Llanos» einbringt: Facundo hat die Stadt San Luis infolge einer tätlichen Auseinandersetzung mit einem anderen Gaucho überstürzt verlassen müssen und befindet sich allein auf dem Weg nach San Juan. Plötzlich wird er eines sich nähernden „Tigers" ansichtig. Er sucht Rettung auf einen Baum. Der Tiger verharrt stundenlang knurrend am Boden. Mensch und Tier blicken einander in die Augen. Die Todesangst verwandelt Facundo schließlich selbst in einen Tiger: Als Freunde erscheinen, um das Raubtier unschädlich zu machen, ist er selbst es, der über das Tier herfällt:

La fiera [...] no pudo escapar a las puñaladas rápidas con que, en su venganza de su prolongada agonía, le traspasó el que iba a ser su víctima. (61)

Das Tier vermochte den blitzschnellen Messerstichen nicht zu entgehen, von denen es als Rache der endlosen Todesängste von dem durchbohrt wurde, der selbst fast sein Opfer geworden war.

Die Szene ist ein Exempel für alle weiteren Kämpfe, die Facundo zu bestehen hat, sei es daß er als Sieger, sei es daß er als Unterlegener aus ihnen hervorgeht. Immer zeigt er sich als der „Barbar", als das blutrünstige, instinktiv handelnde Tier, als die jenseits konventionalisierter und zivilisierter Regeln menschlichen Zusammenlebens angezeigte amoralische „Natur". Die in der Nähe der Stadt Córdoba stattfindende Begegnung Quirogas mit dem Unitariergeneral Paz, bei welcher der Caudillo eine militärische Niederlage erleidet, ist für Sarmiento Anlaß, den Antagonismus auf seine Formel zu bringen:

En la Tablada de Córdoba se midieron las fuerzas de la campaña y de la ciudad bajo sus más altas inspiraciones: Facundo y Paz, dignas personificaciones de las dos tendencias que van a disputarse el dominio de la República. Facundo, ignorante, bárbaro [...] no conoce más poder que el de la fuerza brutal, no tiene fe sino en el caballo; todo lo espera del valor, de la lanza, del empuje terrible de sus cargas de caballería. [...] (132)
Paz es, por el contrario, el hijo legítimo de la ciudad [...] Paz es militar a la europea [...] Es el espíritu guerrero de la Europa hasta en el arma en que ha servido; es artillero y por tanto matemático, científico, calculador. Una batalla es un problema que resolverá por ecuaciones, hasta daros la incógnita, que es la victoria. (133)

In der Ebene von Córdoba maßen sich die Kräfte von Stadt und Land in ihrer jeweils ureigensten Verkörperung: Facundo und Paz, würdige Personifizierungen der beiden Tendenzen, die sich die Herrschaft über die Republik streitig machen. Facundo, ungebildet, barbarisch [...] kennt keine andere als die rohe physische Gewalt; Vertrauen hat er nur zu seinem Pferd; er setzt alles auf persönlichen Mut, die Kraft seiner Lanze und die schreckliche Durchschlagskraft der Angriffe seiner Kavallerie. [...]
Paz ist demgegenüber der legitime Sohn der Stadt [...] Paz ist Soldat von europäischem Zuschnitt [...] Er verkörpert den Kriegsgeist Europas bis hin zur Waffengattung, in der er dient; er ist Artillerist, folglich Mathematiker, Wissenschaftler, Rechner. Eine Schlacht ist eine Aufgabe, die er zu lösen gedenkt mit Hilfe von Gleichungen, und zwar bis hin zu dem Punkt, daß er die Unbekannte in Händen hält – den Sieg.

Der *Teil 3* besteht aus lediglich zwei, jedoch sehr ausgedehnten Kapiteln: «Gobierno unitario» und «Presente y porvenir».

Der Titel des ersten Kapitels faßt die Quintessenz der Argumentation in einem ironischen Paradox zusammen: Rosas ist der Vollstrecker des politischen Testaments der Unitarier. Er ist es, der der Nation Einheit beschert hat – Einheit jedoch „in der Barbarei".

Das zweite Kapitel vertieft die Analyse der Gegenwart, durchmißt die gesamte Talsohle der Barbarei, in die Rosas die Nation gestürzt hat, und zählt mit einem 13maligen anaphorischen «porque él ...» (252–255) nochmals der

Reihe nach alle politischen Fehler des Diktators auf. Sarmiento läßt es bei dieser furiosen Negativklimax jedoch nicht bewenden, sondern schließt seinerseits mit der Bekanntgabe eines umfassenden Plans zur Rekonstruktion, d.h. Humanisierung, Modernisierung und Europäisierung – nach der Terminologie des Autors mithin: „Zivilisierung" –, des Landes. Der Plan soll in Angriff genommen werden, sobald der Diktator abtritt.

Wirkung und Gegenwirkung

Jorge Luis Borges gehört bekanntlich zu den entschiedensten Wortführern des sarmientinischen Kulturmodells. «[...] si lo hubiéramos canonizado como nuestro libro ejemplar», so behauptet er in der Einleitung zu der hier zugrunde gelegten Ausgabe des *Facundo*, «otra sería nuestra historia y mejor» [hätten wir ihn in den Rang eines exemplarischen Buches erhoben, anders wäre unsere Geschichte verlaufen und besser] (XIII). Der Ausspruch verwundert. Bestreitet Borges etwa das Faktum der breiten Rezeption, die das Buch sowohl im Bildungswesen als auch im allgemeinen Bewußtsein Argentiniens erfahren hat? Wohl kaum. Worauf der Satz hinweisen möchte – und nur so erhält er einen Sinn –, ist vielmehr das grundlegende Faktum der Partialität, durch welches die Rezeption des *Facundo* charakterisiert ist. *Facundo* ist für Argentinien trotz allem nicht – wie die Bibel für das Judentum – zum kanonischen Text einer historischen Identitätserfahrung geworden. Borges' Einschätzung trifft sich mit dem hier eingeführten Begriff des „Identitätszeichens": *Facundo* indiziert – „bezeichnet" – Identität als eine historische Möglichkeit, konkurrierend jedoch zu alternativen Möglichkeiten historischer Identitätsfindung.

In der Tat ist der eurozentrische Kulturimperialismus, von dem *Facundo* getragen ist, seinen potentiellen Gegnern denn auch keineswegs verborgen geblieben. Sie formierten sich noch zu Lebzeiten Sarmientos, angeführt von dem Dichter José Hernández, dem es gelang, die von Sarmiento verunglimpfte Nationalfigur des Gaucho mit dem Versepos *Martín Fierro* nur 25 Jahre nach Erscheinen des *Facundo* nachhaltig zu rehabilitieren. Die positive Resonanz, die *Martín Fierro* sodann bei den argentinischen Modernisten – insbesondere etwa in Leopoldo Lugones *El payador* (1916) – fand, vor allem jedoch seine Rezeption durch die sogenannten «Martinfierristas» – die einflußreiche Avantgardebewegung der 20er Jahre –, die mit dem Titel ihres zentralen Publikationsorgans – «Martín Fierro» – die Tradition des konservativen Versepos sogar zu einem Emblem ihrer Bewegung erhob, sind einige der Stationen, über die *Martín Fierro* in den Rang eines zweiten – ja alternativen – Identitätszeichens argentinischer Kultur gelangte.[37]

4.2 Juan Bautista Alberdi und die philosophische Grundlegung der argentinischen Identitätsdebatte

Philosophische Aspekte in Alberdis «Fragmento preliminar al estudio del derecho»

Bevor von *Martín Fierro* ausführlich die Rede ist, werfen wir einen Blick auf das – in etwa zeitgleich mit *Facundo* entstandene – (rechts-)philosophische Identitätsmodell des Sarmiento-Zeitgenossen Juan Bautista Alberdi.

Alberdi reflektiert die Identitätsproblematik nicht *in abstracto*. Seine Überlegungen sind entstanden im Kontext der sogenannten «Generación del 37», einer Gruppe junger Intellektueller, die sich Anfang der 30er Jahre als intellektuelle Oppositionsbewegung zu der von Juan Manuel Rosas beherrschten Zentralregierung in Buenos Aires formiert hatte. Ihr führender Kopf war Esteban Echeverría (1805–1851). Weitere Mitglieder der Gruppe waren Juan María Gutiérrez sowie J. B. Alberdi selbst. Die Gruppe trifft sich zu Diskussionszirkeln und nennt sich ab 1833 «Asociación de Estudios Históricos y Sociales» (Weinberg, V). Unter der Federführung Echeverrías, zugleich jedoch als Ergebnis gemeinsamer Debatten entsteht alsbald ein als «Código» bezeichnetes politisches Alternativprogramm, das Echeverría 1846 im uruguayischen Exil unter dem Titel *Dogma socialista* in Buchform veröffentlicht.

Alberdi seinerseits – 1810 geboren – beschäftigt sich seit 1835 vornehmlich mit Fragen der Rechtsordnung und publiziert 1837 den erwähnten umfangreichen *Fragmento preliminar al estudio del derecho*. Die Bedeutung der Schrift erhellt aus der Tatsache, daß die in ihr grundgelegte rechtsphilosophische Position Eingang findet – und zwar auf dem Umweg einer 1852 entstandenen Schrift mit dem Titel *Bases y puntos de partida para la organización política de la República Argentina* – in die bis zur Gegenwart im wesentlichen gültig gebliebene Verfassung der argentinischen Republik[38] von 1853. Alberdis Gedanken zur Identitätsproblematik stehen im Kontext dieser im *Fragmento* entwickelten rechtsphilosophischen Grundlegung. Es bedarf also eines Blicks auf die argumentative Gesamtstruktur der Untersuchung.

Das allgemeine Ziel, das Alberdi sich gesetzt hat, besteht darin, die Normen der Gesetzgebung in einer zukünftigen Republik Argentinien aus allgemeinen Prinzipien philosophisch zu deduzieren. Gleichzeitig gilt es, diese Normen dergestalt zu konkretisieren, daß sie unter den gegebenen chaotischen Verhältnissen Argentiniens nicht nur mit demokratischer und sozialer Akzeptanz rechnen können, sondern darüber hinaus auch dazu beitragen, das aktuelle Chaos *de facto* zu überwinden. Es ist im folgenden zu zeigen, daß das solchermaßen formulierte Programm ein spezifisches Modell von Identität impliziert, das von Alberdi als solches nicht eigens reflektiert, sondern bei Fortgang der Argumentation immer schon vorausgesetzt wird. Die integrierenden Elemente dieses Modells sind die folgenden:

- die Deduktion allgemeiner Grundsätze,
- das Postulat der Konkretisierung der allgemeinen Grundsätze gemäß den historischen Bedingungen von Raum und Zeit,
- der ethische Status des Identitätsmodells.

Alberdi insistiert zunächst auf der erwähnten Notwendigkeit der Deduktion allgemeiner Grundsätze: Die Konzeption eines allgemeinen Rechtssystems bedarf der philosophischen Bestimmung eines obersten Grundsatzes, denn ein solcher Entwurf überschreitet ja prinzipiell die Ebene einer bloßen «ciencia práctica», einer Kompilation z. B. traditioneller Rechtsverordnungen zur Regelung aktueller Streitfälle. Eine Gesetzgebung der angedeuteten Art war zu Zeiten der spanischen Kolonialherrschaft in Geltung und wurde durch den konservativen Naturrechtsgedanken theoretisch untermauert (vgl. *Fragmento*, 117). Durch das Faktum der Independencia nun ist die philosophische Grundlage dieser Gesetzgebung historisch obsolet geworden. Der militärisch erkämpften politischen Unabhängigkeit gilt es deshalb einen Akt geistiger, in einer rationalen Rechtsordnung manifestierten Emanzipation an die Seite zu stellen:

Nuestros padres nos dieron independencia material: a nosotros nos toca la conquista de una forma de civilización propia, la conquista del genio americano. Dos cadenas nos ataban a la Europa: una material que tronó; otra inteligente que vive aún. Nuestros padres rompieron la una, por la espada: nosotros romperemos la otra por el pensamiento. Esta nueva conquista deberá consumar nuestra emancipación. (*Fragmento*, 126)

Unsere Väter schenkten uns die materielle Unabhängigkeit: Die Eroberung, die wir zu vollbringen haben, ist dagegen die einer eigenen Zivilisationsform, die des amerikanischen Genius. Zwei Ketten banden uns an Europa: eine materielle, die zersprungen ist; eine geistige, die noch intakt ist. Unsere Väter zerbrachen die eine mit dem Säbel: unsere Aufgabe ist es, die andere mit dem Denken zu zerbrechen. Diese zweite Eroberung muß unsere Emanzipation vollenden.

Der oberste Grundsatz dieser wahre Emanzipation verbürgenden Rechtsordnung ist – wie könnte es anders sein –

la razón: ley de las leyes, ley suprema, divina, [...] traducida por todos los códigos del mundo. Una y eterna como el Sol, [...] móvil como él: siempre luminoso a nuestros ojos, pero su luz siempre diversamente colorida. (*Fragmento*, 114 f.)

die Vernunft: Gesetz aller Gesetze, höchstes, heiliges Gesetz, [...] übertragen in alle Codices der Welt. Einzig und ewig wie die Sonne, [...] beweglich wie sie: ständiges Licht vor unseren Augen, ein Licht jedoch ständig wechselnder Farben.

Wieso impliziert die Deduktion dieses obersten Grundsatzes ein Identitätsmodell? Alberdi denkt den Prozeß der Unabhängigkeit offenbar nicht nur als einen rational gesteuerten Prozeß – so ließe sich antworten –, sondern setzt ihn ineins mit der sich im geschichtlichen Prozeß verwirklichenden Vernunft selbst.

Die Erinnerung an diesen allgemeinen rechtsphilosophischen Grundsatz, den der Entwurf Alberdis mit vielen popularphilosophischen Traktaten seit der Aufklärung gemeinsam hat, ist jedoch nur die gewissermaßen vordergründige Seite der Argumentation. Ihr eigentliches Zentrum kommt dagegen eher in der Metaphorik des eben zitierten Satzes zum Ausdruck: «La razón», so hieß es, «una y eterna como el Sol, es móvil como él: siempre luminoso a nuestros ojos, pero su luz siempre diversamente colorida.»

Die Metaphorik verweist auf das zweite – empirische – Element des hier zugrunde gelegten Identitätsmodells: Nicht schon der selbstidentische Glanz der Sonne *allein*, sondern erst die Brechung des Lichtes der *einen* Sonne in seine verschiedenen Spektren bildet eine hinlängliche Voraussetzung für die Verwirklichung der historischen Aufgabe der nationalen Identität Argentiniens.

Es geht Alberdi mithin um die Identität eines konkreten historischen Subjekts,[39] es geht ihm – m. a. W. – um das Schicksal der argentinischen „Nation". Nur im Hinblick – bzw. in Anwendung – auf das nationale „Subjekt" ist die Gleichsetzung[40] von Vernunft, Freiheit und Emanzipation philosophisch einleuchtend:

La filosofía pues, que es el uso libre de una razón formada, es el principio de toda nacionalidad, como de toda individualidad. Una nación no es una nación, sino por la conciencia profunda y reflexiva de los elementos que la constituyen. Recién entonces es civilizada [...] (*Fragmento*, 122)

Die Philosophie, die im freien Gebrauch einer gebildeten Vernunft besteht, ist also das Prinzip jeder Nationalität, ebenso wie jeder Individualität. Eine Nation wird zu einer Nation nur durch das tiefe und reflektierte Bewußtsein der Elemente, die sie konstituieren. Erst dann verdient sie es, zivilisiert genannt zu werden [...]

Die Bestimmung jener „Identität", von der hier die Rede ist, steht im Kontext des Entwurfs eines Zeit und Raum adäquaten (vgl. *Fragmento*, 121, 153) Rechtssystems für Argentinien. Alberdis Aussagen zur Identität beziehen sich infolgedessen nicht auf Gegenstände im Seinsmodus der „Wirklichkeit". Sie gehören – aristotelisch gesprochen (vgl. *De interpretatione*, 2217 a ff.) – in das Gebiet der *Rhetorik*. Ihr Gegenstand ist das Sein in der Perspektive des Sollens.[41] Gerade hierin liegt das Wesen des *Fragmento* als „Entwurf": Hinsichtlich der aktuellen Wirklichkeit Argentiniens verhält er sich kritisch-negierend; sein Ziel ist die Alternative, das historische – bzw. juristisch konzipierte – Korrektiv. Die rhetorisch zugespitzte Form der Formulierungen Alberdis lassen an dieser Zielsetzung keinen Zweifel:

¿Qué nos deja percibir ya la luz naciente de nuestra inteligencia respecto de la estructura actual de nuestra sociedad? Que sus elementos, mal conocidos hasta hoy, no tienen una forma propia y adecuada. Que ya es tiempo de estudiar su naturaleza filosófica, y vestirles de formas originales y americanas. Que la industria, la filosofía, el arte, la política, la lengua, las costumbres, todos los elementos de civilización, conocidos una vez en su naturaleza absoluta, comiencen a tomar francamente la forma más propia que las condiciones del suelo y de la época les brindan. Depuremos nuestro espíritu de todo color postizo, de todo traje prestado, de toda parodia, de todo servilismo. Gobernémonos, pensemos, escribamos, y procedamos en todo, no a imitación de pueblo ninguno de la tierra sea cual fuere su rango, sino exclusivamente como lo exige la combinación de las leyes generales del espíritu humano, con las individuales de nuestra condición nacional. (*Fragmento*, 123f.)

Was ist es denn, das uns das langsam entstehende Licht unserer vernünftigen Einsicht hinsichtlich der aktuellen Struktur unserer Gesellschaft erkennen läßt? Daß ihre Elemente, die wir bislang kaum wirklich zur Kenntnis genommen haben, noch weit davon entfernt sind, eine eigene und adäquate Form zu haben. Daß es an der Zeit ist, ihre philosophische Natur zu untersuchen, sie zu umgeben mit originellen und amerikanischen Formen. Damit die Industrie, die Philosophie, die Kunst, die Politik, die Sprache, die Sitten und Gebräuche, die Elemente der Kultur in ihrer Gesamtheit, sofern wir sie einmal erkannt haben, wie sie ihrer eigentlichen Natur nach wirklich beschaffen sind, anfangen, jene Formen anzunehmen, die ihnen aufgrund der Bedingungen des Bodens und der Epoche tatsächlich zukommen. Reinigen wir unseren Geist von aller falschen Farbe, von allem nun geliehenen Kleid, von aller Parodie, von jeder Art Servilismus. Regieren wir uns, denken wir, schreiben wir und handeln wir in allem, nicht, indem wir irgendein Volk der Erde, möge sein Rang auch noch so hoch sein, zu imitieren versuchen, sondern ausschließlich so, wie es die Verbindung der allgemeinen Gesetze des menschlichen Geistes mit den individuellen unseres nationalen Seins erfordert.

Argentinische – lateinamerikanische – Identität: Alberdi konstatiert für sie zwar gewissermaßen einen *status nascendi*. Ihre Entelechie, die Erfüllung ihres historischen Wesens, verlagert sich damit jedoch nur um so deutlicher – als ethisches Postulat nämlich – in die zukünftigen Aufgaben einer vernunftorientierten Geschichte.

Die Ambivalenz des „eurozentrischen" Identitätsmodells bei Alberdi

Angesichts des Dargelegten scheint der Hinweis auf die aufklärerisch-europäische Abkunft des apriorischen Vertrauens Alberdis in die Vernünftigkeit von Fortschritt und Geschichte fast trivial (vgl. Piossek 1988, 36ff.): «La historia de los pueblos se desarrolla con una lógica admirable» (*Fragmento*, 147) [Die Geschichte der Völker vollzieht sich gemäß einer bewundernswerten Logik]. Gemäß dieser Logik ist für die Neue Welt ein Weg in Fortschritt, Freiheit und Selbstbestimmung gewissermaßen vorherbestimmt. Die amerikanische Unabhängigkeit ist insofern nicht nur die Vollstreckung der vornehmsten Ideen des europäischen 18. Jahrhunderts (vgl. *Fragmento*, 143), sondern wenig fehlt, «[que] el mundo viejo recibirá la democracia de las manos del mundo nuevo [...]» (*Fragmento*, 148) [daß die Alte Welt die Demokratie aus den Händen der Neuen Welt empfangen würde]. Zum Thema dieser Abhängigkeit von Europa äußert sich Alberdi auch im folgenden Zitat:

Nosotros hemos tenido dos existencias en el mundo, una colonial, otra republicana. La primera nos la dio la España, la segunda, la Francia. El día que dejamos de ser colonos, cayó nuestro parentesco con la España: desde la República, somos hijos de la Francia. Cambiamos la autoridad española, por la autoridad francesa, el día que cambiamos la esclavitud por la libertad ...» (*Fragmento*, 153).

Wir haben zwei Daseinsformen in der Welt gehabt, eine koloniale sowie eine republikanische. Die erste erhielten wir durch Spanien, die zweite durch Frankreich. An dem Tag, als wir aufhörten, eine Kolonie zu sein, fiel unsere Verwandtschaft mit Spanien: Mit der Republik sind wir zu Söhnen Frankreichs geworden. Wir tauschten die spanische Autorität ein gegen die französische; es war der Augenblick, in dem wir die Sklaverei mit der Freiheit vertauschten.

Zu Söhnen Frankreichs geworden – bzw. der europäischen Aufklärung – besteht das zentrale Problem der lateinamerikanischen Nationen also darin, den allgemeinen Grundsätzen einer vernunftorientierten Gesellschaftsordnung eine den Erfordernissen von Raum und Zeit angemessene Konkretisierung und Form zu verleihen (vgl. *Fragmento,* 153). Alberdi unterstreicht jedoch nachdrücklich, daß die geforderte Konkretisierung der Freiheit nicht in der blinden, die Differenzen von Raum und Zeit überspringenden Imitation europäischer Modelle bestehen kann. Dergleichen Imitation nämlich verwandelt Freiheit, statt in Realität, nur in ihr Phantasma. Eben dies – so Alberdi – geschah am Tage der Unabhängigkeit:

Sin haber vivido como la Europa, al primer albor de independencia, quisimos alcanzar nuestros tiempos representativos; y saltando de la edad colonial, a la edad representativa, quisimos ser viejos cuando recién nacíamos. (*Fragmento*, 147)

Ohne wie Europa gelebt zu haben, wollten wir beim ersten Schimmer der Unabhängigkeit bereits eine repräsentative Staatsform verwirklichen; den Abstand vom kolonialen zum repräsentativen Zeitalter im Sprung nehmend, wollten wir alt sein, als wir kaum erst geboren waren.

Alberdi ist dabei, das eigentliche Problem zu umkreisen, ohne es begrifflich jedoch – an dieser Stelle jedenfalls – auf den Punkt zu bringen. Das Dilemma nämlich, vor das sich ein auf der Suche nach seiner Identität befindliches, unabhängiges Amerika gestellt sieht, betrifft offenbar ein Verhältnis von Mündigkeit und Autorität. Ist Mündigkeit *auctoritatis gratia* – um es formelhaft auszudrücken – jedoch überhaupt realisierbar? Alberdi verneint die Frage mit aller Entschiedenheit: Mündigkeit – als die eigentliche Form vernunftbezogener Identität – ist dem Imitationsprinzip, das allen Formen von Autoritätsgläubigkeit notwendigerweise zugrunde liegt, fundamental entgegengesetzt. Um seine Argumentation philosophisch zu untermauern, spricht Alberdi an dieser Stelle sogar von einem „Naturrecht" auf Mündigkeit.

Eine Metaphysik des Naturrechts[42] auf Mündigkeit, nicht aber die blinde Gefolgschaft gegenüber der europäischen Autorität, begründet also den allgemeinen Anspruch Lateinamerikas auf Emanzipation. Als die Erbsünde lateinamerikanischer Kultur erscheint in dieser Perspektive deshalb eine historische Verhaltensnorm, die mit Alberdi zu bezeichnen wäre als *exotisches Plagiat*. Erst mit der Unabhängigkeit eröffnet sich dem Kontinent die Möglichkeit – nicht jedoch bereits die Wirklichkeit! –, sich von dieser Sünde zu befreien, kulturelle Identität in der Negation europäischer Vormundschaft selbstverantwortlich zu realisieren:

> Una nueva era se abre pues para los pueblos de Sud América, modelada sobre la que hemos empezado nosotros, cuyo doble carácter es: la abdicación de lo exótico, por lo nacional; del plagio por la espontaneidad; de lo extemporáneo, por lo oportuno; del entusiasmo, por la reflexión; y después, el triunfo de la mayoría sobre la minoría popular. (*Fragmento*, 148)

> Eine neue Ära eröffnet sich also für die Völker Südamerikas, gefaßt in die Form, die wir selbst begonnen haben; deren doppelter Charakter besteht im Verzicht auf das Exotische zugunsten des Nationalen, des Plagiats zugunsten der Spontaneität, des Außerzeitlichen zugunsten des Zeitgemäßen, der blinden Begeisterung zugunsten der Reflexion, im Triumph der Volksmehrheit über die Minderheit.

Halten wir also fest: Alberdi stellt die Frage nach der Identität Lateinamerikas *innerhalb*, d. h. im Rahmen der Prämissen einer abendländischen Kultur- und Geschichtskonzeption. Das von ihm diskutierte Modell ist also unverdächtig, seinerseits einem eurozentrisch vermittelten exotischen Identitätsmodell lateinamerikanischer Kultur anzuhängen. Pointiert formuliert könnte man sagen, es gehe bei Alberdi um nicht mehr und nicht weniger als die Frage nach der Möglichkeit eines eigenständigen Wegs fortschrittlich-aufgeklärter – ja europäischer – Kultur auf amerikanischem Boden. Dies in Rechnung gestellt, sind die Antworten, die Alberdi gibt, nur um so bemerkenswerter: Alberdi verneint nicht die Möglichkeit, wohl aber die Wirklichkeit einer selbstidentischen europäischen Kultur in Lateinamerika. Zu ihrem Entstehen beizutragen, betrachtet er als seine vordringlichste Aufgabe.

Angesichts des notorischen Ausbleibens dieser aufgeklärten Utopie rückt der Fall Alberdi in der Perspektive des Problembewußtseins des 20. Jahrhunderts durchaus in die Nähe seines großen Zeitgenossen und gelegentlichen Opponenten Faustino Sarmiento: Ähnlich wie Sarmientos *Facundo* – zu seiner Zeit nichts anderes als ein vehementes Plädoyer für die Universalisierung europäischer Kultur auf amerikanischem Boden – heute eher (oder zumindest *auch*) gelesen wird als sensibles Dokument jener Kultur, deren Daseinsrecht Sarmiento intentional nicht müde wird zu bestreiten, so verbirgt sich hinter Alberdis zeithistorischer Diagnose, die die Defizite der Gegenwart einseitig aufrechnet gegen das Importkapital europäischer Kultur, ebenfalls das Eingeständnis eines real existierenden kulturellen Anderen.[43] Im Laufe der Jahrzehnte nach Erscheinen des *Fragmento* – vor allem jedoch im 20. Jahrhundert – hat dieses Andere immer mehr an Stimme gewonnen und behauptet sich zunehmend mit dem Anspruch auf eigene Identität.

Die Stimme des Anderen, auch wenn sie für uns Heutige hörbarer ist als zu Zeiten Alberdis, ist jedoch weniger die polemische Negation der durch Alberdi legitim vertretenen Stimme europäischer Identität als vielmehr die zum kategorischen Imperativ lateinamerikanischer Kulturtheorie gewordene Aufforderung, Identitäten zu suchen im Zusammenklang – gelegentlich auch in der Dissonanz – polyphoner kultureller Stimmen.

4.3 José Hernández: *El gaucho Martín Fierro* – Stimme des Protestes

Identitätszeichen „Revisionismus"

Die von Sarmiento und Alberdi geschaffenen Grundlagen des politischen Liberalismus sind bis heute, trotz aller Einbrüche und Infragestellungen, die das politische System erfahren hat, für die historische Selbstidentifizierung der argentinischen Nation bestimmend geblieben. Dennoch ist der Liberalismus natürlich Identitätszeichen in dem oben erläuterten Sinne – Flucht- und Kristallisationspunkt argentinischer Identität, in Opposition stehend zu konkurrierenden Setzungen nationaler Identität.

Den stärksten Widerpart zur liberalistischen Ideologie bildet der historische „Revisionismus". Mit «revisionismo» wird jene diffuse ideologisch-politische Sammelbewegung bezeichnet, die sich die Revision des mit der «Revolución de Mayo» – der Unabhängigkeitserklärung von 1810 – institutionalisierten liberalen bzw. demokratisch-republikanischen Modells der argentinischen Nation zum Ziel gesetzt hat. Der Ausdruck „Revision" spielt insbesondere an auf die Forderung nach einer historischen Neuinterpretation der umstrittenen, durch die liberale Geschichtsschreibung tendenziös und einseitig dargestellten – so wird behauptet – Figur des Diktators Manuel Rosas.[44] Nur im Sinne eines bewußten Anachronismus[45] läßt sich das Versepos *Martín Fierro* von José Hernández (1834–1886), dessen erster Teil («La ida») 1872 veröffentlicht wurde, der Bewegung des historischen Revisionismus zurechnen. Nichtsdestoweniger ist *Martín Fierro* die literarische Ehrenrettung der Gauchokultur, eine Gegenschrift zu Sarmientos *Facundo*, gewissermaßen eine Art Anti-*Facundo*. Ob und inwieweit es sinnvoll ist, dem Epos aus diesem Grunde „revisionistische" Züge zu unterstellen, soll weiter unten geprüft werden.

Sieg des Liberalismus

Konzipiert als politische Kampfschrift gegen Rosas, hatte *Facundo* zweifellos mit dazu beigetragen, den Diktator zu stürzen. Als das Ziel erreicht war – 1852 –, fiel der Sieg den Liberalen jedoch keineswegs in den Schoß. Ein volles Jahrzehnt lang dauerten die Auseinandersetzungen, bis der Liberalismus endgültig zur beherrschenden politischen Kraft im Lande werden konnte. Die Entscheidung fiel mit dem Sieg Mitres in der Schlacht von Pavón am 17. September 1861 über den Föderalisten Urquiza. Nun erst beginnt jene 20jährige Epoche der politischen Stabilität, die José Luis Romero «el período clave de la historia argentina» (1987, 118) genannt hat. Sie trägt die Handschrift dreier Präsidenten: Bartolomé Mitre (1862–1868), Domingo Faustino Sarmiento (1868–1874) und Nicolás Avellaneda (1874–1880).

Tulio Halperín Donghi seinerseits hat darauf hingewiesen, daß es dem argentinischen Liberalismus niemals gelungen ist – im Unterschied etwa zum mexikanischen –, das Land wirklich zu einem umfassenden und dauerhaften Konsens zusammenzuführen.[46] Wie wenig hierzu die „Zivilisations"-Ideologie eines Sarmiento hat beitragen können, zeigt in krasser Weise der vielzitierte Satz, den Sarmiento drei Tage nach der Schlacht bei Pavón an Mitre schreibt:

> No trate de economizar sangre de gauchos. Este es un abono que es preciso hacer útil al país. La sangre es lo único que tienen de seres humanos. (*MF*, 20)

> Versuchen Sie nicht, Gaucho-Blut zu sparen. Es handelt sich hier um einen Dünger, den man dem Land zugute kommen lassen muß. Blut nämlich ist das einzige, was sie mit menschlichen Wesen gemeinsam haben.

Der Zynismus der Worte indiziert eine Mentalität. Es ist die Mentalität der Sieger von Pavón, die dank des Sieges nunmehr zum offiziellen Programm der Regierung erhoben wird. Ihr Ziel ist die planmäßige Marginalisierung – ja die Vernichtung – der Kultur der Gauchos, ihre Deklassierung zu einer Kultur zweiter Klasse, einer Subkultur, die nach den Worten Sarmientos als „Barbarei" zu betrachten ist.

Stimme des Protestes

Gegen diesen Prozeß der physischen und ideologischen Marginalisierung erhebt José Hernández seine Stimme. Die Stimme heißt „Martín Fierro". Der Protagonist – der Gaucho Martín Fierro – erzählt dem Publikum in Ich-Form und kunstvoll gereimten Sestinen eine andere Geschichte als die, die es gewohnt ist zu hören, seit die Liberalen die Regierung stellen. Da Wirtschaft und Politik prosperieren, ist die Kehrseite – literarisch präsentiert – nicht nur in der Unterschicht willkommen. *Martín Fierro* erlebt einen sensationellen Erfolg: Die erste Auflage ist in zwei Monaten verkauft. Zwei Jahre später (1874) erscheint das Gedicht bereits in der 9. Auflage. Im Vorwort zur 15. Auflage von 1894 wird behauptet, in den verflossenen 22 Jahren seien 66000 Exemplare verkauft worden, eine Zahl, mit der *Martín Fierro* für Lateinamerika alle damals vorstellbaren Bestsellerrekorde bricht.

Hernández selbst, der das Buch keineswegs in der Pampa, sondern – wie berichtet wird – in einem engen Hotelzimmer in Buenos Aires geschrieben hat, wird durch den Erfolg seines Werkes schnell zu einer Person des öffentlichen Lebens. Politisch immer schon engagiert, hatte er sich 1856 – also während der Wirren nach dem Sturz Rosas' und den Auseinandersetzungen zwischen der Zentralregierung und den Provinzen – der neuen Föderalistenpartei angeschlossen und als Soldat an den Kämpfen gegen Buenos Aires teilgenommen. So kannte er die Ereignisse der Schlachten von Cepada (1859) und Pavón (1861) aus eigener Anschauung. 1869 hatte er sich in Buenos Aires niedergelassen und eine polemische – weder ökonomisch noch politisch sonderlich erfolgreiche – Zeitung mit dem Titel *El Río de la Plata* gegründet. 1870 nimmt er an einem scheiternden Aufstand gegen Sarmiento teil und begibt sich anschließend ins brasilianische Exil. Aufgrund einer von Sarmiento verkündeten Amnestie kehrt er 1872 zurück und veröffentlicht *Martín Fierro*. Dank des Prestiges, das ihm das Buch einbringt, erhält er unter Präsident Avellaneda (1874–1880) einen Senatorensitz im Provinzparlament von Buenos Aires – ein Amt, das er innehat bis zu seinem Tode.

José Hernández verdankt den Erfolg seines Werkes mithin einer politischen Konjunktur, nicht weniger jedoch auch – und daran besteht bis heute nicht der geringste Zweifel – der literarischen Qualität seines Werkes. Den Zeichen der Zeit zum Trotz gelingt es ihm, einem alternativen Modell argentinischer Identität in einem Maße Resonanz zu verschaffen, daß es selbst bei erklärten Parteigängern der Gegenseite – unter ihnen Jorge Luis Borges – nicht ohne Gehör bleibt und bis heute politisch und literarisch nachklingt. *Martín Fierro* verdient also zunächst einmal Beachtung unter Gesichtspunkten der literarischen Rezeption. Fragen wir deshalb: Wie wurde das Buch gelesen bzw. wie *sollte* es gelesen werden?

Autorintention und Rezeption

Zum ersten Punkt – der dem Buch zugrunde liegenden Schreib- und Wirkungsintention aus der Sicht des Autors – hat sich Hernández selbst im Vorwort zum zweiten Teil («La vuelta de Martín Fierro») ausführlich geäußert. Die Funktion des Vorwortes – sieben Jahre nach Erscheinen des ersten Teils und vor dem Hintergrund des unerhörten Publikumserfolges – besteht vor allem darin, den Erfolg des ersten Teils retrospektiv zu erklären, weniger darin, für den nun zur Veröffentlichung anstehenden zweiten Teil ein ästhetisches Programm zu liefern.

Hernández bedient sich zur Erklärung seiner Intentionen der Kategorien eines scheinbar populären Trivialrealismus. Es lohnt sich jedoch, seine Argumentation genauer nachzuzeichnen. Ausgangspunkt sind die Normverstöße und Fehler, die dem Buch angelastet werden können. Sie zu erklären – zu entschuldigen –, sieht der Autor zunächst als seine Aufgabe an:

En cuanto a su parte literaria, sólo diré que no se debe perder de vista al juzgar los defectos del libro que es *copia fiel de un original* que los tiene, y repetiré que muchos defectos están allí con el objeto de hacer más evidente y clara la imitación de los que lo son en realidad. (*MF*, 194; Hervorhebung: W. B. B.)

Was seinen literarischen Teil angeht, so will ich nur soviel sagen, daß man nicht übersehen darf, wenn es darum geht, die Fehler des Buches zu beurteilen, daß es lediglich *die getreue Kopie eines Originals* ist, welches dieselben ebenfalls enthält, und ich wiederhole, daß viele der Fehler nur deshalb in ihm vorkommen, damit die Imitationsfunktion des Buches im Hinblick auf die in der Wirklichkeit vorkommenden Fehler deutlich und unübersehbar wird.

Als Bestandteil einer argumentativen Gesamtstrategie im Kontext seiner Zeit läßt sich der Vorwurf der Trivialität dieses Realismus jedoch schwerlich aufrechterhalten. So hatte Hernández ja mit Lesern zu rechnen, deren Rezeptionserwartungen vom unhinterfragten Postulat des Vorbildcharakters literarischer Modelle aus Europa geprägt waren. Erstes Gebot eines Dialogs mit dem Publikum war es deshalb, die ästhetischen (und damit potentiell auch politischen bzw. ethischen) Normverstöße des *Martín Fierro* als eines Produkts autochthon-amerikanischer Provenienz unter Verwendung europäischer Kategorien akzeptierbar zu machen. Eben dies ist die Strategie, die Hernández einschlägt: Dem Inhalt nach ist *Martín Fierro* also „amerikanisch"; seiner Form[47] nach dagegen entspricht er aufs genaueste den Regeln des in Europa aktuellen „Realismus". Folgt man der bekannten Gliederung, die Roman Jakobson seinerzeit für den Gebrauch des schillernden Begriffs „Realismus" vorgeschlagen hat,[48] so entspricht die Begriffsverwendung des Autors den beiden ersten Spielarten des realistischen Diskurses. Realismus ist demnach der seitens des Autors manifestierte Wille zur realistischen Abbildung. Hierauf nimmt die – geradezu hyperkorrekte – Formulierung «copia fiel de un original ...» offenbar Bezug.

Martín Fierro soll als ein Werk des „Realismus" jedoch auch im Sinne der zweiten von Jakobson erwähnten Bedeutung verstanden werden: Realismus nämlich als die Übereinstimmung von Kopie und Original *auch* gemäß der seitens eines bestimmten Leserpublikums vorausgesetzten Erwartungen. Von letzteren ist im folgenden Abschnitt die Rede:

Un libro destinado a despertar la inteligencia y el amor a la lectura en una población casi primitiva, a servir de provechoso recreo, después de las fatigosas tareas, a millares de personas que jamás han leído, debe ajustarse estrictamente a los usos y costumbres de esos mismos lectores, rendir sus ideas e interpretar sus sentimientos en su mismo lenguaje, en sus frases más usuales, en su forma más general, aunque sea incorrecta; con sus imágenes de mayor relieve y con sus giros más característicos, a fin de que el libro se identifique con ellos de una manera tan estrecha e íntima, que su lectura no sea sino una continuación natural de su existencia. (Einleitung, 2. Teil)

Ein Buch, das dazu bestimmt ist, Verständnis und Liebe zur Lektüre bei einer fast noch primitiven Bevölkerung zu wecken, der nützlichen Unterhaltung zu dienen, nach Beendigung ermüdender Arbeit, in die Hände von Tausenden gelegt, die nie bisher ein Buch in Händen hatten, [ein solches Buch] muß sich den Sitten und Gebräuchen eben dieser Leserschaft aufs genaueste anpassen, ihre Vorstellungen wiedergeben und ihre Gefühle interpretieren in ihrer eigenen Sprache, in ihren allergewöhnlichsten Formeln, in ihrer allgemeinsten Form, auch dann wenn diese inkorrekt ist [= den Regeln widerspricht]; seine Bilder müssen einprägsam sein und seine Wendungen charakteristisch, denn das Buch soll seinen Lesern in so enger und intimer Weise angeglichen sein, daß seine Lektüre empfunden wird als eine natürliche Verlängerung ihrer Existenz.

Hernández ist dabei, eine Form von Rezeption seines Epos zu rekonstruieren, die mit der wirklich stattgefundenen wohl kaum etwas gemein haben dürfte. So setzt er als ursprünglichen Adressaten und Leser den kaum der analphabetischen „Primitivität" entwachsenen – im sarmientinischen Sinne also durchaus noch „barbarischen" – Gaucho voraus. Strikteste Nachahmung der Lebens-, Denk- und Sprachwelt der Gauchogesellschaft – so das aus dieser Voraussetzung abgeleitete zweite Argument – sei angesichts dieser Leserschaft das erste Gebot literarischer Vernunft.

Stellen wir der Selbstinterpretation von Hernández an dieser Stelle ein Urteil von Jorge Luis Borges gegenüber. Dieser setzt an bei einer – vor dem Hintergrund seiner eigenen Ästhetik durchaus ungewöhnlichen – Unterscheidung zwischen «*Martín Fierro* como obra literaria» und Martín Fierro «como personaje» (*MF*, 36). Dem ersteren will er Bewunderung zollen; der zweite dagegen erscheint ihm als eine Art Ungeheuer («espantoso»).

Die folgenden Worte jedoch zeigen, worauf Borges *eigentlich* hinaus will. Die Unterscheidung nämlich ist bezogen auf die erwähnte trivial-realistische Rezeption des Buches:

[...] me parece espantoso y triste, que un país tome por ideal a un desertor, a un prófugo, a un borracho, a un soldado que se pasa al enemigo. Esto debe haber sido muy raro en aquella época. Creo que Hernández se anticipó, porque Martín Fierro es un malevo sentimental, que se apiada de su propia desdicha. Los gauchos deben haber sido gente mucho más dura, debían parecerse más a los gauchos de Ascasubi o de Estanislao del Campo.[49] (*MF*, 36)

[...] es erscheint mir fürchterlich und vor allem sehr traurig, daß ein Land sich einen Deserteur, einen Justizflüchtling, einen Saufhelden, einen Soldaten, der zum Feind überläuft, zum Idealbild erhebt. Dies muß sehr komisch geklungen haben damals. Ich glaube, daß Hernández seiner Zeit vorausgeeilt ist, denn Martín Fierro ist ein sentimentaler Wüstling, der in die Knie geht vor seinem eigenen Unglück. Die Gauchos waren doch wohl Leute aus härterem Holz, Gauchos mehr nach der Art, wie Ascasubi oder Estanislao del Campo sie gezeichnet haben.

Was Borges – der nicht müde wird, bei Interviewäußerungen wie der zitierten immer wieder mit einigem Stolz auf seine säbelrasselnden militärischen Vorfahren, die in den Reihen der Unitarier Lorbeer erworben hatten, anzuspielen – hier geflissentlich übersieht, ist die entscheidende Tatsache, daß Hernández im *Martín Fierro* einer Bevölkerungsgruppe Stimme verleiht, welche – der von

Angel Rama vorgeschlagenen Terminologie zufolge – einer sog. «subcultura dominada» (Rama 1982, 254) zuzurechnen wäre. Borges[50] erliegt der Versuchung, sein eigenes – sarmientinisch geprägtes – Idealbild des Argentiniers zu verallgemeinern.

Stimme eines politischen und kulturellen Dissidenten

Doch nun zurück zum Text. Zu klären ist zunächst einmal, welches die literarischen Verfahren sind, die der vorstehend erläuterten Autorintention entsprechen. Das wichtigste dieser Verfahren wurde bereits erwähnt: Im Gegensatz nämlich zu Sarmientos *Facundo*, wo der Gaucho in der „Außenperspektive", d.h. aus der Sicht einer „Zivilisation" monopolisierenden, aufgeklärten Bourgeoisie und ihrer Institutionen – Gesellschaft, Staat, Wissenschaft, Moral –, dargestellt wird, ist das vorherrschende Stilmittel in *Martín Fierro* grundsätzlich die „Innenperspektive". Der Text läßt uns den Gaucho gewissermaßen mit dessen eigenen Augen sehen. Der Erzähler – Martín Fierro selbst – *ist* Gaucho; er erzählt uns seine eigene Geschichte, autobiographisch, unumwunden, aus eigener Perspektive und eigenem Erleben; er erzählt sie in seiner eigenen – phonetisch, syntaktisch und lexikal in mannigfacher Weise dem „oralen" Diskurs angepaßten – Sprache. Zugleich jedoch gelingt es dem Autor, die Oralität des Diskurses kunstvoll der durch Sestine und Achtsilber indizierten volkstümlichen Epentradition anzupassen.

Ebenso bedeutsam wie die autobiographische Perspektive selbst – die im übrigen keineswegs schematisch und mit strikter Konsequenz gehandhabt wird – sind jedoch die mit Hilfe dieser Perspektive dem Leser vermittelten Inhalte. Wiederum empfiehlt sich der Vergleich mit Sarmiento: Der ins Über- bzw. Unmenschliche stilisierte Gaucho Facundo ist ein barbarischer Krieger. Sarmiento vergleicht ihn mit den wilden Tartaren, den unzivilisierten Beduinen. Der Gaucho Martín Fierro ist zwar ebenfalls Krieger, im Unterschied jedoch zu den bei Sarmiento gesetzten Akzenten ein zum Kriegsdienst fürs angebliche Vaterland *eingezogener* Soldat, ein von der Republik Argentinien zum Wehrdienst „Verpflichteter" also. Darüber hinaus – d.h. vorher, *vor* seiner militärischen Laufbahn – ist Martín Fierro, im Unterschied zu Facundo, ein durchaus zivilisierter Bauer mit Weib und Kind, Haus und Hof, glücklich und autark lebend inmitten einer mit paradiesischen Reichtümern ausgestatteten Natur. In diese nun bricht die – Recht und Gewalt usurpierende – junge Republik ein und rekrutiert ihn unter Zwang zum Kampf gegen die die Grenzen der Republik, aber auch seine Idylle verunsichernden Indianer, die auch Martín Fierro selbst nicht zögert, als „Wilde" zu bezeichnen. Dennoch steht er innerlich keineswegs hinter diesem Kampf.

In Hernández' Perspektive erscheint der Gaucho mithin als ein Element, das aufgerufen ist, einen weitgehend verlorenen Kampf zu kämpfen zwischen zwei Feuern: Inkompetente militärische Ausbildung, die armselige Bewaffnung sowie der brutale Egoismus der militärischen Führung lassen ihn im Kampf mit den Indios meistens den kürzeren ziehen und sein Augenmerk eher auf die Rettung der eigenen Haut richten als auf die Erreichung militärischer Ziele. Der notorisch vorenthaltene Sold, die unmenschliche Disziplin sowie das immer wieder hinausgeschobene Ende der Dienstzeit verwandeln ihn in einen militärischen Sklaven – das genaue Gegenstück zu jenem halbwilden, seinen unbändigen Freiheitsdrang auslebenden Reiter, als welchen Sarmiento den Gaucho hatte zeichnen können.

Eine Anmerkung aus immer noch aktuellem Anlaß drängt sich auf: Hernández' Darstellung des Rekrutendaseins von Martín Fierro demonstriert, daß die dominierende Stellung des Militärs in der argentinischen Gesellschaft, wie sie zumindest seit den 30er Jahren zu beobachten ist, folgt man den Analysen des französischen Historikers Alain Rouquié, einer „Ideologie von oben" entspricht. Nichts zeigt deutlicher die Funktion der hier kritisch analysierten „Identitätszeichen" als die Möglichkeit der Mobilisation der Massen, wie sie General Galtieri 1982 am Vorabend der Malvinas-Invasion gelang, nachdem er tags zuvor die gleichen Massen, die auf der Plaza de Mayo wegen Tausender «desaparecidos» demonstriert hatten, brutal hatte zusammenschlagen lassen. Die schlecht ausgerüsteten Rekruten, die dann gegen die britischen Elitetruppen in den arktischen Krieg ziehen mußten, verloren zu Tausenden ihr Leben. Erst dann schlug die Stimmung um, und der «espejismo» des (falschen!) Identitätszeichens wurde offenbar.

Martín Fierro dagegen nutzt eine Möglichkeit, die bei den Soldaten der Malvinenexpedition nur den Offizieren unter ihnen offenstand: er desertiert. Nach Hause zurückgekehrt, findet er seinen Hof verwüstet, Frau und Kinder verschollen. Humaner Gesellschaft entfremdet, materieller Subsistenz beraubt, entwickelt sich Martín Fierro von nun an langsam zum «gaucho matrero» – einem am Rande der zivilisierten Welt lebenden «desperado». Da ihm alles geraubt wurde, bleibt ihm nur noch die Ehre. Er verteidigt sie einmal rassisch-ethnisch, und zwar gegen einen Neger; zum anderen gegen einen mit der Staatsgewalt kollaborierenden und von dieser protegierten Standesgenossen. In beiden Fällen enden die Händel mit dem Tod des Beleidigers und dem Sieg Martín Fierros. Es ist ein Pyrrhus-Sieg, denn nun ist der Gaucho endgültig ein Ausgeschlossener, selbst in der Gesellschaft, die doch eigentlich seine eigene sein sollte. Er muß fliehen.

Eine Polizeipatrouille versucht ihn festzunehmen. Martín Fierro scheint der Übermacht zu erliegen, da wechselt einer der Polizisten das Lager und solidarisiert sich mit dem Verfolgten. Sein Name ist Cruz. Martín Fierro und Cruz werden Freunde. Beide werden nun zu Überläufern in einem definitiven Sinne und begeben sich ins Territorium der Indios. Soweit der erste Teil des Epos.

Blicken wir zurück. Unser Ausgangspunkt war der seitens des Autors behauptete Realismuscharakter des *Martín Fierro*. Warum ist der – zumindest bis hierhin resümierte – erste Teil des Epos „realistisch"? Er ist realistisch – das zeigt seine enthusiastische Rezeption –, da das Wirklichkeitsmodell des Protagonisten ein Erfahrungspotential enthält, das von weiten Kreisen seiner Leser offenbar geteilt wird.

Vergleicht man diese „realistische" Darstellung der Gaucho-Kultur mit derjenigen in Sarmientos *Facundo*, so zeigt sich, daß mit *Martín Fierro* die im *Facundo* enthaltenen Anklagepunkte Punkt für Punkt widerlegt werden.

- «Civilización y Barbarie»: Nicht die ländliche Subkultur der Gauchos, sondern die dominierende, staatliche Ordnung nur mit militärischer Gewalt durchsetzende Kultur der Städter erscheint in der Perspektive inhumaner Barbarei.
- Umkehrung der Opfer: Nicht die urbane Kultur wird Opfer ländlicher Barbarei, sondern die Gauchokultur wird Opfer städtischer Habgier und Perversion.
- Motivation des Bösen: Wie bei Sarmiento gibt es auch bei Hernández ein Erklärungsmodell der angeblichen Unkultur des Gaucho. Auch in *Martín Fierro* ist der Typus des «gaucho malo» bzw. des «gaucho matrero» nicht unbekannt. Während Sarmiento jedoch bestrebt ist, den «gaucho malo» gewissermaßen mit dem Typus des Gaucho schlechthin identisch zu setzen – der Gaucho als solcher ist für Sarmiento immer schon unzivilisiert und barbarisch, immer schon, *von Natur aus* mithin ein potentieller Verbrecher –, erscheint bei Hernández der Typus des «gaucho matrero» gewissermaßen in genetischer Perspektive, d.h. als Produkt seiner Beziehungen zur urbanen Kultur. Es ist dies wohl der entscheidendste und wichtigste Punkt des Plädoyers.

Der zweite Teil des Epos, sieben Jahre nach dem Erfolg des ersten verfaßt und publiziert, ist doppelt so lang wie der erste. Er schildert zunächst das Auf und Ab des Lebens der beiden Gauchos bei den Indianern: Cruz stirbt an der Pest; Fierro seinerseits, beim Versuch, eine gefangene weiße Frau gegen Übergriffe der Indianer zu verteidigen, ist gezwungen, einen Indio zu töten, und muß das Territorium daraufhin verlassen. In die zivilisierte Welt zurückgekehrt, trifft er zwei seiner Söhne sowie einen Sohn seines Freundes Cruz. Alle erzählen sich ihre Geschichten.

Martín Fierro läßt sich zu einem musikalischen Wettstreit herausfordern und bleibt auch auf diesem Felde Sieger. Das Epos schließt mit einer langen Tirade des Gaucho, gerichtet an seine Söhne. Sie enthält die Quintessenz seines Lebens, die moralische Lebensregel, die er seiner Nachkommenschaft zu hinterlassen gedenkt.

Die Kommentatoren pflegen den zweiten Teil mit negativen Akzenten zu versehen. Enttäuschend erscheint den meisten insbesondere die soziale Ethik, die Martín Fierro am Ende seinen Söhnen mit auf den Weg gibt. So heißt es in V. 4715:

> El que obedeciendo vive
> nunca tiene suerte blanda;
> mas con su soberbia agranda
> el rigor en que padece.
> Obedezca el que obedece
> y será bueno el que manda. (II, 4715 ff.)

> Wer sich in Gehorsam fügt,
> ist selten auf Rosen gebettet;
> doch Hochmut vergrößert
> nur die Last, unter der er stöhnt.
> Wer gehorcht, gehorche weiter;
> wer befiehlt, tue es in Güte.

Adolf Borstendörfer übersetzt die Stelle wie folgt:

> Wer als Untergebener wirkt,
> Wird sein Geschick nicht als sanft empfinden,
> Doch wird er durch Dünkel im Trotze gestärkt,
> Kann ihm die Arbeitslust völlig schwinden.
> Wer gehorchen muß, tu es mit Willen,
> Spielst du den Herren, tu es im Stillen.[51]

Die Übersetzung zeigt, wie schwer es ist, Martín Fierros Ton wirklich zu treffen. Wo steht Hernández *wirklich*? Welches ist sein spezieller Ton, der das Publikum in so überwältigender Weise zum Klingen brachte? Die Rezeptionsgeschichte zeigt, daß der Text – genaugenommen – weder die Positionen der Rechten noch die der Linken effektiv affirmiert: So vermißt die erstere (repräsentiert etwa durch eine prominente Stimme wie diejenige von Borges) in *Martín Fierro* heroische Akzente; die linken Kommentatoren dagegen werfen Martín Fierro – insbesondere seiner Abschiedsrede an seinen Sohn – Resignation vor, eine Strategie sozialer Anpassung: «una filosofía social de corte absolutamente conservador» (*MF*, 24). Wo steht *Martín Fierro* also *wirklich*? Hierzu einige abschließende Bemerkungen.

1. Hernández ist es gelungen, mit *Martín Fierro* eine Subkultur des Landes zum Identitätszeichen der Nation zu erheben. *Martín Fierro* ist die Stimme eines kulturellen und politischen „Dissidenten“:

> Estaba el gaucho en su pago
> con toda siguridá;
> pero aura ... ¡barbaridá!,
> la cosa anda tan fruncida,
> que gasta el pobre la vida
> en huir de la autoridá. (I, 253 ff.)

Es lebte auf seiner Scholle
der Gaucho in Frieden;
doch nun – oh Elend,
geht alles danieder;
sein Leben kennt nur eine Gestalt
zu fliehen vor staatlicher Gewalt.

Martín Fierro ist kein Revolutionär. Die allgemeine politische Ordnung – der Text nennt sie «autoridá» – interessiert ihn nicht, noch viel weniger interessiert ihn deren „Umsturz". Sie jedoch, die «autoridá», interessiert sich für *ihn*, will ihn „dienst-verpflichten", *ihren* Zwecken dienstbar machen. Martín Fierro nennt dies «¡barbaridá!» – ein starkes Wort, denn es gibt den Schlüsselbegriff der sarmientinischen Kritik an der Kultur der Gauchos zurück an deren politische Testamentsvollstrecker, die nunmehr in Amt und Würden befindlichen Liberalen. Und die Forderungen Martín Fierros? In Ruhe zurückkehren zu dürfen in die Beschaulichkeit seiner ländlichen Idylle – fern also der Einflußsphäre des Staates, fern aller «autoridá». Fazit also: nicht nur erscheinen – in der Sicht *Martín Fierros* gesehen – die Liberalen als die wirklichen Barbaren, sondern Martín Fierro ist es, der angebliche Barbar, der sich erweist als der Repräsentant einer originär „liberalen" Gesinnung. Im Erfolg des Epos – so wäre schlußzufolgern – kündigt sich mithin der Anfang vom Ende eines unhinterfragten Entwicklungsmodells an, auf welches die liberalen Regierungen die Nation seit 1860 eingeschworen hatten.

2. Die Konkretisierung der politischen und ideologischen Dissidentenhaltung Martín Fierros ist die Aufkündigung der militärischen Dienstbereitschaft, seine konsequente Entheroisierung:

Aquello no era servicio
ni defender la frontera:
aquello era ratonera
en que sólo gana el juerte;
era jugar a la suerte
con taba culera. (I, 805 ff.)

Dies war kein Dienst,
nicht Verteidigung von Grenzen;
dies war eine Rattenfalle,
aus der sich befreit nur der Starke;
es war ein Glücksspiel
mit gezinkten Karten

In der radikal individualistischen Perspektive Martín Fierros erscheint jenes hochgepriesene «defender la frontera»[52] – die argentinische Variante des nordamerikanischen "frontier"-Mythos – deshalb lediglich als eine den sicheren Tod des *Individuums* konnotierende Mausefalle, die dem kategorischen Imperativ eines allgemein verbindlichen «servicio» Hohn spricht. Die Grundsätze, die sich hier – in der sozialen Wirklichkeit der als Mausefalle denunzierten allgemeinen Wehrpflicht – durchsetzen, sind das Recht des Stärkeren sowie der blinde Zufall, keineswegs jedoch jenes Universum der politischen Vernunft, auf deren Verwirklichung die Väter der jungen Republik ihre Hoffnung gesetzt hatten.

3. Die auf der Basis *dieser* Voraussetzungen sich ergebenden Charaktereigenschaften des Gaucho sind Mut, Mißtrauen, Fitneß im Sattel und Behendigkeit im Umgang mit dem Messer:

Su esperanza es el coraje,
su guardia es la precaución,
su pingo es la salvación,
y pasa uno en su desvelo
sin más amparo que el cielo
ni otro amigo que la facón. (I, 1439ff.)

Seine Hoffnung ist sein Mut,
Sein Schutz seine Vorsicht,
Sein Pferd seine Rettung;
Im Schlaf bedeckt
nur mit dem Himmel;
als Freund nur das Messer.

Das von Hernández entworfene Charakterbild erscheint „realistisch", ohne nennenswerte Absicht zur Heroisierung. Dennoch zielt das Porträt auf mehr als auf eine wertfreie Analyse psychologischer Daten.

4. Deutliches Indiz für eine solche, über das Psychologische hinausgehende *politische* Wirkungsabsicht des Textes ist der unverhohlen xenophobe Akzent, mit dem *Martín Fierro* an vielen Stellen durchzogen ist:

Yo no sé por qué el Gobierno
nos manda aquí a la frontera
gringada que ni siquiera
se sabe atracar a un pingo.
¡Si creará al mandar un gringo
que nos manda alguna fiera! (I, 889ff.)

Ich weiß nicht, warum die Regierung
uns hier an die Grenze
Fremde schickt, die nicht einmal
ein Pferd zu besteigen wissen;
sie meint uns einen Gringo zu schicken
und schickt uns einen dummen Esel.

Es wäre vordergründig, die Xenophobie Martín Fierros lediglich als Ausdruck eines aggressiven sozialen Ressentiments zu deuten. Zweifellos ist Hernández bemüht, seinen Protagonisten als „Opfer" ungerechter gesellschaftlicher Verhältnisse darzustellen. Diese Rolle hindert Martín Fierro in der Sicht seines Autors jedoch keineswegs, Modell zu stehen für eine – an „liberalen" Maßstäben gemessen – alternative Figur *nationaler Identität*.

«Martín Fierro» und der „Revisionismus"

Möglichkeit und Legitimität dieser „politischen" Lektüre des *Martín Fierro* sollen nun abschließend nochmals thematisiert werden anhand eines Aufsatzes des zeitgenössischen argentinischen Schriftstellers J. P. Feinmann,[53] der seinen publizistischen bzw. journalistischen Arbeiten nach zu urteilen selber dem (peronistischen) Revisionismus[54] nahesteht. Die für unsere Fragestellung wichtigsten Thesen sind die folgenden:

1. Feinmann erwähnt zunächst die beiden gängigen Interpretationen des *Martín Fierro*: Die Liberalen (Borges an ihrer Spitze) anerkennen den literarisch-ästhetischen Rang des Textes, amputieren diesen jedoch von seiner politischen Funktion als «denuncia» (171); die Revisionisten verfahren umgekehrt und stilisieren *Martín Fierro* zu einem Anti-*Facundo*. Feinmann fragt nach der Berechtigung dieser These.

2. Es besteht kein Zweifel daran, daß Hernández im *Martín Fierro* eine Ehrenrettung des Gaucho im Sinne hatte und tatsächlich auch verwirklicht hat. Die Frage, die sich stellt, ist jedoch, ob diese Ehrenrettung tatsächlich auf der gleichen politischen Linie liegt, die durch den Begriff „Revisionismus" bezeichnet wird.

3. Feinmanns Antwort besteht in einem klaren Nein, und zwar auf der Grundlage der folgenden Argumentation: Hernández verwirklicht seine Intention, die Gauchokultur gegen die Verunglimpfung durch Sarmientos *Facundo* als „Barbarei" zu verteidigen, indem er – sowohl in Zeitungsartikeln als auch im *Martín Fierro* – die soziale und ökonomische Nützlichkeit der Gauchos herauszustellen bemüht ist. Hernández' Argumentation zufolge liegt der eigentliche soziale und ökonomische Reichtum Argentiniens im Landesinnern, in seiner Landwirtschaft. Niemand verfüge jedoch über mehr Kompetenz, was die Erhaltung dieses Reichtums angeht, als der Gaucho. Die oben erwähnte „Xenophobie" gegenüber der «gringaje» findet hier eine Erklärung. Der Gaucho ist also volkswirtschaftlich von eminenter Nützlichkeit.

4. Explizit unterstützt Hernández damit das Argument einer inter-„kontinentalen" und weltweiten Arbeitsteilung: Nicht – wie Sarmiento vorgeschlagen hatte – in der falschen Nachahmung europäischer Entwicklungsmodelle liegt Argentiniens Heil in der Zukunft, sondern in der bewußten Übernahme seiner Rolle als Rohstofflieferant für die europäischen Industrieländer bzw. seiner Rolle als Absatzmarkt für deren Industrieprodukte. Dies bedeutet Feinmann zufolge jedoch nichts anderes als die Festschreibung der „Dependenz"-Situation für alle Zeiten.

5. Der eigentliche Adressat des ersten Teils des *Martín Fierro* («Ida») ist

deshalb niemand anderes als die Bonaerenser Bourgeoisie. Nur für den zweiten Teil («Vuelta») dagegen anerkennt Feinmann als Adressaten den Gaucho selbst. Funktion des zweiten Teils nämlich sind die aus dieser Argumentation für die Gauchos resultierenden ethischen Normen gesellschaftlicher und politischer Anpassung.

6. Damit kommt Feinmann auf seine ursprüngliche Fragestellung zurück: «¿es *Martín Fierro* el anti-*Facundo*?» (186) [Ist *Martín Fierro* der Anti-*Facundo*?] Ja, aber nur, wenn man den Punkt der Ehrenrettung isoliert. «Pero si consideramos al *Facundo* como la expresión más acabada y poderosa de todos aquellos sectores que lucharon por constituir el país como apéndice dependiente del expansionismo imperial, ni el *Martín Fierro* ni los restantes escritos de Hernández se le oponen en este plano» (ebd.). [Wenn man dagegen den *Facundo* als den vollendetsten und wirkungsmächtigsten all jener Sektoren ansieht, die dafür kämpften, das Land zum Wurmfortsatz des imperialistischen Expansionismus zu machen, so läßt sich weder von *Martín Fierro* noch von irgendeiner anderen Schrift von Hernández behaupten, in dieser Hinsicht eine Alternative geboten zu haben.] Was Hernández also nicht gelingt – was er als Schüler Alberdis (als den er sich sah) wohl auch gar nicht intendierte –, war, einen effektiven Beitrag zu leisten zu einer Suche nach «aquellas fuerzas históricas que pugnaron por estructurar el país desde otra perspectiva política a la sarmientinomitrista» (ebd.) [jenen historischen Kräften, die darum kämpften, das Land aus einer anderen als der „sarmientomitristischen" Perspektive zu strukturieren]. Diesen politisch-literarischen Wunschtext nennt Feinmann einen «verdadero anti-*Facundo*».

So ist es Hernández zwar gelungen, mit *Martín Fierro* einen Identifikationspunkt für die Gauchokultur als solche zu schaffen, dies jedoch nicht in politischer Hinsicht, denn Hernández' Gaucho ist ein «gaucho derrotado, aquél a quien lo único que le resta es conseguir un lugar decente dentro del orden estructurado por Buenos Aires ...» (189) [ein besiegter Gaucho, einer, für den das einzige, was ihm bleibt, darin besteht, eine unauffällige Stelle in der längst strukturierten Ordnung von Buenos Aires einzunehmen].[55] Was ihm fehlt, ist das politische Projekt. So bleibt die Darstellung einer Gauchofigur mit einem politischen Projekt denn auch seinem größten Widersacher vorbehalten: Sarmiento.

Die Argumentation ist für unseren Kontext deshalb von Bedeutung, da sie gewissermaßen *ex negativo* Funktion und Verwendung des oben eingeführten Begriffs „Identitätszeichen" demonstriert. So beruht der seitens des „Revisionisten" Feinmann angetretene Beweis, daß der Autor des *Martín Fierro* im Grunde die politischen Positionen des „Liberalismus" vertritt – daß *Martín Fierro* die Funktion eines „Identitätszeichens" einer „revisionistischen" Sicht der argentinischen Geschichte mithin nicht zu erfüllen vermag –, natürlich auf der impliziten Annahme, daß er es eigentlich *sollte*. Deshalb entspricht das am

Ende formulierte Desiderat eines «verdadero anti-*Facundo*», eines Werkes nämlich, von dem ein wirklicher Beitrag zu erwarten wäre zum Ausfindigmachen von historischen Kräften, «que pugnaron por estructurar el país desde otra perspectiva política a la sarmientinomitrista» (ebd.), in der entwaffnenden Leere der Formulierung lediglich der Position einer „negativen" (politischen) Theologie, es sei denn, man „füllte" die Leerstelle mit dem revisionistisch-reaktionären Phantasma eines Rosas.

KAPITEL 5: DAS REVOLUTIONSMODELL

5.1 Identitätszeichen und Mythos „Revolution“

In der Sicht Sarmientos hat die Dichotomie «Civilización y Barbarie» die Funktion eines *historischen* Entwicklungsmodells: «Barbarie», die Gauchokultur des Landesinnern der argentinischen Provinzen – soweit sie (unter Rosas) tonangebend geworden ist für den Entwickungsstand der argentinischen Nation als ganzer –, gilt es schrittweise zu überwinden und abzulösen mit Hilfe der Einführung bzw. Universalisierung qualitativ höherstehender Kulturformen. Als deren Modell betrachtet Sarmiento die bürgerlich-liberale bzw. von kapitalistischem Geist geprägte Sozialentwicklung in Europa im 18. und 19. Jahrhundert. Die Erreichung der Planziele dieses Entwicklungsmodells bildet für Sarmiento die Voraussetzung für die Identität Argentiniens als die Einheit einer *Nation*.

Wir sahen im letzten Kapitel, daß das dynamisch-bürgerliche, an der aufklärerischen Fortschrittsidee orientierte Entwicklungsmodell Sarmientos bereits im 19. Jahrhundert in Argentinien selbst nicht unwidersprochen blieb. J. Hernández hält ihm im *Martín Fierro* das statische, autochthon-konservative Modell der Gauchokultur entgegen. Die Intentionen des *Martín Fierro* sind „konservativ“ insofern, als sie angesichts der notorischen Unterbewertung, ja der drohenden Vernichtung der Gauchokultur seitens der offiziellen liberal-bürgerlichen Nationalideologie kaum mehr als einer Art Überlebensstrategie der Gauchokultur das Wort zu reden scheinen. Daher der anpasserische, „akkomodierende“ Ton vor allem des zweiten Teils des *Martín Fierro*.

Das Zur-Geltung-Bringen des kulturellen Anderen der argentinischen Nation barg jedoch unvorhersehbaren Sprengstoff in sich, der bei seiner Entladung – ungeachtet der subjektiven Intentionen Hernández’ – das liberale Modell bürgerlich-dynamischer Sozialentwicklung à la Sarmiento zu sprengen drohte: Die Überwindung des sarmientinischen Geschichtsmodells im Sinne des sog. „Revisionismus“, die Überwindung nämlich der mit dem Schlagwort «Civilización y Barbarie» bezeichneten kulturellen und sozialen Antagonismen, erscheint möglich nur im Rahmen *revolutionärer* Lösungen.

In Argentinien sind revolutionäre Erhebungen indessen nie über den Status lokaler Aufstände bzw. terroristischer Aktionen hinausgelangt. Es bleibt im großen und ganzen (bis zum heutigen Tag) bei der Affirmation der erwähnten Dichotomie als solcher, ohne daß die eine oder die andere Seite einen definitiven Sieg zu verzeichnen gehabt hätte. Es scheint, daß die soziokulturelle

Situation des Landes trotz aller Gegensätze immer noch durch jenes Maß an Stabilität ausgezeichnet bleibt, das wirklich revolutionäre Bewegungen bisher verhindert hat.

Dies gilt jedoch nicht in der gleichen Weise auch für Länder mit traditionell schärfer konturierten kulturellen und sozialen Gegensätzen wie etwa die ehemaligen Indiostaaten in Mittelamerika oder die Andenstaaten wie z. B. Peru. Die Kulturdichotomie «Civilización y Barbarie» manifestiert sich hier nicht in der für Argentinien typischen Konfrontation zweier annähernd gleichstarker Lager. Eine Lösung der traditionellen Grundkonflikte dieser Länder scheint nicht länger möglich auf der Basis des Prinzips der Alternation, d. h. der temporären politischen Machtübernahme jeweils einer der beiden Parteien – ein Prinzip, das ja die grundsätzliche Duldung und Anerkennung der jeweiligen Oppositionspartei voraussetzt –, sondern nur auf „revolutionärem" Wege. Was ist hierunter zu verstehen?

„Revolution" im lateinamerikanischen Kontext – so wäre im Sinne der bisher erörterten Kategorien allgemein zu formulieren – ist die dialektische Aufhebung der bisher als antagonistisch geltenden Gegensätze von «Civilización y Barbarie» in eine neue Einheit, in eine neue Identität. Revolutionäre Bewegungen im Sinne dieser Definition hat es in Lateinamerika bisher in Mexiko, Kuba und Nicaragua sowie – falls man die Anfangsphase der Militärdiktatur unter General Velasco hinzurechnet – auch in Peru gegeben. Alle vier Revolutionen sind nach Zeitpunkt, Ablauf, Voraussetzungen, Zielen und langfristigen Auswirkungen sehr unterschiedlich verlaufen. Wir können sie hier im einzelnen nicht behandeln, sondern müssen uns auf eine exemplarische Erörterung des Phänomens im allgemeinen beschränken. Dies soll im folgenden geschehen anhand einer Analyse des Romans *Los de abajo* des mexikanischen Autors Mariano Azuela.

Alle Formen historischer Identitätsbildung in Lateinamerika – so haben unsere bisherigen Analysen ergeben – zeichnen sich aus durch die Tendenz zur Universalisierung. Dies gilt nicht weniger für die durch die Kirche repräsentierte *abendländisch-christliche* als auch für die durch die Institution des Nationalstaats repräsentierte *republikanische* Identität des Kontinents. In noch entschiedenerer Weise gilt diese Feststellung natürlich für das Phänomen der *Revolution*. Ihrem eigenen Anspruch zufolge ist die Revolution die Lösung aller bisherigen Antagonismen, die Verwirklichung einer historisch endgültigen Form von Identität. Die Einführung des Begriffs „Identitäts-*Zeichen*" dagegen ist metahistorisch motiviert. Der Begriff erlaubt es, Anspruch und Wirklichkeit der jeweiligen Formen historischer Identitätsbildung kritisch auseinanderzuhalten. Gerade der emphatische Begriff der Revolution läßt eine solche Unterscheidung für angebracht erscheinen.

Das Problem der Universalisierung wird in der Azuela-Kritik vorrangig behandelt als das Problem des Verhältnisses von „Mythos" und Revolution. Als einer der Wortführer – bzw. als Initiator – der Diskussion gilt Octavio Paz, mit dessen Thesen zur Mexikanischen Revolution wir uns deshalb als erstes zu befassen haben. Es schließt an ein kurzgefaßter Überblick über den komplizierten Ablauf der Mexikanischen Revolution aus der Sicht der allgemeinen Geschichtswissenschaft.

Gleichaltrig mit der russischen Oktoberrevolution, hat die Mexikanische Revolution – die älteste aller Revolutionen auf lateinamerikanischem Boden[56] – hinsichtlich der Grundfrage nach dem Verhältnis von Revolution und Identität zweifellos paradigmatische Funktion. O. Paz ist es, der das Paradigma auf seine Formel gebracht hat. Zustimmend oder ablehnend wird sie wiederholt in der Mehrzahl aller Interpretationen des Romans. Wir müssen uns also kurz mit ihr beschäftigen.

Eine bekannte Definition in *El laberinto de la soledad* beschreibt die Revolution als «una portentosa fiesta en la que el mexicano, borracho de sí mismo, conoce[57] al fin, en abrazo mortal, al otro mexicano» (zit. nach Siebenmann 1988, 321) [ein wunderbares Fest, bei welchem der Mexikaner, berauscht von sich selbst, am Ende, in tödlicher Umarmung, den anderen Mexikaner (an-)erkennt].

Signifikant ist vor allem die Metaphorik, deren sich Paz bedient. Identitätsfindung in Form von Revolution ist ein rauschendes Fest; ein Fest, das endet im Blutrausch, «en abrazo mortal». Hierin besteht der Preis, um dessentwillen Identität zu finden ist, Identität als Begegnung mit dem Anderen – «el otro mexicano».

Die folgende Stelle belegt noch entschiedener, daß in der Sichtweise von Paz die mythische und die faktisch-konkrete Ebene dieser revolutionären Identitätsfindung einander korrespondieren:

México comulgaría consigo mismo, con su propio ser, en su Revolución. Al hacer del calpulli el elemento básico de nuestra organización económica y social, el zapatismo no sólo rescataba la parte válida de la tradición colonial, sino que afirmaba que toda la construcción política de veras fecunda debería partir de la porción más antigua, estable y duradera de nuestra nación: el pasado indígena. (Siebenmann 1987, 322)

Mexiko sollte in der Revolution mit sich selbst kommunizieren, mit seinem eigenen Sein. Indem der Zapatismus den «calpulli» (Sippenverband) zum Basiselement unserer ökonomischen und sozialen Organisation erhob, verhalf er nicht nur einem gültigen Teil der kolonialen Tradition zu seinem Recht, sondern bestätigte, daß die gesamte, wirklich fruchtbare politische Konstruktion ihren Ursprung nehmen müsse bei dem ältesten, stabilsten und dauerhaftesten Bestandteil unserer Nation: der autochthonen Vergangenheit.

Worum es geht, ist die Deutung der mexikanischen Geschichte ausgehend vom Ereignis der Revolution: Dank der Revolution findet der grundlegende historische Zwiespalt Mexikos – die indianische und koloniale Vergangenheit des Landes sowie seine republikanische Gegenwart – seine Auflösung in der

Synthese einer neuen Einheit. Das Ereignis der revolutionären Identitätsstiftung, in der Mexiko schließlich doch zu seinem „eigentlichen Sein" («propio ser») gefunden hat, wird erneut metaphorisch benannt. Paz beschreibt es als einen Akt der „Kommunion" («comulgaría»), als den Akt mithin einer ebenso wirklichen wie mystischen Vereinigung zweier unvereinbarer Substanzen. Paz spielt an auf die sozialrevolutionäre Phase der Revolution im Zeichen des «zapatismo», in der versucht wurde, das zentrale Problem der Agrarreform im Rückgriff auf präkolumbianische Organisationsformen der Gesellschaft – die sog. «calpulli», die auch während der Kolonialzeit nicht vollständig außer Kraft gesetzt worden waren – in Angriff zu nehmen.

Der insbesondere durch die Metaphorik zum Ausdruck gebrachte enge Zusammenhang von Mythos und Revolution ist jedoch keineswegs das Resultat eines gewissermaßen poetischen Überschwangs, sondern entspricht – wie das folgende Zitat es belegt – einer geschichtsphilosophischen Grundüberzeugung des Mexikaners:

las revoluciones [...] se fundan en la pretensión de restablecer una justicia o un orden antiguos, violados por los opresores. Toda revolución tiende a establecer una edad mítica. (Ebd.)

Revolutionen [...] haben ihren Grund in der Absicht, eine ehemals bestehende Gerechtigkeit oder Ordnung wiederherzustellen, die durch die Unterdrücker verletzt wurde. Alle Revolutionen streben nach Wiederherstellung eines mythischen Zeitalters.

Die Aussage gilt gewissermaßen als Obersatz für die beiden ersteren: Die Mexikanische Revolution – behauptet O. Paz und verallgemeinert die These sogleich im Hinblick auf Revolutionen überhaupt – ist Ausdruck einer mythischen Auffassung von Geschichte. Die revolutionäre Identitätsfindung der mexikanischen Nation zielt ab auf die Wiederherstellung einer als „gerecht" betrachteten *mythischen Ordnung*.

Es gilt hier nicht, die Frage zu entscheiden, welches die Haltung ist, die Paz *selbst* gegenüber dem hier referierten – zweifellos auch „offiziell" gewordenen – Revolutionsdiskurs einnimmt, die Frage nämlich, ob er ihn affirmierend oder aus kritischer Distanz referiert bzw. inwieweit er selbst – Paz – zu seinen prominentesten Schöpfern gehört. Bemerkenswert – und insofern einem allzu schnell an die Adresse von Paz gerichteten Vorwurf bewußter „Mythisierung" der Revolution entgegengesetzt – scheint mir jedenfalls die von Paz selbst rückhaltlos vertretene Auffassung zu sein, daß Revolutionen *immer und grundsätzlich* Teilhabe bedeuten an einer mythischen Sichtweise von Welt und Geschichte. Ob sich diese Auffassung auch in Azuelas Roman wiederfindet, ist im folgenden zu klären. Vorab fragen wir jedoch nach der Einschätzung der Mexikanischen Revolution in der Perspektive der Geschichtswissenschaft.

5.2 Die Mexikanische Revolution im Überblick

Ablauf und Ziele der Mexikanischen Revolution[58] stehen in engstem Zusammenhang mit der vorausgehenden 35jährigen Regierungszeit des Diktators Porfirio Díaz (1875–1911). Die Gesamtbilanz des «porfiriato» ist zwiespältig: Ohne mit den Idealen der „liberalen Republik" vollständig zu brechen, gestützt auf die ideologischen Modelle des europäischen Positivismus (Auguste Comte) und Evolutionismus (Herbert Spencer), erbrachte die Diktatur im ökonomischen Bereich zwar eine gewisse, wenn auch auf ausgewählte Sektoren beschränkt bleibende Prosperität; im sozialen Bereich dagegen führte das Regime zur rigorosen Verschärfung des traditionellen sozialen Dualismus. Das Fehlen einer effizienten Agrarpolitik, die einseitige, hauptsächlich im Interesse ausländischer Investoren betriebene Förderung exportabhängiger Wirtschaftszweige begünstigte den Prozeß kapitalistischer Eigentumskonzentration, ohne die Situation der weiterhin in Semisklaverei lebenden ländlichen Bevölkerung zu verbessern. In den Städten entstand infolgedessen eine ständig wachsende Schicht unterprivilegierter, zunehmend proletarisches Selbstbewußtsein bildender Arbeiter, eine Entwicklung, die von der großen Mehrheit des Mittelstandes mit wachsender Unzufriedenheit registriert wurde.

Widerstand gegen die offizielle Politik regte sich zunächst auf intellektueller Ebene im Umkreis der Zeitung *Regeneración*. Die Opposition manifestierte sich schließlich in zwei programmatischen Schriften: Andrés Molina Enríquez' *Los grandes problemas nacionales* (1909) und Francisco Indalecio Maderos *La sucesión presidencial de 1910* (1908). Madero ist Großgrundbesitzer mit Eigentumsanteilen im Bergbau. Er gründet 1910 einen von liberalem Geist erfüllten «Partido antireeleccionista», wird zum Kristallisationspunkt des bürgerlichen Widerstandes gegen Díaz und muß schließlich nach San Antonio in Texas fliehen. Madero und seine Anhänger veröffentlichen am 5. 10. 1910 den *Plan de San Luis de Potosí*; er ist «el primer manifiesto del proceso insurreccional» (526): obwohl später Zapata den Wahlspruch «Tierra y Libertad» aufgreift, hält sich das im *Plan de San Luis* vorgestellte Projekt durchaus noch innerhalb der Grenzen eines bürgerlich-liberalen Reformismus.[59]

1910 ruft Madero in San Antonio zum bewaffneten Widerstand gegen Porfirio Díaz auf und wird damit zum Initiator der bürgerlichen Phase der Mexikanischen Revolution. Maderos Erfolgsaussichten sind von Anfang an gering; doch erhält er zunächst Unterstützung durch radikalisierte populäre Revolutionsführer wie Pancho Villa, der im Norden, und Emiliano Zapata, der im Süden des Landes operiert. Am 21. 5. 1911 erzielen die Aktionen einen ersten Erfolg: Porfirio Díaz sieht sich gezwungen, das Präsidentenamt aufzugeben, und setzt sich nach Europa ab. Vier Monate später wird Madero selbst zum

Präsidenten gewählt, und das Ende der revolutionären Auseinandersetzungen scheint gekommen.

Maderos Verbündeter Zapata besteht nun jedoch nachdrücklich auf der vollen Einlösung der im *Plan de San Luis* niedergelegten sozialrevolutionären Versprechungen und weigert sich angesichts der Nichteinlösung, die Waffen niederzulegen. Im Norden erhebt sich gleichzeitig ein ehemaliger Mitkämpfer Zapatas – Pascual Orozco – und wird von diesem als neuer «jefe de la revolución» anerkannt. Was hier zum ersten Mal ausbricht, ist der für den Charakter der Mexikanischen Revolution entscheidende Antagonismus zwischen den sozialen Forderungen der Campesinos («agrarismo») und der industriellen Mittelschicht der Städte, die während des Porfiriats entstanden war; der Konflikt wird bis in die 20er Jahre andauern.

Eine direkte Folge dieser Auseinandersetzungen ist die Konterrevolution unter Victoriano Huerta. Sie wird eingeleitet durch den Staatsstreich vom 22. 2. 1912, in dessen Verlauf Madero ermordet wird. Anführer des Putsches ist V. Huerta, Generalstabschef des nach wie vor intakten „federalen" Heeres, das die Interessen der porfiristischen Oligarchie sowie der (ausländischen) Erdölindustrie durchzusetzen versucht. Als eine erste Folge ergibt sich eine Verschärfung der sozialen Spannungen; als eine weitere die Internationalisierung des Konflikts: Während die Europäer die neue Regierung anerkennen, droht der nordamerikanische Präsident Wilson mit militärischer Intervention.

Die Bedrohung von außen führt zum Aufstieg einer neuen Identifikationsfigur, der es gelingt, die widerstrebenden Interessen momentan zum Ausgleich zu bringen. Es ist Venustiano Carranza, Befehlshaber des „konstitutionellen" Heeres: Im *Plan de Guadalupe* versichert sich Carranza der Unterstützung der Volksrevolutionäre Zapata, Villa und Obregón und setzt die Demission Huertas sowie die Auflösung des „federalen" Heeres – wichtigste Stütze des ehemaligen Porfiriats – durch. Politisch greift Carranza auf die Ideen Maderos zurück und wird damit zur Identifikationsfigur vor allem der bürgerlichen Mittelschicht. Es gelingt ihm jedoch auch, das städtische Proletariat auf seine Seite zu bringen. Sein Versuch, die Volksrevolutionäre Zapata, Villa und Obregón, die nach wie vor über eigene Revolutionstruppen verfügen, durch soziale Zugeständnisse gegenüber den Campesinos zu entmachten, schlägt dagegen fehl.

Am 10. 10. 1914 bricht die nationale Einheitsfront endgültig auseinander. Die sogenannte «Convención de generales constitucionales» (Zapata, Villa, Carranza) ist nichts anderes als der gescheiterte Versuch, das Auseinanderdriften der revolutionären Bewegung in einen radikalen und einen bürgerlich-gemäßigten Flügel zu verhindern. Nachdem Carranza und Obregón sich aus der «Convención» zurückgezogen haben, tritt die Revolution endgültig in ihre radikale Phase ein. Villa und Zapata besetzen vorübergehend die Hauptstadt. Carranza erhält Unterstützung durch die USA und erringt schließlich in

Celaya y Agua Calientes einen militärischen Sieg über den Campesinoführer Villa. Wie Zapata in den Süden, so zieht sich Villa daraufhin in den Norden zurück und setzt den Kampf von nun an mit «guerrilla»-Methoden fort.

Die Verfassung von 1917 mit der Inthronisierung Carranzas als Präsident bedeutet nur ein vorläufiges Ende der revolutionären Auseinandersetzungen. Zwar sind die Väter der Verfassung, die sich im übrigen ihrem Geist nach an der liberalen Konstitution von 1857 orientiert, bemüht, die sozialen Forderungen aller an der Revolution beteiligten Gruppen zum Ausgleich zu bringen. So wird z.B. mit der Restitution der «ejidos» einer alten Forderung der Campesinos Rechnung getragen, so versucht man mit der Anerkennung des Streikrechts den Interessen des Proletariats entgegenzukommen und mit Hilfe einer nationalistischen Wirschaftspolitik die ökonomischen Interessen des Mittelstandes zu fördern. Doch die Führer der radikalen Flügel zeigen sich unbeeindruckt und lassen nicht ab vom bewaffneten Kampf. Auch die folgenden Jahre stehen deshalb im Zeichen eines blutigen Bürgerkrieges, in dessen Verlauf alle maßgeblichen Revolutionsführer schließlich gewaltsam den Tod finden: Zapata (1919), Carranza (1920), Villa (1923).

Nach Carranzas Tod wird Obregón Präsident der Republik (1920–1924) und versucht gegen den Widerstand der Großgrundbesitzer sowie der ausländischen Investoren, den Errungenschaften der Revolution mit politischen Mitteln Nachdruck zu verleihen. Das ehrgeizige Programm – Agrar- und Bildungsreform, Nationalisierung der Wirtschaft, Laisierung bzw. Beschneidung des politischen Einflusses der Kirche – wird schließlich von seinem Nachfolger Plutarco Elías Calles verwirklicht, der 1924 die Präsidentschaft antritt. Das Programm der sogenannten „Institutionalisierung der Revolution" nimmt damit zwar allmählich politische Konturen an, führt jedoch gleichzeitig zum erneuten Erstarken der reaktionären Kräfte. Zu seinen Folgen zählen die langen Jahre der «Cristeros»-Kriege, die erst 1929 beendet werden. 1928 steht im Zeichen der Ermordung der letzten der großen Revolutionsgestalten, Alvaro Obregón. Calles gründet daraufhin den «Partido Nacional Revolucionario» und schafft damit die Grundlage für die endgültige „Institutionalisierung" der Revolution unter Präsident Lázaro Cárdenas (1934–1940).

Das Modell der „institutionalisierten Revolution", das die politische und soziale Landschaft Mexikos bis in die Gegenwart hinein prägt, stellt sich in der Sicht einer kritischen Historiographie dar als das Bild einer an ihren Zielen letztendlich *gescheiterten* Revolution. Der Prozeß der Institutionalisierung, anstatt die traditionellen Machtstrukturen tatsächlich und effektiv zu verändern, führte im Lauf der Jahrzehnte vielmehr zu deren Konsolidierung. Mit „revolutionären" Etiketten versehen, erhielten alte Abhängigkeiten neue Legitimation. Die Institutionalisierung hat den sozialen Dualismus des Landes

– allen ideologischen Beteuerungen des Machtapparates zum Trotz – nicht behoben, sondern im Lauf der Jahrzehnte nachdrücklich verschärft. Mexiko erscheint damit als ein besonders eindringliches Exempel für das Auseinanderklaffen von «país real» und «país legal», einer Struktur, deren Basis – wie oben gezeigt – bereits in den politischen und sozialen Verhältnissen der Kolonialepoche angelegt ist.

5.3 Mariano Azuela: *Los de abajo*

Tendenzen der Azuela-Kritik

Angesichts der zeitgenössischen Rezeptionsgeschichte des Romans *Los de abajo* liegt die Aktualität der oben referierten Bemerkungen von Octavio Paz zur Bedeutung der Mexikanischen Revolution auf der Hand. In der Tat konzentriert sich ein Großteil des Interesses der Kommentatoren auf die Frage nach dem Verhältnis von Mythos und revolutionärer Realität in der Darstellung Azuelas. Daß der Autor eine dem revolutionären Prozeß offenbar immanente Tendenz zur „Mythisierung" durch die Handlungsstruktur selbst – in der einen oder anderen Weise – „modelliert" habe, wird in fast allen Interpretationen registriert. In der Bewertung des Phänomens gehen die Einschätzungen jedoch auseinander.

Die einen – so etwa Marta Portal, die Herausgeberin und Kommentatorin der Ausgabe des Romans bei Cátedra – sehen hierin jedoch keineswegs etwas Negatives und begnügen sich mit der Analyse der mythischen Erzählstruktur als dem ästhetisch und historisch reizvollsten Aspekt des Romans.

Die anderen – unter ihnen z.B. Gustav Siebenmann – denunzieren und kritisieren die narrative Mythisierung der Revolution dagegen als Verfälschung historischer Wirklichkeit. Siebenmann verzichtet allerdings darauf, das problematische Verhältnis von Literatur und Mythos grundsätzlich zu reflektieren. So ist die Prämisse seiner Argumentation die unhinterfragte Geltung der bekannten Dichotomie von „Realität (= Wahrheit) vs. Mythos (= Lüge, Fälschung)".

Es erscheint müßig, sich mit der erstgenannten These ausführlich auseinanderzusetzen: Die plane Ineinssetzung eines historischen Wirklichkeitsdiskurses mit einem Prozeß von „Mythisierung" – beides zudem noch unter dem Etikett eines ebenfalls unhinterfragt bleibenden „Realismus" – bedarf kaum der Widerlegung.

Interessanter dagegen ist die zweite These. Auch Siebenmann vermag jedoch – obwohl er den Phänomenen von Literatur und Mythos mehr Verständnis entgegenbringt als Marta Portal – dem eigentlichen historischen und ästhetischen Rang des Romans kaum gerecht zu werden. Ich möchte seiner These deshalb zwei eigene entgegenstellen und diese sodann im Fortgang der Analyse schrittweise erläutern:

- Siebenmanns Begriff des „Mythos" entspricht *grosso modo* dem, was im Kontext dieser Darstellung des öfteren mit dem Begriff des „Identitätszeichens" umschrieben wurde. Die Identitätszeichen (= „Mythen") sind jedoch keineswegs „Täuschungen", sondern Teil einer polyphonen, historischen und kulturellen Wirklichkeit. Zu „Täuschungen" werden sie nur auf dem Wege ihrer Verabsolutierung. Hiervon kann bei Azuela jedoch keineswegs die Rede sein.
- Es wäre deshalb verfehlt, dem Roman im Hinblick auf Darstellung und Wertung der revolutionären Prozesse einseitig affirmative oder gar apologetische Tendenzen zu unterstellen. Die Funktion des Romans ist vielmehr eine durchaus mythen*kritische*.

Inhalt und Makrostruktur des Romans

Die erste Fassung von *Los de abajo* erschien 1915, eine erweiterte Neuausgabe fünf Jahre später (1920). Der definitive Text dagegen erschien erst 1958. Azuelas Roman ist der erste und bedeutendste des sogenannten Revolutionsromans.[60] Alle einschlägigen bio-bibliographischen Anmerkungen zu Werk, Autor und Genre können an dieser Stelle entfallen. Sie finden sich sowohl in dem erwähnten Aufsatz von Siebenmann, der Einleitung von Marta Portal zur Ausgabe bei Cátedra sowie vor allem in der von Jorge Ruffinelli besorgten kritischen Ausgabe des Romans in der Reihe «Colección Archivos».

Seinem programmatischen Titel gemäß thematisiert *Los de abajo* in der Tat jenen von Paz hervorgehobenen zentralen Aspekt der Mexikanischen Revolution, den Prozeß der radikalen sozialen Umwälzung, das In-die-Geschichte-Eintreten des Anderen Mexiko (= «los de abajo»). Insofern ist die von Azuela gewählte Perspektive nicht nur eine beliebige unter anderen; der Titel steht vielmehr als Antonomasie für „Revolution überhaupt". Dies erklärt – und entschuldigt – den extremen Ausschnittcharakter der erzählten Handlung.

Der Roman besteht aus drei Teilen. Der erste enthält 21, der zweite 14 und der dritte sieben Kapitel. Im Zentrum der Handlung steht die Gestalt eines regionalen Revolutionsführers namens Demetrio Macías und seiner kleinen, aus ehemaligen Landarbeitern und Bauern gebildeten, im Laufe der Zeit immer mehr an Zulauf und Bedeutung gewinnenden Truppe. Die erzählte Handlung erstreckt sich über zwei Jahre – trotz des Fehlens präziser chronologischer Angaben, historisch lokalisierbar als die Zeit, die durch den immer schärfer konturierten Gegensatz zwischen einer bürgerlich-reformistischen und einer revolutionär-ländlichen Zielsetzung der revolutionären Aktivitäten gekennzeichnet ist. Letztere sind repräsentiert durch Carranza bzw. den Caudillo Pancho Villa (II, 14[61]).

Zu seiner Rolle findet Demetrio Macías nicht durch Berufung oder gar revolutionäres Bewußtsein, sondern durch einen Akt schlichter Notwehr: Ein Trupp von Regierungssoldaten – sogenannte «federales» – überfällt sein Gehöft und steckt es in Brand. Kampferprobt mit seinem Todfeind, dem Kaziken Mónico, hatte er sich offenbar schon vorher als regionaler Haudegen einen Namen gemacht (I, 1). Er bringt seine Familie in Sicherheit und sammelt eine kleine Truppe um sich. Bei einer ersten Feindberührung wird er verwundet. Ausführlich (bis Kapitel I, 15) beschäftigt sich der Autor mit der Schilderung der Umstände seiner Rekonvaleszenz in einem abgelegenen Dorf.

Sodann zieht die Truppe erneut in den Kampf und reibt im Verlaufe einer spektakulären Metzelei eine größere Abteilung Regierungssoldaten auf (I, 16/17).

Demetrio Macías' Ruhm steigt. Der Caudillo vereinigt sich mit dem im Norden operierenden Heer des Generals Natera. Demetrio erhält den Rang eines «Coronel» zugesprochen, ist militärisch jedoch nicht mehr sonderlich erfolgreich. Ausführlich beschäftigt sich der Text mit der Schilderung der gescheiterten Einnahme von Zacatecas (vgl. I, 19).

Der zweite Teil beginnt mit einer erneuten Zusammenkunft zwischen Demetrio und Natera. Demetrio wird wiederum befördert und erhält den Titel eines „Generals". Anschließend zieht er in seine Heimatprovinz und nimmt Rache an seinem alten Widersacher, dem Kaziken Mónico (vgl. II, 5). Der zweite Teil endet, ohne daß weitere nennenswerte militärische Aktionen zu berichten wären. Breiten Raum nimmt dagegen die Schilderung der gruppendynamischen Vorgänge der zum inneren Kern der Truppe von Demetrio Macías gehörenden Mitglieder ein, insbesondere ihr Umgang mit der Zivilbevölkerung bzw. den mitgeführten Frauen. Thema des letzten Kapitels dieses Teils ist abermals eine Zusammenkunft Demetrios mit Natera. Gegenstand der Unterredung sind Auseinandersetzungen auf der hohen Ebene der (Revolutions-) Politik, insbesondere die Kämpfe zwischen Villa und Carranza. Vor die Frage gestellt, auf welcher Seite er fortan kämpfen soll, überläßt Demetrio die Entscheidung demonstrativ Natera.

Der kurze dritte Teil ist im Hinblick auf kontinuierliche Handlungsführung noch inkonsistenter als die beiden ersten. Geschildert wird insbesondere der Durchzug der seit längerem kriegsmüde gewordenen Truppe durch die desolate und vom Hunger gezeichnete Stadt Juchipila (vgl. III, 4 und 5) sowie schließlich die Rückkehr Demetrios zu seiner Familie (III, 6). Der Roman endet mit der Darstellung des Schlußkampfes gegen eine Übermacht des Feindes, in dem alle Gefährten und schließlich auch der Caudillo selbst den Tod finden. Am Ende steht der vieldeutige Satz:

Y al pie de una requiebra dura enorme y suntuosa como pórtico de vieja catedral, Demetrio Macías, con los ojos fijos para siempre, sigue apuntando con el cañón de su fusil … (140)

Und am Fuße einer riesigen Felsspalte, prachtvoll wie das Portal einer alten Kathedrale, bleibt Demetrio Macías liegen, die Augen starr geworden für immer, das Ziel suchend mit dem Lauf seiner Flinte ...

Demetrio Macías ist also zweifellos der Protagonist der Geschichte; er und seine Leute. Azuelas Ziel besteht jedoch nicht darin, eine individuelle Figur zu porträtieren. Wie die Kritik herausgefunden hat, haben zumindest zwei historische Revolutionsführer Modell gestanden: General Julián Medina, in dessen Heer Mariano Azuela selbst als Arzt Dienst getan hatte, sowie ein junger Draufgänger, der Coronel Manuel Caloca, den er einst gesundgepflegt hatte (vgl. Siebenmann, 327).

Ebensowenig geht es Azuela darum, bestimmte Kämpfe oder Kampfabschnitte der Revolution chronologisch genau zu rekonstruieren. Der Roman versucht statt dessen, ein Bild der Revolution im allgemeinen zu vermitteln, allerdings aus der Perspektive derer, die im Titel als «los de abajo» bezeichnet werden, Leute also offenbar vom Schlage eines Demetrio Macías und seiner Truppe. Der Untertitel der Erstausgabe ist ähnlich allgemein gefaßt und lautet «Cuadros y escenas de la Revolución actual» (Siebenmann, 329).

Die dominante, durch den Titel indizierte Erzählperspektive „von unten" wird jedoch von vornherein ergänzt und kontrapunktiert durch eine Perspektive anderer Art. Ihr Zentrum ist die Person eines jungen Medizinstudenten namens Luis Cervantes, der sich der Truppe zunächst voll revolutionärer Begeisterung anschließt, nach einigem Hin und Her akzeptiert wird (vgl. I, 14), zu Demetrios rechter Hand avanciert (vgl. II, 5 f.), um sich schließlich dann doch zum Verräter zu mausern (vgl. II, 11). Aus der sicheren Emigration in Texas beschimpft er die zurückgebliebenen Revolutionäre nunmehr mit zynischen Briefen (vgl. III, 1).

Zum Verräter wird Luis Cervantes jedoch nicht nur an seinen Kameraden, sondern auch an den Frauen. Zunächst läßt er sich tölpelhaft – am Ende eines wüsten Saufgelages, mit dem die Truppe die „Beförderung" ihres Chefs zum General feiert (vgl. II, 7) – die Verlobte ausspannen. Später macht er sich – in diesem Falle jedoch intentional, mit der Geste vorauseilenden Gehorsams des „Zuhälters" im eigentlichen Sinne dieses Wortes – zum Werkzeug der Befriedigung der libidinösen Wünsche seines Chefs: Unter Vorspiegelung wiedererwachter eigener Begierden entführt er die blutjunge Camila, die ihn selbst und Demetrio Macías seinerzeit gesundgepflegt und sich ihrerseits in ihn – Luis Cervantes – verliebt hatte, in die Arme des Caudillo. Niemand anders als der banditenhafte Zyniker Margarito, die zweite Gegenfigur zu Demetrio Macías, ist es, der den Nagel auf den Kopf trifft. Margarito war es gewesen, der sich bereits während der Saufnacht der verbotenen Günste der Braut von Luis erfreut hatte.

«A mí no me gusta hablar de los amigos en ausencia [so verkündet er prahlerisch], pero sí sé decirles que de dos novias que le he conocido, una ha sido para ... mí y la otra para el general.» Y prorrumpieron en carcajadas ... (II, 7)

„Ich rede nicht gern über Freunde, wenn sie abwesend sind, aber soviel kann ich doch sagen, daß von den beiden einzigen Frauen, bei denen er jemals Chancen hatte, die eine ... mir und die andere dem General gehört hat." Und sie brachen aus in Gelächter.

Die Symbolik der Stelle liegt auf der Hand. Luis Cervantes, der bürgerliche Zuhälter – und gleichzeitig der Verräter – der Revolution, wird entlarvt und seinerseits verraten. Als Bourgeois ist Luis als Repräsentant der herrschenden Kreolenschicht zugleich eine Verkörperung der Idee der mexikanischen „Nation". Der Kontext der Revolution pervertiert jedoch das sublime Liebesverhältnis, das ihn an die erwählte Nation (= Frau) bindet, zu einem Akt niedriger und egoistischer „Prostitution". Die mit der Prostitution – als Verrat am sublimen Ideal der „Liebe" – verfolgten Intentionen verfehlen jedoch ihr Ziel: Der Zuhälter sieht sich am Ende selbst betrogen. Als Verkörperung der Figur des betrogenen Betrügers erscheint Luis Cervantes als Potenzierung der verratenen Revolution als solcher.

Die verratene Revolution

Noch eine andere Handlungs- bzw. Bedeutungsebene leistet jedoch dieselbe Funktion: Verraten nämlich wird die Revolution nicht nur „von außen", also gewissermaßen vom „Klassenfeind", sondern auch „von innen", kraft des unter Demetrio Macías' Männern grassierenden Demoralisierungsprozesses. Die Demoralisierung geht einher – paradoxerweise – mit dem Anwachsen der militärischen Bedeutung der Truppe: Zu den ersten Aktionen von Vandalismus, blinder Zerstörung und anarchischer Räuberei kommt es nach der Vereinigung der Truppe mit General Natera sowie der fehlgeschlagenen Einnahme von Zacatecas:

Allí vienen ya los gorrudos – clamaron con azoro los vecinos de Fresnillo [...].
Volvía la turba desenfrenada de hombres requemados, mugrientos y casi desnudos, cubierta la cabeza con sombreros de palma de alta copa cónica y de inmensa falda que les ocultaba medio rostro.
Les llamaban los gorrudos. Y los gorrudos regresaban tan alegremente como habían marchado días antes a los combates, saqueando cada pueblo, cada hacienda, cada ranchería y hasta el jacal más miserable que encontraban a su paso. (64 f.)

Da sind sie wieder, die «gorrudos» [= die Leute mit den breitkrempigen Hüten], riefen voller Angst die Leute von Fresnillo [...].
Ziel- und zügellos kehrt die Schar der abgehärmten, schmutzigen und halbnackten Männer zurück, die Köpfe bedeckt mit Hüten aus Palmenblättern mit einer hohen konischen Spitze und riesigen Fransen, die ihnen die Gesichter zur Hälfte beschattete.
Man nannte sie die «gorrudos». Die «gorrudos» kehrten so fröhlich heim, wie sie einige Tage zuvor zum Kampf ausgezogen waren, jedes Dorf, jede Hacienda, jedes Gehöft, ja jeden erbärmlichen Schuppen plündernd, der auf ihrem Weg lag.

Was die Truppe umtreibt, ist also keineswegs die – moralisch immerhin noch vertretbare – Mentalität eines Robin Hood (wie sie beispielsweise dem großen

Villa vorauseilt; vgl. I,20), sondern pure Raublust, egoistische Bereicherung, anarchistischer Geltungs- und Machttrieb. Richtungslos im Hinblick auf die eigenen Zielsetzungen (vgl. II,14), läßt Demetrio die Männer gewähren (vgl. II,2). Die Ziellosigkeit seines Kampfes zeigt sich auf verschiedenen Ebenen:

So folgt er zunächst einmal dem Ratschlag von Luis Cervantes, sich dem Heer Nateras anzuschließen (vgl. I,13). Der hiermit aufgegebenen qualitativen Modifikation seines Kampfes – der Mutation einer Privat- bzw. Regionalfehde in eine revolutionäre Erhebung mit politischer bzw. nationaler Zielsetzung – ist Demetrio jedoch weder strategisch noch bewußtseinsmäßig gewachsen. In der Folge lernt Demetrio Macías denn auch kaum Nennenswertes dazu. Abgesehen von dem gelungenen Husarenstreich auf eine in einer Kirche verschanzte Abteilung von Regierungssoldaten (vgl. I,17) kommt es zu keinen militärischen Aktionen von allgemeiner Bedeutung. Er nutzt sein dank der „Beförderungen“[62] steigendes Prestige vielmehr nur dazu, um die Privatfehde mit Mónico zum blutigen Abschluß zu bringen (II,5). Persönlich verfällt er gleichzeitig immer mehr in einen Zustand von depressiver Nostalgie: Seine Sehnsucht teilt sich zwischen dem Verlangen, Frau und Kind wiederzusehen, und dem immer stärker werdenden Wunsch, ein Mädchen zu besitzen, das er als Rekonvaleszent zu Beginn des Kampfes kennengelernt hat. Zum perfiden Vollstrecker dieses Wunsches wird schließlich – wie wir gesehen haben – sein „Adjutant“ Luis Cervantes (vgl. I,19; II,7).

5.4 Der mexikanische Revolutionsroman: kritische Gratwanderung zwischen Mythos und Historie (Mariano Azuela, Juan Rulfo und Octavio Paz)

Kommen wir zurück zur Ausgangsfrage: Worin besteht – in der Perspektive von *Los de abajo* – der Beitrag der Mexikanischen Revolution zur Identitätsproblematik der mexikanischen Nation? «La Revolución es una búsqueda de nosotros mismos y un regreso a la madre» (zit. bei Siebenmann, 322), lautet eine Antwort bei Octavio Paz. Revolution also als Identitätssuche und «regreso a la madre»; sie ist vor allem das letztere, sofern man nun auch die Darstellung Azuelas in die Beantwortung der Frage mit einbezieht. In der Tat nämlich entspricht der vom Helden am Ende beschrittene Weg einem – tiefenpsychologisch gedeuteten – «regreso a la madre». Diese Deutung gilt sowohl im Hinblick auf Demetrios Wunsch, Frau und Kinder wiederzusehen, als auch im Hinblick auf sein Verlangen, das unberührte Mädchen Camila zu besitzen, vermischen sich doch im tiefenpsychologischen Bild der „Mutter“ das unberührte Idealbild der Jungfrau und das der „Hure“. Statt revolutionärer Transgression ist der eigentliche Weg, den Demetrio beschreitet, also derjenige narzistischer Regression.

Unübersehbar schwingt in der Formulierung «regreso a la madre» bei Paz ein kritischer Unterton mit im Hinblick auf revolutionäre Projekte überhaupt. Revolution bedeutet *grundsätzlich* – so behauptet Paz – die Manifestation eines Wunsches zur mythischen Rückkehr ins utopische Reich der Mütter. Halten wir fest, daß Azuela im Hinblick auf das konkrete Phänomen der Mexikanischen Revolution der Pazschen Kritik in diesem Punkt beipflichtet. Es bleibt dem Leser jedoch unbenommen, aus den Stellungnahmen beider Autoren zugleich auch einen kritischen Hinweis herauszulesen auf den Unterschied des Projekts „Mexikanische Revolution" zu alternativen Projekten historischer Revolutionen: Sowohl im *bürgerlichen* Projekt der französischen als auch im *sozialistischen* Projekt der marxistischen Revolution wird unter „Revolution" ja gerade die *Loslösung* des Menschen aus seinen vermeintlich transzendenten, also „mythischen" Bindungen verstanden. Das Wesen des revolutionären Bewußtseins wird darin gesehen, daß der Mensch beginnt, Geschichte zu begreifen als Menschenwerk, daß er beginnt, Abschied zu nehmen von einer Geschichte, welche sich – nach der Formulierung Hegels – lediglich „hinter seinem Rücken" verwirklicht, daß er beginnt, sich als Subjekt des geschichtlichen Prozesses zu verstehen, nicht mehr nur als sein Objekt. Soweit das – sagen wir – „abendländische" Revolutionsprojekt. Auch dieses ist – zweifellos – eine „Utopie".

Welche der beiden Utopien stand der Mexikanischen Revolution Pate? Halten wir uns an den Befund von *Los de abajo*, so zeigt sich, daß das Andere Mexiko, angeführt durch den Caudillo Demetrio Macías, zwar antritt, die Rolle eines historischen Subjektes zu übernehmen. Unübersehbar ist jedoch zugleich die Tatsache, daß das Handeln der Revolutionäre weiterhin in mythischen Bahnen verläuft, aus denen es ihnen schwerfällt, sich zu lösen. Die beschriebene tiefenpsychologische Regression findet ihre Entsprechung nämlich auf nahezu allen übrigen Ebenen: Statt dem Prinzip der sozialen Gerechtigkeit zum Siege zu verhelfen, verschreibt sich Demetrio dem Prinzip der persönlichen Rache, fördert Raub, Plünderung, Bereicherung und Mord; statt demokratisches Bewußtsein fördert er die Unterordnung unter neue Hierarchien (General Natera; Villa); statt moralischer Emanzipation favorisiert er Kuppelei; statt revolutionärer Transgression finden wir narzistische Regression.

Stabile nationale Identität läßt sich auf diese Weise nicht gewinnen. Demetrios Flinte zielt am Ende deshalb richtungslos ins Leere. Nicht «los de abajo», sondern abermals «los de arriba» werden fortan die Richtung der sogenannten Revolution bestimmen. Die Revolution wird „institutionalisiert" im Zeichen einer – abermals – *liberalen* Verfassung. Die „Institutionalisierung" der Revolution, ihre Bändigung durch das Korsett einer nur noch dem Namen nach revolutionären Partei (*Partido Revolucionario Institucionalizado*), entspricht der – zumindest teilweisen – Verdrängung jener Motivationen, die einst am Anfang des revolutionären Prozesses standen.

Die Aufdeckung dieser Verdrängung ist das Ziel der wichtigsten Vertreter des sog. mexikanischen Revolutionsromans: «Vine a Comala porque me dijeron que acá vivía mi padre, un tal Pedro Páramo» (Rulfo, 7) [Ich kam nach Comala, da man mir gesagt hatte, daß dort mein Vater lebte, ein gewisser Pedro Páramo], beginnt der berühmteste Text, den die mit der Thematik der Revolution befaßte Literatur Mexikos hervorgebracht hat, Juan Rulfos Roman *Pedro Páramo*. Der Weg des Protagonisten Juan Preciado ist der mühsame Weg zurück, zurück *hinter* die Verdrängung. Er erlebt Comala als ein Dorf lebendiger Toter. Er steigt in ihre Gräber, umarmt sie und erstickt an ihrer Pestilenz. Pedro Páramo selbst – der Statthalter des vorrevolutionären Mexiko – bricht auf der letzten Seite des Romans ebenfalls zusammen: «Dio un golpe seco contra la tierra y se fue desmoronando como si fuera un montón de piedras» (Rulfo, *Pedro Páramo*, 11. Aufl. 1971, 130) [Es gab einen trockenen Aufschlag gegen die Erde, und er stürzte in sich zusammen wie ein Haufen Steine].

In *Posdata*, der kritischen Nachschrift zu *El laberinto de la soledad* aus Anlaß der blutigen Ereignisse in Mexiko-Stadt von 1968, drückt O. Paz den Befund in folgenden Worten aus:

> México-Tenochtitlán ha desaparecido y ante su cuerpo caído lo que me preocupa no es un problema de interpretación histórica sino que no podamos contemplar frente a frente al muerto: su fantasma nos habita. Por eso creo que la crítica de México y de su historia – una crítica que se asemeja a la terapéutica de los psicoanalistas – debe iniciarse por un examen de lo que significó y significa todavía la visión azteca del mundo. [...] La crítica de méxico comienza por la crítica de la pirámide. (*Posdata*, 1971, 134 f.)

> Mexiko-Tenochtitlán ist verschwunden und angesichts seines zusammengestürzten Körpers bewegt mich nicht das Problem historischer Interpretation, sondern die Tatsache, daß wir nicht fähig sind, dem Toten ins Angesicht zu schauen: sein Phantombild sucht uns heim. Deshalb glaube ich, daß die Kritik Mexikos und seiner Geschichte – eine Kritik, die Ähnlichkeit besitzt mit der Therapeutik der Psychoanalytiker – mit einer kritischen Betrachtung dessen beginnen muß, was das aztekische Weltbild einst bedeutete und heute noch bedeutet. [...] Die Kritik Mexikos beginnt mit der Kritik der Pyramide.

Die „Revolution" ist – folgt man dieser Sicht – über die „Pyramide" noch nicht hinausgelangt. Die Niedermetzelung der protestierenden Studenten auf dem Platz der Drei Kulturen anläßlich der Olympischen Spiele von 1968 wurde für O. Paz zum Anlaß, seine Kulturposition kritisch zu überdenken. Ihre Akteure waren Ordnungskräfte, die handelten im Namen der institutionalisierten Revolution.

TEIL III

ÄSTHETISCHE MODELLE KULTURELLER IDENTITÄT UND ALTERITÄT

KAPITEL 1: ARIELISMUS UND AMERIKANISMUS

1.1 *Ariel* vs. *Calibán*

Die explizite Frage nach der Besonderheit der eigenen Kultur gehört zweifellos zu den Folgeerscheinungen der politischen Unabhängigkeit. So kommt es z. B. in Argentinien bereits zu Beginn des 19. Jahrhunderts zu einer intensiven Debatte über die Eigenständigkeit einer argentinischen „National"-Sprache.[1] Die Entstehung allgemeiner Modelle systematischen Charakters jedoch ist späteren Datums. Sie fällt historisch zusammen mit jener Epoche, die in den Literaturgeschichten bezeichnet wird als „Modernismus". Einige dieser seit dem Modernismus entwickelten Modellvorstellungen – „Amerikanismus", „Indigenismus" sowie „Barock" – sind Thema des dritten und letzten Teils dieser Einführung.

Der sogenannte „Arielismus", die Besinnung auf eine für Lateinamerika spezifische Kulturidentität in der Nachfolge des bekannten Essays *Ariel* des Uruguayers José Enrique Rodó (1871–1917), ist das erste dieser Modelle. Die historischen Gründe für das Entstehen des neuen Diskurses sind vielfältiger Natur. Versteht man unter Arielismus die einseitige Hervorhebung der „lateinischen" – insbesondere der iberischen – Determinanten der Kulturwelt Lateinamerikas, so empfiehlt es sich, den historischen Dialog- bzw. Antwortcharakter des Arielismus in Erinnerung zu rufen. In der Tat nämlich ist der Arielismus – sosehr er mit dem Werk und der Figur Rodós verknüpft ist – eine zeitspezifische Reaktion auf die kulturgeschichtliche, zugleich aber auch politische Konstellation, wie sie sich für den lateinamerikanischen Kontinent als Ergebnis der vorausgegangenen Diskussionen sowie der realen Veränderungen auf der Ebene der internationalen Politik darstellte. Deutlich machen läßt sich diese Konstellation wiederum an der exemplarischen Gestalt des Argentiniers Sarmiento: So zeigte Sarmiento in *Facundo* ein nahezu bedingungsloses und unbegrenztes Vertrauen in das kulturelle und politische Potential jener europäischen Staaten, die er – trotz gewisser irritiert zur Kenntnis genommener restaurativer Tendenzen[2] – immer noch ansieht als die Bannerträger des universellen Fortschritts. Es versteht sich, daß Spanien zu diesen *nicht* gehören kann, verdankt Argentinien der spanischen Tradition in den Augen Sarmientos doch gerade das, was im *Facundo* – wenn nicht geradewegs als «barbarie», so doch – als kultureller und politischer Konservativismus gebrandmarkt wird. Die im *Facundo* also nur gleichsam zwischen den Zeilen zum Ausdruck gelangenden Zweifel an der universellen Mission Europas werden in den folgenden Jahren jedoch offenbar stärker. Mehrfache Reisen nach Nordamerika – zunächst in den 40er, sodann in den 60er Jahren – führen schließlich zu einem Paradigmenwechsel spektakulärer Art: Trotz der aktuellen politischen Schwierigkeiten, die die USA im Zeichen der auf die Sezessionskriege folgenden "Reconstruction" zu bestehen haben, gelten ihm die Vereinigten Staaten nunmehr als politisches und kulturelles Entwicklungsmodell ersten Ranges, eine Sichtweise, von der sich Sarmiento auch angesichts des im Norden immer offener zutage tretenden Imperialismus bis zuletzt nicht hat abbringen lassen. Noch im vielzitierten – obwohl auch vieldeutigen – Schlußsatz des postum erschienenen Werkes *Conflicto y armonía de las razas en América* bleibt die Erinnerung an diese Utopie[3] durchaus erhalten:

> La América del Sur se queda atrás y perderá su misión providencial de sucursal de la civilización moderna. No detengamos a los Estados Unidos en su marcha; es lo que en definitiva proponen algunos. Alcancemos a los Estados Unidos. Seamos la América como el mar es el Océano. Seamos Estados Unidos.[4]

> Südamerika gerät ins Hintertreffen und wird seine ihm von der Geschichte zugesprochene Mission als Außenstelle der modernen Zivilisation verlieren. Hindern wir die Vereinigten Staaten nicht, ihren Weg zu gehen; nichts anderes ist es, was einige vorschlagen. Versuchen wir statt dessen, es den Vereinigten Staaten gleichzutun. Seien wir Amerika wie das Meer Ozean ist. Seien wir selbst Vereinigte Staaten.

Die Invasion und Eroberung Mexikos, später dann – unübersehbarer noch – die Ereignisse von 1898, in deren Verlauf die USA nicht nur einen Sieg über Spanien errangen, sondern die ehemalige iberische Kolonialmacht mit dem Verlust Kubas zugleich auch das definitive Ende ihres ehemals weltumspannenden Kolonialreichs zu beklagen hatte, sind die historischen Eckdaten, die den abermaligen Paradigmenwechsel, die Besinnung auf die „lateinische“ Kulturtradition des Kontinents – exemplarisch vorgeführt in Rodós Essay *Ariel* – herbeigeführt haben. Zum gleichen Paradigma gehört auch *Nuestra América* von José Martí (1853–1895). Beide Texte stehen im folgenden im Zentrum unserer Überlegungen.

Die diskurstheoretische Perspektive, wie sie für die Thematisierung der neuen Kulturdiskussion maßgeblich sein muß, erfordert es jedoch, zwischen den Autoren selbst und den Diskursen, als deren wichtigste Repräsentanten sie gelten – also gewissermaßen zwischen *Ariel* und *Arielismus* –, zu unterscheiden. Sowohl Rodó als auch Martí nämlich werden im Verlauf ihrer Rezeptionsgeschichte im 20. Jahrhundert unter teilweise gänzlich anderen historischen und politischen Rahmenbedingungen für Positionen in Anspruch genommen, für die es in ihren Werken – so werden wir sehen – nur ansatzweise Entsprechungen gibt. Diese Feststellung gilt nicht nur für die Rezeptionsgeschichte José Martís, die Ottmar Ette in seiner 1991 erschienenen Dissertation umfassend und kritisch aufgearbeitet hat, sondern insbesondere auch für die Rezeption des sogenannten „Arielismus".

Rodós *Ariel* – so scheint es – ist zum Modell eines politisch-kulturellen Identitätsdiskurses geworden, auf den sich die nachfolgenden Generationen mit Notwendigkeit – affirmierend oder negierend – beziehen werden. Es gilt dies sowohl für den Kulturdiskurs der Mexikanischen Revolution als auch die Bewegung des etwa gleichzeitig entstandenen Indigenismus. Sowohl Vasconcelos Konzept einer durch die Figur des Mestizen repräsentierten «raza cósmica» als auch der Indigenismus beziehen sich – implizit zumindest – auf Rodós Vorstellung einer für Lateinamerika spezifischen Kulturidentität, selbst dann, wenn die mit der jeweiligen „Identität" gesetzten Inhalte – wie im Fall des „Indianismus" – in expliziter Opposition stehen zum Latinitätspostulat bei Rodó. Einen vorläufigen Schlußpunkt unter diese durch programmatische Affirmationen bzw. Negationen gekennzeichnete Rodó-Rezeption setzte der 1971 erschienene Essay *Calibán* von Roberto Fernández Retamar, mit dem der wichtigste Kopf der kubanischen Kulturpolitik nicht nur die Reihe der Anti-Rodó-Diskurse fortsetzte, sondern zugleich versuchte, die Errungenschaften der kubanischen Revolution im Sinne eines panamerikanischen Kulturmodells zu interpretieren. Eine Folgeerscheinung der Entthronung Rodós ist jedoch die gleichzeitige In-thronisierung José Martís als der eigentlichen Gründungsfigur eines autochthonen Kulturbewußtseins für Lateinamerika. Angesichts dieser immer wieder durch ideologische Vereinnahmungen gekennzeichneten Rezeption des kubanischen Modernisten erhebt Ottmar Ette im Schlußkapitel seines Martí-Buches nachdrücklich die Forderung nach einem „Ende der Unantastbarkeit José Martís" (1991, 390 ff.). Wir werden dieser Aufforderung im folgenden nachzukommen versuchen, indem wir beide Autoren getrennt behandeln und die These ihrer vermeintlichen Opposition an den Texten selbst überprüfen.

1.2 José Enrique Rodó: Leben und Werk

Anders als bei José Martí fehlt der Biographie Rodós jedes spektakuläre Element. Dennoch ist die Beschäftigung mit seinem Leben nicht ohne Interesse. Rodó war kein Freiheitskämpfer oder gar „Revolutionär" – weder durch Neigung noch durch Umstände dazu gezwungen. 1871 geboren, Sohn eines katalanischen Kaufmanns und einer uruguayischen Mutter, verbringt Rodó seine Jugend im Zeichen materieller Entbehrungen. Die große Zahl der Geschwister erlaubt es nicht, daß José Enrique die höhere Schule bis zum Ende besucht. Frühzeitig tritt er ins Erwerbsleben ein und wird in Sachen Bildung – wie der Argentinier Sarmiento – zum Autodidakten. Er verdient seinen Lebensunterhalt mit journalistischen Arbeiten und unterhält enge Beziehungen zu prominenten Vertretern der angesehenen «Generación del 90», einer Gruppe uruguayischer Modernisten, zu welcher u. a. der Romancier Carlos Reyles (1868–1938) sowie der Lyriker Julio Herrera y Reissig (1875–1910) gehören. Letzterer – zusammen mit Rodó – gilt als der führende Kopf der Gruppe. Im Gegensatz zu Herrera y Reissig liegt der Schwerpunkt der schriftstellerischen Produktion Rodós, abgesehen von einigen modernistischen Gelegenheitsgedichten, fast ausschließlich auf dem Gebiet des literatur- bzw. kulturkritischen, gelegentlich auch des politischen Essays. Rodó repräsentiert also den Typus des lateinamerikanischen „Intellektuellen", in welcher Eigenschaft er schon bald nach seinen ersten Veröffentlichungen in einer Weise von sich hören macht, daß er 1897 sogar mit der Wahrnehmung eines akademischen Lehrstuhls für Literatur betraut wird – für einen reinen Autodidakten auch in Lateinamerika ein erstaunlicher Beweis öffentlicher Anerkennung. Als Mitarbeiter der Zeitung *El Orden* versucht er gleichzeitig, mit journalistischen Mitteln Einfluß zu gewinnen auf den Gang der praktischen Politik. Seine Unterstützung gilt der „Fortschritts"-Partei der sogenannten «Colorados», die im politischen Koordinatensystem Uruguays den Gegenpol bildet zur Partei der konservativen «Blancos». Als es um die Jahrhundertwende zur Spaltung der Partei kommt, übernimmt Rodó im «Club Libertad», einer neuen politischen Gruppierung, die es sich zum Ziel macht, die Spaltung wieder rückgängig zu machen, den Vorsitz. Persönliche Unabhängigkeit und gleichzeitiges politisches Engagement zeigt er auch während der nachfolgenden Präsidentschaft von José Batlle y Ordoñez (1903–1907): Nachdem er den Präsidenten zunächst unterstützt hatte, geht er im Verlauf der zweiten Wahlperiode (1911–1915) zunehmend in kritische Distanz zum Kandidaten der eigenen Partei, um ihn schließlich – nunmehr selbst Parlamentsabgeordneter der «Colorados» (1911–1914) – mit journalistischen Mitteln aktiv zu bekämpfen.[5] Zur definitiven Trennung von Batlle y Ordoñez kommt es im Jahre 1912.

Der konsequente Verzicht auf die Wahrnehmung persönlicher Vorteile brachte Rodó ab 1903 in eine zunehmend prekärer werdende, durch regelmäßige ökonomische Krisen gekennzeichnete Lebenssituation (vgl. Moraña 1987, 661, Anm. 26). Obwohl Parlamentsabgeordneter, entfremdete ihn seine kompromißlos-kritische Haltung sogar den Freunden innerhalb der eigenen Partei. Die hieraus resultierende Einsamkeit bringt ihn noch während der ersten Präsidentschaft „seines" Kandidaten an den Rand politischer Verzweiflung:

> Nada hay seguro en nuestro bendito país, ni en política, ni en cuestión económica, todo es inestable, problemático, todo está amenazado de mil peligros y expuesto a desaparecer de la noche a la mañana, inclusive el país mismo (Moraña 1987, 661, Anm. 25)

> Es gibt nichts mehr in unserem gesegneten Land, auf das sich bauen läßt, weder in der Politik noch in ökonomischen Dingen, alles ist instabil, problematisch, alles ist be-

droht durch tausendfältige Gefahren und plötzlichen Untergang, sogar das Land selbst

schreibt er 1904 an Juan Francisco Piquet. 1916 nimmt er eine Korrespondentenstelle bei der argentinischen Zeitschrift *Caras y caretas* in Europa an und stirbt am 1. Mai 1917 – 45jährig – in Neapel an den Folgen einer Infektionskrankheit.

Vor dem Hintergrund dieser Lebensgeschichte erscheint Rodós Werk als die konsequente Hervorbringung eines idealistisch gesonnenen Moralisten, der die Summe der durch Erziehung und Studium erworbenen Werte aufbietet, um sich einer von außen kommenden kulturellen – und gleichzeitig politischen – Bedrohung zu erwehren:

Calificado alternativamente de ecléctico y *dilettante*, de liberal y de conservador, de europeizado y de americanista, Rodó proyectó sobre un sector del pensamiento hispanoamericano un conjunto de ideas que, sin ser originales, tematizaban las inquietudes de una intelectualidad que, en muchos casos desde posiciones conservadoras, sentían como suya la causa americana. (Moraña 1987, 663)

Von den einen bezeichnet als Eklektiker und Dilettant, von den anderen als Liberaler und Konservativer oder auch als Eurozentrist und Amerikanist, wurde Rodó für einen Teil der hispanoamerikanischen Ideenwelt zum Schöpfer eines Gedankengebäudes, welches, ohne originell zu sein, die Unruhe einer Intellektuellengeneration auf den Punkt brachte, welche dabei war, meist ausgehend von einer eher konservativen Position, die Sache Amerikas als ihre eigene zu empfinden.

Das zu Lebzeiten des Schriftstellers in Buchform erschienene Werk ist außerordentlich schmal. Es umfaßt lediglich sieben Titel.[6] Die ersten drei Aufsätze behandeln literarische Gegenstände. Thematisiert wird der Modernismus. Die Aufsätze erscheinen zu einem Zeitpunkt, als der literarische Modernismus *selbst* sein Publikum längst erobert hatte. Dies gilt vor allem für den Rubén Darío gewidmeten Artikel. 1899, als der Aufsatz erscheint, ist Darío längst ein international gefeierter Schriftsteller. Es trifft ihn, daß Rodó der stetigen Erfolgsbahn ein paar Wermutstropfen beimischt und die immer größer werdende Schar der Darío-Nachahmer schonungslos als kulturelle Landplage geißelt. Darío dankt Rodó mit einem Brief von nur vier Zeilen Länge, veröffentlicht Rodós Kritik jedoch gleichzeitig als Vorwort zur zweiten Auflage von *Prosas profanas* (1901, Paris). Die Aufmerksamkeit, aber gleichzeitig auch Irritation, die Rodó mit seinem Aufsatz bei der größten Figur des hispanoamerikanischen Modernismus erregte, zeigt deutlich, worum es geht: Rodó sieht seine Aufgabe im Geschäft der „Kritik". Literaturkritik dagegen gilt ihm in diesen ersten Aufsätzen lediglich als eine der speziellen Formen, als eine Art Vorstufe zum Projekt einer allgemeinen Kulturkritik, die erst mit *Ariel* einsetzt. So bezichtigt er sich im Hinblick auf «El que vendrá» – einem Aufsatz, in welchem er 1896 versucht hatte, allgemeine Tendenzen bisheriger Fin-de-siècle-Literatur zusammenzufassen – später selbst eines konturenlosen Neoidealismus.[7]

Auch der zweite Artikel, «La nueva novela», der sich vor allem mit den Kurzromanen von Carlos Reyles beschäftigt, ist alles andere als eine modernistische Propagandaschrift, wie sie Rubén Darío mit dem im gleichen Jahr erschienenen Essayband *Los raros* vorgelegt hatte. Rodó erklärt zwar sein Einverständnis mit der modernistischen Suche nach neuen ästhetisch-ideologischen Formeln für die Gegenwart, doch besteht er zugleich auf der Spezifik seines „Mediums": Dichtung und Essay stehen nicht – wie es eine logizistische Wissenschaftstheorie nahelegt – zueinander im Verhältnis von Objekt- und Metasprache, sondern sind einander – dem Rang, der Textebene nach – gleichgeordnet. Rodó versteht sich mithin als der Darío des kulturkritischen Essays.[8] Mit einigem Widerstreben scheint der Dichter dies später auch anzuerkennen, denn er versieht das erste Gedicht der 1905 erschienenen Sammlung *Cantos de vida y esperanza* («Hoy soy aquel que ayer no más decía») mit einer Widmung an «J. Enrique Rodó». Darüber hinaus enthält die Sammlung – dank des berühmten Roosevelt-Gedichts – eine erste Probe „politischer" Dichtung. Hat die Lektion von *Ariel* – das Buch war 1900 erschienen – also bereits Früchte getragen?

1.3 *Ariel*

Ariel bei Shakespeare, Renan und Fernández Retamar

Ariel ist Rodós Hauptwerk. Der unmittelbare und nachhaltige Erfolg des Buches (neun Auflagen innerhalb von zehn Jahren!) zeigt, daß Rodó offenbar einer Publikumserwartung entgegenkam, einem „Zeitgeist", der nach Ausdruck verlangte. Rodó gelang es, den Ausdruck in seine adäquate Form zu bringen. «La de Rodó es literatura de tesis» (1987, 655) [Rodós Literatur ist Thesen-Literatur], sagt M. Moraña mit Recht. Literarische Form steht in *Ariel* mithin ganz im Dienste der Übermittlung eines Inhalts. Form *und* Inhalt bilden den „Diskurs", als dessen Schöpfer Rodó alsbald angesehen wurde: beides zusammen ist „Arielismus".

Was die formale Struktur des Werkes angeht, so läßt sich *Ariel* kaum als literarische Neuschöpfung bezeichnen. Der Bezug auf zwei europäische Autoritäten von Rang – auf Shakespeare einerseits, auf Ernest Renan (1823–1892) andererseits – ist gewichtig und explizit: Die Protagonisten – Próspero und Ariel – entstammen der Shakespeare-Komödie *The Tempest*. Das Stück gehört zum Spätwerk des englischen Dramatikers. Es handelt sich – möglicherweise – um sein letztes Werk, also eine Art Vermächtnis. Die sparsame Handlung und der gedankliche Reichtum des Stückes haben die Diskussion über seine Bedeutung bis heute offengehalten.

The Tempest erzählt die Geschichte von Prospero, dem von seinem Bruder

Antonio vertriebenen Herzog von Mailand, seiner Verschlagung auf eine fremde Insel, seinen Sieg über die mit Zauberkräften ausgestatteten Bewohner der Insel sowie die schließliche Versöhnung mit seiner Familie, bei welcher ihm der gute Geist der Insel – «Ariel» – hilfreich zur Seite steht. Weitere Bewohner der Insel sind die Hexe Sycorax und ihr mißgestalteter Sohn Caliban. Einem simplen Deutungsschema zufolge ist das Stück eine Allegorie des humanistischen Bildungsoptimismus der Renaissance, des Sieges der Kräfte des Geistes nämlich, personifiziert durch Prospero und Ariel, über die Kräfte der „wilden" Natur, verkörpert in der Hexe Sycorax und der Mißgeburt Caliban.

Renan hat für sein philosophisches Drama *Caliban* von 1878 diese Version offenbar übernommen und überträgt sie auf den Kontext der positivistischen Fortschritts- und Wissensideologie, zu deren wichtigsten Vertretern in Frankreich er selbst gehört. Renan gibt dem Shakespeareschen Stoff jedoch eine völlig neue Wendung: Shakespeares Helden werden bei Renan zu Opfern. Der ungehobelte Caliban nämlich verkörpert das durch den Fortschritt der Demokratie die Oberhand gewinnende niedere Volk, während Prospero, der die höhere Bildung verkörpernde Aristokrat, zur Ohnmacht verurteilt ist.

Die dritte Bedeutungsebene des Stückes, die dem Stoff zugrunde liegt, wird in Roberto Fernández Retamars erwähntem Essay *Calibán* aktualisiert: Die Handlung allegorisiert die Entwicklungsgeschichte der Neuen Welt, das Zusammentreffen der europäischen Geisteswelt und der noch unbezwungenen „Natur" der Wildnis. Es ist offenbar nicht ausgeschlossen, aus der 1611 uraufgeführten Komödie kulturhistorische Relativierungsabsichten herauszulesen. Shakespeare gehörte bekanntlich zu den Lesern des Skeptikers Montaigne, dessen berühmter Essay über die Kannibalen bereits Jahrzehnte vorher ein erstes Signal zur Relativierung der Kulturen gesetzt hatte. R. Fernández Retamar kann hieran anschließen und überträgt das Schema auf den historischen Kontext Lateinamerikas: Calibán erscheint dann folglich als die Verkörperung der bisher von der europäischen Eroberung gewaltsam unterdrückten autochthonen Identität.

Es ist wichtig, sich diese historischen Varianten der Shakespeare-Rezeption vor Augen zu halten, um zu sehen, daß Rodó keine von ihnen unmittelbar übernimmt.

Rodós Deutung des Stoffes

Was die Renan-Version angeht, so mag es zunächst einmal erstaunen, daß Rodó, obwohl er in Renan einen der wichtigsten Philosophen seiner Generation sieht, den aristokratischen Pessimismus des Franzosen gegenüber dem Zeitalter der Demokratie keineswegs teilt, sondern in *Ariel* ein – wenn auch nuanciert und vorsichtig vorgetragenes – Votum *für* die Demokratie ablegt. Darüber hinaus fehlt bei Rodó jedoch vor allem die im Stoff latent vorhandene, von Fernández Retamar verabsolutierte Bedeutungsebene „Europäismus"/„Dritte Welt". Es geht in *Ariel* nicht um den Gegensatz Autochthonie vs. kulturelle Überfremdung; es geht vielmehr um ein einziges, universelles Bildungsideal, das er in Ariel symbolisch verkörpert sieht. Calibán ist dazu kein alternatives Prinzip mit eigener „Substanz", sondern – wie der Teufel in der christlichen Theologie – ein Element des gleichen Paradigmas: Calibán steht für das, was Ariel in sich trägt und überwinden muß, um ganz er selbst zu sein.

Andererseits hat Rodó die im Shakespeare-Stoff angelegte Dichotomie zweier Prinzipien sehr wohl aufgenommen. Sie erscheint im letzten Drittel seiner Schrift, thematisiert als der kulturelle Gegensatz zwischen Nord- und Südamerika. Die Rezeption des *Ariel* hat das Werk auf diesen Gegensatz völlig reduziert. Der Diskurs des „Arielismus" ist nichts anderes als das Ergebnis dieser Reduktion. Was Rodó selbst jedoch angeht, so liegt ihm jeder manichäische Reduktionismus fern: Obwohl er den bei Shakespeare grundgelegten mythologischen Symbolismus mit Ariel als der höchsten Verkörperung des Prinzips der Kultur übernimmt und den Weg der südamerikanischen Kultur als eine Verwirklichung dieses Prinzips zu begreifen sucht, widersteht er der naheliegenden Versuchung, die ausführlich erörterten negativen Seiten der nordamerikanischen Kultur kurzerhand dem kulturzerstörerischen Einfluß Calibáns zuzuschlagen.

Der Gedankengang des *Ariel* ist also weniger simpel, als es im Lichte einer reduktionistischen Rezeptionsgeschichte zunächst den Anschein hat. In Wirklichkeit überkreuzen sich im Text nämlich zwei Strukturen: Der utopische Entwurf einer idealen Kultur auf der einen, die – auf Empirie gegründete – dichotomische Gegenüberstellung zweier gegensätzlicher Kulturen auf der anderen Seite. Was den ersten Punkt angeht, so kann Rodó auch hier anknüpfen an ein Motiv, das sich bereits bei Shakespeare findet – das Motiv der fernen Insel als dem Idealort zur Verwirklichung kultureller oder gesellschaftlicher Utopien. Angesichts dieses für *Ariel* grundlegenden utopischen Elements kommt der Struktur der Dichotomie lediglich sekundäre Bedeutung zu. Lateinamerika und Nordamerika nämlich befinden sich in der Sichtweise Rodós durchaus *beide* auf dem Weg zur Realisierung der Utopie; allerdings – so glaubt Rodó annehmen zu können – hat der Süden dabei den Kopf ein gutes Stück voraus. Trotzdem ist *Ariel* nicht nur der Versuch einer Beschreibung der „lateinischen" Kultur Südamerikas, sondern zugleich auch der Entwurf eines Ideals mit universeller Geltung. Der kulturkritische Impuls des Essays ist als Korrektiv der nordamerikanischen, zugleich aber auch der südamerikanischen Kultur zu verstehen. Doch nun zum Text selbst.

Die Lektüre ist nicht einfach. Was wir lesen, ist – fast unter gänzlichem Verzicht auf leserfreundliche Gliederungssignale – die kontinuierlich fortgesetzte Rede Prósperos an die Jugend. Rodós Stil ist philosophisch-abstrakt, für heutige Ohren mit würdevoller, gelegentlich pompöser Rhetorik durchzogen. Dennoch läßt sich das Prinzip der inhaltlichen Gliederung, das dem Text zugrunde liegt, leicht nachvollziehen.

Schon die grundlegende Kommunikationssituation ist für den mitgeteilten Inhalt schlechthin kodifizierend[9]: Der alte, weise Próspero wendet sich an seine Schüler, an die Jugend. Der Saal, in dem er seine Rede hält, wird beherrscht von einer Bronzestatue Ariels:

Ariel, genio del aire, representa, en el simbolismo de la obra de Shakespeare, la parte noble y alada del espíritu. Ariel es el imperio de la razón y el sentimiento sobre los bajos estímulos de la irracionalidad; es el entusiasmo generoso, el móvil alto y desinteresado en la acción, la espiritualidad de la cultura, la vivacidad y la gracia de la inteligencia, – el término ideal a que asciende la selección humana, rectificando en el hombre superior los tenaces vestigios de Calibán, símbolo de sensualidad y de torpeza, con el cincel perseverante de la vida. (*A*, 162)

In der Symbolsprache des Shakespeareschen Werkes repräsentiert der Luftgeist Ariel den edlen und beflügelten Teil des Geistes. Ariel steht für die Herrschaft der Vernunft und des Gefühls über die niederen Regungen der Unvernunft; er steht für den Enthusiasmus des Gebens, die hohen und desinteressierten Beweggründe des Handelns, das geistige Prinzip in der Kultur, die Lebhaftigkeit und die Anmut der Verstandeskräfte, – kurz das ideelle Ziel, welches dem Prinzip der menschlichen Auslese überhaupt zugrunde liegt, indem es dabei im höheren Menschen die hartnäckigen Spuren Calibans – Symbol der Sensualität und der geistigen Starrheit – mit dem hartnäckigen Meißel des Lebens zu tilgen sich anschickt.

Ausdrücklich hebt Próspero also hervor, über ein Symbol zu sprechen, ja geradezu ein „Ideal". Ziel des ersten Teils seiner Rede ist es deshalb, seine Zuhörer von der Notwendigkeit zu überzeugen, daß es vor allem die Jugend ist, auf welche sich die Hoffnung auf die Verwirklichung des Ideals stützt: «La juventud es el descubrimiento de un horizonte inmenso, que es la vida» (*A*, 163) [Die Jugend besteht in der Entdeckung eines unendlichen Horizonts, der das Leben ist]. So lautet zumindest die Lehre des französischen Philosophen Renan, der in der Wertschätzung Prósperos an oberster Stelle rangiert.

Zwei Seiten weiter wird Próspero dann zum ersten Mal konkreter, kommt auf die gegenwärtige Zeit zu sprechen und bezieht kritisch Stellung zum Zeitgeist der «décadence», wie er sich niederschlägt in J.-K. Huysmans' Roman *A rebours*: Der impressionistische Ästhetizismus des Protagonisten Des Esseintes ist es *nicht*, so unterstreicht er, den die zur historischen Tat angetretene idealistische Jugend sich zum Vorbild nehmen sollte (vgl. *A*, 166). Die Stellungnahme hat Gewicht, wenn man sich vergegenwärtigt, mit welchem Enthusiasmus *A rebours* von den Fin-de-siècle-Autoren in Hispanoamerika gelesen wurde. Próspero ruft also auf zur historischen Tat, zur historischen Geistestat. Welches sind ihre Prinzipien? «Hablemos, pues, de cómo consideraréis la vida que os espera» (*A*, 168) [Reden wir nun davon, wie das Leben aussehen soll, das Euch erwartet].

Als erstes Element des „neuen Lebens" bezeichnet Próspero die Überwindung der durch die moderne Zivilisation scheinbar unumgänglich gewordenen Spezialisierung. Der Archetyp universeller Menschenbildung, also einer *nicht* auf dem Prinzip der Spezialisierung aufbauenden Kultur, findet sich bereits im alten Griechenland (vgl. 170f.). Doch Próspero ist sich bewußt, daß es darum geht, das «milagro griego» (171) *heute*, inmitten also der komplexen modernen Gesellschaft, zu verwirklichen. Wie ist dies möglich? Durch die Pflege dessen – so führen die folgenden Abschnitte aus –, was den Stoikern als «reino interior» (173), uns Heutigen dagegen als „Individualismus" bekannt ist. Eng verknüpft mit der Ausbildung individueller Persönlichkeitswerte ist die Neuentdeckung des überkommenen Kulturwertes der Muße:

Pensar, soñar, admirar: he aquí los nombres de los sutiles visitantes de mi celda. Los antiguos los clasificaban dentro de su noble inteligencia de *ocio*, que ellos tenían por el más elevado empleo de una existencia verdaderamente racional, identificándolo con la libertad del pensamiento emancipado de todo innoble yugo. El ocio noble era la inversión del tiempo que oponían, como expresión de la vida superior, a la actividad económica. (*A*, 173)

Denken, träumen, staunen: Dies sind die Namen der feinsinnigen Besucher meiner Zelle. Im Weltbild der Alten waren sie klassifiziert als *Muße*, welche als der edelste Gebrauch galt, den man von einer in Wahrheit vernunftorientierten Existenz machen konnte; Muße war gleichgesetzt mit der Freiheit des jeden unedlen Jochs entledigten Denkens. Die edle Muße entsprach einer Umkehr der Zeit, die als Ausdruck höheren Lebens als im Gegensatz stehend zum ökonomisch ausgerichteten Leben betrachtet wurde.

Ein längerer Abschnitt fragt nun weiter nach den konkreten Inhalten solcher, die Gesamtpersönlichkeit ausfüllenden „müßigen" Tätigkeiten. Zu diesen ist vor allem die Kunst zu rechnen. Ganz im Schillerschen Sinne – die «elocuentes páginas de Schiller» werden ausdrücklich genannt (175) –, im Gegensatz jedoch zum *L'art-pour-l'art*-Ideal der Décadence und des Fin de siècle, bestimmt Próspero die Kunst als den Ort der Koinzidenz von Schönheit und Moral. Über mehrere Seiten hin wird sodann das Ideal – die Utopie, können wir sagen – vom kulturschaffenden, Sitten und Moral befördernden Einfluß der schönen Künste entwickelt: Weder der genußfeindliche Puritanismus (vgl. 177) noch der zivilisationskritische Rousseauismus (vgl. 184) besitzen hierfür ein Sensorium. Eine durch den steten Umgang mit dem Schönen gebildete Persönlichkeit dagegen besitzt Geschmackskultur («gusto fino», 178) und entwickelt somit langsam das höchste der Persönlichkeitsgüter – «el don de la universalidad» (179). In dieser, die Gesamtheit aller Seelenkräfte harmonisch und gleichzeitig ausbildenden Leistung besteht der eigentliche Endzweck der Kultur, auf welchen die Jugend nach dem Willen Prósperos hinarbeiten soll:

El criterio común abunda en la creencia de enemistades parecidas. – Si os proponéis vulgarizar el respeto por lo hermoso, empezad por hacer comprender la posibilidad de un armónico concierto de todas las legítimas actividades humanas, y ésa será más fácil tarea que la de convertir directamente el amor de la hermosura, por ella misma, en atributo de la multitud. (*A*, 179)

Der gemeine Verstand ergeht sich im Glauben an dergleichen Feindschaften. – Wenn ihr dem Mann auf der Straße Respekt vor der Schönheit beibringen wollt, so fangt damit an, ihm zunächst einmal die Möglichkeit eines harmonischen Zusammenspiels aller legitimen menschlichen Tätigkeiten verstehbar zu machen; dies ist eine einfachere Aufgabe als jene, die Liebe zur Schönheit unmittelbar – für sich selbst betrachtet – in ein Attribut der Masse zu verwandeln.

Nach dieser ersten allgemeinen Vorstellung des durch Ariel verkörperten Kulturideals setzt sich Próspero nun mit einzelnen Argumenten der in Renans *Caliban* entwickelten Kulturkritik auseinander. Der „Idealismus“ Ariels – so faßt Rodó zu Beginn das bisher Entwickelte nochmals zusammen – ist nichts anderes als

la concepción de la vida racional que se funde en el libre y armonioso desenvolvimiento de nuestra naturaleza, e incluye, por lo tanto, entre sus fines esenciales, el que se satisface con la contemplación sentida de lo hermoso. (*A*, 180)

der Begriff des vernunftgemäßen Lebens, der in der freien und harmonischen Entwicklung unserer Natur besteht und deshalb zu seinen wesentlichen Zielen dasjenige zählt, das sich selbst genug ist in der einfühlenden Versenkung in das Schöne.

Der Utilitarismus, sagt er dann im Vorgriff auf die den Essay beschließende ausführliche Auseinandersetzung mit der nordamerikanischen Kultur, basiert in dieser Hinsicht auf dem entgegengesetzten Prinzip. Der Utilitarismus ist jedoch nach allgemeiner Einschätzung eine Folge der allgemeinen Demokratisierung des Lebens. Dann aber ergibt sich die fatale Konsequenz, daß Demokratie und Arielismus als zwei einander ausschließende Prinzipien der Geschichte zu betrachten sind. Eben dies war ja eine der Schlußfolgerungen Renans:

Según él, siendo la democracia la entronización de Calibán, Ariel no puede menos que ser el vencido de ese triunfo. (181)

Renan zufolge kann Ariel, da Demokratie die Inthronisation von Calibán bedeutet, nur als der Besiegte aus diesem Triumph hervorgehen.

Die in ihren einzelnen Argumentationsschritten nicht sehr originelle Antwort Rodós besteht in einem Kompromiß. In ihrem Resultat ist sie dennoch bemerkenswert: Rodó stimmt den Kassandrarufen gegen die moderne Demokratie nicht zu, und zwar aufgrund der festen Überzeugung, daß der demokratische Gedanke gewissermaßen zum Bestandteil der Gründungsakte der lateinamerikanischen Staaten gehöre, denn «la obra de la Revolución [...] en nuestra

América se enlaza [...] con las glorias de su Génesis» (181) [das Werk der Revolution ... ist in unserem Amerika Teil seiner glanzvollen Entstehung]. Es kann also nicht darum gehen, Demokratie abzuschaffen, um den Geist zu retten, sondern es muß gezeigt werden, daß die Versöhnung von Geisteskultur und Demokratie die eigentliche Aufgabe der Zukunft ist:

Del espíritu del cristianismo nace, efectivamente, el sentimiento de igualdad, viciado por cierto ascético menosprecio de la selección espiritual y la cultura. De la herencia de las civilizaciones clásicas nacen el sentido del orden, de la jerarquía, y el respeto religioso del genio, viciados por cierto aristocrático desdén de los humildes y los débiles. El porvenir sintetizará ambas sugestiones del pasado, en una fórmula inmortal. La democracia, entonces, habrá triunfado definitivamente. (*A*, 189)

Aus dem Geist des Christentums heraus entwickelt sich in der Tat das Gefühl der Gleichheit, verfälscht durch eine Art asketischer Verachtung im Hinblick auf das Prinzip der geistigen Auslese und der Kultur. Das Erbe der klassischen Zivilisationen läßt das Gefühl für Ordnung und Hierarchie entstehen sowie die gleichsam religiöse Achtung vor dem Genie, seinerseits verfälscht durch eine Art aristokratischer Verachtung gegenüber den Niedrigen und Schwachen. Die Zukunft synthetisiert die beiden Angebote der Vergangenheit in einer unvergänglichen Formel. Dann hat die Demokratie endgültig den Sieg davongetragen.

Die allgemeine Gleichmacherei sowie die utilitaristische Orientierung an der Befriedigung materieller Bedürfnisse sind keineswegs das unausweichliche Schicksal des demokratischen Zeitalters. Demokratie als die reale Bereitstellung der Bedingung der Möglichkeit individueller Entfaltung ist vielmehr zugleich ein wirksames Instrument geistiger Auslese, der ideale, ja geradezu providentielle Nährboden der Kultur.[10] In dieser Hinsicht betrachtet ist Demokratie ebenso weit entfernt vom Schreckensbild eines gleichmacherischen Utilitarismus wie auch vom – nicht weniger kulturzerstörerischen – Ideal des Übermenschen, mit welchem sich ein Friedrich Nietzsche dem nivellierenden Demokratismus entgegenzustellen versuchte (vgl. 185, 188). Demokratie gehört mithin zu den unabdingbaren Voraussetzungen dafür, daß sich das Prinzip Ariels in der Kulturgeschichte der Menschheit endgültig durchzusetzen vermag.

Abgrenzung vom Utilitarismus der Vereinigten Staaten von Nordamerika

Fast übergangslos kommt Próspero nach dieser ebenso optimistischen wie utopischen Zukunftsvision erneut auf die Ausgangsfrage nach dem Zusammenhang zwischen Utilitarismus und demokratischer Gleichmacherei zu sprechen. Die Erörterung der Frage wird jetzt jedoch nicht mehr *in abstracto*, sondern mit konkreter Bezugnahme auf Nordamerika geführt,

esa democracia formidable y fecunda, que allá en el Norte ostenta las manifestaciones de su prosperidad y su poder, como una deslumbradora prueba que abona en favor de la eficacia de sus instituciones y de la dirección de sus ideas. (*A*, 190)

diese außerordentliche und fruchtbare Demokratie, die droben im Norden die Zeichen ihrer Prosperität und Macht zur Schau stellt, und zwar als einen weithin leuchtenden Beweis für die Effizienz ihrer Institutionen und die Richtung ihrer Ideen.

Weshalb diese erneute Thematisierung der Vereinigten Staaten? Der Grund liegt in der Gewalt des Faktischen, so wäre zunächst einmal zu antworten, denn nicht nur in Europa steht das durch die USA repräsentierte Kulturmodell für das, was im allgemeinen mit «americanismo» (190) bezeichnet wird, sondern auch in Lateinamerika wächst die Zahl der Anhänger des „Evangeliums" der utilitaristischen Lebensform (vgl. 190). Einmal mehr wird deutlich, daß *Ariel* vor allem als Entwurf einer kulturellen Zukunft zu verstehen ist, nicht als Beschreibung eines kulturellen Ist-Zustandes. Worum es also geht, ist die Frage, ob die *Idee* (= Ariel!) oder die *Realität* (= USA) für Lateinamerika Modell stehen sollen. Rodó entscheidet sich – dies kann nicht verwundern – für Ariel, also für die „Idee" (vgl. 203).

Die Dinge müßten damit eigentlich geklärt sein. Sie sind es aber nicht, und zwar aus folgendem Grund: Wenn „Realität" gegen „Idee" (= Utopie) steht, so wird die Realität unweigerlich den Sieg davontragen. Um dieser Konsequenz zu entgehen, bedient sich Rodó einer Art Sophisma, denn das nun Vorgetragene steht im eklatanten Widerspruch zur bisherigen Argumentation: Angesichts nämlich der Macht des faktischen Vorbildes der USA für ein utilitaristisches Kulturmodell zögert Rodó nun nicht länger, auch die arielistische Utopie zur historischen Realität des lateinischen Südens zu erklären – wovon bisher keineswegs die Rede war. Was bislang lediglich den Status eines *Korrektivs* für zukünftiges Handeln besaß, wird damit zu einer durch die Vergangenheit legitimierten *Norm* umgedeutet. Die Hypostasierung des Arielismus zu einer für die lateinamerikanische Kultur konstitutiven „Persönlichkeit" ist damit abgeschlossen:

Acaso oiréis decir que no hay un sello propio y definido, por cuya permanencia, por cuya integridad deba pugnarse, en la organización actual de nuestros pueblos. Falta tal vez, en nuestro carácter colectivo, el contorno seguro de la ‹personalidad›. Pero en ausencia de esa índole perfectamente diferenciada y autonómica, tenemos – en los americanos latinos – una herencia de raza, una gran tradición étnica que mantener, un vínculo sagrado que nos une a inmortales páginas de la historia, confiando a nuestro honor su continuación en lo futuro. El cosmopolitismo, que hemos de acatar como una irresistible necesidad de nuestra formación, no excluye, ni ese sentimiento de fidelidad a lo pasado, ni la fuerza directriz y plasmante con que debe el genio de la raza imponerse en la refundición de los elementos que constituirán al americano definitivo del futuro. (*A*, 191)

Gemäß einer verbreiteten Meinung gibt es im Hinblick auf die gegenwärtige Organisation unserer Völker kein eigenes und endgültiges Erkennungszeichen, für dessen Erhaltung und Unversehrtheit es sich zu kämpfen lohnte. Es stimmt vielleicht, daß unserem Kollektivcharakter die festen Konturen einer ‚Persönlichkeit' abgehen. Aber als Ausgleich für das Fehlen einer solchen eindeutig differenzierten und autonomen Eigenschaft besitzen wir – die lateinischen Amerikaner – die ererbten Eigenschaften der Rasse, eine große ethnische Tradition, die wir zu bewahren haben, ein heiliges Band, das uns mit den unsterblichen Seiten der Geschichte verbindet und uns seine Weiterführung zur Ehrensache macht. Der Kosmopolitismus, in dem wir eine unabänderliche Notwendigkeit unserer kulturellen Selbstwerdung erblicken, schließt weder dieses Gefühl der Treue gegenüber dem Vergangenen aus noch die leitende und bestimmende Kraft, mit welcher der Genius der Rasse sich bei der Zusammenfügung der Elemente durchsetzen muß, die einmal die definitive Gestalt des Amerikaners der Zukunft ergeben werden.

Es sind dies die entscheidenden Sätze, auf die sich die Rede vom „Arielismus" als eines Synonyms für die Latinität Südamerikas stützt. Das Sophisma ist also keineswegs nur eine Schöpfung der Rezeptionsgeschichte, sondern findet sich bereits bei Rodó selbst.

Dennoch – ich wiederhole – ist die Argumentation Rodós als ganze gesehen nicht manichäistisch. Die naheliegende, von Renan vollzogene Identifikation von „Calibán" und demokratischem Utilitarismus wird von Rodó nicht vollzogen. Wie wir sahen, versucht er, den Utilitarismus des Nordens bereits als eine Vorstufe der Verwirklichung des Arielismus anzusehen. Eine weitergehende – utopische – Konsequenz, die sich hieraus ergibt, besteht darin, Nord und Süd als je unterschiedliche, aber komplementäre Realisationen eines gemeinsamen Zivilisationsprozesses zu betrachten.

América necesita mantener en el presente la dualidad original de su constitución, que convierte en realidad de su historia el mito clásico de las dos águilas soltadas simultáneamente de uno y otro polo del mundo, para que llegasen a un tiempo al límite de sus dominios. Esta diferencia genial y emuladora no excluye, sino que tolera y aun favorece en muchísimos aspectos, la concordia de la solidaridad. (*A*, 192)

Amerika muß in der Gegenwart die Doppelnatur seiner Konstitution aufrechterhalten, die einen klassischen Mythos zur Realität seiner Geschichte hat werden lassen, den Mythos der beiden Adler, die sich zur gleichen Zeit an den beiden Polen der Welt in die Lüfte erhoben, um zusammen die Grenze ihres jeweiligen Herrschaftsgebietes abzustecken. Diese geniale und stimulierende Differenz schließt die Eintracht der Solidarität nicht aus, sondern toleriert und befruchtet sie sogar in mannigfacher Hinsicht.

Mit dieser großartigen utopischen Zukunftsvision, dem endgültigen Sieg Ariels über den Widersacher Calibán auch im Norden, endet der Essay. Das Heil – dies kann man festhalten – kommt also in jedem Fall aus dem Süden!

1.4 José Martí: Leben, Werk und Mythos

Die zweite maßgebliche Gestalt des politischen Modernismus in Lateinamerika ist José Martí (1853–1895). Im Kontext der Fragestellung dieses Kapitels beschäftigen wir uns im folgenden ausschließlich mit dem kulturpolitischen Essay *Nuestra América*. Der zentralen – ja fundierenden – Bedeutung Martís nicht nur für die politische Theorie, sondern insbesondere auch für die poetische Praxis des Modernismus kann dagegen hier nicht nachgegangen werden.[11]

Mehr als irgendein anderer Schriftsteller seiner Generation steht Martí für einen Mythos, einen Diskurs, eine kulturelle und politische Modellvorstellung, in der sich literarische und ideologische Elemente scheinbar unentwirrbar die Hand geben. Diese – von Ottmar Ette ausführlich untersuchte[12] – Rezeptionsgeschichte des Dichters muß an dieser Stelle weitgehend ausgeblendet bleiben.

Das Leben Martís ist mit dem Kampf Kubas um Unabhängigkeit aufs engste verknüpft. Als Martí 1895 sein Leben verliert, ist der Kampf noch nicht entschieden; auch 1898, als Kuba sich zwar definitiv von Spanien löst, hat es seine Unabhängigkeit nur zur Hälfte erreicht, denn es sind nunmehr die Vereinigten Staaten von Nordamerika, die die Stelle des ehemaligen Kolonialherren für Jahrzehnte besetzen. Die symbolische Funktion dieses Lebens als eines gewissermaßen uneingelösten Versprechens auf Unabhängigkeit ist wohl eines der wichtigsten Motive für die ideologische Aufladung, die das Werk und die Gestalt Martís im Laufe ihrer Rezeptionsgeschichte erfahren haben. Sie erklärt, daß sich die kubanischen Revolutionäre von 1959 als die eigentlichen Vollstrecker der von Martí begründeten Unabhängigkeitsbewegung betrachten konnten.

Mit dem Engagement Martís für die Unabhängigkeit seines Landes hängt auch die Tatsache zusammen, daß er einen Großteil seines Lebens in der Emigration verbringen mußte. Zunächst 1869, als ihn die spanischen Behörden wegen seiner Teilnahme am ersten – 1868 ausgebrochenen – Separatistenaufstand zu sechs Jahren Verbannung nach Spanien schickten. 1878 erst kehrt er nach Aufenthalten in Frankreich, England, Guatemala und Mexiko nach Havanna zurück, wird jedoch alsbald erneut wegen konspirativer Aktionen nach Spanien verbannt. Als ihm 1881 die Rückkehr erlaubt wird, ist seine erste Station Venezuela, nicht Kuba. Auch in Venezuela führt sein Aufenthalt zu Problemen mit der politischen Führung, später ebenso in Guatemala und Mexiko. Sein endgültiger Wohnsitz wird schließlich New York, von wo aus er die Operationen des langsam Konturen gewinnenden Freiheitskampfes in seiner Heimat zu leiten beginnt. Seinen Lebensunterhalt verdient er als Journalist.

Trotz dieses ruhelosen Wirkens im Sinne der *vita activa* schreitet die literarische Produktion Martís im engeren Sinne kontinuierlich fort. Fernández Retamar zufolge verwirklicht Martís Werk damit eine als ideal zu bezeichnende Einheit von Politik und Literatur, eine ideologische Klischeevorstellung, die man nicht unbesehen übernehmen sollte. Martí selbst hat sich zu dem Verhältnis von Literatur und Politik in seinem Lebenswerk weitaus zurückhaltender geäußert. Einerseits bezeichnet er literarische Praxis unverblümt als Zeitvertreib: «Ganado tengo el pan: hágase el verso» (zit., Henríquez Ureña 1952, 54, „Fürs Brot ist gesorgt: machen wir uns ans Dichten!"). Andererseits bekennt er, daß die Bildersprache der Poesie für ihn einen absoluten Vorrang hat vor aller übrigen Sprachverwendung: «Necesito ver antes lo que escribo» (vgl. Jiménez 1985, 60, „Was ich schreibe, muß ich vorher sehen"), sagt er einmal, dies natürlich mit Bezug auf seine poetischen Texte im engeren Sinne. Die Formulierung gilt jedoch zweifellos auch für seine politisch-essayistischen Prosaschriften. Henríquez Ureña zufolge ist Martí ja in der Tat als der eigentliche Schöpfer der modernistischen Prosa anzusehen:

> Cierto es que la prosa modernista a veces cayó en el amaneramiento, y que así, en muchos casos, quedó adulterada y casi opacada la influencia rectora de Martí; pero todos los grandes prosistas que vinieron después dentro del movimiento modernista le son tributarios. (1952, 60)

> Sicherlich neigte die modernistische Prosa manches Mal zur Affektiertheit, und so kam der wegweisende Einfluß Martís vielfach nur verzerrt zur Geltung oder blieb vollends unwirksam; aber alle großen Prosaschriftsteller, die die modernistische Bewegung später hervorgebracht hat, sind ihm verpflichtet.

Es stellt sich also die Frage, inwieweit es zutrifft, daß auch Martís politische Philosophie die Sprache der Dichtung spricht, inwieweit mithin auch die politischen Texte Martís Aussagen enthalten, die den Horizont der ideologisierenden Rezeptionsgeschichte seines Werkes überschreiten. Die Frage muß insbesondere im Hinblick auf die Deutung seines vielzitierten Essays *Nuestra América* gestellt werden, dem wir uns nunmehr zuwenden.

1.5 *Nuestra América*

Die teilweise widersprüchlichen Angaben zum Erscheinungsdatum des Textes – 1891 bzw. 1909 – finden darin ihre Erklärung, daß zum einen von einem kurzen, nur wenige Seiten umfassenden Essay, der in der Tat 1891 in der mexikanischen Zeitschrift *El partido liberal* erschienen ist, die Rede ist, zum anderen dagegen von der 1909 – also 14 Jahre nach Martís Tod – veröffentlichten vollständigen Sammlung seiner politischen Schriften, die nach dem Willen des Autors den gleichen Titel trägt. Die Sammlung enthält Aufsätze, Reden, Vorträge, Berichte und Kommentare, die Martís rastlose politische und schriftstellerische Tätigkeit widerspiegeln. Der Aufsatz, der dem Ganzen den Titel gibt, enthält gewissermaßen die Summe dieser aus verschiedenen Anlässen und mit verschiedener Zielsetzung unternommenen Anstrengungen.

Der Text ist ausgesprochen schwierig. Wenn Martí als der eigentliche Schöpfer der modernistischen Prosa gilt, so ist *Nuestra América* zweifellos sein Meisterstück. Wir geben zunächst eine kurze Zusammenfassung der allgemeinen Argumentationsstruktur[13]:

I. *Die allgemeine Problematik Lateinamerikas und seine Bewohner*

1. Ein allgemeines Kennzeichen der Situation Amerikas ist seine Provinzialität. Die Zukunft des Kontinents hängt davon ab, diesen Zustand zu überwinden. Alle Anstrengungen müssen darauf abzielen, dies zu erreichen.
2. Der Kampf um die Zukunft wird geführt im Namen von Gerechtigkeit und Solidarität. Die Verbindung beider Ideale nennt Martí eine «idea enérgica». Letztere muß die Grundlage der gemeinsamen Anstrengungen bilden. Eine erste Etappe zur Verwirklichung besteht in der Anerkennung der Ungerechtigkeit der allgemeinen Besitzverhältnisse an Grund und Boden. Sie muß von denen ausgehen, die bisher die alleinigen Nutznießer der Verhältnisse waren. Als nächster Schritt muß sodann versucht werden, die Verhältnisse effektiv zu verändern. Erst wenn dies erreicht ist, wird Lateinamerika aufhören, ein «pueblo de hojas» zu sein, ein „Volk loser Blätter". Erst dann wird es zu einem *Baum*, festverwurzelt in den Anden.
3. Der nächste Abschnitt beschäftigt sich mit den Subjekten, die diese Veränderungen ins Werk setzen sollen. Illusionslos stellt Martí fest, daß die Bevölkerung Amerikas für solche Aufgaben moralisch kaum gerüstet ist, besteht sie doch in ihrer Mehrheit aus «sietemesinos» [Siebenmonatskinder = Frühgeburten], kraftlosen Egoisten, die mit Mühe über den eigenen Zaun blicken. Eine Folge von weiteren Metaphern variiert den Gedanken in verschiedene Richtungen: Was den Zeitgenossen fehlt – und dies ist der Grund ihrer fundamentalen Schwäche –, ist vor allem Selbstbewußtsein, das Bewußtsein einer eigenen, kraftvollen Identität. Voller Sarkasmus spricht Martí infolgedessen von «estos hijos de carpinteros, que se avergüenzan de que su padre sea carpintero» [diesen Zimmermannssöhnen, die sich schämen, einen Vater zu haben, der Zimmermann ist], oder solchen, die sich ihrer Mutter schämen, weil sie arbeitet, und dennoch auf ihre Kosten leben. Der Grund ihrer Scham ist nichts anderes als der «delantal indio», der indianische Lendenschurz, den sie immer noch zu tragen wähnen. Martí bezeichnet die angedeutete Mentalität als eine von Vaterlandsverrätern und „Deserteuren". Sie zeigt sich vor allem darin, daß sie ihre Verbündeten in Nordamerika sucht, das seine eigenen Indianer in einem Meer

von Blut erstickt hat. Andererseits handelt es sich doch nur um eine Handvoll «delicados» – um Hätschelkinder –, keineswegs jedoch um «hombres». Man sollte sie auf Schiffe verfrachten und auf dem direkten Wege nach Madrid oder Paris in Marsch setzen. Zu den «hombres» – den wahren „Männern" – dagegen gehörte einst der große George Washington. Er schlug sich keinesfalls auf die Seite der Engländer, sondern wußte sein eigenes Land kraftvoll zu verteidigen.

II. *Regierungskunst in Lateinamerika*

1. Was die Entstehungsgeschichte der lateinamerikanischen Nationen und Republiken angeht, so läßt sich behaupten, daß «de factores tan descompuestos, jamás, en menos tiempo histórico, se han creado naciones tan adelantadas y compactas» (227) [aus solch heterogenen Faktoren noch nie so schnell in der Geschichte derart fortgeschrittene und robuste Nationen hervorgegangen sind]. Wenn diese Tatsache einerseits Anlaß ist für berechtigten Stolz, so gilt es andererseits, aus ihr die richtigen Schlüsse zu ziehen im Hinblick auf die Frage nach der adäquaten Form der politischen Regierung. Zu fordern ist deshalb eine „natur"-gemäße, d.h. den spezifischen historischen Gegebenheiten der Länder angepaßte Form der Regierung. Auf keinen Fall jedoch darf die Wahl der Regierung lediglich darin bestehen, fremde Modelle zu übernehmen.
2. Der zweite Abschnitt entwickelt diesen Gedanken weiter anhand einer Auseinandersetzung mit der berühmten Formel «civilización y barbarie». Ohne die Berechtigung der Opposition grundsätzlich in Frage zu stellen, gibt Martí ihr jedoch eine neue Wendung: Der von Sarmiento in die Welt gesetzte Gegensatz nämlich meint in Wirklichkeit einen Gegensatz zwischen „natürlicher" und „falscher Bildung" («falsa erudición y naturaleza»). Das Prinzip der „natürlichen Bildung" ist identisch mit der Forderung nach einer Form von Bildung, die den Gegebenheiten des «hombre natural» Rechnung trägt. Letzterer ist keineswegs bildungs-feindlich. Seine Abneigung gilt der «falsa erudición», während er sich der Autorität einer wirklichen «inteligencia superior» bereitwillig unterwirft. Der kurzfristige Erfolg tyrannischer Systeme beruht in der Regel darauf, daß sie – anders als die Republiken – dem Prinzip einer «conformidad con los elementos naturales» (28) Rechnung zu tragen scheinen. Insofern gilt es, sogar von Tyrannen Regierungskunst zu erlernen. Doch auch der Erfolg der letzteren ist nur von kurzer Dauer, denn auch sie handeln letztlich den Interessen des «hombre natural» zuwider.
3. Die Institution, der die Aufgabe zufällt, die geforderte Übereinstimmung zwischen „Natur" und „Kultur" zu verwirklichen, ist die Uni-

versität. Was sie zu vermitteln hat, ist jene spezifische – *natur*konforme – Kunst des Regierens («arte de gobernar»), die nach dem oben Gesagten erforderlich ist, um die wirklichen Probleme Lateinamerikas zu lösen. Die Frucht eines solchen Bildungssystems sind sodann Regierungen, in denen «políticos nacionales» das Sagen haben, nicht aber – wie gewohnt – «políticos exóticos» (29). Dieser neue Begriff nimmt den bereits bekannten Gegensatz einer „naturgemäßen" und einer „falschen" Bildung wieder auf. Auf der Ebene des regierten Volkes entspricht ihm der Gegensatz zwischen «mestizo autóctono» und «mestizo exótico» (28).

III. *Rückblick auf die Unabhängigkeit*

1. Kirchliche, europäisch-intellektuelle und autochthon-indianische Elemente sind es, die bei der Entstehung der lateinamerikanischen Staaten Pate gestanden haben. Die Problematik des gegenwärtigen Lateinamerika ist das Resultat dieser heterogenen Entstehungsgeschichte. So bestand das Basisproblem der Unabhängigkeit darin, daß die neuen Staaten von heute auf morgen vor der Aufgabe standen, einen freien und selbstbewußten Gebrauch der Vernunft zu praktizieren – «el ejercicio de su razón» (29) –, eine Tätigkeit, die man ihnen drei Jahrhunderte lang systematisch verwehrt hatte. Die Aufgabe eines selbstbewußten Vernunftgebrauchs erfordert einen fundamentalen Wandel der Mentalität. Martí spricht von «cambio de espíritu» (30).
2. Die von den jungen Staaten enthusiastisch verkündete Parteinahme für die «oprimidos» (30) – die bisher marginalisierten „Opfer" des kolonialen Systems – ist eine Art Testfall für diesen Wandel. Das Grundproblem bestand jedoch darin, daß «la colonia continuó viviendo en la república» (30) [die Kolonialzeit in der Republik fortlebte]. Um die Situation zu verdeutlichen, greift Martí zum Bild eines in der Nacht zu seiner Beute zurückkehrenden Tigers. Allerdings bleibt die Hoffnung, daß der Tiger eines Tages erlegt sein werde: «Morirá, con las zarpas al aire, echando llamas por los ojos» (ebd.) [Er wird sterben, die Pranken in der Luft, die Augen voller Glut].

IV. *Die Anfänge der neuen Republiken*

1. Der erste Abschnitt knüpft an die Hoffnungsformel des letzten Satzes an: Wie seinerzeit Rivadavia – einer der „Väter" der argentinischen Unabhängigkeit – ist Martí von der Unvermeidlichkeit eines endgültigen Sieges der neuen Ordnung zutiefst überzeugt. Die Hoffnung gründet sich in der Tatsache, daß die Wirklichkeit des neuen Menschen dabei ist, sich durchzusetzen.
2. Der zweite Abschnitt versucht diese Wirklichkeit konkret als das Re-

sultat der verschiedenen Elemente, die die lateinamerikanische Kultur in ihrem geschichtlichen Entstehen konstituieren, zu fassen. Europäische, indianische und negroide Traditionen auf der einen, urbane und ländliche Traditionen auf der anderen Seite liegen miteinander in Konflikt – oder bilden ungeahnte Koalitionen –, um Lateinamerika hervorzubringen. Nicht nur gewalttätige Auseinandersetzungen, sondern auch das Prinzip der „Liebe“ (31) stehen mithin – Martí zufolge – an der Wiege Lateinamerikas. Legitimerweise läßt sich die Frage nach der lateinamerikanischen „Identität“ – «¿Cómo somos?» (31) – deshalb nur in historischer Hinsicht, nicht jedoch „metaphysisch“, beantworten. Das Schlüsselwort für den historischen Entstehungsprozeß Lateinamerikas lautet infolgedessen «crear» [erschaffen]: «El vino, de plátano; y si sale agrio, ¡es nuestro vino!» (31) [Unser Wein, aus Bananen gepreßt: schmeckt er auch bitter, es bleibt dennoch unser Wein!]. Man darf das berühmte Wort weder isoliert betrachten noch „konkretistisch“ mißverstehen: Obwohl Martí – wie der Kontext zeigt – vom positiven Fortgang der Geschichte überzeugt ist, enthält der ironisch-utopistische, durchaus selbstkritische Zungenschlag der Formulierung unübersehbar einen Hinweis auf die ambivalente Vieldeutigkeit des Geburtsprozesses Lateinamerikas.

V. *Die Zukunft des Kontinents*

1. Unter den vielen Gefahren, die in der Zukunft zu bewältigen sind, ist diejenige, die vom Großen Bruder im Norden ausgeht, die größte. Die eigentliche Gefahr liegt vor allem in der Tatsache gegenseitiger Unkenntnis sowie der darauf begründeten Mißachtung des anderen. Paradoxerweise liegt die Gefahr also auch im – gewissermaßen – inneren Zustand Lateinamerikas selbst, so z. B. in der – traditionellerweise vorherrschenden – Haltung realitätsferner Arroganz. Sie zu überwinden, wäre ein erster Schritt, um der Gefahr zu begegnen. Statt einseitiger Schuldzuweisungen appelliert Martí deshalb an die Pflicht zur schonungslosen Selbsterkenntnis: «el deber de nuestra América es enseñarse como es ...» (32) [unser Amerika hat die Pflicht, sich so zu zeigen, wie es ist]. Was dem Appell zur Entwicklung eines solchen – realitätsadäquaten – Selbstbewußtseins zugrunde liegt, ist nichts anderes als das Vertrauen in die Durchsetzbarkeit eines universellen Prinzips von Rationalität. Martís Forderung zielt darauf ab, sie hüben wie drüben zu entwickeln.
2. Der letzte Abschnitt beschäftigt sich mit dem in diesem Kontext naheliegenden Begriff der Rasse. Martí zufolge ist der Rassenbegriff jedoch ungeeignet, die Unterschiede zwischen Nord und Süd wirklich zu erfassen, da er dem Vorurteil einer naturnotwendigen Hierarchie Vor-

schub leisten würde. «Peca contra la Humanidad el que fomente y propague la oposición y el odio de las razas» (32) [Wer Rassengegensatz und Rassenhaß Vorschub leistet oder propagiert, sündigt wider die Menschheit]. Wer die Menschen dagegen unvoreingenommen gemäß dem Kriterium einer durch die Natur vorgegebenen „Gerechtigkeit" beurteilt, erkennt im „Sieg der Liebe" sowie im „Ungestüm der Leidenschaft"[14] die universellen Zeichen des Menschseins. Wenn angesichts dieses Kriteriums die Rassentheorie keinen Bestand hat, so sind gewichtige Unterschiede und Besonderheiten der einzelnen Völker, Nationen und Regionen untereinander dennoch unverkennbar. Diese Unterschiede gilt es kennenzulernen und zu respektieren. Andernfalls droht der gewalttätige Zusammenstoß. Abermals wendet sich Martí sowohl an die Bevölkerung im Süden als auch diejenige im Norden. Vor allem die ersteren jedoch warnt er vor einer Haltung engstirniger Arroganz, die darin bestünde, dem Norden «por antipatía de aldea» (32) [aus dörflicher Antipathie] grundsätzlich negative Eigenschaften zuzusprechen. Gelingt es dagegen im Süden, jene Haltung der Toleranz, die Lateinamerika seitens der Nordamerikaner so dringend benötigt, selbst zu verwirklichen, so zweifelt Martí nicht daran, daß der Traum von einem einheitlichen «América nueva» (33) eines Tages Wirklichkeit zu werden vermag.

Poetische Strukturen in «Nuestra América»

Wenden wir uns nunmehr der Beantwortung der oben aufgeworfenen Frage nach dem Verhältnis von politischer Philosophie und poetischer Struktur in *Nuestra América* zu. Als ein erstes Beispiel dient zunächst der erste Abschnitt des Textes:

Cree el aldeano vanidoso que el mundo entero es su aldea, y con tal que él quede de alcalde, o le mortifique al rival que le quitó la novia, o le crezcan en la alcancía los ahorros, ya da por bueno el orden universal, sin saber de los gigantes que llevan siete leguas en las botas y le pueden poner la bota encima, ni de la pelea de los cometas en el Cielo, que van por el aire dormidos engullendo mundos. Lo que quede de aldea en América ha de despertar. Estos tiempos no son para acostarse con el pañuelo a la cabeza, sino con las armas de almohada, como los varones de Juan de Castellanos: las armas del juicio, que vencen a las otras. Trincheras de ideas valen más que trincheras de piedras. (26, 1)

Der eingebildete Dörfler hält die ganze Welt für sein Dorf, und unter der Voraussetzung, daß er selbst Dorfschulze wird, sei es daß er seinem Nebenbuhler, der ihm seine Braut ausgespannt hat, damit eins auszuwischen glaubt oder der Inhalt seiner Sparbüchse damit anschwillt, gibt er der universellen Ordnung seinen Segen, und kümmert sich einen Kehrricht um die Giganten, die mit Siebenmeilenstiefeln daherkommen und ihm mit ihren Stiefeln eins überziehen, bzw. um den Kampf der Kometen am Himmel, die im Schlaf Welten verschlingen. Das Dörfliche in Amerika muß endlich erwachen.

Die gegenwärtigen Zeiten taugen nichts für Leute, die sich zum Schlafengehen die Decke über den Kopf ziehen, sondern nur für solche, die sich mit ihren Waffen zudecken wie die Helden bei Juan de Castellanos: den Waffen des Gerichts, die den Sieg davontragen über andere Arten von Waffen. Schützengräben aus Ideen sind wirkungsvoller als Schützengräben aus Steinen.

Die oben gegebene Zusammenfassung[15] des Abschnitts ist kurz ausgefallen. In dieser Form war sie sicherlich nicht falsch, doch unterschlug sie weitgehend die poetischen Bilder, die der Argumentation ein eigenes Gewicht geben. Es sind vor allem die folgenden:

1. das Bild des Dorfes;
2. die Siebenmeilenstiefel tragenden Giganten;
3. die Welten verschlingenden Kometen;
4. Waffen als Zudecke;
5. Schützengräben aus Ideen.

Auffällig ist die semantische Opposition, die zwischen dem ersten und dem zweiten bzw. dritten Bild besteht. Sie wird auf konnotativer Ebene entfaltet. „Dorf" steht offensichtlich für den Begriff „Mikrokosmos": Wer ausschließlich im Mikrokosmos lebt, wird der Vorgänge im Makrokosmos nicht gewahr. Die Vorgänge im Mikrokosmos sind „sentimentaler" oder egoistisch-materialistischer Natur (es geht entweder um Bräute und Rivalen oder es geht ums Sparschwein!). Während der Mikrokosmos mit konkreten, alltäglichen Bildern beschrieben wird, greift Martí zur Kennzeichnung des Makrokosmos zu mythologisch-kosmologischen Bildern. Die zentrale Eigenschaft des Makrokosmos ist seine Bedrohlichkeit (« ... poner la bota encima», « ... engullendo mundos»). Der Grund hierfür liegt in der alles Gewohnte sprengenden raumzeitlichen Dimensionierung des Makrokosmos, im Text zunächst indiziert durch das Bild der Siebenmeilenstiefel, einem aus der romantischen Märchenliteratur übernommenen Symbol für Schnelligkeit.[16]

Ein weiteres Bild ist der „Kampf der Kometen". Wir befinden uns unzweifelhaft in der konkreten Welt der Gestirne, also dem Makrokosmos par excellence, zugleich jedoch auch – indiziert durch die Metapher vom „Kampf" der Kometen – in einer mythologisch konnotierten Welt der Sterne, wie sie z.B. seit der Antike in der Astrologie gegenwärtig geblieben ist. Das Bild vom *weltenverschlingenden* Kometen läßt darüber hinaus an Saturn denken, den mythologischen „Chronos", der zwar kein Komet ist, wohl aber ein Planet, von dem die griechische Mythologie berichtet, er verschlinge seine Söhne. In Goyas berühmter «pintura negra» ist Chronos im übrigen dargestellt als „Gigant". Folgt man diesen Hinweisen, so geht es bei beiden Bildern – den Siebenmeilenstiefel tragenden Giganten sowie den Welten verschlingenden Kometen – philosophisch gesehen um einen ähnlichen Sachverhalt. Es geht darum, den Lauf der Zeit – den Lauf der Geschichte nämlich – nicht zu verpassen.

Auch die Bilder 4 und 5 gehören zusammen, und zwar als Antwort und Alternative auf die die Gefahr der „Dörflichkeit" denunzierenden Bilder 1 bis 3: „Dörflich" ist es, das biedermeierliche Kopftuch überzuziehen und die Stunde der Geschichte zu verschlafen. Statt mit dem Kopftuch, so suggeriert der Text, soll man sich eher mit *Waffen* zudecken, d.h. – gemäß der Sprache der Bibel – allzeit wachsam sein. Martí erinnert an die Helden der Conquista, wie sie von Juan de Castellanos[17] beschrieben wurden. Die letzten Sätze erläutern dann jedoch, daß es sich bei den Waffen um sogenannte „Waffen des Geistes" handelt, ein Ausdruck, der nunmehr konkret auf Eph. 6, 11 ff. anspielt. Damit ist eine entscheidende Aussage bereits vorweggenommen, die im dritten Abschnitt später ausgeführt werden wird: «El problema de la independencia no era el cambio de formas, sino el cambio de espíritu» (30) [Das eigentliche Problem der Unabhängigkeit bestand nicht in einem Wandel der Formen, sondern in der Notwendigkeit zu einem Wandel des Geistes].

Werfen wir abschließend einen Blick auf einen weiteren Textabschnitt, und zwar die Darstellung der Unabhängigkeitsepoche, die in III, 1 thematisiert wird.

Charakteristisch ist auch hier wieder die Überlagerung der rhetorischen durch eine poetische Struktur. Am Beginn steht, eingeleitet jeweils durch ein anaphorisches «con ...», eine Folge von Bildern, deren Funktion darin besteht, den Ausgangspunkt der Erhebung zu bezeichnen:

Con los pies en el rosario, la cabeza blanca y el cuerpo pinto de indio y criollo, vinimos, denodados, al mundo de las naciones. Con el estandarte de la Virgen salimos a la conquista de la libertad. Un cura, unos cuantos tenientes y una mujer alzan en México la república, en hombros de los indios. Un canónigo español, a la sombra de su capa, instruye en la libertad francesa a unos cuantos bachilleres magníficos, que ponen de jefe de Centro América contra España al general de España. Con los hábitos monárquicos, y el Sol por pecho, se echaron a levantar pueblos los venezolanos por el Norte y los argentinos por el Sur. (29)

Die Füße noch im Rosenkranz verstrickt, den Kopf weiß und den übrigen Körper indianisch oder kreolisch bemalt, hielten wir unerschrocken Einzug in der Welt der Nationen. Unter dem Banner der Heiligen Jungfrau machten wir uns auf, die Freiheit zu erobern. Ein Pfarrer, ein paar Offiziere und eine Frau errichten in Mexiko – auf den Schultern der Indios – die Republik. Im Schatten seines weiten Mantels unterweist ein spanischer Domherr einige prachtvoll aussehende *studiosi* in Sachen französischer Freiheit, die daraufhin den spanischen General zum Anführer Zentralamerikas im Kampf gegen Spanien ernennen. In monarchischer Tracht, die Sonne auf der Brust, begannen im Norden die Venezolaner, im Süden die Argentinier mit der Erhebung ihrer Völker.

Die Bildersprache Martís hat keineswegs nur rhetorische Schmuckfunktion, sondern ist „motiviert" durch die Thematisierung der – für lateinamerikanische Kultur und Geschichte fundamentalen – „Mestizierung". Begrifflich erfordert der Tatbestand ein fortwährendes Denken in Widersprüchen. Martís Prosa „denkt" in paradoxen Bildern:

Con los pies en el rosario, la cabeza blanca y el cuerpo pinto de indio y criollo, vinimos, denodados, al mundo de las naciones.

Der Satz beschreibt den Lateinamerikaner, der den ersten Schritt in die Unabhängigkeit vollzieht: Die Bewegung seiner Füße ist noch behindert – gefesselt wie die Füße eines Sklaven! – durch den Rosenkranz; sein Kopf – d. h. sein Verstand, seine Bildung, sein „rationales" Vermögen – ist der eines Weißen; sein Körper dagegen ist nach Indioart – bzw. nach Art der „Kreolen", wie Martí überraschenderweise sagt! – *bemalt*. Lesen wir „Kopf" als „Vernunft", so bedeutet „Körper" soviel wie „Herz". Die beschriebene Person ist also – „von Kopf bis Fuß" gewissermaßen – ein kultureller Mestize. *So* präsentiert sich der erste Lateinamerikaner dem Konzert der Nationen. Das Freiheitsbanner, das der frisch ausgerufenen «République» der revolutionären Emblematik folgend in die Hand gedrückt wird, ist noch das Banner der Heiligen Jungfrau, der Patronin aller christlichen Kreuz- bzw. Eroberungszüge. Demgemäß haben in Mexiko ein Kleriker, ein paar Offiziere sowie eine Frau die Republik aus der Taufe gehoben. «En hombros de los indios» – „auf den Schultern der Indios": Die Republik wird vorgeführt wie die Statuen der Heiligen bei kirchlichen Prozessionen. Das ist die *eine* Seite des Bildes. Die *andere* spielt an auf die historische Tatsache, daß die Unabhängigkeit auch in einem konkreten Sinne teilweise „auf den Schultern der Indios" erstritten wurde, d.h. dank ihrer militärischen Unterstützung.

Auch die ausführliche – mehr als 20 Zeilen umfassende, durch fünfmaliges anaphorisches «como» eingeleitete – Erörterung der die Problematik der Unabhängigkeit bedingenden Gründe in Abschnitt III ist gespickt mit paradoxen Formulierungen. Es ist die durch tiefe Ambivalenz gekennzeichnete Situation des jungen Lateinamerika selbst, die das Paradox provoziert.

«Y como el heroísmo en la paz es más escaso, porque es menos glorioso que el de la guerra ...» [Da der Heroismus in Friedenszeiten seltener anzutreffen ist, denn er bringt weniger Ruhm ein als der des Krieges]: Die Unabhängigkeitsepoche selbst war eine Zeit der (Kriegs-)Helden. Als die Unabhängigkeit jedoch einmal erstritten war, bestand das Problem darin, den Frieden zu gestalten. Es ging nun darum, „Friedenshelden" hervorzubringen. „Friedenshelden" sind in der geltenden Werteordnung jedoch nicht vorgesehen. Mittels des Paradoxes weist Martí mithin auf die den Abschnitt beschließende Forderung nach einem grundlegenden Mentalitätswechsel voraus.

«... como al hombre le es más fácil morir con honra que pensar con orden ...» [da es dem Menschen leichter fällt, ehrenvoll zu sterben als richtig zu denken]: Der zweite der angeführten Gründe ist in Wirklichkeit eine Begründung für den ersten. Es bringt Ehre, fürs Vaterland zu sterben, so hieß es bereits bei den Römern. Der Spruch soll auch weiterhin gelten. Dennoch: gemessen an der Friedensaufgabe der Errichtung einer vernunftgemäßen politischen Ordnung, erscheint die Verwirklichung der römischen Tugend als

„leicht", ist doch die Ehre des Heldentodes nicht in jedem Falle eine vernunftbegründete! „Schwer" dagegen ist richtiges Denken – «pensar con orden», „ordentliches" Denken, könnte man übersetzen, ein Denken jedenfalls, das „Ordnung" schafft, *politische* Ordnung natürlich. Die Prinzipien eines «morir con honra» sowie eines «pensar con orden» erhalten somit das Gewicht historischer Alternativen. Es ist dies ein Gedanke, auf den Martí am Ende des Satzes nochmals ausführlich zurückkommt:

[...] como la constitución jerárquica de las colonias resistía la organización democrática de la República, o las capitales de corbatín dejaban en el zaguán al campo de bota de potro, o los redentores bibliógenos no entendieron que la revolución que triunfó con el alma de la tierra, desatada a la voz del salvador, con el alma de la tierra había de gobernar, y no contra ella ni sin ella, entró a padecer América, y padece, de la fatiga de acomodación entre los elementos discordantes y hostiles que heredó de un colonizador despótico y avieso, y las ideas y formas importadas que han venido retardando, por su falta de realidad local, el gobierno lógico. (29)

[...] da die hierarchische Verfassung der Kolonien der demokratischen Organisation der Republik entgegenstand, da die Halskrausenmetropolen das Hinterland mit seinen Pferdestiefeln im Vorzimmer abfertigten, da die buchgeborenen Erlöser nicht verstehen wollten, daß die Revolution, die ihren Triumph der Seele der Erde verdankte, hörig der Stimme ihres Retters, auch mit der Seele der Erde regiert werden mußte – nicht jedoch gegen sie und auch nicht ohne sie –, begann die Geschichte Amerikas als eine Geschichte des Leidens, und fährt fort zu leiden, ermüdet durch die Notwendigkeit, zwischen widerstrebenden und feindlichen Elementen seinen Weg zu finden, die es von einem despotischen und heimtückischen Kolonisator geerbt hatte, zwischen importierten Ideen und Formen, die allesamt, aufgrund ihrer Nichtübereinstimmung mit der vorgefundenen Realität, die Bildung einer vernunftgemäßen Regierung verhindert haben.

Es ist geradezu eine Büchse der Pandora, die sich öffnet, wenn die Frage gestellt ist nach dem Weg Lateinamerikas in die Unabhängigkeit: der despotische, durch und durch hierarchische Charakter der spanischen Kolonialordnung; der um die wirklichen Bedürfnisse der Länder unbekümmerte städtische Zentralismus; die eurozentrisch verengte Perspektive der intellektuellen Führer der Bewegung; die blinde Gefolgschaft derer, die sich ihnen anschlossen, da sie sich Rettung versprachen aus der Kalamität der Gegenwart. Alles dies kam zusammen, um bis heute zu verhindern, daß Lateinamerika in den Genuß eines Gemeinwesens gelangte, das den von den Befreiern anfangs verkündeten Prinzipien einer demokratisch durchorganisierten modernen Republik tatsächlich entsprochen hätte, einer staatlichen Organisation, die von Martí provokativ – in Erinnerung natürlich an die im zweiten Abschnitt erörterten Prinzipien – als «gobierno lógico» bezeichnet wird, als „logische", sprich: „vernunftgemäße" Regierung. Gemessen am Grundsatz einer „naturkonformen" Regierungsform nämlich – so konstatiert Martí nunmehr illusionslos – war das historische Resultat der Unabhängigkeit *weder* „logisch“ (was die Übereinstimmung angeht mit diesem Prinzip) *noch* war es „vernünftig“ (was das Resultat angeht im allgemeinen).

Es finden sich im Text von *Nuestra América* mithin kaum Ansätze für jene „dichotomischen“ Vereinseitigungen und Verengungen, wie sie für die Rezeptionsgeschichte Martís charakteristisch geworden sind. Wenn es stimmt, daß Rodó zufolge die Zukunft Lateinamerikas von der Entscheidung für die durch *Ariel* repräsentierten Ideale einer abendländisch-lateinischen Kulturtradition abhängt – eine Entscheidung, die, wie wir sahen, auch bei Rodó keineswegs eine blanke Alternative darstellt zu dem durch das angelsächsische Amerika repräsentierten Typus von Kultur –, so ist es trotzdem verfehlt, aus Martís *Nuestra América* ein einseitiges Plädoyer für die Alternative einer durch das *Natur*prinzip „Calibán“ repräsentierten „autochthonen“ Kultur herauszulesen. Gegenüber dieser Interpretation ist darauf zu verweisen, daß das von Martí vertretene Prinzip einer „naturgemäßen“ Regierung gerade keinen Gegensatz darstellt zu den durch die Unabhängigkeit auch für Lateinamerika für verbindlich erklärten Werten der europäischen Aufklärung, sondern als identisch zu betrachten ist mit der Forderung nach deren tatsächlicher – die Komplexität der Verhältnisse voll in Rechnung stellenden – Verwirklichung. Die in *Nuestra América* vertretene Argumentation ist also weder „indigenistisch“ noch verdient sie das Prädikat „antiamerikanisch“. Gefahr droht Martí zufolge nicht nur seitens des Nordens. Gefahr droht vielmehr gerade auch seitens der eigenen, dichotomisch funktionierenden, traditionellen Mentalität:

> Peca contra la Humanidad el que fomente y propague la oposición y el odio de las razas [...]. Ni ha de suponerse, por antipatía de aldea, una maldad ingénita y fatal al pueblo rubio del continente, porque no habla nuestro idioma, ni ve la casa como nosotros la vemos, ni se nos parece en sus lacras políticas, que son diferentes de las nuestras [...] (32)

> Wer Rassengegensatz und Rassenhaß Vorschub leistet oder propagiert, sündigt gegen die Menschheit [...]. Auch darf man dem blonden Volk des Kontinents nicht, dem Mißtrauen des Dörflers folgend, einen angeborenen und fatalen Hang zur Bosheit unterstellen, nur weil es nicht unsere Sprache spricht, weil es das eigene Haus anders bestellt als wir es zu tun pflegen, oder weil seine politischen Fehler keine Ähnlichkeit haben mit den unsrigen, eben weil sie von den uns bekannten verschieden sind.

Es ist die Sprache „universalistischer“ Humanität, deren sich Martí hier bedient, um die Situation Lateinamerikas zu diagnostizieren. Sie ist nicht nur fähig zur Selbstkritik, sondern sieht in dieser die einzige Chance zur Rettung des Selbst. Martís *Nuestra América* erscheint in dieser Perspektive nicht als das Gegenteil des idealistischen *Ariel*, sondern als dessen Weiterführung und Vollendung.

KAPITEL 2: «INDIGENISMO» UND «MESTIZAJE»

2.1 Fragestellung und historischer Kontext

In systematischer Hinsicht läßt sich der «indigenismo» als Fortführung und Konkretisierung der im vorausgegangenen Kapitel erörterten Fragestellung des „Amerikanismus" betrachten. Während Rodó und Martí, indem sie die Frage nach dem lateinamerikanischen „Selbst" stellen, jedoch immer schon das – als Einheit vorausgesetzte – Ganze der lateinamerikanischen Kultur im Blick haben, das sie in seiner „Identität" dem angelsächsischen Norden gegenüber abzugrenzen und zu bewahren bestrebt sind, wendet der Indigenismus die Fragestellung gewissermaßen kritisch nach innen. Thematisiert werden Gegenwart und Zukunft der «indígenas», der „eingeborenen" Völker im weiteren Sinne, im Kontext und *vor dem Hintergrund des institutionellen Rahmens der lateinamerikanischen Nationen*. José Carlos Mariátegui war der erste, der diesen Gesichtspunkt unzweideutig ins Zentrum seiner Überlegungen gestellt hat:

La Conquista fue un hecho político. Interrumpió bruscamente el proceso autónomo de la nación quechua [...]. Sin embargo, ese hecho político abrió, en todos los órdenes de cosas, así espirituales como materiales, un nuevo período. [...] La Independencia fue otro hecho político. Tampoco correspondió a una radical transformación de la estructura económica y social del Perú; pero inauguró, no obstante, otro período de nuestra historia, [...] cambió su situación jurídica, y franqueó el camino de su emancipación [...]. (Mariátegui 1968, 31)

Die Eroberung war ein politisches Ereignis. Sie bestand in der plötzlichen Unterbrechung eines selbständigen Entwicklungsprozesses der Quechuanation [...]. Dennoch eröffnete dieses politische Ereignis in jeder Hinsicht, geistig nicht weniger als materiell, ein neues Zeitalter. [...] Die Unabhängigkeit war abermals ein solches politisches Ereignis. Sie war keineswegs gleichbedeutend mit einer radikalen Umwälzung der ökonomischen und sozialen Struktur in Peru; dennoch läutete sie den Beginn einer neuen Periode unserer Geschichte ein, [...] sie änderte den juridischen Status des Landes und öffnete den Weg für seine Befreiung [...].

Die Blütezeit des Indigenismus liegt in den 20er und 30er Jahren. Zu den unterschiedlichen Faktoren, die ihn bedingen, zählen sowohl der infolge des Ersten Weltkriegs eingetretene allgemeine Prestigeverlust der europäischen Kultur als auch die ideologische Dynamik, die von den revolutionären Umwälzungen in Rußland und Mexiko ausgeht. Von entscheidender Bedeutung ist darüber hinaus auch der Aufschwung der empirischen Sozial- und Humanwissenschaften wie Ethnologie, Archäologie[18] und Soziologie. Der Indigenismus ist also eine ideologische Sammelbewegung vor einem nichtsdestoweniger klar konturierten historischen Hintergrund. Leistung, aber auch Grenzen der Bewegung sind vor diesem Hintergrund mit relativer Genauigkeit abzuschätzen. Von allgemeinem humanistischem Pathos getragene Grenzverwischungen, wie sie vor allem in der literarischen Indigenismuskritik zu finden sind,[19] vermögen das indigenistische Anliegen dagegen nur zu diskreditieren.

Auch eine allzu *enge* Auslegung des Begriffs – so z. B. die von Luis Alberto Sánchez vorgeschlagene Unterscheidung von «indianismo» und «indigenismo» – läuft jedoch Gefahr, den Blick aufs Phänomen zu verstellen. So hat Gustav Siebenmann seinerzeit bereits mit Recht darauf hingewiesen, daß die – scheinbar plausible – semantische Verknüpfung von «indigenismo» und «indio» einer zwar volksetymologisch bzw. ideologisch begründbaren, nicht jedoch auch durch die Sache selbst geforderten Logik entspricht.[20] Hieran anknüpfend legen wir im folgenden eine Definition des Indigenismus zugrunde, die bezogen ist auf *die Gesamtheit aller seit dem Ende des 19. Jahrhunderts ideologisch bzw. literarisch namhaft gewordener Versuche, lateinamerikanische Identität „autochthon", d. h. auf der Grundlage „indigener" Modelle und Faktoren, zu bestimmen*. Sie ist weder gattungsspezifisch noch thematisch eingeengt, sondern diskurstheoretisch ausgerichtet. Scheinbar grundverschiedene Werke wie der nationalistische Essay *El payador* (1916) des argentinischen Modernisten Leopoldo Lugones, die utopische, von revolutionärem Pathos getragene Programmschrift «La raza cósmica» (1927) des Mexikaners José Vasconcelos, der Zivilisationsroman *Doña Bárbara* (1929) des Venezolaners (und späteren Staatspräsidenten) Rómulo Gallegos, der engagierte Indioroman *Huasipungo* (1934) des Ecuadorianers Jorge Icaza, der der Mestizenbevölkerung des amazonischen Tieflandes gewidmete Roman *La serpiente de oro* (1935) des Peruaners Ciro Alegría oder auch José María Arguedas' frühe Novelle *Agua* (1935) geraten hierdurch in den Blick als Varianten eines vergleichbaren, über einen Zeitraum von mehr als 20 Jahren in Geltung befindlichen Diskurses. In diskursiver Hinsicht lassen sich drei Spielarten des Indigenismus unterscheiden: der ethnisch bzw. „rassisch" argumentierende, der soziopolitische sowie schließlich der kulturelle Indigenismus. Eine jede der drei Spielarten des «indigenismo» soll im folgenden anhand eines repräsentativen Autors bzw. Werkes charakterisiert werden: der ethnisch argumentierende Indigenismus anhand Luis E. Valcárcels *Tempestad en los Andes* (1927), der soziopolitische anhand José Carlos Mariáteguis «El problema del indio» sowie der kulturelle Indigenismus durch José María Arguedas' «No soy un aculturado ...».

2.2 Der indigenistische Diskurs

2.2.1 Der ethnische Indigenismus

Der ethnisch – oder auch „rassisch" – argumentierende Indigenismus ist die ideologische Replik auf den seit Jahrhunderten an der indianischen Rasse verübten biologischen und kulturellen Genozid. Er setzt dem *negativen* Rassismus der europäisch geprägten, weißen Kreolen, der von der historischen Niederlage der indianischen Kulturen auf deren prinzipielle – auch biologisch begründete – Inferiorität zu schließen pflegt, einen *positiven* Rassismus entgegen. Als Waffe gegen den zu Beginn des 20. Jahrhunderts in Lateinamerika zumeist unverblümt und offiziell zur Schau getragenen Rassismus begnügt er sich dabei zunächst einmal mit einer bloßen Umkehrung der Vorzeichen: Spricht *jener* von „Dekadenz", so spricht *dieser* von „Vitalität"; verweist *jener* auf die „Schwäche", so verweist *dieser* auf die „Stärke" der indianischen Rasse:

> Fuerte unidad y vitalidad de estilo tiene el Perú indio [schreibt der peruanische Anthropologe Luis E. Valcárcel 1929], sus usos y costumbres inmemoriales apenas si han variado. El europeo sólo destruyó la armazón política, todo lo trasferible de la civilización incaica, pero no ha podido arrancar a los peruindianos su «alma de cultura», la raíz biológica de su existencia como pueblo. Son incomprensivos, cuantos desde lejos, desde lo profundo de su gruta provincial, juzgan meras fantasías de literatura barata predicar el indianismo. No llegan a ahondar que el Perú no es sólo el pequeño país, de criollos europeístas o mestizos ensimismados sino que sigue siendo el hogareño recinto de una antiquísima raza que descansa, en sueño fructífero, de gloriosas hazañas. (*Amauta* 26, 101)

> Eine unbeugsame Einheit und Vitalität seines Stils besitzt das indianische Peru; seit Menschengedenken sind seine Sitten und Gebräuche so gut wie unverändert. Was der Europäer zerstörte, war lediglich ein politischer Rahmen, die Zivilisation des Inkastaates; er hat den peruanischen Indios jedoch nicht ihre „kulturelle Seele" zu entreißen vermocht, die biologische Wurzel ihrer völkischen Existenz. Wer aus der Ferne, aus dem Loch seiner provinziellen Höhle die Predigt des Indianismus abtut als das Phantasieprodukt billiger Literaten, bleibt dem Phänomen gegenüber ohne Verständnis. Es bleibt ihm verborgen, daß Peru keineswegs nur ein kleines Land ist, bewohnt von europäisierten Kreolen und abgestumpften Mestizen, daß es vielmehr Heimat und Wohnstätte bleibt einer uralten Rasse, die davon träumt, die Großtaten der Vergangenheit in Heldentaten der Zukunft zu verwandeln.

Es blieb den Wortführern des ethnischen Indigenismus nicht verborgen, daß sie mit ihrem Sprachgebrauch teilweise in gefährliche Nähe des Gegners gerieten. Schon in den eben zitierten programmatischen Sätzen klingt jedoch das Grundmotiv der Argumentationsstruktur deutlich an: Valcárcel spricht zwar von „Rasse"; *gemeint* ist jedoch offenbar „Kultur". So betont er 1970 in einem selbstkritischen Rückblick auf sein Jugendwerk *Tempestad en los Andes*: «[…] en nuestra mocedad error capital fue hablar de raza y no de cultura» (Escobar,

31) [es war ein Grundirrtum in unserer Jugend, von Rasse zu sprechen, wo Kultur gemeint war]. Zur Verteidigung jedoch fügt er an:

Nos dirigíamos a un país diferente, que consideraba como cosa natural la discriminación y marginación del indígena y que veía como un exotismo insoportable la pintura de Sabogal o la literatura y propaganda indigenista. Hubo pues que levantar la voz y hablar con una contundencia, tal vez incomprensible luego de las profundas transformaciones que ha experimentado el ambiente social peruano después de 1950. (A. a. O., 30)

Wir mußten uns aber an ein Land wenden, das die Diskriminierung und Marginalisierung der indianischen Bevölkerung als etwas Natürliches ansah und die Malerei Sabogals bzw. die Literatur und die Propaganda der Indigenisten als einen unerträglichen Exotismus betrachtete. Wir mußten deshalb unsere Stimme lautstark erheben, mit einem heute vielleicht kaum noch verständlichen Tonfall angesichts der tiefen Veränderungen, die sich im sozialen Kontext Perus seit 1950 vollzogen haben.

Es ist also gewissermaßen eine Art ideologischer *Reconquista* autochthoner Geschichte, die der ethnische Indigenismus auf seine Fahnen geschrieben hat. Dies zeigt sich noch bei einem anderen, für sein Selbstverständnis nicht minder signifikanten Punkt. Er betrifft das für jede Art der Selbstidentifizierung – wie wir eingangs gesehen haben – zentrale Thema des Anfangs bzw. des Ursprungs: Wenn es stimmt, so lautet die Argumentation, daß autochthone Elemente der andinen Kultur sich bis in die Gegenwart hinein der spanischen Überfremdung gegenüber als resistent erwiesen haben, so gilt es, der These entgegenzutreten, die Geburtsstunde der lateinamerikanischen Nationen sei identisch mit der Stunde der Eroberung. Ethnische, republikanisch-nationalistische sowie kulturspezifische Elemente bilden die buntgemischte Argumentationsbasis, wenn Valcárcel wie folgt formuliert:

La masa de población india e indomestiza [...] conservó la tradición de su cultura y supo defenderla porfiada y silenciosamente [...]. Sobreviviendo ellos en número y espíritu, aseguraron la continuidad histórica del Perú. No fue, no pudo ser más nuestra patria una simple expresión geográfica. El Perú de hoy no sólo heredaba el territorio y el elemento humano biológico, [...] sino el «integrum» de un complejo cultural, que es la suma de las experiencias del hombre en muchos siglos de convivir civilizado en este mismo territorio del Perú. La compenetración de hombre y tierra a través de millares de años ha creado la personalidad inconfundible del Perú. [...] Nuestra patria no «data», como decía Unamuno, de su patria vasca. Despreocúpense quienes buscan su partida de nacimiento en algún registro de estado civil a su alcance. Perú no comienza cuando el europeo lo descubre, como China no comienza cuando llega a ella Marco Polo. (Escobar, 32f.)

Die Masse der indianischen Bevölkerung [...] blieb der Überlieferung ihrer Kultur treu und wußte sie mit hartnäckigem Schweigen (erfolgreich) zu verteidigen [...]. Zahlenmäßig und geistig überlebten sie und standen ein für die historische Kontinuität Perus. Niemals war [...] unser Vaterland nur ein geographischer Ausdruck. Das heutige Peru erbte nicht nur das Territorium und das biologische Element seiner Bevölkerung [...], sondern vielmehr die Gesamtheit einer kulturellen Konstellation als der Summe jahrhundertelanger Erfahrungen menschlichen – d.h. zivilisierten – Zusammenlebens auf peruanischem Territorium. Die gegenseitige Durchdringung von Mensch und Erde im Laufe der Jahrtausende haben die unzerstörbare Persönlichkeit Perus entstehen lassen. [...] Es ist zwecklos, seine Geburtsurkunde in einem der offiziellen Taufregister auffinden zu wollen. Peru beginnt nicht mit der Entdeckung durch die Europäer, ebensowenig wie China beginnt mit der Ankunft Marco Polos.

Ein weiterer Punkt, an dem die Gefahr der Perspektivenverengung seitens der Vertreter des ethnischen Indigenismus deutlich wird, ist die notorische Unterbewertung der anthropologischen Bedeutung der Figur des *Mestizen*. Die Mißachtung des Mestizen ist natürlich eine Folge des Postulats der als ungebrochen angesehenen Kontinuität der indianischen Rasse. Was die Vertreter des ethnischen Indigenismus hierbei aus dem Blick zu verlieren drohen, ist gerade das, worin andere Autoren die eigentliche Auszeichnung, das historisch Neue der lateinamerikanischen Kultur erblicken werden, das Phänomen des sogenannten «mestizaje». Die Identitätssuche des ethnischen Indigenismus dagegen bleibt fixiert auf das Phantom einer vergangenen Welt. Die in der Gegenwart auffindbaren Spuren dieser Welt sind für ihn Indizien eines unberührten Ursprungs. Andere machen geltend, daß sie vorfindbar sind nur in unabwägbaren Mischungen. Der Prototyp dieser kulturellen Mischungen ist in dieser Sicht kein anderer als der lateinamerikanische «mestizo».

Für Valcárcel – so wird Arguedas später rückblickend urteilen – vermochte der Mestize keine reale Gestalt anzunehmen, blieb kaum mehr als ein „konturenloses Element der Mittelschicht“ (ebd.) und fristete sein Leben dank „der Freigebigkeit des Indio, der Bestechung durch den Grundherrn sowie der Gratifikationen für öffentliche Dienstleistungen“ (Escobar, 34). Valcárcels weitgehend verständnisloses Bild des Phänomens der Mestizenkultur reproduziert jahrhundertealte kreolische Vorurteile. An diesem Punkt vor allem wird sich die Position des *kulturellen* Indigenismus profilieren. Wir beschäftigen uns jedoch zunächst noch mit der *soziopolitischen* Spielart des Indigenismus.

2.2.2 Der soziopolitische Indigenismus

Trotz gegenteiliger Erklärungen ist der Indigenismus Valcárcels von seinen Prämissen her gesehen eine rückwärtsgewandte, im Grunde konservative – ja „konservierende“ – Theorie: Obwohl Valcárcel dem Los der indianischen Kultur in der Gegenwart keineswegs teilnahmslos gegenübersteht, entnimmt er die Kategorien für die Diagnose der Gegenwart ausschließlich der Vergangenheit. Der Gegensatz zum marxistisch geprägten Denkansatz des peruanischen Philosophen José Carlos Mariátegui ist damit unvermeidlich, der im Hinblick auf das sogenannte «Problema del Indio» kategorisch formuliert:

El problema de nuestro tiempo no está en saber cómo *ha sido* el Perú. Está, más bien, en saber cómo *es* el Perú. El pasado nos interesa en la medida en que puede servirnos para explicarnos el presente. Las generaciones constructivas sienten el pasado como una raíz, como una causa. Jamás lo sienten como un programa. (Mariátegui, zit. bei Escobar, 47)

Das Problem unserer Zeit besteht nicht darin zu ergründen, was Peru einmal *gewesen ist*. Es besteht vielmehr darin, herauszufinden, was es *ist*. Die Vergangenheit interessiert uns, insoweit sie uns hilft, die Gegenwart zu erklären. Konstruktive Generationen empfinden die Vergangenheit als eine Wurzel, als einen Grund, nie jedoch als ein Programm.

Mariátegui durchschaut das naive Vertrauen der Indigenisten in eine Art prästabilierter Kraft zur Selbsterhaltung der indianischen Rasse als abstrakte Umkehrung der traditionellerweise von Weißen formulierten These der Inferiorität der indianischen Rasse. Wer das Indioproblem lediglich als ein ethnisches oder rassisches Problem diagnostiziert – formuliert er drastisch –, verwendet die gleiche Argumentationsstruktur wie jene weißen Kolonisten, die eine Verbesserung der minderwertigen Indianer durch ihre Kreuzung mit Exemplaren der überlegenen weißen Rasse erwarteten, Argumente, wie sie auch bei „Importeuren von Merinoschafen" (*7 Ensayos* ..., 34) zu finden sind:

La cuestión indígena arranca de nuestra economía. Tiene sus raíces en el régimen de propiedad de la tierra. Cualquier intento de resolverla con medidas de administración o policía, con métodos de enseñanza o con obras de vialidad, constituye un trabajo superficial o adjetivo, mientras subsista la feudalidad de los «gamonales» (A. a. O., 30)

Das zentrale Problem des Indigenismus ist deshalb ein ökonomisches. Es hat seine Wurzeln in der bestehenden Ordnung des Eigentums an Grund und Boden. Jeder Versuch, es mit administrativen oder polizeilichen Mitteln zu lösen, durch Maßnahmen im Erziehungs- oder Verkehrswesen, bleibt an der Oberfläche oder ohne Wirkung, und dies so lange, wie der Feudalismus der «gamonales» an der Macht bleibt.

Die kritische Rückbindung der reduktionistischen ethnischen Argumentation an aktuelle Probleme der ökonomischen Produktionsverhältnisse, wie sie von Mariátegui im Sinne seiner marxistischen Grundposition eingefordert wird, bedeutet einen wichtigen kategorialen Zugewinn: Die durch die Conquista geschaffenen neuen ökonomischen Produktionsverhältnisse haben die Situation der autochthonen Kulturen radikal verändert. Anerkennt man diese Prämissen, so wird man zwar nicht Pizarro selbst, wohl aber die durch ihn in Peru eingeführten Produktionsverhältnisse in der Tat als den Beginn einer neuen Ära der inkaisch-peruanisch-europäischen Mischkultur anerkennen müssen. José María Arguedas war zu diesem Akt der Anerkennung bereit. Sein kultureller Indigenismus steht auf den Schultern Mariáteguis, ohne deshalb den Enthusiasmus Valcárcels für die autochthonen Kulturen zu vergessen.

2.2.3 Der kulturelle Indigenismus

Auch das Werk des 1911 geborenen J. M. Arguedas versteht sich als kulturelle Reconquista – biographisch, intellektuell und ästhetisch. Bei der Überreichung des Literaturpreises «Inca Garcilaso de la Vega» im Oktober 1968 – etwa ein Jahr vor seinem Tode – äußert sich Arguedas in einer kurzen programmatischen Rede unter dem Titel «No soy un aculturado ...» zu seinem Lebenswerk:

Contagiado para siempre de los cantos y los mitos, llevado por la fortuna hasta la Universidad de San Marcos, hablando por vida el quechua, bien incorporado al mundo de los cercadores, visitante feliz de grandes ciudades extranjeras, intenté convertir en lenguaje escrito lo que era como individuo: un vínculo vivo, fuerte, capaz de universalizarse, de la gran nación cercada y la parte generosa, humana, de los opresores. (*Obras Completas*, V, 13 f.)

Für immer infiziert durch Lieder und Mythen, vom Schicksal bis hin zu den Stufen der Universität San Marcos geführt, mein Leben mit Quechua fristend, nichtsdestoweniger wohleingebunden in die Welt der Belagerer, glücklicher Besucher der großen Städte des Auslands, versuchte ich, schriftlich auszudrücken, was ich als Individuum empfand: ein lebendiges Glied zu sein, stark genug, fähig, in beiden gleichzeitig zu leben, in der großen belagerten Nation sowie im generösen, menschlichen Teil der Unterdrücker.

Arguedas' Optik unterscheidet sich jedoch von derjenigen Valcárcels in signifikanter Weise. Schon die Evidenz der eigenen Lebenserfahrung läßt ihn der Unterbewertung des Mestizen bei Valcárcel nicht zustimmen:

[...] toda persona que haya vivido en muchas ciudades y aldeas de la sierra, sabe por propia experiencia, que el mestizo no representa sólo «un borroso elemento de la clase media», sino la mayoría y, en algunos casos, como el de los pueblos de la valle del Alto Mantaro (provincias de Jauja y Huancayo), la totalidad de la población de estas ciudades y aldeas. (zit. nach Escobar, 49)

[...] wer immer in einer der vielen Städte oder Dörfer der Sierra gelebt hat, weiß aufgrund eigener Erfahrung, daß der Mestize mehr ist als „ein konturenloses Element der Mittelschicht"; er ist Mehrheit, wenn er nicht sogar – wie in einigen Dörfern des Tals des Alto Mantaro (Provinz Jauja und Huancayo) – die Gesamtheit der Bevölkerung dieser Städte und Dörfer ausmacht.

Die Rede von einer vermeintlich authentischen Kulturtradition von vorkolumbianischer Zeit bis zur Gegenwart ist deshalb nichts anderes als eine anthropologische Fiktion:

Desde los tiempos de la conquista ha existido y existe un activo intercambio de valores, entre las dos culturas; de tal manera que es rarísimo, si no imposible en el Perú encontrar alguna manifestación cultural que haya permanecido pura, ya sea de la hispánica o de la india. (Ebd.)

Seit den Zeiten der Conquista hat ein ständiger und aktiver Austausch kultureller Werte bestanden, und zwar dergestalt, daß es überaus selten, wenn nicht gar unmöglich ist, in Peru irgendeine kulturelle Manifestation zu finden – sei es auf spanischer, sei es auf indianischer Seite –, auf die sich das Prädikat „rein" anwenden ließe.

Arguedas stimmt der Rückdatierung der Geburtsurkunde der peruanischen Nation also *nicht* zu; er ist – ebenso wie José Uriel García – der Ansicht, «[que] el pueblo mestizo surgió del caos que sobrevino al Tahuantinsuyu [!] desde el cataclismo de la conquista» (*El nuevo Indio*, zit. nach Escobar, 36) [daß das Mestizenvolk aus dem über den Tahuantinsuyu hereingebrochenen Chaos hervorging, als Folge des Kataklysmus der Eroberung]. Es ist dies die Prämisse des kulturellen Indigenismus:

Durante siglos, las culturas europea e india han convivido en un mismo territorio en incesante reacción mutua, influyendo la primera sobre la otra con los crecientes medios que su potente e incomparable dinámica le ofrece; y la india defendiéndose y reaccionando gracias a que su ensamblaje interior no ha sido roto y gracias a que continúa en su medio nativo; en estos siglos [...] como resultado de la incesante reacción mutua ha aparecido un personaje, un producto humano que está desplegando una actividad poderosísima, cada vez más importante: el mestizo. Hablamos en términos de cultura; no tenemos en cuenta para nada el concepto de raza. Quienquiera puede ver en el Perú indios de raza blanca y sujetos de piel cobriza, occidentales por su conducta. (Zit. nach Escobar, 51 f.)

Während Jahrhunderten haben die europäische und die indianische Kultur auf ein und demselben Territorium unter beständigem gegenseitigen Reagieren und Einflußnehmen zusammengelebt, die erstere die letztere beeinflussend mit den wachsenden Mitteln ihrer machtvollen und unvergleichlichen Dynamik; die indianische sich verteidigend und reagierend dank der Tatsache, daß ihr inneres Gefüge intakt geblieben war und in ihrem angestammten Kontext weiterlebte. [...] Entstanden ist [...] als Folge dieses gegenseitigen Prozesses eine Figur, ein menschliches Produkt, das mit Macht seine Aktivität entfaltet, die an Bedeutung immer mehr zunimmt, der Mestize. Wir sprechen in kulturellen Termini; das Konzept der Rasse spielt hier nicht die geringste Rolle. Wer immer die Augen aufmacht, sieht in Peru Indios weißer Rasse und Individuen mit kupferfarbener Haut, deren Lebensart okzidental geprägt ist.

Die Schwäche des ethnisch argumentierenden Indigenismus besteht also in der mangelnden Sensibilität für den mit der Conquista ebenfalls verbundenen Neuanfang, die kreativen Aspekte nämlich der allmählich entstehenden Mestizenkultur. Letztere sind für Arguedas das entscheidende Element seiner Argumentation. So steht hinter der im Titel seiner Rede bereits programmatisch zum Ausdruck kommenden Zurückweisung der sogenannten *Akkulturation* – der Zurückweisung der Unterwerfung der angestammten „kulturellen Seele" (Valcárcel!) unter die Maxime einer dominierenden okzidentalen Kultur – denn auch nicht die Rückkehr zum Phantom des Ursprungs, sondern die Weigerung, Verzicht zu leisten auf die aktuell erfahrenen, positiven und kreativen

Momente der Quechuakultur. So fährt er im Anschluß an die eben zitierten Worte fort:

[...] bien incorporado al mundo de los cercadores, visitante feliz de grandes ciudades extranjeras, intenté convertir en lenguaje escrito lo que era como individuo: un vínculo vivo, fuerte, capaz de universalizarse, de la gran nación cercada y la parte generosa, humana, de los opresores. El vínculo podía universalizarse, extenderse; se mostraba un ejemplo concreto, actuante. El cerco podía y debía ser destruído; el caudal de las dos naciones se podía y debía unir. Y el camino no tenía por qué ser, ni era posible que fuera únicamente el que se exigía con imperio de vencedores expoliadores, o sea: que la nación vencida renuncie a su alma, aunque no sea sino en la apariencia, formalmente, y tome la de los vencedores, es decir que se aculture. Yo no soy un aculturado; yo soy un peruano que orgullosamente, como un demonio feliz habla en cristiano y en indio, en español y en quechua. (V, 13f.)

[...] wohl eingebunden in die Welt der Belagerer, glücklicher Besucher der großen Städte des Auslands, versuchte ich, schriftlich auszudrücken, was ich als Individuum empfand: ein lebendiges Glied zu sein, stark genug, fähig, in beiden gleichzeitig zu leben, in der großen belagerten Nation sowie im generösen, menschlichen Teil der Unterdrücker. Das Bindeglied konnte zum Ganzen werden, aus sich herausgehen; ein konkretes, lebendiges Beispiel wurde sichtbar. Der Belagerungsring konnte und mußte zerstört werden. Das Vermögen der beiden Nationen konnte und mußte zusammengebracht werden. Und der Weg, der dorthin führte, brauchte und konnte nicht ausschließlich derjenige sein, der seitens des Imperiums der ausbeutenden Sieger vorgeschrieben wurde: daß die besiegte Nation auf ihre Seele Verzicht leistete, sei es auch nur zum Schein, der Form halber, und sich die Seele der Sieger aneignete, sich mithin akkulturierte. Ich jedenfalls bin kein Akkulturierter; ich bin Peruaner, der mit Stolz wie ein glücklicher Teufel christlich und indianisch redet, Spanisch oder Quechua.

Am Ende seiner Rede faßt Arguedas die zwei Prinzipien seiner Position nochmals zusammen: Das eine ist die Unverzichtbarkeit des gesellschaftlichen Wandels, ein Prinzip, das er – wie er ausdrücklich hervorhebt – von Mariátegui übernimmt. Das andere jedoch – es ist ihm offensichtlich das entscheidendere, denn dank seiner ist er zu einem der größten Schriftsteller der lateinamerikanischen Literatur geworden – ist die Perspektive permanenter Kreativität, unter der er das Phänomen der Mestizenkultur sieht:

No por gusto, como diría la gente llamada común, se formaron aquí Pachacamac y Pachacutec, Huamán Poma, Cieza y el Inca Garcilaso, Túpac Amaru y Vallejo, Mariátegui y Eguren, la fiesta de Qoyllur Riti y la del Señor de los Milagros; las yungas de la costa y las de la sierra; la agricultura a 4000 metros; patos que hablan en lagos de altura donde todos los insectos de Europa se ahogarían; picaflores que llegan hasta el sol para beberle su fuego y llamear sobre las flores del mundo. Imitar desde aquí a alguien resulta algo escandaloso. En técnica nos superarán y dominarán, no sabemos hasta qué tiempos, pero en arte podemos ya obligarlos a que aprendan de nosotros y lo podemos hacer incluso sin movernos de aquí mismo. Ojalá no haya habido mucho de soberbia en lo que he tenido que hablar; les agradezco y les ruego dispensarme. («No soy ...», 10f.)

Der Text ist schwierig. Kommentar und Übersetzung gehen deshalb Hand in Hand:

Nicht umsonst – wie man im Volksmund sagt – sind hier Pachacamac und Pachacutec entstanden, Huamán Poma, Cieza de León, der „Inka“ Garcilaso und Túpac Amaru; Vallejo, Mariátegui und Eguren oder auch das Fest Qoyllur Riti sowie das Fest des „Herrn der Wunder“ [...]

«Se formaron ...»: Arguedas nennt die schöpferischen – bzw. die durch die Geschichte geschaffenen Elemente der peruanischen Kultur: Pachacamac – die höchste Gottheit der Küstenregion, deren Heiligtum 30 km südlich von Lima am Meer gelegen ist; Pachacutec – der erste der historischen Inkaherrscher, der den Sonnenkult institutionalisierte; Huamán Poma, Cieza und Garcilaso – Chronisten des 16. und 17. Jahrhunderts; die drei Namen stehen für jeweils äußerst unterschiedliche Modelle archaischer Geschichtsschreibung; Túpac Amaru – der letzte Inkaherrscher, dem es gelang, sich fast ein halbes Jahrhundert lang gegen die Spanier in Vilcabamba zu behaupten; Vallejo, Mariátegui und Eguren – drei Namen der Literatur- bzw. Kulturgeschichte des 20. Jahrhunderts: Vallejo – der hermetische, im Pariser Exil gestorbene Avantgardist mit sozialem Engagement; Eguren – der unpolitische *L'art pour l'art*-Dichter, dem der marxistische Intellektuelle Mariátegui dennoch einen Ehrenplatz einräumte in *Amauta*; sodann zwei folkloristische Daten, gewissermaßen an den Rändern der peruanischen Kultur situiert – das inkaische Qoyllur-Riti-Fest sowie die alljährlich den gesamten Monat Oktober über in allen Stadtteilen Limas veranstaltete Prozession des – insbesondere auch von Schwarzen verehrten – «Señor de los Milagros». Weiter:

[...] die Yungas[21] der Küste und der Sierra; der Ackerbau in 4000 m Höhe; Enten, die in Seen schnattern, wo alle Insekten Europas ersticken würden; Kolibris, die der Sonne entgegenfliegen, um ihr Feuer zu trinken und über den Blumen der Welt in Flammen zu schlagen.

Die Rede ist von den Manifestationen und Wundern der extremen peruanischen Geographie – ihrer Zoologie und Fauna – bzw. den auf diese Bezug nehmenden Mythen. Arguedas zitiert sie teilweise in seinen Romanen. Weiter:

Von hier aus irgend jemandem nachzulaufen, widerspricht zumindest dem gesunden Menschenverstand. In technischen Dingen sind sie uns wohl weiterhin überlegen, allein, wer weiß, wie lange noch, aber in der Kunst können wir sie schon dazu zwingen, von uns etwas zu lernen, und zwar, ohne daß wir uns dazu von hier wegzubewegen hätten. Ich hoffe, in meiner Rede klang nicht allzu viel Hochmut mit; ich danke Ihnen und bitte Sie, mich zu entschuldigen.

Arguedas schließt, indem er den Akzent legt auf den Aspekt ästhetischer Schöpfung: «arte» steht gegen «técnica». Es ist der Gegensatz, an dem er persönlich als Individuum zerbrochen ist: «arte» nämlich als ein Sammelbegriff für das durch die vorausgehende lange Reihe von Beispielen und Namen indizierte *schöpferische* Paradigma von Kultur; «técnica» dagegen indiziert als das *zerstörerische* Wesen okzidentaler Technologie, der in der Vergangenheit die durch die Beispielreihe repräsentierten humanen Werte der peruanischen Kultur immer wieder zum Opfer gefallen sind. Dennoch: «no sabemos hasta qué tiempos» – Arguedas scheint die Humanisierung auch dieser kulturfeindlichen Elemente, ihre Einverleibung in einheimische kulturelle Praxis nicht für alle Zeit auszuschließen.

2.3 José Vasconcelos: *La raza cósmica*

Wir werfen abschließend einen Blick auf einen der Schlüsseltexte des theoretischen Indigenismus – die programmatischen Erklärungen des Mexikaners José Vasconcelos zur Utopie einer «raza cósmica».

Vieles spricht dafür, Vasconcelos in die Reihe der im vorangegangenen Kapitel behandelten „Amerikanisten" wie Rodó und Martí einzuordnen. Wenn wir uns entschlossen haben, ihn unter den „Indigenisten" zu behandeln, so aus folgendem Grund: Vasconcelos' Artikel «La raza cósmica» entsteht 1927, also in der Zeit und im Kontext des Indigenismus; seine Überlegungen sind geprägt durch die euphorischen Erfahrungen der Mexikanischen Revolution, nicht aber – wie diejenigen der „Amerikanisten" – durch den nordamerikanischen Imperialismus bzw. den definitiven Niedergang des spanisch(-lateinischen) Kolonialreichs; «la raza cósmica» ist kein kultur*kritisches*, sondern ein kultur-*utopisches*, insofern identitäts*versicherndes* Konzept; es bildet die Grundlage der seitens der Revolutionären Einheitspartei Mexikos (PRI) in den Rang einer offiziellen Staatsdoktrin erhobenen «indigenismo»-Politik.

1925, am Ende der revolutionären Auseinandersetzungen, steht die offizielle Kulturpolitik Mexikos vor der nicht einfachen Aufgabe, den Sieg, den die „liberale", bürgerlich-okzidental gesinnte Revolutionsfraktion errungen hatte, mit dem weiterhin geltenden „revolutionären" Anspruch einer effektiven Interessenvertretung der „indigenen" Bevölkerung zu vermitteln – der Interessen z. B. jenes im Verlauf der militärischen Auseinandersetzungen unterlegenen «zapatismo», dessen Ziel Octavio Paz, wie wir oben sahen, pathetisch als „Kommunion Mexikos mit sich selbst" bezeichnet hatte. Vasconcelos löst die Aufgabe mit Hilfe zweier Prämissen: Die erste besteht darin, dem amerikanischen Kontinent unter Berufung auf den Atlantismythos sowie der in „Atlantis" ansässigen „roten" Urbevölkerung eine Art Gründungsfunktion im Hinblick auf die Entstehung der kulturellen Menschheit zuzuschreiben; die zweite besteht im Hinweis auf die unbestreitbare Tatsache, daß auch die Kultur der „Weißen" – die nach dieser Chronologie historisch die zuletzt entstandene ist – ihrem Entwicklungsgang nach als das Ergebnis intensiver Rassen*mischungen* zu betrachten sei. Dank dieser beiden Prämissen verliert die weiße Rasse im Hinblick auf das im Hintergrund stehende Identitätsproblem gleich zwei ihrer Privilegien: dasjenige der «ancienneté» sowie dasjenige der „Reinheit". Da mithin – dank der letzteren Annahme – die Rassen*mischung*, nicht aber die Rassen*reinheit* als der eigentliche Bewegungsmotor der kulturellen Menschheit anzusehen ist, bleibt lediglich die Frage zu klären, wo sich im Augenblick das aktuelle Zentrum einer unter dem Gesichtspunkt der Rassen*mischung* zu betrachtenden universellen Kulturentwicklung befindet. Trotz der seit einiger Zeit zu beobachtenden Verschiebung der internationalen Kräfteverhältnisse zugunsten des „angelsächsischen" Nordamerika liegt dieses Zentrum, so glaubt Vasconcelos annehmen zu können, eindeutig im Süden. Obwohl zuzugeben ist, daß die „bewunderungswürdige Rasse" im Norden hinsichtlich der weltgeschichtlichen Entwicklung im allgemeinen dem Süden immer schon um Nasenlängen voraus war, da sie „ihre praktischen Fähigkeiten mit einer klaren Einsicht in das Wesen ihrer historischen Mission zu verbinden" (918) wußte, hat der Süden für die Zukunft dennoch die besseren Karten, denn – so fährt Vasconcelos unvermittelt im Sperrdruck fort –:

... cometieron el pecado de destruir esas razas, en tanto que nosotros las asimilamos, y esto nos da derechos nuevos y esperanzas de una misión sin precedente en la Historia. (Ebd.)

... sie begingen den großen Fehler, diese Rassen zu vernichten, während wir sie assimiliert haben, und dies verleiht uns neue Rechte und Hoffnungen auf eine Mission ohnegleichen in der Geschichte.

Die «Yanqui»-Nation im Norden nämlich ist «el último gran imperio de una sola raza: el imperio final del poderío blanco» (921) – das letzte der unter der Herrschaft einer einzigen Rasse stehenden Imperien; mit ihm geht die Vorherrschaft der weißen Rasse endgültig zu Ende. Die historische Mission des lateinischen Südens besteht demgegenüber darin, „die Wiege einer fünften Rasse" (919) zu bilden, einer weltumspannenden Einheitsrasse – «la primera raza síntesis del globo» (928), so heißt es wenig später –, in welcher die Wege der einzelnen Völker und Rassen, die bisher, jede für sich allein, den Gang der Geschichte bestimmt haben, zusammenlaufen und verschmolzen werden. Die „synthetische" Rasse der „Mestizen" tritt an die Stelle der vier vorhergegangenen Rassen – der schwarzen, der roten, der gelben und schließlich auch der weißen Rasse. Der Grund für die Schlüsselstellung des Südens hinsichtlich der Herausbildung der im Entstehen begriffenen „synthetischen Rasse", der die Zukunft gehört, liegt in der Kraft zur Assimilation, die die lateinische Kultur – im Gegensatz zur angelsächsischen – immer wieder bewiesen hat:

La ventaja de nuestra tradición es que posee mayor facilidad de simpatía con los extraños. Esto implica que nuestra civilización, con todos sus defectos, puede ser la elegida para asimilar y convertir a un nuevo tipo a todos los hombres. En ella se prepara de esta suerte la trama, el múltiple y rico plasma de la humanidad futura. [...] La colonización española creó mestizaje; esto señala su carácter, fija su responsabilidad y define su porvenir. El inglés siguió cruzándose sólo con el blanco y exterminó al indígena; lo sigue exterminando en la sorda lucha económica, más eficaz que la conquista armada. (918f.)

Der Vorteil unserer Tradition besteht darin, daß sie dem Ausländer leichter Sympathien entgegenbringt. Dies bedeutet, daß unsere Kultur, mit all ihren Fehlern, dazu auserwählt sein kann, die ganze Menschheit mittels der Assimilation zu einem neuen Typus hinzuführen. In ihr wird auf diese Weise die Hauptlinie, das vielfältige und reiche Plasma der künftigen Menschheit vorbereitet. [...] Die spanische Kolonisation brachte die Rassenmischung hervor; dies ist ihre wichtigste Eigenschaft, bestimmt das Maß ihrer Verantwortung und definiert ihren zukünftigen Weg. Die Engländer dagegen fuhren fort, sich mit dem Weißen zu kreuzen, und rotteten die Eingeborenen aus; sie setzen die Ausrottung fort mittels des stupiden Wirtschaftskampfes, dessen Waffen wirksamer sind als diejenigen der Konquistadoren.

„Assimilation" ist der Zentralbegriff der hier vorgetragenen Geschichtsphilosophie; Assimilation weniger im rassisch-biologischen als vielmehr im kulturellen, ja – wie wir sehen werden – „geistigen" Sinne. Welches die Richtung ist, in der sich der Prozeß der Assimilation vollzogen hat – bzw. sich in Zukunft vollziehen *wird* –, steht für Vasconcelos deshalb gänzlich außer Frage: Zwar besteht die historische Mission der „fünften Rasse" darin, jede mit Gewalt aufrechterhaltene Vorherrschaft einer einzigen Rasse zu brechen, zwar besteht ihr Ziel insofern auch in der Überwindung der alleinigen Vorherrschaft der weißen Rasse, doch wird sich die „fünfte Rasse" das kulturelle Wertesystem der vierten – also der „weißen" – Rasse als das in weltgeschichtlichem Maßstab betrachtet fortschrittlichste fraglos zu eigen machen:

Por lo que hace al blanco y a su cultura, la quinta raza cuenta ya con ellos y todavía espera beneficios de su genio. La América latina debe lo que es al europeo blanco y no va a renegar de él; al mismo norteamericano le debe gran parte de sus ferrocarriles y puentes y empresas, y de igual suerte necesita de todas las otras razas. (926)

Was die Weißen und ihre Kultur angeht, so rechnet die fünfte Rasse mit ihnen und erwartet sich Vorteile von deren Eigenart. Lateinamerika verdankt, was es ist, dem europäischen Weißen und denkt nicht daran, dieser Erbschaft abzuschwören; sogar dem Nordamerikaner verdankt es einen Großteil seiner Eisenbahnen, Brücken und Fabriken; desgleichen benötigt es auch alle übrigen Rassen.

Deutlicher noch wird die „Zentriertheit" dieses Assimilationsbegriffs – Zentriertheit nämlich im Hinblick auf das kulturelle Wertesystem der „weißen Rasse" – bei der Erörterung des Grundbegriffs der Assimilation überhaupt. Um das Prinzip der Assimilation nämlich als den eigentlichen Wirkungsfaktor einer „lateinischen" Kultur*geschichte* zu erweisen, schreckt Vasconcelos auch vor Geschichtsklitterungen gröbster Art nicht zurück. So verdankt die lateinische Mestizenkultur ihr Entstehen keineswegs jener rücksichtslos-gewalttätigen, allen Grundsätzen einer „christlichen“ Sexual- und Ehemoral spottenden Bemächtigungspraxis, durch welche das Verhalten der Konquistadoren gegenüber eingeborenen Frauen nach dem übereinstimmenden Zeugnis der Chronisten in der Regel geprägt war, sondern jener biblischen, geradewegs in die Praxis umgesetzten «abundancia de amor» (ebd.), die durch Jesus Christus zum geistigen Evolutionsprinzip der Weltgeschichte überhaupt erklärt worden sei:

Este amor será uno de los dogmas fundamentales de la quinta raza que ha de producirse en América. El cristianismo liberta y engendra vida, porque contiene revelación universal, no nacional, por eso tuvieron que rechazarlo los propios judíos, que no se decidieron a comulgar con gentiles. Pero la América es la patria de la gentilidad, la verdadera tierra de promisión cristiana. (936)

Diese Liebe wird zu den Fundamentaldogmen der fünften Rasse gehören, die in Amerika entstehen wird. Das Christentum befreit und schenkt Leben, denn es enthält eine universelle Offenbarung, keine nur nationale; deshalb mußten es die Juden selbst verwerfen, da sie sich nicht dazu herablassen konnten, mit den Heiden zu speisen. Aber Amerika ist die Heimat der Heiden, das wahre Land der christlichen Verheißung.

Nichts anderes also als christlicher Gehorsam gegenüber dem sublimen Gesetz der Liebe mithin habe bereits das Verhalten der ersten Spanier geleitet, als sie die neue Rasse zusammen mit dem Indio und dem Neger hervorgebracht hätten,

prodigando la estirpe blanca a través del soldado que engendraba familia indígena y la cultura de occidente por medio de la doctrina y el ejemplo de los misioneros que pusieron al indio en condiciones de penetrar en la nueva etapa, la etapa del mundo Uno. (918)

wobei die Leistung der weißen Rasse darin bestand, dank des Soldaten eine „indigene“ Familie zu schaffen und zugleich der Kultur des Abendlandes zur Geltung zu verhelfen dank der Lehre und des Beispiels der Missionare, die den Indio in die Lage versetzten, in eine neue Entwicklungsphase einzutreten, die Phase der EINEN Welt.

Der eigentliche Grund für die historische Mission Lateinamerikas, „Wiege der fünften Rasse“ zu sein – so wird nunmehr deutlich –, liegt also darin begründet, daß Lateinamerika immer schon eine «patria de la gentilidad» war, das gewissermaßen gelobte Land der christlichen Verheißung. Welches ist im Rahmen der weltgeschichtlichen Aufgabe der Realisierung der „fünften Rasse“ – so bleibt abschließend zu fragen – die Rolle der übrigen Rassen?

Was zunächst die Rolle der schwarzen Rasse angeht, so ist die Funktion der Theorie als Sublimierung einer zugrundeliegenden rassistischen Argumentation mehr als offensichtlich. Obwohl Vasconcelos das darwinistische Modell vorher vehement bekämpft hatte, dient es ihm nunmehr doch als Raster der eigenen Argumentation:

Los tipos bajos de la especie serán absorbidos por el tipo superior. De esta suerte podría redimirse, por ejemplo, el negro, y poco a poco, por extinción voluntaria, las estirpes más feas irán cediendo el paso a las más hermosas. Las razas inferiores, al educarse, se harían menos prolíficas, y los mejores especímenes irán ascendiendo en una escala de mejoramiento étnico, cuyo tipo máximo no es precisamente el blanco, sino esa nueva raza a la que el mismo blanco tendrá que aspirar con el objeto de conquistar la síntesis. (933)

Die niedrigen Exemplare der Gattung werden durch die höherentwickelten absorbiert. Auf diese Weise winkt z.B. auch dem Neger Erlösung; allmählich werden auf diese Weise die häßlicheren Arten aufgrund freiwilliger Selbstauslöschung den schöneren Arten Platz machen. Die niederen Rassen werden durch Erziehung weniger zahlreich, und die besten Exemplare steigen in der ethnischen Stufenleiter auf, deren Spitze gerade nicht der Weiße ist, sondern diese neue Rasse, zu der sich auch der Weiße noch emporentwickeln muß, um der Synthese selbst teilhaftig zu werden.

Körperlich gesehen gilt der Neger Vasconcelos also von vornherein als „häßlich", seine kulturellen Leistungen als „inferior". Dank der Assimilation an die Utopie der „kosmischen Rasse" werden diese negativen Merkmale jedoch verschwinden: Während wir heute noch die eheliche Verbindung einer Negerin mit einem Schwarzen «con profundo horror» (932) [mit tiefempfundenem Schrecken] zur Kenntnis nehmen, erfüllt uns die Liaison eines «Apolo negro con una Venus rubia» (ebd.) [eines schwarzen Apollo mit einer blonden Venus] morgen mit Entzücken.

Komplizierter ist die Argumentation im Hinblick auf die Rolle der Indianer. «El indio es buen puente de mestizaje» (928) [Der Indio ist eine gute Brücke für die Rassenmischung], heißt es zunächst. Seine Brückenfunktion ergibt sich aus den oben erwähnten chronologischen Gründen: Als Bewohner von Atlantis gehört er zur ältesten, als Zeitgenosse des 20. Jahrhunderts gehört er zugleich auch zur jüngsten Rasse. Doch angesichts der weißen Rasse, die seit langem die Herrschaft der Welt für sich beansprucht, ist der zeitgenössische Indio nur noch der Schatten seiner noblen Vergangenheit. „Rettung" liegt deshalb auch für ihn – ähnlich wie für den Schwarzen – in der Assimilation an die „fünfte Rasse":

El indio no tiene otra puerta hacia el porvenir que la puerta de la cultura moderna, ni otro camino que el camino ya desbrozado de la civilización latina. (917)

Es führt für den Indianer keine Tür in die Zukunft außer der Tür der modernen Kultur; es gibt für ihn keinen anderen Weg als denjenigen, den ihm die lateinische Kultur vorgezeichnet hat.

In der eben zitierten Passage über das Schicksal der schwarzen Rasse ist auch vom Indianer die Rede. Auch er wird von Vasconcelos wie selbstverständlich unter die «razas inferiores» gerechnet. Auch er benötigt „Veredelung" mit Hilfe einer höher entwickelten Rasse, um „im Sprung jene Tausende von Jahren zu durchmessen, die Atlantis von der Gegenwart trennen" (933).

2.4 Indigenismus, «raza cósmica» und der „gute Wilde"

Obwohl sowohl Arguedas im Namen des „kulturellen Indigenismus" als auch Vasconcelos im Namen der «raza cósmica» vom „Mestizen" reden, so meinen sie doch im Grunde verschiedene – ja gegensätzliche – Realitäten. Arguedas gebraucht den Begriff zur Bezeichnung einer *Realität*, Vasconcelos zur Bezeichnung einer *Utopie*. Für Arguedas ist die Realität des Mestizen ein kritisches Argument gegen das Projekt der kulturellen Assimilation («No soy un aculturado ...»),[22] gegen ein Modell nationaler Identität, welches „Identität" denkt als kulturelle „Einheit"; Vasconcelos dagegen bedient sich der Utopie des Mestizen, um im Namen einer imaginär in die Zukunft verlegten kulturellen Einheit die Ideologie nationaler Identität zu stabilisieren. Der Gegensatz macht eine jahrhundertelang praktizierte diskursive Funktionalisierung des «indígena» deutlich. Wie das Beispiel Vasconcelos zeigt – jedoch gleichfalls auch der oben erläuterte Gegensatz zwischen „ethnisch" und „kulturell" argumentierendem Indigenismus –, gehört diese Funktionalisierung zu den Prämissen der Indigenismusbewegung.

Die mit allen nur denkbaren positiven Eigenschaften eines okzidentalen „Übermenschen" ausgestattete «raza cósmica» eines Vasconcelos erscheint in historischer Perspektive deshalb lediglich als die Wiedererweckung des Phantombildes des „guten Wilden" der europäischen Aufklärungsliteratur – Korrektiv, Utopie und Wunschbild einer Kulturkritik, die sich zunächst einmal mit Recht damit beschäftigte, den Zivilisationsmüll vor der eigenen Tür zu beseitigen.

Der erste europäische Autor von Rang, der den «indígena» in diesem Sinne funktionalisierte, ihn zum Korrektiv eurozentrischer Geschichtsbetrachtung, zum Motor eines prinzipiellen Kultur*relativismus* erhob, war der Skeptiker Michel de Montaigne gegen Ende des 16. Jahrhunderts. Die Aufklärer Diderot und Rousseau argumentieren zwei Jahrhunderte später auf seinen Spuren. Die Romantiker – Bernardin de Saint-Pierre und Chateaubriand – übernehmen den Diskurs und fügen ihm nostalgisch-exotische Akzente hinzu. Von den europäischen Romantikern führt eine direkte Linie zu den ersten literarischen «indigenistas» in Lateinamerika – unter ihnen die engagierte Peruanerin Clorinda Matto de Turner –, welche sich Ende des 19. Jahrhunderts mittels des europäischen Phantombildes auf den Weg machen, die – bislang vergessenen – guten Wilden der *eigenen* Kultur zu entdecken. Erst den Indigenisten der 20er und 30er Jahre jedoch bleibt es vorbehalten, sich selbst zu ihren Sprechern zu ernennen. Arguedas – so hat sich gezeigt – gehört nicht in ihre Reihe.

KAPITEL 3: DER LITERARISCHE INDIGENISMUS

3.1 Ciro Alegría und der literarische Indigenismus

In diskurstheoretischer Hinsicht läßt sich die Feststellung wagen, daß die im letzten Kapitel erörterten theoretischen Modelle der Indigenismusbewegung, soweit sie den im ersten Abschnitt erörterten Kriterien entsprechen, den historischen Kontext, dem sie ihr Entstehen verdanken, kaum überdauert haben.[23] Nur selten bedienen sich politische Bewegungen zum Schutz von Eingeborenen oder Indios, an denen es in diesem ausgehenden 20. Jahrhundert ja keineswegs fehlt, noch der klassischen Argumente des indigenistischen *Identitätsdiskurses*. Wie läßt sich in dieser Perspektive – so ist nunmehr zu fragen – die im Kontext des Indigenismus entstandene *Literatur* beurteilen? Ohne Zweifel sind es ja in erster Linie literarische Texte, die die Erinnerung an die Bewegung in der Gegenwart bewahren. Wir gehen der Frage nach anhand einer Analyse eines Werkes von Ciro Alegría: *La serpiente de oro*.

C. Alegría (1909–1967), Sohn eines Haciendabesitzers aus der im Amazonasgebiet gelegenen Provinz Huamachuco, gilt als wichtigster Repräsentant der peruanischen Indigenismusliteratur. Wegen sozialistischer Aktivitäten von der peruanischen Regierung verfolgt, verbringt Alegría lange Jahre im Exil. Der erste Roman – *La serpiente de oro* – entsteht 1935 in Santiago de Chile und wird bei seinem Erscheinen mit dem «Premio de Novela Nacimiento» – einem vom Verlag Nacimiento gestifteten Literaturpreis – ausgezeichnet.

Wenige Jahre später folgen *Los perros hambrientos* (1939) sowie *El mundo es ancho y ajeno* (1941), zwei Romane, die den Ruf des Autors als «indigenista» befestigen. Beide Texte handeln vom Leben der indianischen Andenbevölkerung – vom Leben mithin der „Eingeborenen in den peruanischen Anden", wie es in schlichter Wiederholung der Indigenismusideologie in einem deutschen Literaturlexikon formuliert ist. Ähnlich wie in Mario Vargas Llosas' 25 Jahre später erscheinendem ersten Roman[24] ist der Titel *Los perros hambrientos* sowohl metaphorisch als auch konkret zu verstehen. Protagonisten des Romans sind ein Rudel Hunde, aber auch ihre – im Verlauf der Ereignisse – „auf den Hund gekommenen" Herren. Die zunächst als friedliche Idylle dargestellte Symbiose von Tier und Mensch zerbricht infolge einer katastrophalen Dürre: Die Hunde beginnen, über die Schafe, die sie zu bewachen haben, herzufallen und sie zu zerreißen. Daraufhin werden sie von den Menschen selber verfolgt und gehetzt. Ein einziger unter ihnen – die Hündin Wanka – kehrt schließlich zurück, zusammen mit dem sich endlich auch wieder einstellenden Regen. Die Solidargemeinschaft von Mensch und Tier im Zeichen einer barmherzig-unbarmherzigen Natur beginnt einen neuen Zyklus.

Auch in *El mundo es ancho y ajeno* steht am Anfang die Darstellung einer idyllischen und harmonischen Lebensform. Protagonisten sind die Bewohner des Dorfes Rumi im peruanischen Hochland. Ein alter Kazike namens Rosendo Maquí ist die patriarchalisch herrschende, soziale Harmonie verbürgende Zentralfigur der Gemeinde; sein Gegenspieler ein weißer Großgrundbesitzer namens Don Álvaro Amenabra. Rücksichtslos durchgesetzte Gebietsansprüche Don Álvaros sind es, die in die Harmonie von Rumi zerstörerisch einbrechen. Die Folge ist, daß ein Teil der Bewohner ins höher gelegene Hochland flieht, ein anderer Teil abwandert in Richtung Küste. Das Schicksal der letzteren dient dem Autor zur Darstellung der unmenschlichen Lebensbedingungen, denen die Indios sowohl in den Bergwerken des Hochlands als auch den tiefer gelegenen Coca- und Kautschukpflanzungen, die sich allesamt im Besitz weißer Grundherren befinden, unterworfen sind. Thema des Romans ist also die soziale Anklage und Denunzierung des säkularen Systems feudaler Ausbeutung, das die peruanische Sozialgeschichte seit der Conquista prägt. Thema ist jedoch vor allem die Einladung an den Leser, sich mit dem heroischen Überlebenskampf der bedauernswerten Opfer der Ausbeutung zu solidarisieren.

Auch *La serpiente de oro*, Alegrías erster Roman, mit dem wir uns im folgenden beschäftigen werden, erfüllt bereits die Kriterien der „indigenistischen“ Gattung. Obwohl seine Protagonisten keine Indios sind, finden wir hier schon eine Vielzahl von Motiven, die in den späteren Romanen im Zentrum stehen.

3.2 Ciro Alegría: *La serpiente de oro*

Chronotopos und Personeninventar

Ort der Handlung ist Calemar, eine Siedlung im Tal des Marañón. Der Fluß durchquert den tropischen Urwald östlich der Anden und gehört zum westlichen Zuflußgebiet des Amazonas. Die Protagonisten der Handlung sind im Roman bezeichnet als «cholos». Der Begriff wird synonym verwendet mit «cristianos». Ein dem Text beigefügtes Wortregister definiert «cholo» als «mestizo» oder «indio civilizado», «cristiano» als «persona civilizada». Gustav Siebenmann hat mit Recht auf das von Alegría verfolgte Ziel einer ideologischen Aufwertung der Figur des Mestizen hingewiesen, das den Roman ganz in die Nähe der oben referierten Indigenismustheorie des Mexikaners Vasconcelos rückt. Der Gattungsbegriff, den Siebenmann für diese Spielart des Indigenismus einführt, lautet «novela cholista» (vgl. Siebenmann 1988, 178).

Es ist die Aufgabe einer tagtäglichen Bewältigung der natürlichen Lebensbedingungen am Ufer des Marañón, die die Lebenswelt der Cholos von Calemar bestimmt. Von Beruf sind sie infolgedessen «balseros» – „Floßbauer", „Floßfahrer". Ihre Beschäftigung besteht darin, Holzflöße zur Schiffbarmachung des Marañón herzustellen und dieselben sodann auch zu betreiben. Es geht um die Überquerung des Flusses mit dem Ziel der Beförderung von Waren und Personen, um die Herstellung direkter Verbindungen von einem Ufer zum anderen – so z. B. die Verbindung der Provinzen Huamacho, Cajabamba und Bambamarca – oder um Verbindungen komplizierterer Art, die Herstellung von Kommunikationslinien mit anderen stromauf- oder stromabwärts gelegenen Orten. Ciro Alegrías Ziel ist nicht die Individualisierung, sondern die Typisierung. Das Inventar seiner Figuren ist deshalb außerordentlich beschränkt. Es setzt sich zusammen aus kaum mehr als einer einzigen Familie:

- «el viejo Matías» sowie seine Frau, «la vieja Melcha»: Matías nimmt unter den «balseros» gewissermaßen die Stellung eines Patriarchen ein. Seine Funktion ist weniger die eines Handelnden als die eines Geschichten-, Legenden- und Mythenerzählers: Geschichten vom heldenmäßigen Kampf mit den Elementen; Erzählungen, die die Mentalität der Männer in der Natur sowie ihre Einstellung zum Leben im allgemeinen thematisieren und erklären;
- Arturo und Rogelio, ihre erwachsenen Söhne: Beide sind «balseros» im eigentlichen Sinne des Wortes. Arturo ist verheiratet. Seine Frau heißt Lucinda. Ihr Haus liegt unmittelbar neben dem der Eltern;
- Lucas Vilcas, der Ich-Erzähler, ist ebenfalls «balsero». Mit ihm, dem Haciendabesitzer Juan Plaza von Marcapata sowie einem Ingenieur aus Lima namens Osvaldo Martínez de Calderón schließt sich der engere Kreis der Protagonisten.

Handlung

Die Handlung in *La serpiente de oro* ist in extremer Weise episodisch strukturiert. Nur etwa die Hälfte der insgesamt 19 Kapitel erlaubt die Rekonstruktion handlungslogischer Bezüge. Alle übrigen Kapitel thematisieren isolierte Episoden und Anekdoten: Kapitel 2 und 11 die Erinnerungen des alten Matías, Kapitel 3 den Besuch Arturos und Rogelios bei einem Fest in Sartín, Kapitel 10 die Vertreibung eines der Simonie überführten Pfarrers in Calemar, Kapitel 18 das Auftauchen eines Justizflüchtlings, die Kapitel 5 sowie 12 bis 14 schließlich Naturkatastrophen und ihre Bewältigung durch die «balseros».

Das Strukturprinzip, das den dominant episodischen Charakter der Handlung diktiert, ist jedoch nicht das der avantgardistischen Collagetechnik, das wir oben in Azuelas Revolutionsroman kennengelernt haben. Die Motivierung des episodischen Charakters der Handlung bei Alegría ist vielmehr eine gänzlich andere.

Auch im Hinblick auf die übrigen Kapitel kann nur mit Vorbehalt die Rede sein von einer kohärenten Handlungsstruktur. Es finden sich hier im Grunde nur expandierte Episoden. Dies gilt vor allem für die fünftägige Floßfahrt der beiden Brüder Arturo und Rogelio, bei welcher Rogelio schließlich den Tod findet (Kapitel 6 bis 9), nicht weniger jedoch für die gleichfalls mit dem Tod des Protagonisten endende Geschichte des aus Lima stammenden Ingenieurs Osvaldo: Osvaldo ist nach Calemar gekommen, um den Bewohnern ein Projekt industrieller Ausbeutung der Edelmetalle des Marañón vorzuschlagen (Kapitel 2). Der Hacendado Juan Plaza gewährt ihm Hilfe beim Erkunden der Region (Kapitel 2). Osvaldo hält sich insgesamt ein Jahr lang in Calemar und Umgebung auf (Kapitel 15 und 16), macht während dieser Zeit einen Prozeß der Assimilation an Sitten und Gebräuchen durch, der alle in Erstaunen versetzt, stirbt jedoch schließlich an einem Schlangenbiß. Die Episode Osvaldos endet in Kapitel 16. Sie umfaßt nahezu die gesamte erzählte Zeit. Doch der Roman selbst endet erst drei Kapitel weiter: Kapitel 17 enthält einen abrupten Szenen- und Perspektivenwechsel; erzählt wird – parallel zur Liebesgeschichte Arturos in Kapitel 3 – die Geschichte des Erzählers und seiner Florinda. Kapitel 18 präsentiert die Episode des Justizflüchtlings («el corrido») und Kapitel 19 gibt einen vagen Ausblick auf eine durch die Ankunft neuer Fremder gekennzeichnete Zukunft – Veränderungen, deren Tragweite indes begrenzt und eingebunden bleibt in das Erleben einer im Grunde unverändert bleibenden Identität:

Han pasado ya cinco inviernos y pasarán muchos más. Moriremos sin recordar, acaso, cuántos fueron. Junto al río la vida es como él: siempre la misma y siempre distinta. Y entre un ritmo de creciente y vaciante, los balseros estamos tercamente sobre las aguas, apuntalando las regiones que separan, anudando la vida. (183)

Fünf Winter sind schon vergangen und werden noch vergehen. Wir werden sterben vielleicht, ohne uns zu erinnern, wie viele es waren. Am Ufer des Flusses ist das Leben wie er: immer das gleiche und immer verschieden. Und im Rhythmus des steigenden und abnehmenden Wassers stehen wir Flößer trotzig über dem Wasser und steuern die Gebiete an, die getrennt sind, das Leben verbindend.

Obwohl alle bisher referierten Elemente der Handlung – Leben und Tod eingeschlossen – fragmentarischen Charakter haben, obwohl keine der Episoden Kandidat ist für eine „Makro“-Struktur, ist das Fragmentarische in *La serpiente de oro* dennoch keineswegs zum Prinzip erhoben, sondern bleibt eingebunden in die Vermittlung einer globalen – auch die Episoden mit einbeziehenden – Sinnstruktur. Um dies zu verdeutlichen, werfen wir einen Blick auf die Erzählperspektive.

Erzählperspektive

Das Problem der Perspektive ist von der Alegría-Kritik vielfach erörtert worden. Unter ausdrücklichem Bezug auf einen Hinweis von Antonio Cornejo Polar, der von der „Polyphonie narrativer Stimmen" in *La serpiente de oro* gesprochen hatte, schlägt G. Siebenmann deshalb noch die weiteren Differenzierungen vor:

a) die Ich-Perspektive des Erzählerprotagonisten Lucas Vilcas;
b) die Perspektive eines „Wir", in der sich semantisch die Perspektive des Protagonisten und diejenige der übrigen «cholos» von Calemar überkreuzen;
c) die Perspektive eines allwissenden auktorialen Erzählers, der von den übrigen Personen in der Er-Form spricht.

Die Unterscheidung ist richtig und falsch zugleich – richtig, insofern *La serpiente de oro* in der Tat, von Kapitel zu Kapitel wechselnd, die formalen Merkmale sowohl einer autobiographischen als auch einer auktorialen Er-Erzählung aufweist. Hieraus jedoch – wie Cornejo Polar und Siebenmann es vorschlagen – den Tatbestand „polyphoner" Erzählweise abzuleiten, ist eine Folgerung, die durch den Textbefund selbst kaum zu rechtfertigen ist. Anders als in der großen realistischen Erzähltradition eines Dostojewski oder Flaubert, in deren Romanen sich bei ansonsten einheitlicher Ich- bzw. Er-Perspektive das Phänomen einer *innerhalb* dieser Perspektive realisierten fundamentalen Vielstimmigkeit nachweisen läßt,[25] dient hier umgekehrt die Polyperspektive lediglich der Artikulation des Gleichen, einer einzigen Stimme.[26] Während im realistischen Roman die Monoperspektive des Erzählers im Dienste der „Authentifizierung" einer als vielstimmig erfahrenen Welt steht, dient bei Alegría die Polyperspektive des Erzählens der Authentifizierung einer – letztlich – monologisch aufgefaßten Welt: das plurale „Wir" des ersten und letzten Kapitels, die personale Perspektive der Erinnerungsgeschichten des alten Matías (Kapitel 2), das weit in die Vergangenheit zurückgreifende allwissende Erzählersubjekt des dritten Kapitels oder die strikt autobiographische Perspektive des 17. Kapitels – sie alle singen im Grunde das gleiche Lied, das in allgemeinen, poetischen Bildern bereits im ersten Kapitel komprimiert präsent ist. Es ist das Modell einer Kulturwelt, die geprägt ist vom heroischen Überlebenskampf des Menschen angesichts der überwältigenden Kräfte der Natur. Die von Siebenmann ob ihrer poetischen Kraft gerühmten Anfangssätze sprechen in dieser Hinsicht bereits eine ideologisch eindeutige Sprache:

> Por donde el Marañón rompe las cordilleras en un voluntarioso afán de avance, la sierra peruana tiene la bravura de puma acosado [...] Cuando el río carga, brama contra las peñas invadiendo la amplitud de las playas y cubriendo el pedrerío [...] Nosotros, los cholos del Marañón, escuchamos su voz con el oído atento. No sabemos dónde nace ni dónde muere este río que nos mataría si quisiéramos medirlo con nuestras balsas, pero ella nos habla claramente de su inmensidad. (13)

Wo der Marañón mit ungestümem Drängen seinen Weg bricht durch die Kordilleren, zeigt die peruanische Sierra die Wildheit eines gehetzten Pumas [...]. Wenn der Fluß steigt, brüllt er gegen die Felsen, ergießt sich über die Strände und bedeckt das Geröll [...] Wir, die Cholos des Marañón, spitzen die Ohren und hören seine Stimme. Wir wissen nicht, wo er entsteht noch wo er stirbt, der Fluß, der uns tötete, wenn wir es wagten, ihn mit unseren Flößen zu messen, aber die Stimme des Flusses spricht warnend von seiner unendlichen Macht.

Das Wissen, von dem der Erzähler spricht, ist kein technologisches Herrschaftswissen. Die Erfahrungen, die es geprägt haben, sind Erfahrungen fundamentaler Ohnmacht angesichts der Übermacht der Gewalten der Natur, nicht aber jene aus der Beherrschung der Natur resultierenden Erfahrungen selbstbewußter *Macht*,[27] wie sie exemplarisch sind fürs neuzeitliche Subjekt. Worum es sich handelt, sind Erfahrungen „unendlicher Bindung", Erfahrungen mithin – nach Schleiermacher –, wie sie vorbildlich sind für die Sphäre der Religion:

Me contun señor [sagt der alte Matías] quen tiempos angiguos los peruanos adoraban comua meros dioses al río tamién y tamién a la serpiente. Y yo digo que tal vez jué poque la iferencia es poca yal no saber cual era más ni menos, velay que pa los dos tivieros adoración ... (176)

Jemand erzählte mir, daß die Peruaner in alter Zeit sowohl den Fluß als auch die Schlange angebetet haben. Ich glaube, es war deshalb, weil der Unterschied zwischen beiden gering ist und man nicht genau wußte, wer von ihnen mehr Macht hatte und wer weniger; deshalb war es, daß man sie beide verehrte ...

Das *religiöse* Wissen um die fundamentale Bindung an die Natur, das Wissen um das Eingebundensein des Menschen in den natürlichen Kreislauf des Werdens und Vergehens, das Wissen um die Unmöglichkeit, der manifesten Übermacht der Elemente zu entgehen, verweisen die im neuzeitlichen Subjekt- und Individualitätsbegriff mitschwingenden Herrschaftsansprüche ins zweite Glied. Wie die Unterschiede zwischen Schlange und Fluß, so verwischen sich auch die Unterschiede zwischen Individuum und Individuum, zwischen Individuum und Gemeinschaft. Eben dies – so scheint es – will Ciro Alegría dem Leser durch die Polyperspektive der Erzählung vermitteln. Eben dies jedoch, die Vermittlung des Gleichen durch die Polyperspektive des Erzählens, nivelliert den Unterschied zwischen Individuum und Allgemeinem, die Instanz des Erzählens als Manifestation individueller Diskurse.

Zeitstruktur und Veränderung

Zwei weitere Nivellierungen auf inhaltlicher Ebene finden damit eine Erklärung: zum einen das Prinzip des Episodischen, zum anderen die Erfahrung eines eigentümlich nivellierten Todes.

Der dominant episodische Charakter der Handlung nivelliert für den Leser die für traditionelle Erzählungen fundamentale Wahrnehmung der *Zeit*. Die erlebte und erzählte Zeit der Cholos von Calemar wird erfahren in der Perspektive einer gleichsam ewigen Präsenz, welche gleichwohl geprägt ist durch den Faktor Veränderung. Die Veränderung vollzieht sich indessen nicht als lineare. Ihre Struktur folgt dem Rhythmus der zyklischen Bewegung der Natur. Nur hierin, im Indizieren und Manifestieren natürlicher Zyklen, liegt die semantische Bedeutung der Episoden. Aneinandergereiht suggerieren sie dagegen die Wiederkehr des Gleichen, den Stillstand *linearer* Zeiterfahrung.

Nivelliert wird damit nicht nur die Vorstellung rationaler Kausalität, sondern auch die neuzeitliche Erfahrung des Todes. Tod ist in der Neuzeit vor allem der Tod des Individuums. Gerade das Schwinden konkretisierbarer Jenseitserwartungen, wie sie für die mittelalterliche Welt plastische Realität besitzen, hat die Erfahrung des individuellen Todes zu höchstem Pathos gesteigert, eine Entwicklung, die wohl in der Romantik ihren entschiedensten Ausdruck gefunden hat. Die Nivellierung des Individuums dagegen führt auch zur Nivellierung der individuellen Todeserfahrung. Dies ist die eigentliche Botschaft der Episode des Schiffbruchs der Brüder auf dem Marañón, die Botschaft der antipathetischen Perspektive, in der das Ertrinken des einen und die Rettung des anderen erzählt wird:

El Arturo ve una esfera negra que se pierde en la caída de agua y un brazo que dura un instante más en lo alto, como diciéndole adiós ... Luego, sólo el rugido tremendo del agua que se revuelve entre espumarajos. Ni la más leve silueta del hermano. (89)

Arturo sieht eine schwarze Scheibe, die sich im Wasserfall verliert, und einen Arm, der noch einen Augenblick lang nach oben zeigt, wie um ihm Lebewohl zu sagen ... Dann nur noch das ungeheuere Tosen des Wassers, das sich gischtsprühend hinunterwälzt. Und nicht mehr der geringste Schatten des Bruders.

Antipathetisch ist auch die Perspektive, in der der Tod des Küstenindividuums Osvaldo erzählt wird. Episode bleibt sein hochgespanntes Entwicklungsprojekt, Episode mithin auch seine nahezu geglückte Akkulturation an die Denk- und Vorstellungswelt seiner Umgebung:

Cruzan sombras ante sus ojos. Los cholos lo contemplan en silencio: el Pablo limpiando la fina hoja ensangrentada, el Julián mascando su coca y moviendo el checo. Saben que todo auxilio es imposible por tardío y esperan la muerte del joven impasiblemente. (160)

Schatten kreuzen sich vor seinen Augen. Die Cholos betrachten ihn schweigend: Pablo säubert das kleine blutige Messer [mit dem er Osvaldos Schlangenbiß operiert hatte], Julián kaut Cocablätter und hält die Kalabasse mit Kalk. Sie wissen, daß jede Hilfe unmöglich ist, da sie zu spät kommen würde, und warten ohne Regung auf den Tod des jungen Mannes.

Ausgesparte Geschichte

Noch eine dritte – die wohl wichtigste – Form der Nivellierung ist zu nennen: die Nivellierung der Geschichte – „Geschichte" nämlich als die kulturelle Gegenwelt zur Naturwelt der Cholos, die im Titel des ersten Kapitels evoziert wird mit Hilfe dreier Indizien: «El río, los hombres y las balsas».

„Geschichte“ in dieser Bedeutung gelangt nach Calemar in Form des linearen Fortschrittsglaubens des jungen Unternehmers und Ingenieurs Osvaldo. Geschichte ist jedoch auch die in der Figur des betrügerischen Pfarrers Don Casimir Baltodano indizierte Präsenz der Kirche. Geschichte ist repräsentiert durch jene beiden Polizisten, die Arturos Frau Lucinda in Sartín belästigen und ihn selbst anschließend unter Druck setzen. Geschichte ist schließlich die Gestalt des Justizflüchtlings, dessen Schicksal im vorletzten Kapitel erzählt wird.

Geschichte ist in *La serpiente de oro* thematisch also durchaus präsent. Handlungslogisch, als Faktor eigenständiger Evaluationen, wird sie im Roman jedoch nicht aktualisiert. Entweder: Geschichte bleibt eingebunden in die übergreifende Erfahrung natürlicher Zyklen – manifest etwa im „Ende“ der Fortschrittsgeschichte Osvaldos infolge des Bisses der „goldenen Schlange“. Oder: Alegría entzieht den erzählten Episoden, soweit sie Gefahr laufen, den Leser mit der Unmittelbarkeit, ja *Unvermitteltheit* „wirklicher“ Geschichte zu konfrontieren, mit Hilfe verharmlosend-ideologisierender Lösungen die in der “story” als solcher angelegte „kritische“ Funktion: So wird Don Casimir von den aufgebrachten Cholos schlichtweg davongejagt – eine schönfärberische Wunschvorstellung angesichts der effektiven Macht der traditionellen Kirche; so erhält Arturo in Calemar bei seiner Auseinandersetzung mit den korrupten Polizisten Rückendeckung durch den eigenhändig einschreitenden Zivilgouverneur – eine patriarchalistisch motivierte Konfliktlösungsstrategie, wie sie Lope de Vega bereits im Siglo de Oro vorgeschlagen hatte; so dient das Schicksal des Justizflüchtlings schließlich, statt einer kritischen Beleuchtung der bedrückenden Zustände im Bereich der peruanischen Strafjustiz in den 30er Jahren, nur als Variante der „Legende des Ewigen Juden“.

Geschichte wird also in der Tat – wie das Problem des individuellen Todes oder dasjenige der linearen Zeit – als Erfahrung nivelliert bzw. angesichts anderer – fundamentalerer – Erfahrungen marginalisiert.

Marginalisierung der Welt der Indios

Erstaunlicher noch als die „Marginalisierung“ der kulturellen Gegenwelt der Küste ist jedoch die Marginalisierung auch der zweiten kulturellen Gegenwelt, die im Roman virtuell präsent ist: die Verdrängung nämlich der Welt und der Geschichte der Indios. Ziel des Romans als eines herausragenden Exempels „indigenistischer“ Literatur – so hieß es oben – ist die Darstellung der Welt der «Cholos», der Mestizenbevölkerung von Calemar. «Cholo» heißt für den Autor «indio civilizado», synonym gebraucht mit «cristiano». Nichtsdestoweniger sind die Indios jedoch im Roman durchaus repräsentiert:

El anciano hizo sonar un silbato de carrizo y poco después un joven indio llegó. Era el pongo. Demostraba gran atención y parecía que más bien veía que oía las palabras. Su indumentaria se reducía a camisa, calzón y ojotas. El cabello cortado al rape mostraba un cráneo ablongo. En la yerta cara cetrina, gruesos labios se inmovilizaban bajo una nariz encorvada entre pómulos salientes. Solamente los ojos grises tenían vida y esa vida iba hacia el patrón, atenta, solícita, inclinada, rendida ... (55)

Der Alte blies in eine Schilfrohrpfeife, und wenig später erschien ein junger Indio. Es war der Pongo. Er legte großen Eifer an den Tag, und es schien, als *sähe* er eher die Worte, statt sie zu hören. Seine Kleidung bestand lediglich aus Hemd, Hose und Sandalen. Das kurzgeschorene Haar brachte einen verlängerten Hinterkopf zum Vorschein. In dem starren traurigen Angesicht traten dicke Lippen hervor unter einer Hakennase und vorstehenden Backenknochen. Nur die grauen Augen zeigten etwas Leben, und dieses Leben gehörte seinem Herrn, aufmerksam und beflissen, zugeneigt und ergeben ...

Das Porträt ist nicht nur identisch mit einem jahrhundertealten Klischee; seine Perspektive ist zudem ausschließlich die eines äußeren Betrachters, gewiß also die eines Nicht-Indios. Der das Porträt konstituierende Blick erfaßt lediglich eine Oberfläche – eben das „Klischee". Daß das Porträt repräsentativ ist für die Perspektive insgesamt, unter der die Indios in *La serpiente de oro* erscheinen, ließe sich leicht erweisen: Alegría reproduziert auf den folgenden Seiten alle noch fehlenden Elemente: Indios sind «salvajes» (58) – der Definition gemäß also in der Tat das Gegenteil von «cristianos»; sie sind «ociosos» (62), also „faul" und gewiß immer noch «infieles» (63), sie lehnen es ab, an Gott zu glauben; außerdem sind sie überempfindlich – «quisquillosos» (65) – und „interpretieren alles und jedes als Ausdruck von Verachtung" [cualquier cosa la interpretan como menosprecio] (ebd.). Ihre generelle Verschlossenheit verlieren sie nur, wenn sie in Gesellschaft von ihresgleichen sind. Hier gedenken sie ihrer glorreichen Vergangenheit sowie ihrer heroischen Aufstände.

Die doppelte linguistische Norm

Der Hinweis auf die doppelte Relegation von Geschichte aus dem Universum der Cholokultur – sowohl derjenigen der Küste als auch derjenigen der indianischen Völker – mag genügen, um die Grenzen des hier zugrundeliegenden Kultur- und Wirklichkeitsmodells im Hinblick auf die Erfassung der konstitutiven Vielstimmigkeit der Mestizenkultur anzudeuten.

Es ist hier jedoch eine wichtige Einschränkung zu machen, denn ein zentraler Aspekt des Romans blieb in der bisherigen Darstellung ausgespart – der Aspekt nämlich der „doppelten linguistischen Norm" (Siebenmann 1988, 167), die Alegría bei seiner Darstellung verwendet: Während die erzählerischen Passagen nämlich allesamt in der Norm des literarischen Schriftspanisch abgefaßt sind, läßt der Autor die Cholos selbst – sofern er sich der wörtlichen Rede bedient – in phonetisch exakt reproduziertem Regionalspanisch sprechen. Liegt hierin, so könnte man dem bisher Vorgebrachten kritisch entgegenhalten, nicht der *eigentliche* semantische Mitteilungswert des Romans – vergleichbar etwa jenem Quechuaspanisch, das in Arguedas' Romanen – nach dem Zeugnis des Autors selbst – als literarisches Kunstprodukt Verwendung findet?

Die Beantwortung der Frage bedürfte einer längeren Begründung. Sie kann hier nicht geliefert werden. Wir müssen uns also auf eine Feststellung beschränken: Während Arguedas ein literarisches Kunstprodukt kreiert, das als solches nur als literarisches *Modell* einer linguistisch-kulturellen Norm fungiert, ist das Bemühen Alegrías' offenbar darauf gerichtet, eine phonetisch exakte – insofern „realistische" – Abbildung linguistischer Daten zu erstellen. Es fällt nicht schwer zu zeigen, daß diese Abbildung im wesentlichen lediglich eine *phonetische Oberfläche* der Sprache zu erfassen in der Lage ist, nicht jedoch die komplexe – immer wieder durch Widersprüche gekennzeichnete – kulturelle Tiefenstruktur der Sprache, die das eigentliche Interesse der Romane von Arguedas ausmacht. Ebensowenig wie die Polyperspektive der Erzählung durchbricht mithin die doppelte linguistische Norm den Monolog des Naturmythos. Er dient nur als zusätzliches Mittel zu seiner Affirmation.[28]

KAPITEL 4: «LO REAL MARAVILLOSO» UND/ODER DER LATEINAMERIKANISCHE BAROCK

4.1 Vom Klischee zur Fragestellung

Noch ein drittes Modell bleibt zu erörtern. Es handelt sich um die im semantischen Schnittfeld der Begriffe «real maravilloso», „Magischer Realismus" und „Barock" entstandene Vorstellung Lateinamerikas als einer „magisch-wunderbaren" Realität. Unter den konkurrierenden Modellen zur Erfassung der Identität lateinamerikanischer Kultur ist das in Frage stehende das jüngste und trifft – im Gegensatz zu eher traditionellen Begriffen wie „Amerikanismus" und „Indigenismus" – im öffentlichen Bewußtsein immer noch auf breite Akzeptanz. Insbesondere im Begriff des Magischen Realismus fließen all jene Elemente zusammen, die die Anziehungskraft der „Neuen Welt" seit langem auszumachen scheinen: das Fremde und Mythische, das Transrationale und Phantastische; Attribute einer Kultur, in welcher „Imagination" und Phantasie nicht länger rationaler „Kontrolle"[29] unterworfen, sondern akzeptiert sind als „Realität". Obwohl im Verlauf der wissenschaftlichen Diskussion im engeren Sinne die wichtigsten ideologischen und ästhetischen Schwachpunkte des Diskurses benannt worden sind,[30] diente er in popularisierter Form – insbesondere auf dem Höhepunkt des vieldiskutierten „Boom" – der Stützung und Propagierung von Klischeevorstellungen Lateinamerika betreffend, die von europäischen Buchverlagen über Jahre hin in klingende Münze umgesetzt wurden. Zwei der Schlüsseltexte, die an der Entstehung des Diskurses wesentlich beteiligt waren, sollen im folgenden untersucht werden: Alejo Carpentiers Vorwort zum Roman *El reino de este mundo* sowie José Lezama Limas Essay «La curiosidad barroca».

4.2 Alejo Carpentiers Begriff des «real maravilloso»

Der von Alejo Carpentier in den Rang eines spezifischen Attributs der lateinamerikanischen Mestizenkultur erhobene Begriff des «real maravilloso» hat Fortüne gemacht. Der Evidenzcharakter, mit dem er ausgestattet scheint, läßt sich in einem Satz zusammenfassen: Das Wunderbare, das Außergewöhnliche, das die rationale Weltordnung außer Kraft Setzende – wie es die europäische Aufklärung gewissermaßen als ihr eigenes Negativ produziert hat –, *das Wunderbare existiert wirklich*; es hat aufgehört, nur «désir», Wunschbild, utopische Fiktion zu sein. Eine für die wissenschaftlich aufgeklärte Gegenwart unerhörte Behauptung! Noch im 18. Jahrhundert hätte der Begriff, so bleibt zu vermuten, wohl entschieden weniger Aufsehen erregt. Ein Blick auf die ersten Seiten von Diderots *Jacques le fataliste* ist ausreichend, um zu ermessen, wie wenig das Jahrhundert fixiert war auf nur einen einzigen Diskurs, die Affirmation eines einzigen Weltbilds. Die uneingestandene Prämisse des «real maravilloso» ist mithin der realistische Diskurs – reduziert zumal auf seine dem Modell des positivistischen Weltbilds abgelesene trivial-umgangssprachliche Bedeutung. Carpentiers Terminus ist insofern jedoch auch eine Replik auf die seitens der positivistischen Ethnologen und Mythenforscher zu Beginn des 20. Jahrhunderts dogmatisch verbreitete Behauptung, den Mythen der von ihnen untersuchten sogenannten „primitiven Völker" entbehre jeglicher Realitätsgehalt; ihr Status sei derjenige von „Fiktionen" – Fiktionen allenfalls des menschlichen Geistes.[31]

Der erste Punkt, den wir näher zu betrachten haben, lautet mithin: Was versteht Carpentier unter „Realität"? In welchem Sinne ist hier von einem „Realen" die Rede, von dem behauptet wird, es sei «maravilloso»?

Der kanonisch gewordene Text, der die Debatte ausgelöst hat, ist Carpentiers Vorwort zu seinem zweiten Roman – *El reino de este mundo* (1942). Er findet sich heute in erweiterter Form unter dem Titel «De lo real maravilloso americano» in der Essaysammlung *Tientos y diferencias* (1976). Carpentier entwickelt seine Theorie im Hinblick auf den genannten Roman, der die Geschichte Haitis von der Kolonialzeit bis ins 20. Jahrhundert hinein behandelt, vor allem jedoch unter Bezug auf seine persönlichen Erfahrungen mit der soziokulturellen Realität des Inselstaates anläßlich verschiedener Reisen:

[...] una primera noción de lo real maravilloso me vino en la mente cuando, a fines del año 1943, tuve la suerte de poder visitar el reino de Henri Christophe – las ruinas tan poéticas de Sans-Souci [...] Mi encuentro con Pauline Bonaparte, ahí, tan lejos de Córcega, fue, para mí, como una revelación. Vi la posibilidad de establecer ciertos sincronismos posibles, americanos, recurrentes, por encima del tiempo, relacionando esto con aquello, el ayer con el presente. Vi la posibilidad de traer ciertas verdades europeas a las latitudes, que son nuestras actuando a contrapelo de quienes, viajando contra la trayectoria del sol, quisieron llevar verdades nuestras a donde, hace todavía treinta años, no había capacidad de entendimiento ni de medida para verlas en su justa dimensión. (94)

[...] eine erste Vorstellung von der wunderbaren Realität [wörtlich: dem „wunderbaren Realen"] kam mir in den Sinn, als ich Ende 1943 das Glück hatte, das Reich von Henri Christophe zu besichtigen, und zwar vor allem die poetischen Ruinen von Sans-Souci [...] Pauline Bonaparte hier zu treffen – so weit ab von Korsika –, war für mich eine Art Offenbarung. Ich sah plötzlich die Möglichkeit für die Vorstellung gewisser sich wiederholender, der Zeit enthobener – eben amerikanischer – Synchronismen, indem das eine mit dem anderen, das Gestern mit dem Heute in Kontakt trat. Ich erblickte die Möglichkeit, gewisse europäische Wahrheiten in unsere Breiten zu tragen und dabei umgekehrt zu verfahren wie jene, die bei ihrer Reise nach Osten unsere Wahrheiten dorthin bringen wollten, wo vor nicht einmal 30 Jahren noch keine Fähigkeit vorhanden war, sie zu verstehen, noch ein Maßstab existierte, um sie in den ihnen gebührenden Dimensionen wahrzunehmen.

Eine erste Vorstellung vom «real maravilloso», sagt Carpentier, verdankt er einer Reise nach Haiti sowie dem Studium der vor Ort dokumentierten Vergangenheit. Was ist Inhalt dieser Vorstellung? Offenbar vor allem die Wahrnehmung eines Phänomens der Gleichzeitigkeit des Ungleichzeitigen: Europäische Barockarchitektur – «Sans-Souci» –, errichtet im 19. Jahrhundert auf tropischer Erde durch einen schwarzen Autokraten namens Henri Christophe als Ausdruck amerikanischer Unabhängigkeit; Pauline Bonaparte, die Phantasien aufgeklärter Libertins unter den Händen eines schwarzen Sklavenmasseurs real auslebend. Abstrakt formuliert dies der nächste Satz: „Ich sah die Möglichkeit, gewisse europäische Wahrheiten in unsere Breiten zu tragen und dabei umgekehrt zu verfahren wie jene, die bei ihrer Reise nach Osten unsere Wahrheiten dorthin bringen wollten, wo vor nicht einmal 30 Jahren noch keine Fähigkeit vorhanden war, sie zu verstehen, noch ein Maßstab existierte, um sie in den ihnen gebührenden Dimensionen wahrzunehmen."

Es geht offenbar um zweierlei: Zum einen um ein Problem der „Dekontextualisierung" kultureller Phänomene – so könnte man sagen –, z. B. die Errichtung europäischer Barockbauten auf haitianischem Boden im Auftrag eines schwarzen Diktators, oder: den Versuch Pauline Bonapartes, die in Haiti real erfahrene tropische Wollust in die Prüderie des imperialen Roms zu übertragen. «Ciertas verdades europeas» werden mithin im lateinamerikanischen und, umgekehrt, «verdades nuestras» im europäischen Kontext erfahren. Zum anderen geht es vor allem auch um ein Phänomen auf der Ebene des Bewußtseins, denn – so suggeriert Carpentier – weder Henri Christophe noch Pauline Bonaparte *wußten* ja eigentlich, was sie taten, als sie taten, was sie taten ... Sie erlebten, sie praktizierten, ja sie schufen die kulturelle Realität des Wunderbaren, ohne sie jedoch als solche auch zu „erkennen". Zur Erkenntnis unfähig war vor allem Europa, denn hier – so heißt es ausdrücklich – war „vor nicht einmal 30 Jahren noch keine Fähigkeit vorhanden", die wunderbare Realität – zu deren Entstehung die Europäer durch ihre Eroberungen und Reisen doch schon seit Jahrhunderten aktiv beigetragen hatten – zu verstehen, noch existierte ein Maßstab, „um sie in den [ihr] gebührenden Dimensionen wahrzunehmen".

Beides gehört also untrennbar zusammen – verifizierbare Erfahrungen bzw. soziokulturelle „Objekte" einerseits, ein zur Erkenntnis der kulturell gedoppelten Welt befähigtes Bewußtsein andererseits. Wo beides auseinanderfällt, kann vom «real maravilloso» im strengen Sinne eigentlich keine Rede mehr sein. Wer über dieses Bewußtsein verfügt – und hieran läßt Carpentier keinen Zweifel –, ist natürlich niemand anderes als der Autor selbst.

Das Modell des «real maravilloso» erhält auf diese Weise den Funktionswert einer *Erkenntnistheorie* lateinamerikanischer Wirklichkeit, einer Theorie, die sich als solche – dies impliziert der letzte Satz des obigen Zitates – in erster Linie an ein europäisches Publikum wendet: *Europäische* Leser werden lateinamerikanische Wirklichkeit besser verstehen, wenn sie lernen, sie unter dem Stichwort «real maravilloso» zu lesen. Unsere Interpretation läßt sich durch den weiteren Kontext leicht erhärten:

Einerseits: Carpentier polemisiert ausführlich gegen europäische Kulturmoden wie Exotismus oder – massiver noch – Surrealismus. Was ihnen fehle, sei die adäquate Objektwelt, die hier in Haiti so augenfällig präsent sei. Zum „Wunderbaren" gelangen die genannten Bewegungen nur mit Hilfe von «trucos de prestidigitación» (95) – mit Hilfe billiger Zaubertricks –, ins Werk gesetzt von jenen Jahrmarktclowns («payasos de la *fête foraine*»), um deretwillen – so behauptet Carpentier – ein Rimbaud sich bereits im 19. Jahrhundert von der poetischen Praxis, der «*Alchémie du verbe*» (ebd.) nämlich, definitiv verabschiedet habe. Der Surrealismus seinerseits, heißt es ironisch – möglicherweise unter Anspielung auf die Plastiken Marcels Duchamps –, beschränke sich darauf, uns nur „das alte Lügenmärchen («la vieja y embustera historia») des zufälligen Zusammentreffens eines Regenschirms und einer Nähmaschine auf einem Seziertisch" vorzugaukeln, oder „Schnecken in einem regennassen Taxi" (95), um gar nicht zu sprechen von den Protagonisten des „literarisch Wunderbaren" à la Sade, Jarry oder Lewis – den „Gespenstern, den eingemauerten Priestern, den Werwolfgeschichten oder den über den Türen von Schlössern angenagelten Händen" (ebd.).

Andererseits: die Realität des Wunderbaren ist abhängig von einem Akt des Glaubens: «la sensación de lo maravilloso supone una fe» (96, „die Erfahrung des Wunderbaren setzt Glauben voraus"), betont Carpentier in Übereinstimmung mit den europäischen Theoretikern des Phantastischen wie Roger Caillois oder Tzvetan Todorov: „Wer nicht an Heilige glaubt, kann sich durch Wunder von Heiligen auch nicht heilen lassen; wer nicht Don Quijote ist, der kann sich auch nicht mit seinem Körper, seiner Seele und seinem Vermögen in die Welt der Amadís de Gaula oder Tirante del Blanco stürzen" (96 f.).

Der Konflikt ist evident. Es ist der Konflikt des lateinamerikanischen Schriftstellers: Der Gegenstand seiner Darstellung ist eine in sich gedoppelte, zwiespältige Welt, eine Welt gewissermaßen in Anführungszeichen; eine Welt – *einerseits* – des existierenden Wunderbaren, existierend in Funktion eines herrschenden Diskurses; eine Welt, deren Realität garantiert ist durch den Glauben an ein Ensemble mythischer Regeln; eine Welt – *andererseits* –, die den Schock der aufgeklärten Entmythologisierung hinter sich hat, eine Welt, in der der Tod auf dem Scheiterhaufen unwiderruflich Asche bedeutet und nicht wie für den Neger Mackandal in *El reino de este mundo* kraft Metamorphose in ein Insekt rückgängig gemacht werden kann. Es ist die Welt offenbar, in der der

Schriftsteller Carpentier zu Hause ist. Für ihn selbst ist die Metamorphose Mackandals kein Gegenstand kulturellen Glaubens; für ihn sind die Ruinen der Barockresidenz des Königs Henri Christophe *Ruinen* – wenn auch Ruinen, ausgestattet mit der Kraft zu poetischer Evokation («ruinas tan poéticas»).

Die Aufgabe des Schriftstellers

Es sind umfassende und weitgesteckte Aufgaben, die sich aus dieser kulturellen Erkenntnistheorie für die Praxis des Schriftstellers ableiten lassen. Carpentier bestimmt sie ohne Zögern als diejenigen umfassender Darstellung. Die in einem anderen Essay[32] benannten literarischen Modelle sind ausschließlich europäischer Provenienz: Shakespeare, Montaigne, die Autoren des spanischen Schelmenromans, Balzac, Zola, Proust und Joyce. Gemeinsam ist ihnen allen, was sich im Hinblick auf Balzac in zwei Sätzen ausdrücken läßt: «Él es amo y señor. Posee su época» (105) [Er ist Herr und Gebieter. Er hat seine Epoche in der Hand].

Dem Modell der großen europäischen Autoren entsprechend wird auch vom lateinamerikanischen Schriftsteller die Fähigkeit des «entendimiento» gefordert, die Fähigkeit zur geistigen Durchdringung seiner Welt sowie – hieraus abgeleitet – die Fähigkeit zu enzyklopädischer Darstellung dieser Welt in all ihrer Komplexität. Für Carpentier also löst sich der Konflikt des «real maravilloso» im Sinne Hegels: Subjekt und Objekt verschmelzen in einer universellen Geste des Begreifens, dem sogenannten «entendimiento». Es springt ins Auge, wie häufig das Wort in dem zuletzt genannten Essay wiederholt wird. «Entendimiento» bezeichnet Carpentier zufolge also das Zentrum der sozialen Rolle des lateinamerikanischen Schriftstellers. Nur er ist befähigt, sowohl in Richtung „Europa" als auch in Richtung „Lateinamerika" zu vermitteln. Das durch ihn repräsentierte Subjekt ist ein – gewissermaßen – kulturtranszendentes Erkenntnissubjekt okzidentaler Prägung. Sein Konterfei ist der „Kosmopolit".

Der Begriff des Wunderbaren

Die Definition enthält als zweites Element den Begriff des Wunderbaren. Warum diese Rede vom Wunderbaren? „Wunderbar" – dies soll offenbar soviel bedeuten wie „der konventionellen Welterfahrung widersprechend". Wird diese Perspektive auch geteilt von dem, der an das „Wunderbare" – wie Carpentier selbst es ja fordert – *glaubt*? Wohl kaum: Die Anhänger des aufständischen Negerführers Mackandal in *El reino de este mundo* empfinden seine Metamorphose in ein Insekt nicht als „Wunder", sondern als ein notwendiges, – im Sinne ihrer Weltsicht geradezu – als ein zu erwartendes Ereignis. Als „wunderbar" erscheint dieser Glaube – und die durch ihn möglicherweise im faktischen Geschichtsablauf ausgelöste Kausalkette – nur einer Außenperspektive, in diesem Falle also der entmythologisierenden Perspektive eines – notwendigerweise – „eurozentrischen“ Weltbildes.

Die Problematik des Begriffs „Magischer Realismus“ ist der des «real maravilloso» in vielem verwandt. Ich verzichte deshalb an dieser Stelle auf eine Diskussion.[33] Die Argumente zu seiner Kritik entsprechen weitgehend den hier vorgetragenen. Carpentier selbst ist sich der Problematik seines Begriffs offenbar bewußt geworden. Ohne den Begriffs*inhalt* jedoch im wesentlichen anzutasten, hat er den Begriff deshalb später ersetzt durch denjenigen des Barock.[34] Lezama Lima bleibt es vorbehalten, den Begriff mit neuem Inhalt zu füllen.

4.3 José Lezama Lima: «La curiosidad barroca»

Die Sonderstellung Lezamas

Im Zentrum der Barocktheorie Lezamas steht – ähnlich wie in J.M. Arguedas' Begriff der Mestizenkultur – das Phänomen kultureller Kreativität. Während Arguedas die Beispiele für die Anwendung des Begriffs jedoch vor allem aus dem regional begrenzten Anschauungsfeld der andinen Kulturen gewinnt, ist die Begriffsverwendung bei Lezama von vornherein universalistisch angelegt. Der kreative Umgang mit Kulturtraditionen unterschiedlichster Herkunft ist ein allgemeines Kennzeichen lateinamerikanischer Kultur. Er findet sich sowohl in der konzeptistischen Lyrik einer Sor Juana, den von humanistisch-apologetischem Geist getragenen Überlieferungen der Handschriften des *Popol Vuh* als auch den Plastiken des «Indio Kondori» im peruanischen Hochland oder den Barockfassaden des afrolusitanischen Architekten Aleijadinho im brasilianischen Ouro Preto.

Aufgrund der Betonung der kreativen Aspekte erscheint die lateinamerikanische Mischkultur in Lezamas Darstellung in Analogie zu einem Kunstwerk. Im Gegensatz zur „Erkenntnis“ naturwissenschaftlich konstituierter Objekte ist der Umgang mit Kunstwerken durch eine eigentümliche Vermischung der Ebenen von Subjekt und Objekt ausgezeichnet – ein Phänomen, das bekanntlich nicht nur im Hinblick auf Leistungen ästhetischer *Produktion*, sondern auch im Hinblick auf solche der *Rezeption* zu beobachten ist. Die Analogie erlaubt es Lezama, auf die Problematisierung der erkenntnistheoretischen Aspekte seiner Theorie der lateinamerikanischen Mischkultur, die Carpentiers Begriff des «real maravilloso» ihre aporetischen Akzente verliehen hatte, weitgehend zu verzichten.

Noch in einer weiteren Hinsicht verdient die Analogie jedoch Beachtung: «La curiosidad barroca» ist nicht nur Theorie. Der Aufsatz selbst besitzt als *Text* vielmehr die Evidenz ästhetischer Schöpfung: Lateinamerikanische Kultur ist nicht länger Objekt rein theoretischer Erkenntnis; sie tritt uns gegenüber vielmehr in Gestalt textueller Produktivität.[35]

Europäischer vs. amerikanischer Barock

Lezama beginnt mit einer Erinnerung an die Verwendung des Barockbegriffs in der europäischen Kulturgeschichte. Es sind zwei unterschiedliche, in extremer Weise gegensätzliche Tendenzen in der Begriffsverwendung zu unterscheiden. Die erste ist charakteristisch für die Geschichtsschreibung zu Beginn des 19. Jahrhunderts, als der Begriff in Europa allgemein in Mißkredit stand:

> Cuando era un divertimiento, en el siglo XIX, más que la negación, el desconocimiento del barroco, su campo de visión era en extremo limitado, aludiéndose casi siempre con ese término a un estilo excesivo, rizado, formalista, carente de esencias verdaderas y profundas, y de riego fertilizante. (302)

> Als es im 19. Jahrhundert zum guten Ton gehörte, sich hinsichtlich des Barock eher mit Ignoranz zu schmücken denn mit offener Negierung, war das Blickfeld, das der Begriff eröffnete, in extremer Weise verengt, und man beschränkte sich darauf, ihn für die Benennung eines übertriebenen, gekräuselten, formalistischen Stils zu verwenden, eines Stils, der jedes wirklichen Tiefganges entbehrte und unfähig war zu befruchtender Wirkung in der Geschichte.

Das auffällige Hyperbaton, das den Satz bei erster Lektüre nahezu unverständlich macht, ist nur scheinbar manieristisch. Die Umstellung der Satzglieder modelliert ironisch eine verkehrte Welt: Die Haltung der europäischen Geschichtsschreibung angesichts des fremden kulturellen Phänomens ist gekennzeichnet durch Mißverständnisse oder schlichte Ignoranz. Das Mißverständnis besteht in einer skandalösen Unterbewertung des Phänomens. Der Barock gilt lediglich als Stil, als Formalismus ohne Inhalt. Seine Charakteristika sind diesem Bild gemäß: leere Ornamentik, überladene Rhetorik sowie die Unfähigkeit zu schöpferischer Gestaltung.

Die gegenteilige Tendenz besteht in der – gleichfalls exzessiven – Aufwertung, die der Begriff gegen Ende des Jahrhunderts erfahren hat. „Barock" droht nun zu einer Leerformel zu werden, die es erlaubt, mit großer Beliebigkeit die unterschiedlichsten Phänomene der Kulturgeschichte von zwei Jahrhunderten unter einen einzigen Begriff zu pressen. Der Drang zum Generalisieren geht so weit, daß einer der Kritiker sich schließlich zu der Behauptung versteigt, „das feste Land sei klassisch, das Meer dagegen barock" (ebd.). «Vemos que aquí sus dominios llegan al máximo de su arrogancia», kommentiert Lezama sarkastisch unter Anspielung auf die Parallelität von kultureller und militärischer Eroberung seitens des „barocken" Spanien, «ya que los barrocos galerones hispanos recorren un mar teñido por una tinta igualmente barroca» (ebd.) [Wir sehen daran, daß die Ausweitung des Begriffs die Spitze ihrer Arroganz erreicht hat, denn das Meer, auf dem die barocken spanischen Galeonäre ihre Bahnen ziehen, ist natürlich gleichfalls in barocken Farben gehalten]. Zusammenfassend sowie unter Bezug auf die vielzitierte Definition Wilhelm

Worringers (1881–1965), dergemäß der Barock nur als eine Form „degenerierter Gotik“ (303) erscheint, läßt sich die europäische Sicht des Barock demnach in zwei Punkten zusammenfassen:

- Der Barock ist eine Form der ästhetischen Degeneration.
- Zu den Manifestationsformen dieser Degeneration gehört das Prinzip ziel- und spannungsloser Akkumulation sowie dasjenige spielerisch-funktionsloser – also *nicht*-kreativer – Asymmetrie (302f.).

Ins Positive gewandt dienen die Merkmale im weiteren dann dazu, den lateinamerikanischen Barock in seiner unverwechselbaren Eigenart zu erfassen:

Nuestra apreciación del barroco americano estará destinada a precisar: primero, hay una tensión en el barroco; segundo, un plutonismo, fuego originario que rompe los fragmentos y los unifica; tercero, no es un estilo degenerescente, sino plenario, que en España y en la América española representa adquisiciones de lenguaje, tal vez únicas en el mundo, muebles para la vivienda, formas de vida y de curiosidad, misticismo que se ciñe a nuevos módulos para la plegaria, maneras del saboreo y del tratamiento de los manjares, que exhalan un vivir completo, refinado y misterioso, teocrático y ensimismado, errante en la forma y arraigadísimo en sus esencias.

Repitiendo la frase de Weisbach, adaptándola a lo americano, podemos decir que entre nosotros el barroco fue un arte de la contraconquista. Representa un triunfo de la ciudad y un americano allí instalado con fruición y estilo normal de vida y muerte. Monje, en caritativas sutilezas teocráticas, indio pobre o rico, maestro en lujosos latines, capitán de ocios métricos, estanciero con quejumbre rítmica, soledad de pecho inaplicada, comienzan a tejer en torno a voltejear con amistosa sombra por arrabales, un tipo, una catadura de americano en su pomada, en su gravedad y destino. El primer americano que va surgiendo dominador de sus caudales es nuestro señor barroco. [...]

Ese americano señor barroco, auténtico primer instalado en lo nuestro [...] (303f.)

Unserer Wertschätzung nach muß man hinsichtlich des amerikanischen Barock folgendes feststellen: erstens, es gibt im Barock eine Spannung; zweitens, einen Plutonismus, ein ursprüngliches Feuer, das die Fragmente zerbricht und wieder zusammenfügt; drittens, es handelt sich nicht um einen degenerierten Stil, sondern einen Stil im Vollsinne dieses Wortes, der in Spanien und in Spanisch-Amerika eine Bereicherung der Sprache herbeigeführt hat, wie sie in der Welt ihresgleichen sucht: Möbel zum täglichen Gebrauch; Lebens- und Wissensformen, mystische Erfahrungen, die der christlichen Predigt neue Bahnen eröffnen; Veränderungen des Geschmacks und der Zubereitung der Speisen, denen Leben entströmt auf allen Ebenen; raffiniert und geheimnisvoll, theokratisch und in sich gekehrt, unbestimmt in der Form und fest verwurzelt im Wesentlichen.

Einen Ausspruch von Weisbach wiederholend und ihn auf die Verhältnisse in Amerika anwendend, können wir mithin sagen, daß das Barock bei uns eine Kunst der Gegeneroberung gewesen ist. Es stellt sich dar als ein Triumph städtischer Kultur und tritt auf in der Gestalt des Amerikaners, seßhaft geworden mit dem Recht, sein Leben zu genießen und zu sterben nach eigener Façon: als Mönch voll liebenswerter theologischer Spitzfindigkeiten, als armer Indio oder auch als reicher, als Meister des prunkvollen Lateins, als Offizier in seinen Mußestunden der Metrik hingegeben, als Grundherr rhythmisch seufzend, die Brust voll träger Einsamkeit; sie alle, einer nach dem anderen, beginnen nun ihre Ränke, ihre leutseligen Schatten auf Vorstädte zu werfen; sieh da, ein Typ, die Grimasse eines Amerikaners mit fettigem Haar, gravitätisch wie am Reißbrett entworfen, schicksalsbeladen. Der erste Amerikaner, der aufsteht als Herr seiner Scholle, ist unser Herr Barock. [...]

Dieser amerikanische Herr Barock, der wirklich erste, der seine Heimat gefunden hat bei uns [...]

Spannung und Plutonismus

Es scheint zunächst, daß die zitierten Sätze lediglich eine ins Positive gewendete Version der Negativkriterien Worringers darstellen: Gegen jene, die mit dem Begriff des Barock nur den Hinweis auf Spiel und Ornamentik verbinden, beeilt sich Lezama zu unterstreichen, daß der Barock sehr wohl Elemente von Spannung, Kraft und Dynamik enthält. Der Begriff Spannung verweist auf ein Verhältnis von Innen und Außen: ohne Spannung kein „Ausdruck"; ohne Ausdruck keine „Bedeutung".

Um die Spannung in ihrer Funktion zu verdeutlichen, bedient sich Lezama des Begriffs «plutonismo», um ihn gelegentlich mit dem des «fuego originario« zu erläutern. Der Begriff «plutonismo» stammt ursprünglich aus dem Bereich der Geologie. Er bezeichnet – so die Begriffsdefinition in einem bekannten deutschen Konversationslexikon – „alle Erscheinungen, die mit der Bewegung des Magmas in der Erdkruste zusammenhängen". In historischer Perspektive enthält er die Hypothese, dergemäß alle „wesentlichen Gestaltungskräfte der Erde aus dem Erdinnern (Zentralfeuer)" stammen.[36] Es ist vor allem also die Anbindung des Barock an die Theorie des „Plutonismus", die dem Barock die Konnotation eines schöpferischen Stils verleiht. Der Barock ist mithin Schöpfung in einem elementaren, ja mythologischen Sinne des Wortes; er ist Ur-Schöpfung. Die Funktion der Barocktheorie für Amerika als einer „Neuen Welt" liegt damit auf der Hand: Amerika ist der „Schmelztiegel", in dessen «fuego originario» die kulturellen Elementarteilchen zu neuen Einheiten zusammengeschmolzen werden.

Barock und «contraconquista»

Lezamas Intention liegt jedoch nicht in einer zeitlos gültigen Kulturtypologie. Der *Ausdruck* lateinamerikanischer Kultur, den Lezama aufzuspüren versucht, ist *historischer* Natur. Es ist der Begriff der «contraconquista», der diesen Aspekt ins Zentrum rückt.

Als Wortneuschöpfung erinnert der Begriff an den der «contra-reforma» – die sogenannte „Gegenreformation". Letztere war ja nicht nur die Zeit des Kampfes *gegen* die Reformatoren, sondern zugleich auch – spätestens seit dem Tridentinum – die Epoche jener „Reform an Haupt und Gliedern", die die Reformatoren selbst ursprünglich auf ihre Fahnen geschrieben hatten.[37]

Die „Gegenreformation“ vermochte das historische Faktum der Kirchenspaltung zwar nicht rückgängig zu machen; sie verlieh der römischen Kirche jedoch neues Selbstbewußtsein.

Daß Lezama an den schillernden Begriff der Gegenreformation anknüpft, hat seinen historisch präzisen Sinn: Die auf die Zeit der Eroberung im engeren Sinne folgende Kolonisationsphase Lateinamerikas steht ganz im Zeichen des gegenreformatorisch-barocken Spanien. Es ist die Zeit, in der die Zahl der Handelsflotten, die den Ozean überqueren, allmählich diejenige der Kriegsflotten zu übersteigen beginnt und die kulturelle Eroberung der neuentdeckten Welt auf allen Ebenen planmäßig ins Werk gesetzt wird: Bereits 1538 in Santo Domingo – und 1551 in Lima – kommt es zu den ersten Universitätsgründungen (vgl. Konetzke, *FW* I, 337). Ganze Schiffsladungen mit «azulejos» aus Sevilla und Toledo oder mit Werken der großen spanischen Malerei der Gegenwart landen in den Zentren der Neuen Welt, um die Kirchen und Paläste, bald aber auch die geräumigen Wohnhäuser der kleineren Beamten oder pensionierten Offiziere, die vom langsam sich verbreitenden Wohlstand profitieren, zu schmücken. Nicht nur Soldaten und Missionare, sondern auch Lateinlehrer, Dichter, Maler, Bildhauer und Architekten finden unter den Einheimischen alsbald Bewunderer, Schüler und Nachahmer. Lezama Lima sieht diesen Prozeß von Beginn an geprägt nicht nur durch die Zeichen geistig-kultureller Eroberung, sondern auch durch Zeichen des Widerstandes, der Selbstbehauptung, ja der Gegenschöpfung. Von Anfang an, so behauptet er, entsteht etwas Neues, vollzieht sich ein Prozeß, den die Eroberer weder hatten bezwecken noch vorhersehen können: die „Installation“ des aus Europa stammenden «señor barroco» in seine angestammten Rechte als «señor americano».

Auffällig an der Darstellung Lezamas ist die Hervorhebung der von Hans Blumenberg am Säkularisationsbegriff kritisierten juristischen Metaphorik[38]: Die „Installation“ – das Seßhaftwerden des Ersten Amerikaners – wird formuliert in der Sprache des Römischen Rechts als *usufructus*, als das Recht auf Nutznießung fremden Eigentums: «instalado con fruición y estilo normal de vida y muerte» – „seßhaft geworden mit dem Recht, sein Leben zu genießen und zu sterben nach eigener Façon“. Das – scheinbar – *fremde* Gut, das er legitimerweise genießt, ist nichts anderes als sein eigenes Leben bzw. sein eigener Tod. Wir befinden uns im 16. Jahrhundert: der absolutistisch regierende spanische König ist Herr über Leben und Tod *all* seiner Untertanen, auch der in der Neuen Welt lebenden. Die Legitimität des *usufructus* – dies will Lezama offenbar sagen – liegt mithin in einem Sachverhalt, der von den Aufklärern ein Jahrhundert später als „Menschenrecht“ bezeichnet wird. Politische Realität erhält der Begriff erst mit der Unabhängigkeit. Worauf ist seine Legitimität also bereits *jetzt* begründet? Lezama beantwortet die Frage, auf die der neuzeitlich-aufklärerische Säkularisationsbegriff die Antwort schuldig geblieben war, mit dem verblüffend einfachen Hinweis auf das Faktum einer scheinbaren Tautologie: Der Anspruch des Ersten Amerikaners auf kulturelle Identität ist legitimiert durch den historischen Prozeß der Legitimation *selbst*, ein Faktum, das von Lezama freilich, im Unterschied zu den Aufklärern, nicht als die sich selbst entfaltende Vernunft, sondern als das Vermögen des Menschen zu ästhetisch-kultureller Schöpfung begriffen wird.

Schon an dem mit souveränem Humor entworfenen Porträt des „Prototyps“ läßt sich das Prinzip der Konvergenz von Geschichte und Ästhetik, das der Darstellung zugrunde liegt, eindrucksvoll demonstrieren. Der «americano señor barroco» ist nicht nur ein vollendeter kultureller Mestize, der die Summe des spanischen Kulturerbes mit der Präsenz der indigenen Kulturen in sich vereinigt, sondern antizipiert auch zugleich entscheidende Phasen der zukünftigen Geschichte Lateinamerikas:

Y ya sentado en la cóncava butaca del oidor, ve el devenir de los *sans-coulottes* [sic!] en oleadas lentas, grises, verídicas y eternas. (303)

Noch im konkaven Sessel als königlicher Auditor sieht er das langsame Heranwachsen von Massen grauer, wahrhaftiger und ewiger *Sans-culottes*.

Schon der Erste Amerikaner mithin vernimmt den Ruf nach politischer Freiheit, von welchem 300 Jahre später der ganze Kontinent widerhallen wird. Die Kultur, in der er lebt – und welche er zu schaffen im Begriff ist –, ist dennoch vom jakobinischen oder jesuitischen Puritanismus durch Welten getrennt. Nicht eine abstrakte Pflichtethik, sondern der in der alltäglichen Lebenspraxis in vielfältiger Weise präsente Anspruch auf *Wohl-Leben* und Genuß – «el saboreo de su vivir» (304) – bestimmt das Wesen dieser kulturellen «contraconquista».

Die Historizität des «señor barroco» ist poetisch verdichtet. Ein Vexierbild unterschiedlicher Kulturen und verschiedener Zeiten, ist er vor allem eine Personifikation der *Potentialität* zukünftiger Geschichte. Noch im 20. Jahrhundert – so läßt sich aus einer der vielen Eigenschaften, die Lezama ihm zuschreibt, herauslesen – steht sein liebenswertes Konterfei («amistosa sombra») Modell für die Identifikationsfigur des «compadrito», des Protagonisten der in den Vorstädten von Buenos Aires («arrabales») entstehenden Tangogeschichten.

Mit größerer historischer Exaktheit dagegen läßt sich das in der Kunstfigur des «señor barroco» synthetisierte kulturelle Mestizentum an der Figur des «Indio Kondori» sowie an der des brasilianischen Bildhauers und Architekten Aleijadinho ablesen. Das Werk Kondoris, eines peruanischen Mestizen des 18. Jahrhunderts – über dessen biographische Identität die kunstgeschichtliche Forschung noch zu keinem befriedigenden Konsens gelangt ist[39] –, gilt Lezama als ein weiteres Beispiel für die zuvor erläuterten barocken Grundbegriffe Spannung und Plutonismus:

[...] percibimos que el esfuerzo por alcanzar una forma unitiva, sufre una tensión, un impulso si no de verticalidad como en el gótico, sí un impulso volcado hacia la forma en busca de la finalidad de su símbolo. (304)

[...] wir sehen, daß der Versuch, zu einer einheitlichen Form zu gelangen, von einer Spannung durchzogen ist, einem Impuls, der sich nicht wie in der Gotik nach oben richtet, sondern auf die Verwirklichung einer Form, welche selbst noch auf der Suche ist nach der Endgültigkeit ihrer Symbole.

Eine Form, von der es heißt, daß sie sich immer noch auf der Suche nach der «finalidad de su símbolo» befinde, ist notwendigerweise eine ihrem Wesen nach „offene" Form. Die Begründung für diese wesenhafte Offenheit und Spannung, die der Form hier zugesprochen wird, liegt offenbar nicht in ihr selbst, sondern in ihrem Bezug zur Geschichte. Lezama, der in einem der folgenden Essays als sarkastisch formulierender Hegel-*Kritiker* auftritt, argumentiert an dieser Stelle strikt hegelianisch: Geschichte wird eschatologisch betrachtet – von ihrem „Ende" her, ihrer historischen „Erfüllung" als Geschichte der Freiheit, als Geschichte der Befreiung Lateinamerikas vom Joch der europäischen Eroberer. Dieses Endziel lateinamerikanischer Geschichte vor Augen, deutet Lezama das Werk Kondoris als Ausdruck einer mit ästhetischen Mitteln geführten inkaischen Rebellion, die ihr vorläufiges Ende findet in der Anerkennung der prinzipiellen Gleichwertigkeit der spanisch-europäischen sowie der autochthon-indianischen Kulturtraditionen:

El indio Kondori fue el primero que en los dominios de la forma, se ganó la igualdad con el tratamiento de un estilo por los europeos. Todavía hoy nos gozamos en adivinar la reacción de los padres de la compañía, que buscaban más la pura expresión de la piedra que los juegos de ornamentos y volutas, ante aquella regalía que igualaba la hoja americana con la trifolia griega, la semiluna incaica con los acantos de los capiteles corintios, el son de los charangos con los instrumentos dóricos y las renacentistas violas de gamba. Ahora, gracias al heroísmo y conveniencia de sus símbolos, precisamos que podemos acercarnos a las manifestaciones de cualquier estilo sin acomplejarnos ni resbalar, siempre que insertemos allí los símbolos de nuestro destino y la escritura con que nuestra alma anegó los objetos. (322)

Der Indio Kondori war der erste, dem es gelang, in formaler Hinsicht einen Stil zu entwickeln, der sich den Errungenschaften der Europäer ebenbürtig zeigte. Noch heute ergötzt es, sich die Reaktionen der Jesuitenpatres vorzustellen – denen es doch mehr um den schlichten Ausdruck des Steins als solchem zu tun war als um das Spiel mit Ornamenten und Voluten –, als sie sich den Produkten dieses souveränen Eigensinns gegenübersahen, der das amerikanische Blattwerk gleichsetzte mit dem griechischen Trifolium, den inkaischen Halbmond mit dem Laubwerk der korinthischen Kapitelle, den Ton der Charangos mit demjenigen dorischer Instrumente oder gar dem der Viola da gamba der Renaissance. Dank der heroischen Treffsicherheit seiner Symbolik sind wir uns bewußt geworden, daß wir uns jedem x-beliebigen Stil zu nähern vermögen, ohne das Gefühl von Minderwertigkeit oder die Angst unsicher zu werden, vorausgesetzt natürlich, wir sind in der Lage, die Symbolik unseres Geschicks bzw. die Inschrift, die unsere Seele in den Objekten hinterlassen hat, wahrzunehmen.

In historischer Hinsicht ist dieser «pacto de igualdad» (323) gleichwohl immer noch lediglich vorläufiger Natur. Deutlich wird dies, sobald man das Werk des Peruaners mit dem des Brasilianers Aleijadinho vergleicht. Während bei Kondori die Elemente der verschiedenen Kulturen nämlich gewissermaßen „paritätisch" zum Ausgleich gebracht sind, beginnt sich bei Aleijadinho der Gleichheitspakt zugunsten des amerikanischen Elementes zu verschieben. Mit Aleijadinho gelangen ästhetische Form und politische Geschichte endgültig zur Deckung, kommt die Form historisch zu sich selbst, realisiert sich in der zuvor nur geahnten «finalidad de su símbolo». Der ästhetische Triumph Aleijadinhos antizipiert die politischen Ereignisse des folgenden Jahrhunderts:

He aquí la prueba más decisiva, cuando un esforzado de la forma, recibe un estilo de una gran tradición, y lejos de amenguarlo, lo devuelve acrecido, es un símbolo de que ese país ha alcanzado su forma en el arte de la ciudad. Es la gesta que en el siglo siguiente al Aleijadinho, va a realizar José Martí. La adquisición de un lenguaje, que después de la muerte de Gracián, parecía haberse soterrado, demostraba, imponiéndose a cualquier pesimismo histórico, que la nación había adquirido una forma. Y la adquisición de una forma o de un reino, está situada dentro del absoluto de la libertad. Solo se relatan los sucesos de los reyes, se dice en la Biblia, es decir, los que han alcanzado una forma, la unidad, el reino. La forma alcanzada es el símbolo de la permanencia de la ciudad. Su soporte, su esclarecimiento, su compostura. (323)

Es ist dies der entschiedene Beweis dafür, daß, wenn ein der Form hingegebenes Individuum den Einfluß des Stiles einer großen Tradition erfährt und diesen, statt ihn zu vermindern, vergrößert zurückgibt, dies als ein Zeichen dafür betrachtet werden muß, daß das betreffende Land seine Form in der Kunst der Stadt erreicht hat. Es ist dies die Geste, die in dem auf Aleijadinho folgenden Jahrhundert José Martí vollziehen wird. Der Erwerb einer Sprache, die nach dem Tode Graciáns begraben schien, zeigte, indem sie sich jedwedem historischen Pessimismus gegenüber erhaben zeigte, daß die Nation zu einer Form gefunden hatte. Und die Erringung einer Form oder eines Reiches ist gleichbedeutend mit dem absoluten Wert der Freiheit. Es werden nur die Taten der Könige erzählt, heißt es in der Bibel, d.h. derer, die zu einer Form, einer Einheit, einem Reich gefunden haben. Die erreichte Form ist Symbol der Beständigkeit des urbanen Prinzips. Seine Stütze, seine Erleuchtung, sein Bestand.

4.4 Die postmoderne Version des Barock (J. L. Borges)

Zu den prominenten Stimmen, die sich zum Thema „Barock" in den 50er Jahren in programmatischer Weise zu Wort gemeldet haben, zählt auch diejenige von Jorge Luis Borges. Die Stellungnahme des Argentiniers unterscheidet sich von den bisher referierten jedoch in signifikanter Weise. Sie findet sich in dem 1954 verfaßten Prolog zur Neuausgabe des bereits 1935 erschienenen Erzählbandes *Historia universal de la infamia*:

Yo diría que barroco es aquel estilo que deliberadamente agota (o quiere agotar) sus posibilidades y que linda con su propia caricatura. En vano quiso remedar Andrew Lang, hacia mil ochocientos ochenta y tantos, la *Odisea* de Pope; la obra ya era su parodia y el parodista no pudo exagerar su tensión. *Barroco (Baroco)* es el nombre de uno de los modos del silogismo; el siglo XVIII lo aplicó a determinados abusos de la arquitectura y de la pintura del XVII; yo diría que es barroca la etapa final de todo arte, cuando éste exhibe y dilapida sus medios. El barroquismo es intelectual y Bernard Shaw ha declarado que toda labor intelectual es humorística. Este humorismo es involuntario en la obra de Baltasar Gracián; voluntario o consentido, en la de John Donne. (*Historia universal de la infamia*, 1971, 9f.)

Ich würde jenen Stil „barock" nennen, der vorsätzlich seine Möglichkeiten ausschöpft (oder ausschöpfen will) und dabei in die Gefahr gerät, zu seiner eigenen Karikatur zu werden. Vergeblich mühte sich Andrew Lang um das Jahr achtzehnhundertachzig herum damit ab, die *Odyssee* von Pope nachzuahmen; das Werk war zu seiner eigenen Parodie geworden, und der Parodist vermochte die dadurch entstehende Spannung nicht noch zu übertreffen. *Barroco (Baroco)* ist der Name für eine der Schlußformen des Syllogismus; das 18. Jahrhundert bediente sich des Begriffs, um die kritiklose Verwendung bestimmter Stilmittel der Architektur und der Malerei des 17. Jahrhunderts zu kennzeichnen; ich selbst würde sagen, „barock" ist die Endphase einer jeden Kunst, wenn sie nämlich damit beginnt, mit ihren eigenen Mitteln verschwenderisch umzugehen und sie zur Schau zu stellen. Der barocke Stil ist intellektuell, und Bernard Shaw zufolge ist jede intellektuelle Arbeit zugleich auch humoristisch. Der hier gemeinte Humorismus ist unfreiwillig im Werk von Baltasar Gracián; freiwillig oder von Zustimmung begleitet in dem von John Donne.

Angesichts der geschichtsphilosophischen Festschreibung, die der Begriff bei Carpentier und Lezama Lima erfährt, markieren die referierten Sätze geradezu einen ideologischen Gegenpol: Nichts ist weiter entfernt vom Idealbild eines «estilo plenario» – von welchem Lezama gesprochen hatte – als der Barock. Kein Begriff wäre ungeeigneter, um das *authentische* „Wesen" lateinamerikanischer Kultur zu bezeichnen. Borges zufolge verweist das Attribut „barock" ja gerade auf die *Abwesenheit* von „Stil". Barocke Kunst ist demnach – bestenfalls – die Imitation eines *fremden* Stils. Durch das Mittel der „Intellektualisierung" – die Überstrukturierung der ästhetischen Verfahren – gibt sich die Imitation „als solche" jedoch ironisch-humorvoll zu erkennen. Das Bekenntnis zum „Barock" setzt das Prinzip „künstlerische Innovation", dem sich die Avantgarde kategorisch unterstellt hatte, außer Kraft. 1935 erschienen, markiert *Historia universal de la infamia* in der Biographie des Schriftstellers Borges ein entscheidendes Datum: seine Abwendung vom Avantgardismus und *zugleich* die Überwindung des «criollismo», des Projekts einer nationalen, den „authentischen" Kulturwerten der «argentinidad» verpflichteten literarischen Praxis, der sich der junge Borges als Exponent der «martinfierristas» bis in die 30er Jahre hinein verschrieben hatte. «Ya el excesivo título de estas páginas proclama su naturaleza barroca» (ebd., 10), behauptet er nun. «Son el irresponsable juego de un tímido que no se animó a escribir cuentos y que se distrajo en falsear y tergiversar (sin justificación estética alguna vez) ajenas historias» (ebd.). [Schon der übertriebene Titel dieser Seiten verkündet ihr barockes Wesen ... Sie sind das verantwortungslose Spiel eines Hasenfußes, der nicht den Mut aufbrachte, wirkliche Kurzgeschichten zu schreiben und statt dessen die Zeit damit totschlug (mitunter ohne jede ästhetische Berechtigung), fremde Geschichten zu verfälschen und zu verdrehen.]

Es ist hier nicht der Ort, der von der Borges-Kritik bisweilen erörterten These nachzugehen, inwieweit die zitierten Sätze umgekehrt als Manifest „postmoderner" Literatur *avant la lettre* zu werten sind[40] – einer Praxis, von welcher vielfach behauptet wird, sie entspräche in genuiner Weise den historischen Ausgangsbedingungen literarischer Praxis in Lateinamerika. Als Warnung vor einem unkritischen Umgang mit den Begriffen „Barock" und «real maravilloso» verdienen sie gleichwohl Beachtung.

EPILOG:
¿*REINO DE ESTE MUNDO* O *CIEN AÑOS DE SOLEDAD*?
(Zwei Interpretationen)

1. Identität und Narration

Die vergleichende Analyse zweier herausragender Werke der neueren lateinamerikanischen Literatur – Alejo Carpentiers *El reino de este mundo*[41] (1949) sowie Gabriel García Márquez' *Cien años de soledad*[42] (1967) – soll diese Einführung beschließen. Keineswegs erhebt die Analyse Anspruch auf eine umfassende „Interpretation". Intendiert ist allerdings, ausgehend von den konkreten Fragestellungen der Texte, zurückzublicken sowohl auf einzelne der vorstehend behandelten Themen als auch auf das Problem lateinamerikanischer „Identität" im allgemeinen, das uns im Verlauf dieser Einführung in immer neuen Variationen beschäftigt hat.

Lateinamerika gilt im öffentlichen Bewußtsein immer noch als «tierra virgen» der epischen Gattung. Der beispiellose Erfolg, der García Márquez' Roman *CAS* beim lesenden Publikum beschieden war, ist hierfür, so scheint es, ein kaum widerlegbarer Beweis. Die akademische Kritik, gewohnt – seit den Tagen der „hermetischen" und „dunklen" Avantgarde –, in den bequemen Kategorien von Elite- und Massenkultur zu denken, signalisiert Verlegenheit, konstatiert jedoch andererseits erleichtert das Nichteintreffen der apokalyptischen Voraussagen vom bevorstehenden „Tod" der Gattung. Mehr noch: bislang verdrängte Zweifel an der Berechtigung avantgardistischer Elitekunst werden wach und finden Verwendung als Erklärungsmuster des Phänomens. So konstatiert z. B. Dieter Janik die „atemberaubende, von jeglichem Avantgardismus unbefleckte [!] Kühnheit und Eigenwilligkeit" (Janik, 331) des Romans, eine Formulierung, hinter der sich einmal mehr das bekannte Argumentationsmuster des *Exotismus* verbirgt: Ohne vom Sündenfall des europäischen Avantgardismus „befleckt" zu sein, verwirklicht der Roman demnach das in europäischer Sicht unwiderruflich verlorene Paradies einer – mit Lukács zu sprechen – epischen „Totalität".

Es bedarf jedoch nicht des Umwegs über universalistische Konstruktionen der Geschichtsphilosophie, um die Blüte der epischen Gattung in Lateinamerika plausibel zu erklären. Ein entscheidendes Argument ergibt sich vielmehr im Hinweis auf das nach wie vor offene Problem lateinamerikanischer Identität: Texte, in denen individuelle oder historische Identitäten zu problematischer Darstellung gelangen, sind offenbar überwiegend *narrativ* strukturiert. Die Existenz von Mythen, Chroniken, Geschichtserzählungen und Biographien in nahezu allen Kulturen ist ein eindrucksvoller Beleg für diese These. Unter dem Motto, das „Ich" solle „Herr" werden „im eigenen Hause", bedient sich die von Sigmund Freud begründete Psychoanalyse der Narration zu therapeutischen Zwecken. Erzähldiskurs und Identitätsdiskurs erscheinen deshalb geradezu als Synonyme: Ein „Ich" erzählt *seine* Geschichte, *seine* «vision du monde», *seine* Version von Wirklichkeit. Es *erzählt* sie, d.h. es setzt sich in prinzipiell doppelter Weise – als erzählendes sowie als erzähltes Ich – in ein Verhältnis zum Faktor *Zeit*. Der Vorgang des Erzählens entfaltet Identität mithin als Geschichte, als die Geschichte im Horizont ihres Werdens. Die „dialogische" Konstituiertheit des Erzählerdiskurses, auf die die moderne Erzählforschung nachdrücklich hingewiesen hat,[43] bringt es dabei mit sich, daß „meine" Geschichte partiell zugleich auch immer „deine" Geschichte sein kann – die Identitätsgeschichte eines Kollektivs.

2. *Reino de este mundo* und *Cien años de soledad*: Identitätsgeschichte(n) Lateinamerikas

Obwohl im Hinblick auf Thematik und Stil aufs unterschiedlichste strukturiert, sind sowohl *REM* als auch *CAS* als modellhafte – je eigene Akzente und Werte setzende – Kollektivgeschichten Lateinamerikas konzipiert: *REM* entfaltet sein Thema exemplarisch am Beispiel der Geschichte Haitis bzw. ihrer Spiegelung im Bewußtsein eines schwarzen Individuums namens Ti Noel. Im Gegensatz zur relativ einfachen und durchsichtigen, dem Modell des historischen Romans folgenden Erzählstruktur in *REM* gilt *CAS* als ein herausragendes Beispiel der Ästhetik des „Magischen Realismus". Auch in *CAS* jedoch findet sich das aus *REM* bekannte, Protagonisten, Handlung und erzählte Zeit strukturierende Generationenschema. Auch in *CAS* wird die Geschichte Lateinamerikas von den „Anfängen" erzählt bis zur „Gegenwart", gespiegelt allerdings nicht mehr im Bewußtsein eines einzelnen Individuums, sondern im kollektiven Bewußtsein der Familie der Buendías aus Macondo.

2.1 Carpentier: *El reino de este mundo*

REM ist ein historischer Roman. Den Stilgesetzen des Genres entsprechend bindet Carpentier seine historische Darstellungsabsicht deshalb an die – „Wahrscheinlichkeit" konnotierende – Perspektive eines individuellen Bewußtseins: Die dargestellte historische Zeit fällt zusammen mit dem Erlebnishorizont des Individuums Ti Noel. Doch das Bewußtsein Ti Noels ist keineswegs die exklusive Perspektive, unter der wir die erzählte Handlung – die Geschichte Haitis – erleben. Es ist dies der entscheidende Unterschied zum Genre des historischen Romans in seiner kanonisierten Form, den *REM* markiert. Die als die Biographie Ti Noels individualisierte Geschichte Haitis ist im Roman dargestellt in vier Abschnitten annähernd gleicher Länge:

Die Kolonialepoche

Der jugendliche Ti Noel arbeitet als Sklave auf der Zuckerrohrplantage eines weißen Grundherren namens Lenormand. Die beiden ersten Kapitel indizieren die für die weitere Biographie Ti Noels entscheidende doppelte Kodierung seines Bewußtseins: Als treuer und seinem Herrn ergebener Sklave nimmt er teil an dessen luxuriösem kreolischem Lebensstil, für den das plakative Zur-Schau-Stellen der Indizien gehobener französischer Lebensart ebenso charakteristisch ist wie der sichere Instinkt, mit dem sich Lenormand den Gegebenheiten der autochthonen Kulturwelt anzupassen weiß.[44]

Seinem Herrn im äußeren Handeln treu ergeben, steht Ti Noel andererseits ganz unter dem Einfluß eines älteren Schwarzen namens Mackandal, der ebenfalls auf Lenormands Plantage Dienst tut. Während Ti Noel jedoch „Haitianer" ist – ein auf Haiti geborener Schwarzer –, ist Mackandal seiner Geburt nach Afrikaner. Mackandal ist für die auf der Plantage tätigen Schwarzen eine Art lebende Bewußtseinsbrücke für die Kultur, der sie sich „eigentlich" – wie der auktorial-wissende Erzähler uns nahelegt zu glauben – zugehörig fühlen: der Kulturwelt Schwarzafrikas mit seinen Mythen, seiner so ganz und gar anderen Sozialwelt, seiner heroischen Geschichte. Ti Noel erlebt diese Welt als Bewußtseinswelt, als Welt des Wunsches, vermittelt durch die Erzählungen Mackandals.

Im zweiten Kapitel verliert Mackandal einen Arm in einer Zuckerrohrpresse, wird jedoch als Viehhirt weiterverwendet. Es gelingt ihm, aus dieser Stellung zu fliehen. Lenormand verzichtet auf die Verfolgung des Flüchtigen, denn der Wert eines einarmigen Negers – so argumentiert er – liegt unter dem des zu seiner Verfolgung benötigten Rudels Hunde.

Das Motiv der Flucht Mackandals besteht in der Organisation eines Sklavenaufstandes. Ti Noel steht mit Mackandal in kontinuierlicher Verbindung und läßt sich in dieser Rolle sogar zu einigen kleineren Terroraktionen verleiten. Der Aufstand wird in Form einer durch Mackandal und seine Getreuen manipulierten Giftepidemie angezettelt, die den größten Teil des Viehbestandes der weißen Plantagenbesitzer dahinrafft. Als es – nach Jahren erst – gelingt, des Schuldigen habhaft zu werden, bleibt die Solidarität der Schwarzen mit ihrem Idol dennoch ungebrochen. Mackandal ist für sie zur personifizierten Hoffnung auf Befreiung geworden. Auch die schließliche Gefangennahme und der Tod auf dem Scheiterhaufen ändern nichts an dieser Rolle. Der Feuertod wird gedeutet als Metamorphose des Idols in ein Insekt. So lebt er weiter als Träger zukünftiger Hoffnung.

Revolution und Unabhängigkeit

Die im ersten Teil des Romans erzählte Giftattacke Mackandals ist historisch belegt (vgl. Young 1983, 11 ff.). Den Quellen zufolge fand die Hinrichtung im Jahre 1758 statt. Der Beginn des zweiten Teils – 20 Jahre nach Mackandals Tod – fällt in die 70er Jahre: Haiti hat sich dank des französischen Einflusses zu seinem Vorteil verändert. Wiederum besucht Ti Noel – nunmehr Vater von zwölf Kindern – die Hauptstadt. Der kreolische Luxus treibt bizarre Blüten: Lenormand – von einer Europareise ernüchtert zurückgekehrt – genießt das exotische Milieu wieder in vollen Zügen. Mehr und mehr entdeckt er, daß es zu einem Stück seiner selbst geworden ist. An seiner Seite befindet sich eine Schauspielerin aus Paris. Um der Langeweile zu entgehen, rezitiert Mademoiselle Floridor vor schwarzem Publikum klassische Racine-Verse.

Während sich die weißen Kolonisten also immer stärker den Reizen der kreolischen Genußkultur hingeben und die revolutionären Ereignisse im eigenen Mutterland zu verdrängen suchen, bleibt seitens der Schwarzen die Hoffnung auf eine radikale Veränderung der Lage ungebrochen. Die Hoffnung konzentriert sich nunmehr auf eine neue charismatische Figur namens Bouckman, der seine Anhänger unter Zuhilfenahme von Voodoopraktiken rekrutiert. Ohne genaue Daten zu nennen, spielt Carpentier an auf die Ereignisse des Jahres 1791: Während Bouckman die Seinen mobilisiert, versucht die französische Kolonie in Paris Klage zu führen gegen die seitens der revolutionären Regierung verfügte Aufhebung der Sklaverei. Der Aufstand bricht los in Form eines allgemeinen Gemetzels. In seinem Verlauf zeigt sich drastisch die ideologische Richtungslosigkeit der Schwarzen: Statt auf langfristige, strukturelle Veränderungen ihrer Lage ist ihr Handeln gerichtet auf die Befriedigung unmittelbarer Bedürfnisse nach Rache und Genuß.

Zwar endet der Aufstand mit dem Sieg der Weißen, aber die ehemalige Prosperität der Kolonie ist ruiniert. Lenormand überlebt das Gemetzel, doch beschließt er angesichts des in Trümmern liegenden Besitzes, das Land zu verlassen, und schifft sich ein nach Kuba. Ti Noel und die besten seiner Sklaven befinden sich in seiner Begleitung. Zwölf Jahre verbringen Lenormand und Ti Noel auf der Insel. Nach dem Tode seines Herrn kehrt Ti Noel als freier Mann in seine Heimat zurück.

Kapitel VI und VII erzählen das ebenso groteske wie blutige Ende der französischen Kolonie. Da Ti Noel in Kuba lebt, liefern ihm die Bilder, die er um sich wahrnimmt, nur noch bruchstückhafte Eindrücke von den Vorgängen in seiner Heimat. So beobachtet er eines Tages, wie in Kuba ganze Schiffsladungen mit Jagdhunden nach Santo Domingo verschifft werden. Es entzieht sich ihm, daß ihre Bestimmung darin besteht, in Haiti unter den Augen des Gouverneurs Rochambeau zum Zwecke öffentlicher Belustigung Schwarze zu zerfleischen:

– ¿Adónde los llevan? – gritó Ti Noel a un marinero mulato que estaba desdoblando una red para cerrar una escotilla.
– ¡A comer negros! – carcajeó el otro, por encima de los ladridos. (69)

„Wo bringt ihr sie hin?“, rief Ti Noel einem dunkelhäutigen Seemann zu, der ein Netz zusammenlegte, um damit eine Luke zu verschließen.
„Um Neger zu fressen!“, brüllte der andere unter Lachen, um das Bellen zu übertönen.

Die dominante Perspektive, unter der die Ereignisse in Haiti jedoch geschildert werden, ist diejenige Pauline Bonapartes, der Schwester Napoléons, die 1802 an der Seite ihres Ehemannes, des Generals Leclerc, nach Haiti gekommen war. Leclerc befehligt das französische Expeditionsheer, das die aufständische Kolonie für das Mutterland zurückerobern soll. Leclerc stirbt schließlich an Malaria. Unter den geschmeidigen Händen ihres schwarzen Masseurs Soliman gibt sich Pauline daraufhin für kurze Zeit dem vollen Genuß der tropischen Mischkultur hin. 1803 kehrt sie nach Europa zurück, um in Rom den Fürsten Camillo Borghese zu ehelichen, ein Detail, auf das im letzten Teil des Romans angespielt wird.

Im Zeichen schwarzer Autokratie

Im dritten Teil ist der Blickwinkel der geschilderten Ereignisse wieder ganz mit der Perspektive Ti Noels identisch: Als freier Mann heimgekehrt hat er sagen hören, auch sein Land sei befreit. Doch was wirklich geschehen ist, hat er aufgrund der langen Abwesenheit nicht miterleben können. Wie der Leser muß er mit eigenen Augen die Indizien der neuen Freiheitswelt entziffern lernen.

Was er zunächst erblickt, sind Ruinen, Zeichen des Schreckens, Zeichen der Verwüstung. Für Ti Noel bedeuten sie die Siegeszeichen der einheimischen, afrikanischen Götter, die ihrem Volk die Freiheit geschenkt haben:

Ti Noel cayó de rodillas y dio gracias al cielo por haberle concedido el júbilo de regresar a la tierra de los Grandes Pactos. Porque él sabía – y lo sabían todos los negros franceses de Santiago de Cuba – que el triunfo de Dessalines [der 1804 die Unabhängigkeit verkündet hatte!] se debía a una preparación tremenda, en la que habían intervenido Loco, Petro, Ogún Ferraille, Brise-Pimba, Caplou-Pimba, Merinette Bois-Cheche y todas las divinidades de la pólvora y del fuego, en una serie de caídas en posesión de una violencia tan terrible que ciertos hombres habían sido lanzados al aire o golpeados contra el suelo por los conjuros. Luego, la sangre, la pólvora, la harina de trigo y el polvo de café se habían amasado hasta constituir la Levadura capaz de hacer volver la cabeza a los antepasados [...] (85)

Ti Noel fiel auf die Knie und pries voller Dankbarkeit den Himmel, der ihm den Triumph gegönnt hatte, die Erde der Großen Verträge wieder zu betreten. Denn er wußte – und es wußten dies alle französischen Neger in Santiago de Cuba –, daß der Sieg Dessalines vorbereitet worden war durch die Intervention der Götter Loco, Petro, Ogún Ferraille, Brise-Pimba, Caplou-Pimba, Merinette Bois-Cheche sowie aller übrigen Gottheiten des Staubes und des Feuers, und zwar durch eine Serie so furchtbarer Anfälle von Gewalt, daß einige Männer davon in die Luft oder mit Verwünschungen gegen die Erde geschleudert worden waren. Dann hatten sich Blut, Staub, Getreide- und Kaffeemehl miteinander vermischt, um die Hefe zu bilden, deren es bedurfte, um die Köpfe der Vorfahren wiedererstehen zu lassen [...]

Was er dann noch sieht – abgesehen von den Ruinen, die sich genau an der Stelle befinden, wo einst das Anwesen Lenormands im Wohlstand blühte –, ist das gewohnte Bild: Schwarze verrichten auf den Feldern und auf großen öffentlichen Baustellen Fronarbeit. Doch im Unterschied zu früher sind ihre peitschenbewehrten Aufseher nun ebenfalls Schwarze. Ti Noel sieht sich alsbald einer der Arbeitskolonnen eingegliedert. Als er Widerspruch wagt, wird er gefangengesetzt. Was die Indizien dem Heimkehrenden mithin als die Wirklichkeit der neuen Freiheit vor Augen führen, ist das Repressionsregime des schwarzen Autokraten Henri Christophe, der es sich zum Ziel gesetzt hat, die Sache der Schwarzen zu befördern mit den anachronistischen Mitteln eines größenwahnsinnigen Duodezfürsten aus der Dekadenzzeit des europäischen Absolutismus. Das Besondere – das „Lateinamerikanische" mithin – an diesem Autokratismus ist jedoch die bizarre Durchsetzung dieses, seinen äußeren Formen nach europäisch – da rationalistisch – geprägten Absolutismus mit magischen Elementen atavistischer Grausamkeit, wie sie Henri Christophe offenbar als die ins Unbewußte abgesunkenen Relikte der Kultur seiner Väter nach wie vor mit sich führt. So versäumt er es nicht, die Mauern seiner Festung La Ferrière mit dem Blut rituell erschlagener Stiere zu tränken, und bringt seinen eigenen Beichtvater wegen einer beliebigen Auseinandersetzung zu Tode, indem er ihn bei lebendigem Leibe einmauern läßt. Ti Noel, der dies alles mit eigenen Augen beobachtet, sieht sich schließlich zu der Einsicht gezwungen, daß die von Henri Christophe geschaffenen Verhältnisse die zur Zeit der Kolonialregierung herrschenden an Armseligkeit noch übertreffen.

Der vierte Teil hat die Funktion eines erweiterten Epilogs. Einige der zentralen Motive werden fortgeführt bzw. zum Abschluß gebracht: Soliman, der einstige schwarze Masseur Paulines, ist in den Hausstand der Familie König Christophes übernommen worden und lebt nach dem Tod des Königs zusammen mit der königlichen Familie im europäischen – nämlich römischen – Exil. Sein Dasein fristet er mit Hilfe von Geschichten aus dem Leben des Königs Christophe, als dessen Verwandter er sich ausgibt. Als er im Palast der Familie Borghese eine Statue entdeckt, in der er den ihm wohlbekannten Körper Paulines wiederzuerkennen glaubt, überkommt ihn Ekel und er sehnt sich zurück in seine afrikanische (!) Heimat.

Ti Noel seinerseits lebt zurückgezogen und einsam in den Ruinen der ehemaligen Hacienda Lenormand und spinnt Träume von einem friedlichen Reich der Freiheit. Im dritten Kapitel wird er durch die Ankunft lärmender Fremder aus seiner beschaulichen Ruhe aufgescheucht. Es handelt sich um eine Gruppe von – im Auftrag der neuen republikanischen Regierung tätigen – Landvermessern. Angesichts all dessen gelangt Ti Noel zu der Überzeugung, daß nicht nur die utopischen Pläne der Revolutionäre der ersten Stunde – Mackandal und Bouckman –, sondern sogar auch das unter Henri Christophe für die Schwarzen Geleistete zunichte bzw. rückgängig gemacht wird, und erklärt sich zum Gegner der neuen Mulattenrepublik.

Der Roman schließt mit einem in die Form einer ironischen Metapher gekleideten philosophischen Resümee: Eine Gänseschar – «los gansos de los antiguos corrales de Sans-Souci» (141) – läßt sich auf dem Gelände der Hacienda Lenormand nieder. Der alte und senil gewordene Ti Noel, mit den Lebensgewohnheiten der Gänse gleichwohl eng vertraut, versucht mit allen nur erdenklichen Mitteln, Zugang zu finden zum Gänseclan, zuletzt mit dem Mittel der ihm aus den Tagen Mackandals in Erinnerung gebliebenen Metamorphose. Doch auch diese *ultima ratio* scheitert. Der Zutritt zum Gänseclan bleibt ihm verschlossen. Schließlich – „zur Menschengestalt zurückgekehrt" (143) – überkommt ihn eine Erleuchtung. Er durchlebt abermals alle Phantasmen und Utopien, die sein Bewußtsein seit seiner Jugend und den Erzählungen Mackandals ausgefüllt hatten und die durch das Leben der Reihe nach Lügen gestraft worden waren:

Se sintió viejo de siglos incontables. Un cansancio cósmico [...] caía sobre sus hombros [...] comprendía, ahora, que el hombre nunca sabe para quién padece y espera. Padece y espera y trabaja para gentes que nunca conocerá, y que a su vez padecerán y esperarán y trabajarán para otros que tampoco serán felices, pues el hombre ansía siempre una felicidad situada más allá de la porción que le es otorgada. Pero la grandeza del hombre está precisamente en querer mejorar lo que es. En imponerse Tareas [sic!]. En el Reino de los Cielos no hay grandeza que conquistar, puesto que allá todo es jerarquía establecida, incógnita espejada, existir sin término, imposibilidad de sacrificio, reposo y deleite. Por ello, agobiado de penas y de Tareas, hermoso dentro de su miseria, capaz de amar en medio de las plagas, el hombre sólo puede hallar su grandeza, su máxima medida en el Reino de este Mundo. (143f.)

Er fühlte sich um unzählige Jahrhunderte gealtert. Eine kosmische Müdigkeit [...] lastete auf seinen Schultern [...] er verstand es nun, daß der Mensch nie weiß, für wen er leidet oder hofft. Er leidet und hofft und arbeitet für Menschen, die er nie kennen wird, und die ihrerseits leiden und hoffen und arbeiten für andere, die ebenfalls nicht glücklich sein werden, denn der Mensch ist immer auf der Suche nach einem Glück, das jenseits des Anteils liegt, der ihm zubemessen ist. Aber die Größe des Menschen liegt ja gerade darin, das, was er augenblicklich ist, verbessern zu wollen. Sich Aufgaben beizumessen. Im HIMMELREICH gibt es nichts Großes mehr zu erobern, da dort alles nur eine einzige feste Hierarchie ist, eine Unbekannte voller Spiegel, ein nicht-endendes Existieren, die Unmöglichkeit zum Opfer, zur Ruhe oder zur Freude. Aus diesem Grund, am Ende seiner Leiden und Aufgaben, schön in seiner Ärmlichkeit, fähig zur Liebe inmitten aller Mühsal, vermag der Mensch seine wahre Größe, sein höchstes Maß nur im REICH DIESER WELT zu finden.

Mit dieser Vision eines auf seine „existentiellen“ Daseinsformen reduzierten, der magischen Transzendenz mithin gänzlich entäußerten «reino de este mundo» endet der Roman. Die philosophische Quintessenz, zu der Carpentier seinen Helden am Ende hat gelangen lassen, ähnelt in überraschender Weise den existentialistischen Thesen eines Albert Camus, wie dieser sie ein Jahrzehnt später in seinem Essay *Le mythe de Sisiphe* vertreten hat: Wie Carpentier geht Camus davon aus, daß Vernunft und rationales Denken unfähig sind zur Lösung der metaphysischen Rätsel des menschlichen Daseins. Angesichts dieser Prämisse liegt die Möglichkeit zur Begründung einer humanen Ethik nur in der permanenten „Revolte“, des – freilich „absurden“ – immer erneut unternommenen Versuchs, die aus dem rationalen Bankrott resultierende Verzweiflung existentiell zurückzuweisen.

2.2 García Márquez: *Cien años de soledad*

Bevor wir die in *REM* vermittelte Version lateinamerikanischer Geschichte kommentieren, werfen wir einen Blick auf *CAS*. Auch das berühmte Werk des Kolumbianers vermittelt ein grandioses Gesamtbild der historischen Entwicklung Lateinamerikas, geboren aus dem Geist kreativer Phantasie. Thema des Romans ist die etwa eineinhalb Jahrhunderte – also sechs Generationen – umfassende Geschichte einer Familie: «la casa de los Buendía», wie der ursprüngliche Titel lautete (vgl. Janik 1978, 333). Zu Beginn des zweiten Kapitels greift der Erzähler jedoch weit in die Vorgeschichte der Familie zurück und berichtet von gewissen sexualpsychologischen Urängsten der Familie, deren Gründe bis ins 16. Jahrhundert zurückreichen – die Zeit des Francis Drake. Exemplarisch am Beispiel einer Kreolen-Familie entwickelt,[45] läßt sich die Geschichte Lateinamerikas also in der Tat bis in ihre Anfänge zurückverfolgen.

Die „eigentliche“ Geschichte der Familie hebt dagegen an mit der Gründung des Dorfes. Legt man für eine Generation etwa 30 Jahre zugrunde, läge sie ungefähr am Beginn des 19. Jahrhunderts. Die Geschichte der Familie Buendía entspräche damit einem Modell einer Geschichte Lateinamerikas seit der Unabhängigkeit. Ferner wäre noch darauf hinzuweisen, daß die Geschichte endet mit der Figur Aurelianos, des die Manuskripte des Zigeuners Melquíades entziffernden – insofern also „literarisch“ tätigen – Urenkels vierten Grades des Gründungsvaters José Arcadio Buendía. Die Eckdaten seiner Biographie fallen zusammen mit denjenigen des 1928 geborenen García Márquez selbst.

Trotz des Fehlens von Überschriften oder Kapitelbezeichnungen sowie der zunächst unübersehbar erscheinenden Ereignisfülle lassen sich auch in *CAS* chronologisch vier Phasen lateinamerikanischer Geschichte unterscheiden.

Jede der Phasen ist charakterisiert durch die jeweils wechselnde Protagonistenrolle einzelner – oder auch verschiedener – Mitglieder der Familie Buendía:

Die Gründungs- bzw. Kolonisationsphase:

Die Protagonisten dieser Phase sind die „Gründungsväter" José Arcadio und Ursula Buendía. Auf José Arcadio geht insbesondere die Initiative zur materiellen Gründung Macondos zurück; auf Ursula dagegen der „geistige" Gründungsakt einer spezifischen Familien- und Sexualmoral der Buendías. Zur Gründergeneration gehört des weiteren der Zigeuner Melquíades. Der Freundschaft mit Melquíades verdankt José Arcadio wichtige Elemente seiner Zivilisations- und Kolonisationsideologie, die er in der Gründungsphase zu verwirklichen sucht. In Form der am Ende durch den Urenkel Aureliano entzifferten „Manuskripte" wird diese Ideologie bis in die Gegenwart tradiert.

Die Bürgerkriegsphase:

Ihre Hauptgestalt ist der zum Revolutionsführer herangewachsene zweitälteste Sohn des Gründungsvaters, der Coronel Aureliano, verbündet – bzw. in zeitweiliger Opposition zu ihm stehend – mit Gerinaldo Márquez. Während Aureliano Krieg führt, läßt sich sein älterer Bruder José Arcadio als Großgrundbesitzer nieder (vgl. 103). José Arcadios Sohn Arcadio schwingt sich zum Diktator von Macondo auf. Der Bürgerkrieg endet ohne eine klare Entscheidung zwischen „Konservativen" und „Liberalen".

Die Imperialismus- bzw. Dependenzphase:

Ihre Hauptgestalt ist einerseits der Nordamerikaner Jack Brown, der Macondo zum Zentrum einer Bananenpflanzung umfunktioniert, andererseits der Urenkel des Gründungsvaters, José Arcadio Segundo, der in der Pflanzung eine Anstellung erhält und eine führende Rolle als Gewerkschaftsvertreter spielt. Das prägende Ereignis für sein weiteres Leben ist ein anläßlich eines Streiks an 3000 Arbeitern verübtes Massaker, das er als einziger Zeuge überlebt. Unfähig, das Erlebte seinen Zeitgenossen kommunikativ zu vermitteln, isoliert sich José Arcadio Segundo schrittweise von seiner Umgebung und konzentriert sich fortan auf die Lektüre der Manuskripte von Melquíades (vgl. 266).

Die Dekadenzphase:

Die Dekadenzphase beginnt „synchron" mit der Imperialismusphase: Während José Arcadio Segundo wider Willen zum politischen Menschen wird, verliert sich sein Bruder Aureliano Segundo – richtungslos hin- und hergerissen zwischen zwei Frauen, der ultrakonservativen Ehefrau Fernanda del Carpio einerseits sowie der snobistischen Petra Cotes andererseits – immer mehr ins Private. Ein weiteres Indiz für Dekadenz zeigt sich jedoch vor allem bei ihren Kindern, der frivolen Cembalistin Meme, dem bigotten Theologiestudenten José Arcadio sowie der in Europa erzogenen Amaranta Ursula, die mit einem Franzosen namens Gaston als Ehemann zurückkehrt. Zwischen

Memes Sohn Aureliano und Amaranta erfüllt sich schließlich der Fluch, der angeblich auf der Familie lastet: Aureliano verliebt sich in seine Tante und zeugt mit ihr ein Kind, das mit dem verheißenen Schweineschwänzchen – einer «cola de cerdo» – geboren wird. Es ist dies jedoch die erste „Liebes"-Verbindung in der Familie, behauptet hintergründig der Erzähler ...

3. Literatur und Geschichte

Das kreative Moment der Literatur besteht wesentlich im Phänomen der „Intertextualität".[46] Das Verhältnis des literarischen zu den übrigen, die kulturelle Welt konstituierenden Diskursen – Wissenschaft, Religion, Mythos, Philosophie, Alltagsdiskurse, etc. – nämlich ist sowohl das der Partizipation als auch das der Differenz. Es versteht sich, daß für den Literaturwissenschaftler insbesondere das Element der *Differenz* von Interesse ist. In zeichen- bzw. kommunikationstheoretischer Hinsicht ist die Differenz die Basis jeder Information. Worin besteht mithin die spezifische, durch die *literarische* Form der Texte bedingte *historische* (Mehr-)Information der Romane, deren „Handlung" wir vorstehend zusammengefaßt haben? Mit der Erörterung dieser Frage wollen wir diese Einführung beschließen.

3.1 Ethik einer nicht-identischen Welt

Der informationstheoretische „Mehrwert" der Literatur besteht vor allem in einer je spezifischen Modellierung der dargestellten Welt. Jede Modellierung jedoch impliziert Wertung bzw. Interpretation. Die drei Begriffe sind also keineswegs Synonyme. Ihre Semantik überschneidet sich freilich in signifikativen Teilaspekten: *Modell* heißt jede zeichengestützte – mithin kreative – „Darstellung" einer Wirklichkeit. Der kreative Aspekt der Modellierung impliziert notwendigerweise das Phänomen der *Wertung*, d. h. die allgemeine Inbeziehungsetzung des Modells zu den evaluativen Systemen, die jede kulturelle Zeichenwelt konstituieren. Als *Interpretation* dagegen bezeichne ich die Inbeziehungsetzung eines Zeichenmodells zu den konkreten Handlungsnormen einer Gesellschaft bzw. einer Epoche.[47]

Am Leitfaden dieser Kategorien betrachtet, erscheint die Darstellung Lateinamerikas in *REM* zunächst einmal als das Modell einer fundamental „nicht-identischen" Welt. Die Pointe des Romans liegt gewissermaßen in der Falsifizierung dessen, was die Theorie des «real maravilloso» triumphalistisch versprochen hatte – der Konstituierung nämlich einer historische Identität und solidarisches Handeln verbürgenden Mestizenkultur. Es ist gerade keine selbstbewußte oder gar selbst-identische Mestizenkultur, die in *REM* zur

Darstellung gelangt, sondern die Fortdauer des unvermittelten, ja feindseligen Nebeneinanderbestehens *verschiedener* und heterogener Kulturen. Wo die kulturelle Mischung in Ansätzen wenigstens realisiert ist – Lenormand, Pauline, Henri Christophe und natürlich Ti Noel selbst –, sind ihre Konnotationen dennoch überwiegend negativer Natur: Frivolität bei Lenormand und Pauline, Größenwahn bei Henri Christophe, devote Assimilation bei Ti Noel.

Die Geschichte Haitis stellt sich somit dar als das fatale Produkt einer kulturellen Mestizierung, in der die historisch wirksam gewordenen Elemente der unterschiedlichen kulturellen Paradigmen sich einander in einer Weise ergänzen, daß die Resultate jeweils nur einen immer noch tieferen Punkt auf der Skala allgemein fortschreitender Dekadenz markieren. Führte der erste Kontakt der Europäer mit den autochthonen Kulturen zu einem Zustand inhumaner Dominanz der einen über die andere Kultur, der seitens der unterdrückten Kultur einen an die Grenze physischer Auslöschung heranreichenden Identitäts*verlust* bewirkte und in Haiti bis ins 19. Jahrhundert hinein als der Gegensatz von Herren und Sklaven sozial manifestiert war, so zeigte sich, daß die Anfang des 19. Jahrhunderts erlangte Unabhängigkeit der schwarzen Bevölkerung, ihre Befreiung aus dem Zustand kultureller und sozialer Sklaverei, dennoch keineswegs gleichbedeutend war mit der Wiedererlangung der verlorengegangenen Identität. Die Identitäts*losigkeit* der unabhängig gewordenen Schwarzen ist vielmehr um so stärker, als sie sich nunmehr dank der Unabhängigkeit ungehindert im falschen und pervertierten Gewand europäischer Identität präsentieren kann, das zudem noch mit den atavistischen Resten afrikanischer Gewaltkultur bastardisiert ist. Am Ende bricht in Ti Noel der Glaube an den Werte*himmel* sowohl der einen als auch der anderen Kultur endgültig zusammen. Hier liegt der Grund für die Affirmation der existentialistischen Perspektive – einem illusionslos gewordenen und jeglicher Transzendenz entäußerten Blick auf «el reino de este mundo» –, mit welcher Carpentier den Leser am Ende dieser faszinierenden Reise in die exotische Welt des «real maravilloso» Haitis entläßt.

Die Frage der *Wertung* und *Interpretation*, wie sie aus diesem Modell lateinamerikanischer Geschichte zu folgern ist, wird im letzten Kapitel des Romans explizit erörtert. Hervorstechendstes Merkmal dieser Wertung ist offenbar der prinzipielle Verzicht auf *Identitäts*modelle jedweder Art, als deren sarkastisch indiziertes Modell der Gänseclan erscheint. *Weder* europäische *noch* autochthone Kulturmodelle erscheinen Ti Noel als Identitäten akzeptabel, um Überlebensstrategien rudimentärer Art zu gewährleisten. Man darf den Rekurs auf die Philosophie des Absurden à la Camus deshalb nicht vorschnell als erneute Affirmation des okzidentalen Bewußtseins mißverstehen. Aus lateinamerikanischer Sicht nämlich dient der „Existentialismus" Camus' als Plattform, sowohl die Autorität der europäischen als auch die der autochthonen Kulturtraditionen in ihre Schranken zu weisen.

3.2 Modelle, Utopien, Evaluationen

Wenden wir uns nunmehr abschließend dem durch *CAS* vermittelten Geschichtsmodell zu. Der Roman enthält ein kompliziertes System unterschiedlicher Wertungen, die sich insbesondere nach zwei Richtungen hin analysieren lassen:

Explizite Evaluation: Die Manuskripte des Melquíades

Der Zigeuner Melquíades ist während der Gründungsphase regelmäßiger Gast im Hause José Arcadios und versorgt Macondo mit den geistigen und materiellen Gütern der großen weiten Welt. Kunsteis und Zahnprothesen, die Kräfte des Magnetismus und die Geheimnisse der Alchimie: Melquíades ist die Brücke, über die das kulturelle Wissen der Menschheit in die enge Welt Macondos Eingang findet. Als er stirbt, hinterläßt er einen Stoß geheimnisvoller Manuskripte, die der Urenkel José Arcadio Segundo vergeblich zu verstehen versucht. Erst Aureliano, dem letzten der Sippe, gelingt die Entzifferung: 100 Jahre im voraus geschrieben, enthalten die Manuskripte die komplette Geschichte der Familie. Sie reicht hinein bis in die unmittelbare Gegenwart und umfaßt auch die Lebensgeschichte Aurelianos selber:

Aureliano saltó once páginas para no perder el tiempo en hechos demasiado conocidos, y empezó a descifrar el instante que estaba viviendo, descifrándolo a medida que lo vivía, profetizándose a sí mismo en el acto de descifrar la última página de los pergaminos, como si se estuviera viendo en un espejo hablado. Entonces dio otro salto para anticiparse a las predicciones y averiguar la fecha y las circunstancias de su muerte. Sin embargo, antes de llegar al verso final ya había comprendido que no saldría jamás de ese cuarto, pues estaba previsto que la ciudad de los espejos[48] (o los espejismos) sería arrasada por el viento y desterrada de la memoria de los hombres en el instante en que Aureliano Babilonia acabara de descrifrar los pergaminos, y que todo lo escrito en ellos era irrepetible desde siempre y para siempre, porque las estirpes condenadas a cien años de soledad no tenían una segunda oportunidad sobre la tierra. (350f.)

Aureliano überschlug elf Seiten, um keine Zeit zu verlieren mit allzu bekannten Fakten, und begann mit der Entzifferung des Augenblicks, den er gerade durchlebte; er entzifferte ihn, während er ihn lebte, und machte sich dabei selbst beim Dechiffrieren der letzten Pergamentseite zum Gegenstand der Prophezeiung, so als ob er sich selbst in einem sprechenden Spiegel in die Augen blickte. Daraufhin tat er einen weiteren Sprung, um den Vorhersagen vorauszugreifen und das genaue Datum und die Umstände seines Todes zu erfahren. Bevor er jedoch noch zum letzten Vers angelangt war, hatte er bereits verstanden, daß er dieses Zimmer nie mehr verlassen würde, denn es war vorgesehen, daß die Stadt der Spiegel (oder der Spiegelfechtereien) in genau dem Augenblick ein Raub des Windes und aus der Erinnerung der Menschen ausgelöscht werden würde, in dem Aureliano Babilonia die Pergamentseiten aufhörte zu lesen; des weiteren hieß es, daß alles, was in ihnen aufgeschrieben war, für alle Zeiten unwiederholbar war, da den Stämmen, die zu hundert Jahren Einsamkeit verurteilt waren, nicht noch einmal eine Chance eingeräumt würde für ein Leben auf dieser Erde.

Was ist die Quintessenz dieser ironischen *mise en abyme*? Die Manuskripte enthalten die komplette Geschichte der Buendías, prophetisch antizipiert als deren deterministisches Ende. Damit liest – und erfährt – Aureliano sein eigenes Ende jedoch auch als das Ende jenes „Fatums", das über den Stamm verhängt ist, den er selbst als dessen letzter Sproß repräsentiert. Die Manuskripte erscheinen in dieser Perspektive mithin als die *ex negativo* formulierte utopische Botschaft vom Ende einer in „fataler" Weise dekadent gewordenen Geschichte Lateinamerikas.

Da die Offenbarung der Botschaft der letzten Seite der Manuskripte ironischerweise zusammenfällt mit der Lektüre der letzten Seite des Romans, erschiene die *konkrete* Geschichte Lateinamerikas, die – wie wir sahen – die Makrostruktur des Romans ausfüllt, lediglich als eine Art Vorgeschichte, als die Negativ*figur* einer ihrer Realisation nach radikal in die Zukunft hineinverlegten „wirklichen" Geschichte des Kontinents. Wie wird das abstrakte Konstrukt dieser *mise en abyme* jedoch der „immanenten" Sinngebung des Textes gerecht, wie sie sich in den vorausgegangenen 340 Seiten des Romans vor den Augen des Lesers aufgebaut hatte?

Momente immanenter Evaluation in «Cien años de soledad»

Civilización y barbarie

Wie wir sahen, steht die zu Beginn des Romans berichtete Gründungs- bzw. Kolonisationsphase Macondos ganz im Zeichen dreier Protagonisten: José Arcadio, Ursula und Melquíades. Die beiden erstgenannten sind «criollos». Nichtsdestoweniger sind sie «indígenas» im oben erläuterten Sinne – eingeschränkt und determiniert durch die Lebensbedingungen der natürlichen und sozialen Umwelt, in der sie leben. Der Vorgang dieser Adaptation wird – gewissermaßen – als die *Vor*geschichte Macondos ganz im Stil des Rousseauschen «homme naturel»-Ideals beschrieben:

Al principio, José Arcadio Buendía era una especie de patriarca juvenil, que daba instrucciones para la siembra y consejos para la crianza de niños y animales, y colaboraba con todos, aun en el trabajo físico, para la buena marcha de la comunidad. Puesto que su casa fue desde el primer momento la mejor de la aldea, las otras fueron arregladas a su imagen y semejanza. [...] José Arcadio Buendía, que era el hombre más emprendedor que se vería jamás en la aldea, había dispuesto de tal modo la posición de las casas, que desde todas podía llegarse al río y abastecerse de agua con igual esfuerzo, y trazó las calles con tan buen sentido que ninguna casa recibía más sol que otra a la hora del calor. En pocos años, Macondo fue una aldea más ordenada y laboriosa que cualquiera de las conocidas hasta entonces por sus 300 habitantes. Era en verdad una aldea feliz, donde nadie era mayor de treinta años y donde nadie había muerto. (15f.)

Anfangs war José Arcadio Buendía eine Art jugendlicher Patriarch, der Anleitungen gab für die Aussaat und gute Ratschläge für die Aufzucht von Kindern und Haustieren und stets zu Diensten stand bei allen und jedem, wenn es nur dem Gemeinschaftsleben zugute kam, dann sogar unter Einsatz körperlicher Arbeit. Da sein Haus vom ersten Augenblick an das beste im ganzen Dorf war, wurden die anderen nach seinem Bild und Gleichnis eingerichtet. [...] José Arcadio Buendía, der der dynamischste Mensch war, der jemals im Dorf aufgetaucht war, hatte es erreicht, daß die einzelnen Häuser so aufgestellt wurden, daß man von jedem einzelnen ungehindert und ohne Schwierigkeiten zum Fluß gelangen und sich mit Wasser versorgen konnte, und er entwarf einen Plan für die Straßen mit so viel Augenmaß, daß keines der Häuser unter der Sonne mehr zu leiden hatte als alle anderen. In wenigen Jahren war Macondo ein ordentlicheres und fleißigeres Dorf geworden als irgendein anderes, das seine 300 Bewohner je zu Gesicht bekommen hatten. Es war tatsächlich ein glückliches Dorf, in dem niemand älter war als 30 Jahre und niemand bisher gestorben war.

Der Zustand naturgemäßer Harmonie, der das Leben in Macondo zunächst auszeichnet, ist jedoch nur von vorübergehender Dauer. „Wissenschaft und Künste" halten Einzug im Dorf, und zwar in Form des naturwissenschaftlichen Kuriositätenkabinetts, das der Zigeuner Melquíades nach Macondo bringt. Kunsteis, Magnete, optische Gläser, falsche Zähne und chemische Substanzen wecken alsbald José Arcadios Wissensdurst. «Les sciences et les arts doivent donc leur naissance à nos vices» [Die Wissenschaften und die Künste verdanken ihr Entstehen unseren Lastern], hatte Jean-Jacques Rousseau im ersten *Discours* geschrieben.[49] Ohne je eine Zeile Rousseaus gelesen zu haben, erfährt Ursula die Wahrheit der kulturkritischen Thesen des Genfer Aufklärers in der Perspektive der Praxis und sieht mit Schrecken, wie José Arcadio beginnt, Männer um sich zu scharen, um Macondo den Zugang zur „Zivilisation" zu entdecken. Die Expedition scheitert, ohne daß José Arcadio jedoch den Mut verliert:

«No importa», decía José Arcadio Buendía. «Lo esencial es no perder la orientación.» Siempre pendiente de la brújula, siguió guiando a sus hombres hacia el norte invisible, hasta que lograron salir de la región encantada. (17f.)

„Egal", sagte José Arcadio Buendía. „Das Wichtigste ist, die Orientierung nicht zu verlieren." Den Kompaß immer vor der Nase, führte er seine Leute weiter dem unsichtbaren Norden entgegen, bis es ihnen schließlich gelang, die verzauberte Gegend hinter sich zu lassen.

Schließlich müssen sie dennoch umkehren. Statt des gesuchten Zugangs zum Meer stoßen sie lediglich auf das Wrack einer spanischen Galeone, die es unerklärlicherweise 16 Kilometer landeinwärts verschlagen hatte. In Macondo hatten sie sich niedergelassen – so heißt es am Anfang –, «para no tener que emprender el camino de regreso» (16) [um nicht den Rückweg antreten zu müssen]. Nun hat sie die Vergangenheit *de facto* eingeholt: Die Idee des Fortschritts, den die Kuriositäten Melquíades' verheißen, dient lediglich der Bewußtmachung des unaufholbaren Rückschritts, in dem sich die Kultur von Macondo dem an europäischen Maßstäben gemessenen Zivilisationsmodell gegenüber befindet. Die Idee des Fortschritts selbst dagegen wird – ganz im Sinne der pessimistischen Kulturtheorie Rousseaus – schon in der Gründungsphase des Dorfes zur eigentlichen Ursache seiner wirklichen Dekadenz. Während José Arcadio von seinen Expeditionen unverrichteterdinge zurückkehrt, ist seine Frau Ursula erfolgreich: Auf der Suche nach ihrem Ältesten – José Arcadio –, der Macondo aufgrund eines Streites mit seinem Vater in den Armen einer jungen Zigeunerin verlassen hat, ist sie es, die den Zugang zur offenen See – wenn auch nicht ihren Sohn – findet:

Ursula no había alcanzado a los gitanos, pero encontró la ruta que su marido no pudo descubrir en su frustrada búsqueda de los grandes inventos. (38)

Ursula hatte die Zigeuner nicht erreichen können, fand jedoch den Weg, den ihr Mann bei seiner vergeblichen Suche nach neuen Erfindungen nicht hatte entdecken können.

Revolution und Dependenz

Auch bei José Arcadio und Aureliano, den Söhnen der Buendías, ist Imagination – bzw. deren Fehlen – der Motor ihrer Entwicklung:

José Arcadio, el mayor de los niños, había cumplido catorce años. Tenía la cabeza cuadrada, el pelo hirsuto y el carácter voluntarioso de su padre. Aunque llevaba el mismo impulso de crecimiento y fortaleza física, ya desde entonces era evidente que carecía de imaginación. [...] Aureliano, el primer ser humano que nació en Macondo, iba a cumplir seis años en marzo. Era silencioso y retraído. Había llorado en el vientre de su madre y nació con los ojos abiertos. Mientras le cortaban el ombligo movía la cabeza de un lado a otro reconociendo las cosas del cuarto, y examinaba el rostro de la gente con una curiosidad sin asombro. [...] Ursula no volvió a acordarse de la intensidad de esa mirada hasta un día en que el pequeño Aureliano, a la edad de tres años, entró a la cocina en el momento en que ella retiraba del fogón y ponía en la mesa una olla de caldo hirviendo. El niño, perplejo en la puerta, dijo: «Se va a caer.» La olla estaba bien puesta en el centro de la mesa, pero tan pronto como el niño hizo el anuncio, inició un movimiento irrevocable hacia el borde, como impulsada por un dinamismo interior, y se despedazó en el suelo. Ursula, alarmada, le contó el episodio a su marido, pero éste lo interpretó como un fenómeno natural. Así fue siempre, ajeno a la existencia de sus hijos, en parte porque consideraba la infancia como un período de insuficiencia mental, y en parte porque siempre estaba demasiado absorto en sus propias especulaciones quiméricas. (20f.)

José Arcadio, der Älteste unter den Kindern, war gerade vierzehn geworden. Er hatte den quadratischen Kopf, das Borstenhaar sowie den voluntaristischen Charakterzug seines Vaters. Obwohl er es ihm im Hinblick auf Wuchs und Körperstärke gleichtat, war es schon damals sichtbar, daß er phantasielos war. [...] Aureliano, das erste menschliche Wesen, das in Macondo geboren worden war, wurde im nächsten März sechs. Er war schweigsam und in sich gekehrt. Er hatte im Bauch seiner Mutter geweint und kam mit offenen Augen auf die Welt. Als sie ihm die Nabelschnur durchtrennten, bewegte er den Kopf von einer Seite zur anderen, ließ die Dinge, die im Zimmer standen, auf sich wirken und musterte die Gesichter der Leute mit einer eigentümlichen Neugier, der das Staunen bereits abhanden gekommen war. [...] Ursula hatte sich nicht mehr an die Intensität dieses Blickes erinnert bis zu dem Tag, an dem der kleine Aureliano im Alter von drei Jahren die Küche betrat, als sie gerade dabei war, einen Topf mit heißer Suppe vom Feuer zu nehmen und auf den Tisch zu stellen. Das Kind, wie festgewurzelt im Türrahmen stehenbleibend, sagte: „Er wird gleich herunterfallen." Der Topf stand fest und gerade mitten auf dem Tisch, aber das Kind hatte seine Ankündigung noch nicht ausgesprochen, als er sich unwiderruflich in Richtung Tischrand zu bewegen begann, in Marsch gesetzt gleichsam von einer aus dem Inneren kommenden Dynamik, und auf dem Boden in tausend Stücke zerbrach. Aufgeregt erzählte Ursula die Geschichte ihrem Mann, aber der führte alles auf die Gesetze der Natur zurück. So war er immer, dem konkreten Dasein seiner Kinder gegenüber wie ein Fremder, teils weil er die Kindheit als eine Periode mentaler Insuffizienz betrachtete, teils weil er immer versunken war in seine eigenen gegenstandslosen Spekulationen.

Daß dem Älteren – José Arcadio – die Gabe der Imagination fehle, ist ein Urteil, das sich lediglich bezieht auf sein Desinteresse an den wissenschaftlichen Experimenten des Vaters. Sein überdimensionierter Phallus, den die Mutter eines Tages zufällig und mit tiefem Erschrecken an ihm entdeckt, prädisponiert ihn dagegen für eine Erfolgskarriere bei den Frauen. So wird José Arcadio – nach seinem Vater – zum eigentlichen Stammvater des Geschlechts; sein Urenkel Aureliano – der Letzte der Familie – stammt von ihm ab in gerader Linie.

Die eher verschlossene, nach innen gewandte Imagination Aurelianos dagegen strebt – wie die seines Vaters – alsbald nach „geistigen" Gütern: Aurelianos Hang zur Spekulation determiniert ihn zum Revolutionshelden der Familie.

Revolution, Bürgerkrieg und die anschließende lähmende Zeit der Dependenz und Dekadenz sind im Roman mit allen Indizien eines strengen sozialhistorischen Realismus ausgemalt: Der Anbruch der neuen Zeit wird eingeleitet durch die Ankunft des «corregidor», eines hohen Regierungsbeamten, der von einer Abteilung Soldaten begleitet ist. Nach einem anfänglichen Geplänkel mit dem „Patriarchen" (15) José Arcadio ziehen die Soldaten wieder ab, und Apolinar Moscote wird mit der Zeit zu einem geduldeten – alsbald sogar ins soziale Leben integrierten – Mitglied der Dorfgemeinschaft. Aureliano heiratet Moscotes Tochter Remedios (vgl. 75).

Dann jedoch ist der Einbruch der hohen Politik nicht länger aufzuhalten. Moscote beteiligt sich an Wahlfälschungen zugunsten der Konservativen. Es kommt zu bewaffneten Auseinandersetzungen: Macondo wird durch die Konservativen besetzt; Aureliano greift zu den Waffen, nennt sich «coronel»; sein Neffe, José Arcadios Sohn Arcadio, wird neuer – diktatorisch regierender – Chef in Macondo (93). Das sechste Kapitel enthält ein eindringliches Porträt des Diktators, der in Macondo nur noch eine einzige entschlossene Gegnerin besitzt – seine eigene Mutter Ursula, die ihm auf der Grundlage eines unbesiegbaren mütterlichen «bon sens» effektiv entgegentritt. Am Ende jedoch wird der Tyrann überwältigt und erleidet den – Heldentod (!).

Das Hin und Her geht weiter: Aureliano wird gefangengenommen, seine Erschießung angeordnet, doch von seinem – als Großgrundbesitzer etablierten – Bruder José Arcadio im letzten Augenblick verhindert. Aureliano proklamiert daraufhin «la guerra total contra el régimen» (116). Die Befehlshaber in Macondo wechseln: konservative, liberale, humanitär gesinnte. Eine Entscheidung der Kämpfe ist nicht in Sicht. Aureliano geht in den Untergrund, kämpft vom Ausland aus weiter. Als er schließlich Macondo erobert, gilt er selbst für seine Mutter als «intruso» (138). Sein revolutionärer Tatendrang ist ungestillt. Er enteignet die eigene Familie – Rebecas und José Arcadios Großgrundbesitz – und läßt den gutwilligen José Raquel Moncada standrechtlich erschießen: Nach einem rechten besitzt die Familie damit nun auch einen linken Tyrannen in ihrer Ahnenreihe! (vgl. 140f.).

Der kalte revolutionäre Zynismus, mit dem Aureliano zu Werke geht, entfremdet ihn seiner Umwelt – der Regierung, seinen engsten Freunden, ja sogar seiner leiblichen Mutter. Am Ende steht die totale Desillusion: «Esta guerra ha acabado con todo» (152) [Dieser Krieg hat mit allem Schluß gemacht]. Dies ist Aurelianos letztes Wort als Revolutionär. Anschließend unterschreibt er einen Waffenstillstand und schießt sich eine Kugel durch die Brust. Dank der Kugel fällt der Makel revolutionärer Schande, den er durch die Unterschrift auf sich geladen hatte, augenblicklich wieder von ihm ab, und er wird zu einem Märtyrer der Revolution (156). Zwar entgeht er dem Tode, doch für ihn selbst ist die Revolution unwiderruflich beendet. Ursula nimmt ihn wieder auf in die Hausgemeinschaft. Der Rückzug des Obersten der Revolution ins Private ist vollkommen und unwiderruflich. Er widmet sich von nun an nur noch der Produktion kleiner metallener Goldfische (173).

Der Verwandlung der Gestalt und der Aktivitäten Aurelianos in eine nationale Legende – der totalen Dissoziierung mithin von Faktizität und Diskurs, einem Tatbestand, auf den wir beim historischen Überblick wiederholt gestoßen sind – steht nun nichts mehr im Wege: Die Regierung selbst übernimmt die Organisation von Revolutionsfeiern; Aureliano, der geladene Ehrengast, verweigert die Teilnahme ... (186f.).

Wie die Bürgerkriegsphase ist auch die Dependenzphase in den grellen Farben des sozialkritischen Realismus gezeichnet. So hinterläßt die barbarische Niedermetzelung von 3000 streikenden Arbeitern der Bananenplantage des Mister Brown durch Soldaten der Regierung bei José Arcadio Segundo, der die Aktion als einziger überlebt, traumatische Erfahrungen. Dennoch sind es nicht nur die Ereignisse als solche, sondern eher die auf rigorose Leugnung der Tatsachen hinauslaufenden offiziellen Reaktionen, die das Trauma bewirken:

La versión oficial, mil veces repetida y machacada en todo el país por cuanto medio de divulgación encontró el gobierno a su alcance, terminó por imponerse: no hubo muertos, los trabajadores satisfechos habían vuelto con sus familias, y la compañía bananera suspendía actividades mientras pasaba la lluvia. [...] En la noche, después del toque de queda, derribaban puertas a culatazos, sacaban a los sospechosos de sus camas y se los llevaban a un viaje sin regreso. Era todavía la búsqueda y el exterminio de los malhechores, asesinos, incendiarios y revoltosos del Decreto Número Cuatro, pero los militares lo negaban a los propios parientes de sus victimas, que desbordaban la oficina de los comandantes en busca de noticias. «Seguro que fue un sueño», insistían los oficiales. «En Macondo no ha pasado nada, ni está pasando ni pasará nunca. Este es un pueblo feliz.» Así consumaron el exterminio de los jefes sindicales. (263)

Die offizielle Version – tausendfach wiederholt und wiedergekäut landauf, landab auf allen Kanälen der veröffentlichten Meinung, deren die Regierung habhaft werden konnte – setzte sich schließlich durch: es hatte keine Tote gegeben, die Arbeiter waren zufrieden in den Schoß ihrer Familien zurückgekehrt, und die Bananengesellschaft setzte mit der Produktion aus, bis der Regen vorbei war. [...] Nachts, nach Beginn der Sperrstunde, schlugen sie Türen ein mit den Kolben der Gewehre, holten die Verdächtigen aus ihren Betten ab auf eine Reise ohne Wiederkehr. Es ging immer noch um die Suche und die Auslöschung der Übeltäter, Mörder, Brandstifter und Aufrührer gemäß Dekret Nummer Vier, aber die Militärs verleugneten sich den engsten Angehörigen ihrer Opfer, die in den Büros der Kommandanten Sturm liefen auf der Suche nach Informationen. „Kein Zweifel, es war ein Traum", beharrten die Offiziere. „In Macondo ist nichts geschehen, nichts geschieht und nichts wird je geschehen in Zukunft. Dies ist ein glückliches Dorf." So setzten sie die Ermordung der Gewerkschaftsführer durch bis zum bitteren Ende.

Psychologische Identitätsproblematik

CAS ist jedoch nicht nur eine Summe lateinamerikanischer Geschichte, Politik und Kultur, sondern vor allem auch eine Enzyklopädie der Liebe, ein Buch über die Liebe in all ihren Varianten, Möglichkeiten und Unmöglichkeiten, ihren Verdrängungen, Geboten und Verboten, ihren Tabus und Transgressionen, ihrer ekstatischen Lust und ihrer tödlichen Vereinsamung. *CAS*, akzeptiert man die Prämissen der Anthropologie eines Lévi-Strauss, liest sich wie ein affirmierender Kommentar zur These des Inzestverbots: *Das Fatum, welches über der 400jährigen Geschichte der Buendías lastet, ist die unter allen Umständen zu vermeidende Inzucht.* Die neurotische Furcht vor der Übertretung des Tabus wird für Ursula Buendía zur fixen Idee und Maxime der Erziehung ihrer Kinder. Doch schon in der Praxis der Namensgebung – der nur mit Mühe entwirrbaren langen Reihe der «José Arcadios» und «Aurelianos» – ist das Schicksal zukünftiger „Promiskuität" ironisch präfiguriert: Trotz aller Vorkehrungen und Tabus scheint das Schicksal der Inzucht unabwendbar. Ursulas Urängsten zum Trotz überschreitet der Urenkel Aureliano das Tabu und wird damit zum definitiven Vollstrecker des Schicksals der Familie.

Die souveräne Ironie des Erzählers liegt in der „Engführung" eines progressiven europäischen Anthropologiediskurses einerseits mit den Urängsten einer reaktionären amerikanischen Großmutter andererseits: Was dem europäischen Anthropologen als die Quintessenz einer universellen „ratio" – eines allgemeingültigen Kulturgesetzes mithin – erscheint, ist für die letztere Gegenstand obsessioneller Urängste. Das Resultat der ironischen Engführung der Diskurse besteht deshalb vor allem im Aufweis der Unwahrheit der Verabsolutierung ihrer Grenzen: *Weder* die bedingungslose Respektierung des Tabus – als dessen Folge in der Globalperspektive des Romans die nur scheinbare Alternative des hypertrophen Machismus José Arcadios und die in stumpfer „Einsamkeit" endende Revolutionskarriere Aurelianos erscheinen – *noch* seine respekt*lose* Übertretung im Namen des Prinzips „Liebe", das vom letzten Sproß des Stammes praktiziert wird, gewährleisten die Integrität kultureller Entwicklung. *CAS* ist also weder als Plädoyer *für* noch *gegen* das Prinzip der Endogamie – das bekanntlich als eine der biologischen Voraussetzungen der Inkadynastie angesehen wurde – verwertbar.

Worin besteht jedoch die eben ins Feld geführte „Globalperspektive des Romans"? Die Frage läßt sich offenbar nur dann zufriedenstellend beantworten, wenn geklärt ist, von welcher Art das in der globalen Erzählperspektive des Romans manifestierte *Subjekt* ist, mit anderen Worten, welches die durch die Perspektive dieses Subjekts realisierte *Identitätserfahrung* ist.

Revisionsbedürftig erscheint in dieser Hinsicht insbesondere die Behauptung der García-Márquez-Kritik, der Roman sei gekennzeichnet durch eine durch und durch traditionelle Erzählstruktur. So gilt es als ausgemacht, daß *CAS* aus auktorialer Perspektive erzählt ist. Wenn es stimmt, daß zu den Voraussetzungen auktorialen Erzählens die Annahme eines überlegenen, jenseits der dargestellten Welt sich befindlichen, diese in ihren Kohärenzmomenten vollständig erfassenden, erklärenden, kommentierenden – insofern vor allem mit sich selbst kohärenten, mit sich selbst *identischen* – Bewußtseins gehört, so trifft alles dies für *CAS* offenbar *nicht* zu: Das erzählende Bewußtsein ist vielmehr ebenso inkohärent, widersprüchlich und heterogen wie die „Welt", die es darstellend zu erfassen versucht. „Auktorial" ist das Bewußsein allenfalls im Hinblick auf den Ton *humoristischer Relativierung*, mit dem es die disparaten Eindrücke der dargestellten Welt begleitet. Die Funktion des Distanz schaffenden erzählerischen Humors ist jedoch keineswegs einheitlich. Mal dient er dazu, dem Leser zuliebe das schier Unglaubliche zu beglaubigen – so die Szene des sich in einer Teerlache auflösenden Zigeuners, der José Arcadio Buendía im ersten Kapitel den Tod des Melquíades mitteilt; so der Bericht über die buchstäblich zu nehmende „Himmelfahrt" der „männermordenden" (202f.) überirdischen Schönheit Remedios im zwölften Kapitel (205) oder der Bericht über die dreijährige Regenflut, die sich im Anschluß an das Massaker an den Bananenarbeitern über Macondo ergießt; mal dient er dazu – „ideologiekritisch" also in einem durchaus traditionellen Sinne –, die Beschränktheit subjektiver, ideologisch verzerrter bzw. machtpolitisch manipulierter Weltsichten zu dekuvrieren – so bereits zu Beginn des Romans im Hinblick auf José Arcadio Buendías „wissenschaftliche" Umtriebe und Eskapaden, so im Hinblick auf die offiziellen Verlautbarungen seitens der Bürgerkriegsparteien oder auch den regressiven Moralvorstellungen seitens der Stamm-Mutter Ursula oder später Aureliano Segundos Frau Fernanda del Carpio, etc., etc., etc.

„Identitätsbildend" in einem solchermaßen kritisch-emanzipativen Sinne – kritisch nämlich im Verhältnis zu allen historisch überlieferten diskursiven Setzungen von Identität – ist mithin allein der erzählerische Diskurs selbst. Radikal auf Zukunft bezogen setzt er Identität nur als ebenso radikale Negation gegenwärtiger wie vergangener Wirklichkeit. Nur als die radikale Dekonstruktion tradierter Identitäten mithin ist *CAS* das Postulat der Identität einer wirklich *Neuen Welt*.

ANMERKUNGEN

Einleitung und Teil I

[1] «Los cristianos entendieron conforme a su deseo, imaginado que el indio les había entendido y respondido a propósito, como si él y ellos hubieran hablado en castellano, y desde aquel tiempo, que fué el año de mil y quinientos y quince o diez y seis, llamaron Perú aquel requísimo y grande Imperio, corrompiendo ambos nombres, como corrompen los españoles casi todos los vocablos que toman del lenguaje de los indios de aquella tierra, porque si tomaron el nombre del indio, *Berú*, trocaron la *b* por la *p*, y si el nombre *Pelú*, que significa río, trocaron la *b* por la *r*, y de la una manera o de la otra dijeron Perú» (*Comentarios reales*, libro primero, cap. IV). Alle Übersetzungen dieser *Einführung*, falls nicht anders vermerkt: W. B. B.

[2] O. Paz, *Posdata*. Siglo veintiuno editores, México ^{23}1990, 109.

[3] Vgl. Lelia Madrid, «Octavio Paz o la problemática del origen», in: *INTI* 28 (1988), 39–57; insbesondere: Vittoria Borsò, *Mexiko jenseits der Einsamkeit*. Frankfurt 1994.

[4] Die Interessen einer in diesem Sinne „interdisziplinär" verstandenen Lateinamerikanistik vertritt bzw. koordiniert in der Bundesrepublik Deutschland die ADLAF (Arbeitsgemeinschaft Deutsche Lateinamerika-Forschung). Als derzeitiger Vorsitzender amtiert Prof. Dr. Karl Kohut, Zentralinstitut für Lateinamerika-Studien, Katholische Universität Eichstätt, Ostenstraße 26–28, D-85071 Eichstätt. – Vgl. auch: *Handbuch der deutschsprachigen Lateinamerikakunde*, hrsg. von Nikolaus Werz im Auftrag der ADLAF und des Arnold-Bergstraesser-Instituts, Freiburg i. Br. 1992.

[5] 1. Mexiko und Zentralamerika, 2. der karibische Raum, 3. die Andenregion, 4. das außertropische Südamerika, 5. das östliche Brasilien, 6. der kontinentale Binnenraum.

[6] 1. Mittelamerika, 2. Karibik, 3. Südamerika.

[7] Zur neueren Diskussion vgl. R. D. Sack, *Human Territoriality, its Theory and History*, Cambridge 1986.

[8] Die von Michael Rössner herausgegebene *Geschichte der lateinamerikanischen Literatur*, die 1995 im Verlag J. B. Metzler, Stuttgart, erscheinen wird, weicht vom Nationalstaatsprinzip herkömmlicher Literaturgeschichten ab und folgt im wesentlichen der hier vorgeschlagenen Einteilung in Großräume. Autor der den Großraum „Andenländer" betreffenden Teile des Werkes ist der Verfasser der vorliegenden *Einführung*.

[9] Vgl. Gerhard Sandner/Hanns-Albert Steger (Hrsg.), *Fischer Länderkunde. Lateinamerika*. (Fischer 6126), Frankfurt a. M. 1973 sowie Dieter Nohlen/Franz Nuscheler (Hrsg.), *Handbuch der Dritten Welt*, 2. Aufl. Hoffmann und Campe Hamburg 1982, 3. Aufl. Dietz Bonn 1992, Bd. 2: Südamerika; Bd. 3: Mittelamerika und Karibik. – Im folgenden wird, wenn nicht anders vermerkt, aus der Neuauflage des *Handbuchs* zitiert.

[10] Vgl. unten Teil II, Kap. 4.

[11] Dieter Nohlen (Hrsg.), *Lexikon Dritte Welt*, Reinbek bei Hamburg 1989, 745–748.

[12] „Die CEPAL schätzte den Gesamtumfang der Unterbeschäftigung in Lateinamerika für Ende der 70er Jahre auf 27%, lediglich ein Fünftel davon entfiel auf die offene Arbeitslosigkeit" (Bd. 2, 49).

[13] Die Neuauflage des *Handbuchs* von 1992 trägt sowohl der inzwischen veränderten empirischen Situation als auch der offenbar zunehmenden Skepsis der Sozialwissenschaften der eigenen Modellbildung gegenüber positiv Rechnung und ersetzt den Satz: „‚Einheit und Vielfalt' sind [...] Ausdruck der spezifischen Ungleichzeitigkeiten von Politik und Gesellschaft, die sich aus den im peripheren Kapitalismus vorherrschenden Bedingungen struktureller Heterogenität herleiten" durch: „‚Einheit und Vielfalt' sind [...] Ausdruck der spezifischen Ungleichzeitigkeiten von Politik und Gesellschaft in Lateinamerika, wie sie nicht zuletzt in den Entwicklungen der 80er Jahre dokumentiert wurden: In der schwersten wirtschaftlichen und sozialen Krise seit den 30er Jahren fand Lateinamerika zur Demokratie zurück" (Bd. 2, 61).

Die Retusche entspricht dem aus patriarchalischem Geist stammenden Schulterklopfen, mit dem europäische – insbesondere deutsche – Sozialwissenschaftler die zähen und in den 80er Jahren tatsächlich mehr und mehr erfolgreichen Bemühungen lateinamerikanischer Politiker um die Institutionalisierung parlamentarischer Spielregeln in Politik und Wirtschaft zu begleiten pflegen. Sie entspricht natürlich insbesondere dem Geist eines „Liberalismus", dem nach der Diskreditierung des „realen Sozialismus" zunehmend die Fähigkeit zu Selbstkritik abhanden gekommen ist. Zur Lösung der noch in der vorausgehenden Generation der Sozialwissenschaftler (siehe Nohlen/Nuscheler, 2. Auflage) virulenten Frage, ob die Tatsache frei gewählter Parlamente denn *per se* bereits Arbeitslosigkeit, Ungerechtigkeit und soziale Not zum Verschwinden zu bringen in der Lage sei, trägt dergleichen Zweckoptimismus kaum etwas bei.

[14] Die Statistik bezieht sich auf 1983.

[15] Der Posten eines offiziellen «cronista de las Indias» wurde 1571 eingerichtet. Der erste Amtsinhaber war Juan López e Velasco (vgl. Bethell 1987, 75 f.).

[16] Editions du Seuil, Paris 1982, dt. *Die Eroberung Amerikas. Das Problem des Anderen*, Frankfurt a. M. 1985 (Übersetzungen, s. d.!).

[17] „*Geschichte* vereinigt in unsrer Sprache die objektive sowohl als subjektive Seite und bedeutet ebensogut die historiam rerum gestarum als die res gestas selbst; sie ist das Geschehene nicht minder wie die Geschichtserzählung. Diese Vereinigung der beiden Bedeutungen müssen wir für höherer Art als für eine bloß äußerliche Zufälligkeit ansehen: es ist dafür zu halten, daß Geschichtserzählung mit eigentlich geschichtlichen Taten und Begebenheiten gleichzeitig erscheine; es ist eine innerliche gemeinsame Grundlage, welche sie zusammen hervortreibt" (Hegel, *Philosophie der Geschichte*, 114).

[18] Die von W. Mignolo in Erinnerung gebrachte Geschichte des Begriffs *historia* im 16. Jahrhundert ergänzt die angedeuteten Thesen in einigen wesentlichen Punkten: Mignolo weist zunächst einmal darauf hin, daß die uns heute so einleuchtende temporalsemantische Komponente des Begriffs im 16. Jahrhundert offenbar kaum eine Rolle spielte: Seiner Grundbedeutung nach heißt *historia* – wie das gleichlautende Wort im griechischen Altertum – soviel wie „Augenzeugenbericht als Antwort auf entsprechende Fragen" («informe de lo visto o lo aprendido por medio de las preguntas»; «information, recherche, exploration; récit de ce qu'on a vu ou entendu»). Tacitus nennt

deshalb seine Darstellung der Gegenwartsgeschichte *historia*, während die Darstellung der Vergangenheit bei ihm *anales* heißt. Der Bezug zur Vergangenheit wird im 16. Jahrhundert mit dem mittelalterlichen Begriff der *crónica* bezeichnet: «una ‹lista› organizada sobre las fechas de los acontecimientos que se desean conservar en la memoria» (75). Im 16. Jahrhundert jedoch beginnen die Begriffe ineinander überzugehen. Daß der Begriff *historia* schließlich den Sieg davonträgt, ist wohl die Folge einer sich allmählich wandelnden Episteme, die Folge einer neuen «formation discursive» – wie Mignolo im Sprachgebrauch Foucaults formuliert –, als deren Ausdruck sich die entsprechenden Texte verstehen, d. h. eines neuen historiographischen Diskurses. Demnach sind es drei Kriterien, durch die sich die Textsorte *crónica* bzw. *historia* im 16. Jahrhundert auszeichnet:

1. Ihr Gegenstand ist die Vergangenheit. Es ist dies die Eigenschaft, die im Begriff *crónica* mitschwingt.

2. Die Autoren fühlen sich offenbar – aus welchem Grund auch immer – zunehmend dem verpflichtet, was man – modern gesprochen – als „literarischen Stilwillen" zu bezeichnen hätte. Dies ist der Grund, weshalb sie den Begriff *historia* demjenigen von *crónica* vorzuziehen beginnen: «[...] el asemejarse a la historia, según los letrados de la época, proviene del hecho de escribir crónicas no sujetándose al seco informe temporal sino hacerlo mostrando más apego a un discurso bien escrito en el cual las exigencias de la retórica interfieren con el asiento temporal de los acontecimientos» (76).

In einer gewissen Spannung stehend zum gerade erläuterten Gesichtspunkt besteht das 3. Kriterium im Insistieren der Autoren auf dem Wahrheitsgehalt ihrer Darstellungen. So heißt es etwa bei Cieza de León: «Y si no va escripta esta *historia* con la suavidad que da á las letras la sciencia, ni con el ornato que requería, va á lo menos llena de verdades» (76).

Es sind vor allem die Vorworte der Werke, in denen die diskursiven Absichten der Autoren ihren klarsten Ausdruck finden. Die Formulierungen von Las Casas gehören in dieser Hinsicht zu den bemerkenswertesten. Auch er verweist in erster Linie auf Augenzeugenschaften als den eigentlichen Rechtsgrund seiner Geschichtsschreibung. Augenzeugenschaft begründet den Anspruch seiner Schrift, dem öffentlichen Nutzen zu dienen, ein öffentliches Fehlverhalten des spanischen Imperialismus («la grandísima y última necesidad») aufzudecken, von dem Las Casas behauptet, die Gemeinschaft als solche habe an ihm *gelitten* («afirmar ... la grandísima ... necesidad que ... a toda España ... padecer he visto»). Die Aufdeckung des Fehlverhaltens – das impliziert der Doppelsinn des Wortes «necesidad» – bedeutet gleichzeitig auch das Versprechen, der „Notdurft" des Fehlverhaltens Abhilfe zu schaffen.

[19] In Weiterführung der Tradition des Prager Strukturalismus hat sich T. Todorov insbesondere durch seine Arbeiten im Kontext der Pariser *Tel Quel*-Gruppe einen Namen gemacht; seine Arbeiten zur Diskursstruktur von Erzähltexten haben in den 60er Jahren eine wissenschaftliche „Narrativik" mitbegründet. In den 70er Jahren gehörte er zu den Autoren, die als erste die zentrale Bedeutung der Arbeiten des russischen Erzählforschers Bachtin für eine Weiterentwicklung der strukturalistischen Methodologie erkannten. Dies führte 1981 zu der Bachtin-Monographie *Mikhaïl Bakhtine. Le principe dialogique* (Paris: Ed. du Seuil). Ein Jahr später entstand dann – im Kontext des durch Bachtin angeregten Interesses für die *Dialogizität* kultureller Systeme – die uns hier interessierende Arbeit *La conquête de l'Amérique* mit dem Bachtin-

nahen Untertitel *La question de l'autre*. Bachtin hatte die grundlegende Dialogizität (bzw. die bislang von der traditionellen Hermeneutik unterschlagene Frage nach dem „Anderen") literarischer Texte vor allem am Beispiel zweier europäischer Autoren erörtert: Dostojewski und Rabelais. Die Anwendung der Frage auf Autoren Lateinamerikas lag also nahe und fern zugleich. Fern, da es sich um Autoren handelte, mit denen sich Todorov bislang kaum beschäftigt hatte; nahe, da die «question de l'autre» in der Tat die zentrale Fragestellung war, die – zumindest in Lateinamerika – die Kritik seit den Tagen des Indigenismus immer wieder beschäftigt hatte; ohne daß die Frage jedoch bislang eine befriedigende Antwort gefunden hatte (vgl. unten Teil III, 2. und 3. Kapitel).

[20] «[...] mon intérêt principal», sagt Todorov bereits zu Beginn seines Buches, «est moins celui d'un historien que d'un moraliste; c'est le présent qui m'importe plus que le passé» (12) [... mein Hauptinteresse ist weniger das eines Historikers als das eines Moralisten; die Gegenwart ist mir wichtiger als die Vergangenheit (12)].

[21] Sahagún – sagt Todorov dann auch explizit – war noch kein Ethnologe im strengen Sinne, wohl aber stellt sein Werk eine Art Vorstufe dar für ethnologische Arbeit («son travail relève [...] de l'ethnographie, de la collecte de documents, prémisse indispensable au travail ethnologique» [245]). Was den Dialog angeht, so schließt Todorov, «le dialogue des cultures est chez lui fortuit et inconcient»(245); er ist noch nicht zur „Methode" geworden (246): «Et pourtant, on voit ici les premières ébauches du futur dialogue, les embryons informes qui annoncent notre présent» (246) [Und dennoch, die ersten Ansätze des zukünftigen Dialogs, die noch formlosen Embryone, die unsere Gegenwart ankündigen, werden hier sichtbar].

[22] Hierzu zählen etwa die von peruanischen Ethnologen dokumentierten zeitgenössischen Versionen des «Incarri»-Mythos; vgl. die von Juan M. Ossio A. herausgegebene Anthologie *Ideología mesiánica del mundo andino*, Edición de Ignacio Prado Pastor, Lima 1973, insbesondere: Franklin Pease G. Y., «El mito del Indarri y la visión de los vencidos», ebd., 439–477.

[23] Vgl. die drastischen Schilderungen bei Lindig/Münzel 1976, 236ff., 250ff.

[24] Vgl. Karte Nr. 3 und 4 in: R. F. Menéndez 1982, 294, 316.

[25] Zum Namen „Amerika" (vgl. *Propyläen Weltgeschichte [PW]*, 6, 619): In der „Einführung in die Kosmographie" (aus der Hand des Gymnasialprofessors Martin Waldseemüller von 1507) „wird vorgeschlagen, dem entdeckten vierten Weltteil nach [dem florentinischen Entdecker] Amerigo Vespucci den Namen Americo oder America zu geben". Soweit Alexander von Humboldt. Neuere Untersuchungen neigen zu der Annahme, die „Einführung" stamme von einem Mitarbeiter Waldseemüllers, dem Geographen Mathias Ringmann.

[26] Hätte Kolumbus z. B. die exakte, bereits in der Antike bekannte Ausdehnung der Erdkugel gekannt (Eratosthenes berechnete den Erdumfang auf 39690 km!), so hätte er trotz seines Wagemutes – so ist zu vermuten – die Reise nach Amerika wohl niemals angetreten. Er verließ sich jedoch auf die um 10000 km niedrigere, jedoch fehlerhafte Rechnung des Ptolemäus (33300 bzw. 28350 km; je nachdem, ob man griechischen oder ägyptischen Maßstab zugrunde legt) (*PW*, Bd. 6, 541). Auch aus der Sicht der Eroberer – so könnte man folgern – steht am Anfang der „Irrtum" ...

[27] Das Vizekönigtum Rio de la Plata umfaßte die heutigen Rio-de-la-Plata-Staaten Uruguay und Argentinien mit Ausschluß des Jesuitenstaates Paraguay (1607–1767). Auch Patagonien gehörte noch nicht zum Staatsgebiet „Argentiniens".

Daß die koloniale Gebietsaufteilung in der Tat bis in die Gegenwart hinein Konsequenzen zeitigt, die ins Politische, ja sogar Militärische hineinspielen, läßt sich am Gebietsanspruch des heutigen Argentinien auf die sog. «Islas Malvinas» demonstrieren. Die Republik Argentinien betrachtet sich völkerrechtlich als Rechtsnachfolgerin des ehemaligen Vizekönigreiches Rio de la Plata und leitet ihren Anspruch auf den Besitz der Inseln von der Tatsache ab, daß die Malvinas im 18. Jahrhundert Teil des ehemaligen Vizekönigtums waren. Erst in den 20er Jahren des 19. Jahrhunderts wurden die Inseln unter Ausnutzung der Bürgerkriegswirren in Buenos Aires von den Engländern im Handstreich besetzt.

[28] Stärke und Schwäche der Instanz zeigen sich bereits in den ersten Jahrzehnten nach der Entdeckung z. B. im Hinblick auf die Frage der Indianerversklavung: Bereits im Jahre 1500 treffen die Katholischen Könige die überraschende, allgemeinem Brauch sowie den ökonomischen Interessen des Reiches zuwiderlaufende Entscheidung, die Versklavung der Indianer aus ethischen Gründen grundsätzlich zu verbieten. Die Verfügung präzisiert, „daß niemand ‚sich unterstehe, irgendeine Person von den Indianern jener Inseln und jenes Festlandes zu ergreifen und zum Sklaven zu machen, um sie nach diesen Gegenden zu verschicken, noch ihr irgendein Leid oder Schaden an Körper und Eigentum zuzufügen'" (zit. nach *FW* I, 166). Es ist bekannt, daß die Verfügung den Sklavenhandel als solchen in der Neuen Welt keineswegs unterbunden hat, sondern ihn – im Gegensatz – geradezu beflügelte. Ersatzweise wurden nunmehr nämlich statt der Indianer aus Afrika importierte Schwarze zur Sklavenarbeit herangezogen. Das sog. Encomienda-System andererseits – auf das unten zurückzukommen sein wird – bot Gelegenheit zu ökonomischer Entschädigung: Was *de jure* verboten war, wurde hier *de facto* praktiziert – die zwangsweise Heranziehung von Indianern zur Bewirtschaftung landwirtschaftlicher Güter.

[29] Bereits 1517 gegründet, wurde der Rat jedoch erst 1524 definitiv zur Zentralbehörde für die Regelung aller die amerikanischen Kolonien betreffenden Fragen erhoben. Seine Mitglieder bestanden zunächst nur aus Klerikern, später aus Verwaltungsbeamten und Militärs. Bis 1520 hatte Erzbischof Fonseca den Vorsitz inne.

[30] Der nordamerikanische Historiker Fagg diskutiert diesen Punkt unter dem Stichwort „Paternalismus" und führt dazu aus: "Inevitably, it led to overextension of royal authority and thus to ineffectiveness in many areas. It also inspired the people to devise ways to defeat the all-powerful state through passive resistance, mendacity, corruption, hypocrisy, and the famous Spanish dictum, *Obedezco pero no cumplo* (I obey but do not carry out). Also, clever individuals could operate rackets that would beat a system that attempted to do too much" (227) [Unvermeidlicherweise führte dies zu einer übermäßigen Erweiterung der königlichen Autorität und deshalb zu Ineffizienz auf vielen Gebieten. Es führte auch dazu, daß man im Volk nach Wegen suchte, um dem allgewaltigen Staat durch passiven Widerstand, Lüge, Korruption, Verstellung beizukommen sowie dem berühmten spanischen Sprichwort *Obedezco pero no cumplo* (Ich gehorche, aber ich führe es nicht aus). Darüber hinaus konnten einfallsreiche Geister immer noch neue Mittel und Wege erfinden, um ein System zu besiegen, das der Versuchung erlag, zuviel zu tun].

[31] Der erste Vizekönig von Mexiko war Antonio de Mendoza (1535–1550); die Eroberungsphase lag kaum 15 Jahre zurück (1519–1521).

[32] Die Kompetenzverteilung zwischen Vizekönig und Audiencias war ungeklärt und unterlag offenbar der politischen Konjunktur. Nominell präsidierte der Vizekönig den Audiencias und versuchte sie unter seinen Einfluß zu bringen. Da beide jedoch abhängig waren vom «Consejo de las Indias», wagte man selten den offenen Konflikt.

[33] Eine ausführliche, nach Informationsstand und Aspektreichtum vorbildliche Darstellung findet sich in dem Lexikonartikel von Alain Milhou: „Lateinamerika", in: *Die Geschichte des Christentums. Religion. Politik. Kultur*, Bd. 8: *Die Zeit der Konfessionen (1530–1620/30)*, Freiburg i. Br. 1992, 772–874.

[34] Zu den historischen Gründen dieses besonderen Verhältnisses von Kirche und Staat in Lateinamerika gehört u. a. die Tatsache, „daß die kirchliche Organisation der politischen vorausging: das Bistum Charcas wurde schon 1552 ins Leben gerufen, die ‹audiencia› von Charcas dagegen erst 1559" (Milhou 1992, 791).

[35] Ihrer Tradition nach ist die lateinamerikanische Kirche Staatskirche. Dies erklärt die bis heute bestehende sehr enge Verbindung von Kirche und Staat in den meisten Ländern Lateinamerikas. Auch von den unabhängig gewordenen Nationalstaaten – sofern die Trennung von Kirche und Staat nicht durch einen revolutionären Akt wie in Mexiko und Kuba ausdrücklich verfügt wurde – wurde diese Tradition mit leicht veränderten Vorzeichen offenbar bereitwillig weitergeführt. Die Praxis einer teilweise fast bruchlosen Übertragung der einstmals religiösen Symbolik auf die Symbole politisch-republikanischer Machtentfaltung findet hier eine Erklärung.

[36] Vgl. L. Bethell (Hrsg.), *Colonial Spanish America*, Cambridge 1987, 72.

[37] San Cristóbal de Las Casas, so heißt heute noch die Hauptstadt der Provinz Chiapas im Süden Mexikos, die während der Revolutionswirren zu Beginn des 20. Jahrhunderts als Aufmarschgebiet der Heere Emiliano Zapatas Berühmtheit erlangte, eine Tradition, auf die sich die Indioaufstände des Jahres 1994 mit Vorliebe berufen.

[38] Thema der Debatte war u. a. die von Sepúlveda in seinem Werk *Democrates alter* vertretene Behauptung, „die Indios seien homunculi, minderwertige Menschen, ‚Sklaven von Natur aus', die zivilisiert und christianisiert werden müßten durch weise und kluge Menschen wie die Spanier" (Milhou 1992, 181). – Zum Verlauf der Debatte vgl. auch Bethell 1987, 80.

[39] Christlicher Universalitätsanspruch und Naturrechtsgedanke stehen auch bei Francisco de Vitoria in beständiger Spannung: „Vitoria wäre in den Grenzen des Naturrechts geblieben, hätte er gesagt, daß jeder Mensch das Recht und die Pflicht habe, seine Wahrheit zu lehren, nämlich das, was er für die Wahrheit hält. Aber es ist offensichtlich, daß für Vitoria die katholische Religion nicht *eine* Wahrheit war, sondern *Die Wahrheit*" (Milhou 1992, 818).

[40] Dieses Urteil ist zutreffend auch für Las Casas. So kommt J. H. Elliot in seiner Zusammenfassung der Debatte mit Sepúlveda zu dem realistischen Schluß, "[that] for all the violence of the disagreement, there was certain unreality about it in the sense that Las Casas, even as he questioned the benefits conferred on Indians by Spaniards, did not really doubt Spain's mission in the Indies. Where he differed from Sepúlveda was in wanting that mission pursued by peaceful means rather than coercion, and by the crown and the missionaries rather than the settlers" (J. H. Elliot, "The Spanish Conquest", in: Leslie Bethell [Hrsg.], *Colonial Spanish America*, Cambridge 1987, 81) [daß

trotz aller Heftigkeit, mit der die unterschiedlichen Meinungen aufeinanderprallten, die Auseinandersetzung etwas Unwirkliches an sich hatte, und zwar deshalb, weil Las Casas, auch wenn er die Wohltaten, die die Spanier nach Amerika gebracht hatten, einer kritischen Prüfung unterzog, den Missionsauftrag Spaniens doch keineswegs in Zweifel zog. Worin er von der Meinung Sepúlvedas abwich, war in dem Wunsch, daß die Mission friedlich statt mit Zwang, von der Krone und den Missionaren, nicht aber den Siedlern durchgeführt werden sollte].

[41] Vgl. Fagg 1963, 311, 337, 354; Todorov 1982, 138ff. – Wir behalten den in der neueren Literatur insbesondere durch Todorov in Umlauf gebrachten Begriff des „Genozid" bei, auch wenn der Tod von Millionen – wie W. Reinhard (1992), aber auch Todorov selbst mit Recht differenzierend eingewandt haben – keineswegs, der Ermordung der Juden im Dritten Reich vergleichbar, einem intentionalen Tötungsprogramm entsprach, sondern – in dieser Größenordnung zumindest – auch auf „natürliche" Faktoren, wohl insbesondere die Einschleppung von Epidemien, zurückzuführen ist. Die Zahlen selbst sind durch dergleichen differenzierende Kategorien auf der Ebene der „Intentionalität" jedoch nicht zu beschönigen.

[42] Das sog. «repartimiento», so Fagg, 338; Konetzke versteht darunter etwas anderes, nämlich die Einteilung zur Zwangsarbeit selbst; «repartimiento» im Sinne von Fagg als Stimulus frühkapitalistischer Warenzirkulation hat es wohl auch erst im 18. Jahrhundert gegeben. Vgl. zum Begriff des weiteren Bethell, *Colonial Spanish America*, Cambridge 1987, 17, 366.

[43] Verschiedene Audiencias, die Vizekönige, der Indienrat und mehrere spanische Monarchen nahmen sich aufgrund der immer wieder laut werdenden Klagen des Problems der Encomiendas wiederholt an. Verbesserungen wurden vorgeschlagen und befohlen, die Abschaffung der Institution ins Auge gefaßt. Trotzdem blieb sie bestehen und wurde erst beseitigt, als im 18. Jahrhundert die offene Zwangsarbeit durch moderne Formen der Ausbeutung – die sog. freie Lohnarbeit nämlich – abgelöst wurde. Zu dieser Kritik vgl. Mariátegui, «El problema del indio» (1968, 39f.).

[44] Als Beispiel für die letztere Gruppe mag die Argumentation des „sozialengagierten Indigenismus" eines J. C. Mariátegui stehen: «La Revolución de la Independencia no constituyó, como se sabe, un movimiento indígena. La promovieron y usufructuaron los criollos y aun los españoles de las colonias. Pero aprovechó el apoyo de la masa indígena. Y, además, algunos indios ilustrados como Pumacahua, tuvieron en su gestación parte importante. El programa liberal de la Revolución comprendía lógicamente la redención del indio, consecuencia automática de la aplicación de sus postulados igualitarios. Y, así, entre los primeros actos de la República, se contaron varias leyes y decretos favorables a los indios. [...] La aristocracia latifundista de la Colonia, dueña del poder, conservó intactos sus derechos feudales sobre la tierra y, por consiguiente, sobre el indio. Todas las disposiciones aparentemente enderezadas a protegerla [sic!], no han podido nada contra la feudalidad subsistente hasta hoy» («El problema del indio», 1968, 38f.). [Die Revolution der Unabhängigkeit war bekanntlich keine indigene Bewegung. Ihre Auslöser und Nutznießer waren die Kreolen und sogar Spanier, die in den Kolonien lebten. Aber sie erfreute sich der Unterstützung der Masse der indigenen Bevölkerung. Abgesehen davon nahmen auch einige aufgeklärte Indios wie Pumacahua aktiven Anteil an ihrer Durchführung. Das liberale Programm der Revolution schloß konsequenterweise die Befreiung des Indio ein als eine automatische Folge der

Anwendung der Gleichheitspostulate. So fanden sich unter den ersten Maßnahmen der Republik verschiedene Gesetze und Dekrete, die die Indios begünstigen. ... Der koloniale Landadel, Inhaber der Macht, behielt sein feudales Verfügungsrecht über das Land und damit den Indio. Alle die Verordnungen, die man sich hatte einfallen lassen, um ihn zu schützen, haben bis heute nichts gegen die nach wie vor an der Macht befindliche Feudalgesellschaft ausrichten können].

45 Das Stichwort fehlt z. B. in dem von Otto Brunner, Werner Conze und Reinhart Koselleck herausgegebenen Handbuch *Geschichtliche Grundbegriffe*.

46 Zu diesen schillernden Begriffsinhalten gehört z. B. der Verweis auf die etymologische Grundmetapher des lateinischen Begriffs „natio" (←nasci) = „Abstammung". Er schwingt mit in Kants bekannter Definition: „Diejenige Menge oder auch der Theil derselben, welcher sich durch gemeinschaftliche Abstammung für vereinigt zu einem bürgerlichen Ganzen erkennt, heißt Nation (gens)" (ebd. 408).

47 Das sichere Schweizer Bankkonto sowie der Verkauf nationaler Lizenzen und Schlüsselindustrien an ausländische (bzw. „multinationale") Kapitaleigner sind die Indizien dieser von Kritikern als «entreguismo» bezeichneten Haltung. Der «entreguismo» – die „Preisgabe", das „Verschleudern" nationalen Eigentums – gehört dieser Kritik zufolge zum stereotypen Arsenal des liberalen Unternehmers in Lateinamerika bzw. zur Wirtschafts- und Sozialpolitik der dem Neoliberalismus verschriebenen Regierungen. Die von der letzten Militärdiktatur in astronomische Höhen getriebene Auslandsverschuldung Argentiniens kann als das wichtigste historische Beispiel des «entreguismo» der letzten Jahrzehnte gelten (vgl. R. Dornbusch/J. C. de Pablo, *Deuda externa e inestabilidad macroeconómica en la Argentina*, Buenos Aires, Editorial Sudamericana 1988).

48 Ob das größere Maß an ethnischer Integration, das sich in der Tat in Brasilien findet, dem positiven Erbteil der lusitanischen Tradition des Landes zugeschrieben werden muß – wie dies immer wieder gern behauptet wird –, muß nach den Ergebnissen einer kritischen Lektüre zeitgenössischer Dokumente der brasilianischen Kolonialzeit, wie sie Joachim Erich Julius Michael in seiner Magisterarbeit *Das Bild des Indios in den portugiesischen Texten im 16. Jahrhundert* (1992) betrieben hat, allerdings bezweifelt werden.

49 Sogar die Praxis der – im allgemeinen Bewußtsein als „lateinamerikanisch" geltenden – «guerrilla» geht also auf spanische Traditionen zurück!

50 Es existiert eine Art lateinamerikanischer Historikerstreit im Hinblick auf die für das peruanische Nationalgefühl eigentlich beschämende Tatsache, daß es einer doppelten militärischen Intervention von außen bedurfte – Bolívar vom Norden, San Martín vom Süden –, um die peruanische Unabhängigkeit zu erringen: Erst am 28. Juli 1821 (Argentinien: 1816, Chile: 1818) sprach der argentinische General San Martín auf der Plaza de Armas von Lima die historischen Worte: «El Perú es desde este momento libre e independiente por la voluntad general de los pueblos y por la justicia de su causa que Dios defiende. ¡Viva la Patria! ¡Viva la Libertad! ¡Viva la Independencia!» (Chirinos 1982, 15). Es bedurfte jedoch noch drei Jahre weiterer hartnäckiger Kämpfe, um die Spanier in der berühmten Schlacht bei Ayacucho (1824) unter General Sucre endgültig zu besiegen. Im selben Jahr erst – 1821 – erhielt auch Mexiko seine Unabhängigkeit.

51 Die Erinnerung jedoch bleibt, wenn auch – wie so oft in der Geschichte – mit um-

gekehrten Vorzeichen: Ein Jahrhundert später – auf dem Höhepunkt der Mexikanischen Revolution – entfesseln konservative Kreise der katholischen Kirche die sog. «Cristero»-Kriege, deren Ziel darin besteht, die antiklerikalen Beschlüsse der (ansonsten kaum noch sozial-revolutionär zu nennenden) Regierung des Präsidenten Calles (1924–1928) rückgängig zu machen. Wiederum handelt es sich um einen „Volks"-Kampf, in dem Priester wie ein Jahrhundert vorher zum Kampf aufrufen.

52 Bartolomé Mitre, *Historia de San Martín y de la independencia americana*, Biblioteca argentina fundamental, Buenos Aires, Centro Editor de América Latina 1979, 106.

Teil II

1 Vgl. oben, Teil I, Kapitel 2.1.

2 Vgl. die Romane *Enriquillo* (1878) des Dominikaners Manuel de Jesús Galván oder *Aves sin nido* (1889) der Peruanerin Clorinda Matto de Turner.

3 Vgl. unten Teil III, Kapitel 2 und 3.

4 Vgl. E. Auerbach, *Mimesis. Dargestellte Wirklichkeit in der abendländischen Literatur*, 1. Aufl. Bern 1946.

5 Die Bilder enthalten offenbar immer wieder neue Hinweise auf die verschiedenen Charaktereigenschaften der „Gringos": Alligatoren und Kaimane konnotieren „Raublust" und „Gewalttätigkeit"; das Grün der Eidechsen die Farbe der Uniformen und ihre Beweglichkeit das „kapitalistische" Feilschen …

6 Es ist sogar die These vertreten worden, die Problematik selbst sei gewissermaßen literarischen Ursprungs. Vgl. Fernando Aínsa, *Identidad cultural de Iberoamérica en su narrativa*, Madrid, Gredos 1989, 23.

7 Siehe J. Goytisolos gleichnamigen Roman *Señas de identidad* (1966).

8 Selbst nach dem Urteil einer eher traditionellen Geschichtsschreibung ist das «encomendero»-Ideal von Anfang an bereits pervertiert worden. Gegen die Encomienda-Praxis wendete sich bekanntlich die „Bußpredigt" eines Las Casas. Vgl. Konetzke [*FW* I, 245].

9 «[…] la indiada, confundida por el demonio»; «tú mismo, o el demonio disfrazado de cordero» [III, 99 f.]. [… die Indios, vom Teufel in Verwirrung gebracht; du selbst, eine Art als Lamm verkleideter Teufel.]

10 «Era un pequeño azote trenzado. Recibí los golpes y el dolor.» [Es war eine kleine geflochtene Geißel. Ich spürte die Schläge und den Schmerz.]

11 «‹¡Confiesa! Estamos solos en la capilla. ¡A solas con Dios!›» [„Bekenne! Wir sind alleine in der Kapelle. Allein mit Gott!"].

12 «‹Recemos, hijo. Después te confiesas; para que duermas.›» [„Beten wir, mein Sohn. Danach beichtest du; damit du schlafen kannst."]

13 «[…] me azotó nuevamente, en la cara, aunque con menos violencia» [… er schlug mich erneut, ins Gesicht, wenn auch weniger heftig].

14 «‹Recemos, hijo›; sobre mi cabeza rezó en latín» [„Beten wir, mein Sohn", und er betete über meinem Kopf, in lateinischer Sprache].

15 Zum Begriff vgl. Milhou 1992, 822.

16 Vgl. die Kreuzzugsideologie der argentinischen Militärdiktatur und ihre weitgehende Unterstützung durch die Institution Kirche.

[17] Vgl. die beeindruckende Liste der von Konetzke zitierten Theologen und Geistlichen: Sie reicht von der Adventspredigt des Pater Antonio de Montesinos von 1511 (!) in Santo Domingo über das persönliche Vorstelligwerden verschiedener Theologen beim Heiligen Stuhl (Bernardino de Minayo und Julián Garcés) bis hin zu den für die philosophische Begründung der Menschenrechte wegweisenden Arbeiten der Spätscholastiker Francisco de Vitoria und Diego de Covarrubias von 1548 (Konetzke, *FW* I, 38 ff.). Las Casas gehört natürlich zu den prominentesten dieser Stimmen. – Vgl. auch die differenzierenden Bemerkungen Milhous zum Thema Francisco de Vitoria als „Schöpfer des Völkerrechts" (1992, 818 f.).

[18] Auch dem Thema der „Verinnerlichung der christlichen Botschaft bei den Beherrschten" widmet A. Milhou in seinem „Lateinamerika"-Artikel einen eigenen Abschnitt (1992, 847–851). Eigentümlicherweise – im Gegensatz stehend zu der ansonsten durchgehend vielschichtig und von distanziertem kritischem Bewußtsein geleiteten Darstellung – sieht er das Phänomen jedoch unter vornehmlich positiven Aspekten: „Bei einer gewissen Anzahl von Fällen waren die Indios Subjekte, handelnde Personen ihrer eigenen Evangelisierung. [...] Sie waren nicht die unterwürfigen Imitatoren, die Bernal Díaz del Castillo sehen wollte, sondern aktiv Handelnde" (ebd., 847). Daß „diese Autonomie [...] den Synkretismus natürlich begünstigen" (ebd.) konnte, sei nicht bestritten; im Gegenteil, sie ist sogar die Basis kultureller Kreativität, so wäre hinzuzufügen. Fraglich ist jedoch, ob der psychoanalytische Begriff der Verinnerlichung hier wirklich die *Sache* trifft, um die es geht. Ist „Verinnerlichung" nicht eher – statt eine Manifestation von „Autonomie" – deren entschiedene *Negation*? Milhou kennt natürlich auch diese Spielart der Verinnerlichung und spricht deshalb zu Beginn des Artikels vom Phänomen der „seelischen Kolonisierung" (ebd., 778). Eben sie ist von Linares intendiert bei seinem Auftritt in Patibamba.

[19] Pablo Neruda, *Canto general*. Barcelona, Bruguera 1980, 74 ff.

[20] Ramón Menéndez Pidal, *El Padre Las Casas. Su doble personalidad*. Madrid, Espasa Calpe 1963. – Vgl. hierzu die behutsame Kritik von Richard Konetzke, „Ramón Menéndez Pidal und der Streit um Las Casas", in: *Romanische Forschungen* 76 (1976), 447–453.

[21] Vgl. T. Todorov, *La conquête de l'Amérique. La question de l'autre*, Paris 1982; vgl. oben Teil I, Kapitel 2.1.

[22] Todorovs Genozid-These ist nicht unumstritten geblieben. Vgl. Wolfgang Reinhard, „Mythen und Anti-Mythen der atlantischen Schicksalsgemeinschaft", in: Wolfgang Reinhard/Peter Waldmann (Hrsg.), *Nord und Süd in Amerika. Gegensätze, Gemeinsamkeiten, Europäischer Hintergrund*, Freiburg i. Br. 1992, 17–27. Der Historikerstreit bezieht sich vornehmlich auf die historische Schuldfrage, auf die Frage nach den tatsächlichen Gründen des Geschehens. Die Fakten dagegen sprechen weitgehend für sich. So schätzt die neuere Forschung die Gesamtbevölkerung des amerikanischen Kontinents um 1500 auf etwa 80 Mio. (bei einer Erdbevölkerung von insgesamt etwa 400 Mio.); 50 Jahre später ist die Bevölkerung auf 10 Mio. dezimiert; die Bevölkerung von Mexiko wird zu Beginn der Eroberung auf 25 Mio. geschätzt; 1600 beträgt sie noch 1 Mio. (vgl. Todorov 1982, 138).

[23] Vgl. das von Gustavo Gutiérrez gegründete *Instituto Bartolomé de Las Casas* (Ricardo Bentín 763, Apartado 3090, Lima/Perú).

[24] Zur Diskussion der Fakten in ethnologischer Sicht auf der Grundlage einer kritischen Revision der Dokumente, vgl. Peter Hassler, *Menschenopfer bei den Azteken?* –

Eine quellen- und ideologiekritische Studie. Reihe XIX, Volkskunde/Völkerkunde, Abt. B: Ethnologie, Bd. 30. Bern, Verlag Peter Lang 1992.

25 «Il n'est pas difficile, même plusieurs siècles plus tard» (192), gibt Todorov zu, «de nous imaginer la réaction: on ne parvient pas à lire sans sourciller les descriptions rédigées par les moines espagnols de l'époque, sous la dictée de leurs informateurs» (ebd.). [Sogar noch nach Jahrhunderten fällt es leicht, sich die Reaktionen vorzustellen: Auch heute noch kann man die Beschreibungen, die die spanischen Mönche damals nach dem Diktat ihrer Informanten aufzeichneten, nur kopfschüttelnd zur Kenntnis nehmen.]

26 Ob man Todorovs Argumentation auch in diesem letzten Schritt folgen muß, sei dahingestellt. A. Milhou, dessen Las-Casas-Darstellung mit derjenigen Todorovs weitgehend übereinstimmt, tut dies offenbar *nicht*: „Was die Azteken angeht, so war Fray Bartolomé der Auffassung, daß ihr Polytheismus und ihre Menschenopfer ihre tiefe Religiosität und die hohe Vorstellung vom Göttlichen offenbarten, denn sie waren fähig, ihnen das wertvollste Gut zu opfern: das Leben" (1992, 824). Auch an anderer Stelle bekundet der Theologe und *Historiker* Milhou eher Reserve angesichts allzu schneller, von zeitgenössisch-„moralistischen" (vgl. Todorov 1982, 12) Erkenntnisinteressen geleiteter Schlußfolgerungen: „Der apostolische Enthusiasmus der ersten Bettelmönche Mexikos und der umsichtige Bekehrungseifer der Jesuiten dürfen nicht vergessen lassen, daß sie bei der Verbreitung des Evangeliums unerbittlich die Tempel zerstörten, die sie als teuflisch betrachteten, und als ‚Vernichter des Götzendienstes' auftraten. Deshalb darf man die religiösen Zerstörer der Idole nicht anachronistisch den religiösen ‚Ethnologen' gegenüberstellen, die eindrucksvolle Untersuchungen über die prä-kolumbische Vergangenheit, die Einrichtungen und Glaubensüberzeugungen der Azteken, der Mayas oder der Inkas vorgelegt haben. Wenn die Franziskaner Andrés de Olmos [...] und vor allem der große Bernardino de Sahagún [...] versuchten, die toltekischen, aztekischen oder taraskischen Kulturen tief zu durchdringen, so geschah dies nicht aus einfacher intellektueller Neugier, sondern um besser verstehen und schließlich besser ausrotten zu können" (Milhou 1992, 836 f.). Die – berechtigte – Warnung richtet sich natürlich eher an die Adepten Todorovs denn an den Autor selbst. Dieser ist, wie wir gesehen haben, von der Haltung dieses anachronistisch-intellektuellen „Auseinanderdividierens" des Widersprüchlichen weit entfernt.

27 Vgl. die erwähnte Huldigung Nerudas von Las Casas als eines exemplarischen «libertador».

28 «Calandria» heißt allerdings auch „Lerche".

29 Equipo pastoral de Bambamarca (Hrsg.), *Vamos caminando*, Centro de estudios y publicaciones (CEP), Lima [6]1981 (1977). – Das Vorwort ist unterzeichnet von Manolo Sevillano, Rudi Eichenlaub und Miguel Garnett.

30 Enrique Chininos Soto, *Historia de la República. 1821 – Perú – 1982*, Lima, Edición Minerva [2]1982, 75, Hervorhebung: W. B. B.

31 Vgl. die klassische Sarmiento-Studie von A. M. Barrenechea in A. M. B., *Textos hispano-americanos de Sarmiento a Sarduy*, Caracas, Monte Avila Editores 1978.

32 Der Modellbegriff wird verwandt nach Ju. M. Lotman, *Die Struktur literarischer Texte*, München, UTB 1972.

33 Ausgeführt sind die vorliegenden Thesen in: W. B. B., «Civilización hecha cenizas. La presencia de Sarmiento en la novela histórica contemporánea», in: Roland

Spiller (Hrsg.), *La novela argentina de los años 80*, Frankfurt a. M., Vervuert Verlag 1991, 77–97.

34 Vgl. Arturo Andrés Roig, «Barbarie y feudalismo en las páginas de Facundo», in: *¿Algo más sobre Sarmiento? 1811 – 1888 – 1988*, Universidad Nacional de San Juan. Facultad de Filosofía, Humanidades y Artes, San Juan 1989, 227–268.

35 Es darf nicht unerwähnt bleiben, daß die linksperonistischen Terrorkommandos, gegen die die argentinische Militärdiktatur unter General Videla seit 1976 ihren erbarmungslosen Vernichtungsfeldzug führte, sich explizit auf die «montoneras» des 19. Jahrhunderts beriefen. Einmal mehr standen hier „Zivilisation" und „Barbarei" einander gegenüber. Je heftiger der Kampf um die Etiketten, um so austauschbarer werden – dies zeigt die historische Erfahrung – die Inhalte. José Pablo Feinmanns Roman *El ejército de ceniza* (1986) überträgt diesen Gedanken kritisch auf die Verhältnisse des 19. Jahrhunderts. Vgl. Berg 1991.

36 Vgl. Emilia Flores de Tejada, «El poema trágico de Barranca Yago», in: *¿Algo más sobre Sarmiento? 1811 – 1888 – 1988*, Universidad Nacional de San Juan. Facultad de Filosofía, Humanidades y Artes, San Juan 1989, 175–188.

37 Zur Beziehung des *Martín Fierro* zur Bewegung des sog. „Revisionismus" s. u. den letzten Abschnitt dieses Kapitels.

38 Vgl. hierzu die einleitende Studie von Isidoro J. Ruiz Moreno («Alberdi y la Constitución»), in: *Bases y puntos de partida para la organización política de la República Argentina*, Vaduz, System Verlag 1978.

39 Eine wichtige „Nebenlinie" dieser von Alberdi vorausgesetzten Konkretisierung des obersten Grundsatzes der Rechtsnorm in Raum und Zeit besteht darin, daß der Philosoph die in der Tradition vielfach vorausgesetzte Differenz zwischen Legalität und Moralität – zwischen individuellem Glück und allgemeiner Pflicht – für philosophisch irrelevant erklärt (vgl. Grinberg 1984, 25 ff.): «Así pues, lo bueno, lo moral, lo justo, representan una sola y misma idea: la relación armónica de nuestra conducta con el bien en sí [...] ¿Por qué? [...] La razón lo concibe, pero no lo explica» (*Fragmento*, 192). [So stellen das Gute, das Moralische, das Gerechte im Grunde nur eine und dieselbe Idee dar: die harmonische Beziehung unseres Verhaltens im Hinblick auf das höchste Gut ... Warum? ... Die Vernunft erkennt den Grund, aber sie erklärt ihn nicht.] «Así pues, el bien absoluto es la causa obligatoria de las acciones; el bien personal, es la causa positiva, real de las acciones» (*Framento*, 193). [So ist also das absolut Gute der notwendige Grund des Handelns; das persönliche Wohlergehen ist der positive, reale Grund des Handelns.] Dies läuft auf nichts weniger hinaus als auf eine explizite Negierung der Kantischen Pflichtethik.

40 Vgl. hierzu auch die luziden Bemerkungen Grinbergs: «La razón ‹había hecho tabla rasa con el pasado›. Este era la noche oscura de los tiempos. El presente y el futuro, si esa nueva identidad habría de supervivir, eran de la razón, cuya continuidad o intermitencia la convertía en la única causa positiva del crecimiento de ese ser singular. La nación era hija de la razón, y las circunstancias que le sirvieron de soporte no eran más que la causa material, la naturaleza eterna y subyacente sobre la que la razón, eterna y universal, erigía su epifanía» (*Fragmento*, 50). [Die Vernunft „hatte tabula rasa gemacht mit der Vergangenheit". Es war dies die dunkle Nacht aller Zeiten. Die Gegenwart und die Zukunft, wenn diese neue Identität denn einmal Wirklichkeit werden sollte, leiteten sich ab von der Vernunft, deren beständiges oder unbeständiges Wirken sie zum eigent-

lichen Grund des Wachsens dieses einzigartigen Seins machte. Die Nation war die Tochter der Vernunft, und die Umstände, die ihr zur Hilfe kamen, waren nichts als eine materielle Ursache, die ewige und zugrundeliegende Natur, über der die Vernunft in ihrer Ewigkeit und Universalität ihre Epiphanie feierte.]

[41] R. Grinberg stellt diesen Gesichtspunkt bereits am Anfang seiner Analyse des *Fragmento* nachdrücklich heraus: «[...] si fuera necesario describir su núcleo, apuntar a la idea nodal que lo constituye, traspasar en fin, el cúmulo de sus contradicciones aparentes, habría que expresar que el mismo no se encuentra en ‹lo que debe ser›, no en ‹lo que es›, sino en ‹lo que no es, pero puede ser›. Es, si se quiere, una metafísica del deber como proyecto de poder» (Grinberg 1984, 11 f.). [... und wenn es notwendig wäre, seinen eigentlichen Kern zu beschreiben, den Knotenpunkt der ihn konstituierenden Elemente, einen höchsten Punkt, von dem aus gesehen seine offensichtlichen Widersprüche sich auflösten, so wäre zu sagen, daß dieser sich nicht in dem finden läßt, „was sein soll", noch in dem, „was ist", sondern in dem, „was noch nicht ist, aber sein kann".]

[42] R. Grinberg zufolge ist die Position Alberdis von der scholastischen Naturrechtstradition einerseits sowie dem neoscholastischen, durch den Nominalismus Ockhams beeinflußten Voluntarismus eines Suárez andererseits wie folgt zu unterscheiden: «En la concepción que sustenta Alberdi, por el contrario, hay una vuelta y al mismo tiempo *una racionalización* extrema de la concepción tomista de la ‹ley natural›, que por esa vía, confluye o se equipara a la ‹ley eterna›, como manifestación idéntica de una ley originaria. En esa dirección, el concepto de ‹deber› aparece como una superación de la ‹gracia› y el ‹libre albedrío› iluminado por la fe se transforma en una libertad coaccionada por la razón» (*Fragmento*, 40; Hervorhebung: W. B. B.). [In der von Alberdi vertretenen Auffassung gibt es im Gegenteil eine Rückkehr und zugleich eine extreme Rationalisation der thomistischen Konzeption des „Naturrechts", das auf diese Weise mit dem „ewigen Gesetz" zusammenfällt, und zwar als identische Manifestation eines ursprünglichen Gesetzes. In dieser Richtung gedacht, erscheint der Begriff des „Sollens" als eine Überwindung der „Gnade", und der durch den Glauben erleuchtete „freie Wille" verwandelt sich in eine Freiheit, die durch die Vernunft mitgestaltet ist.]

[43] Gemäß seiner eigenen – vom vorliegenden Versuch abweichenden – Zielsetzung überprüft R. Grinbergs Studie Alberdis Identitätsprojekt am zeithistorischen Kontext der ambivalenten, von den Vertretern der unitarischen Partei mit Sarkasmen bedachten Haltung des Philosophen gegenüber der Rosas-Diktatur: Während Rosas im *Fragmento* als «persona grande y poderosa que preside nuestros destinos públicos» (*Fragmento*, 133) [große und mächtige Persönlichkeit, die den Geschicken der Nation vorsteht] bezeichnet wird und Alberdi wenig später sogar unterstreicht, «[que] el Señor Rosas, considerado filosóficamente [!], no es un déspota» (ebd., 145) [daß Señor Rosas, philosophisch betrachtet, kein Despot ist] – ja als Inkarnation und Personifikation der hier vertretenen rationalen bzw. nationalen Geschichtsmetaphysik zu betrachten sei, schlägt sich der Philosoph wenige Jahre später – im uruguayischen Exil – auf die Seite von Rosas' erklärten (politisch-militärischen) Gegnern. Anders als die unitarischen Zeitgenossen Alberdis sieht Grinberg in dieser Kehrtwendung keineswegs den Ausdruck politischer bzw. philosophischer Schizophrenie, sondern die auf die Spitze getriebene Manifestation eines rationalen Identitätsprojekts, dessen imaginäres Wesen an diesem Beispiel allerdings unübersehbar deutlich wird: Alberdis Zustimmung zu Rosas nämlich – eine

Haltung, die Alberdi später in seiner Verteidigung als eine bloße «máscara parlamentaria» [parlamentarische Maske] herunterzuspielen suchte – «no era por otra parte más que la manifestación ejemplar de una razón que, vaciada de determinaciones, universalizada en su extensión, jerarquizaba el mundo exterior en la intelección del poder coactivo que pudiera contener cada uno de sus estamentos. Había subordinado su voluntad a esa jerarquía e identificado el ‹bien›, ‹la verdad›, en la afirmación plena de esa coacción. Dejó de lado su identidad como sujeto para afirmar una identidad panteísta a la cual se integraba, pero no como ser real, material, específico, sino como ser iluminado, que ha detectado racionalmente el lugar y el peso de la coacción. Había descubierto no sólo la fuente de la obligación sino convertida [sic!] a sí misma en parte de ella. Había identificado en fin, no sólo el valor moral sino que su razón había revelado a su voluntad la necesidad de presentificarlo. Era una razón ejemplar que desde la intimidad construyó su primera máscara. Su identidad se agotó en esa exterioridad. Había identificado la razón y la realidad, pero ella había quedado afuera» (*Fragmento*, 77) [war doch andererseits lediglich die exemplarische Manifestation einer Vernunft, welche, entleert von Determinationen aller Art, universalisiert in Hinsicht auf ihre Anwendung, die äußere Welt in ein hierarchisches Gebäude verwandelte, und zwar dank der vernunftgeleiteten Einsicht in das mit Zwangsgewalt ausgestattete Wesen der einzelnen Stände. Er hatte seinen Willen dieser Hierarchie untergeordnet und das „Gute", die „Wahrheit" mit der vollen Affirmation dieser Nötigung identifiziert. Er hatte seiner Identität als Subjekt abgeschworen, um statt dessen eine pantheistische Identität anzunehmen, in die er aufzugehen versuchte, nicht als reales, materielles, einzelnes Wesen, sondern als erleuchtetes Sein, das auf dem Wege der Vernunft den Ort und das Gewicht der Nötigung entdeckt zu haben glaubte. Er hatte nicht nur die Quelle der Pflicht entdeckt, sondern sich selbst sogar in einen Teil ihrer selbst verwandelt. Er hatte schließlich nicht nur den Wert der Moral erkannt, sondern die Tatsache, daß seine Vernunft seinem Willen die Notwendigkeit vorstellte, diese auch in die Wirklichkeit umzusetzen. Es handelte sich um eine exemplarische Vernunft, die aus dem Inneren heraus ihre erste Maske konstruierte. Seine Identität erschöpfte sich in dieser Äußerlichkeit. Er hatte Vernunft und Wirklichkeit miteinander identifiziert, sie aber, die Wirklichkeit, war draußen geblieben].

44 Zur Geschichte des „Revisionismus", seiner (widersprüchlichen) Ideologie und seinen namhaften Vertretern siehe insbesondere Tulio Halperín Donghi, *El revisionismo histórico argentino*, Buenos Aires 1971, sowie – neuerdings – die lesenswerte Arbeit von David Rock, *La Argentina autoritaria. Los nacionalistas, su historia y su influencia en la vida pública*, Buenos Aires ²1993.

45 Als der Beginn eines spezifisch „historischen" Revisionismus wird gemeinhin der Essay von Julio Irazusta, *Ensayo sobre Rosas*, von 1935 (!) angesetzt. Zur Datierung vgl. Halperín Donghi 1984, 75 sowie Christian Buschrucker, *Nacionalismo y Peronismo, la Argentina en la crisis ideológica mundial, 1927–1955*, Buenos Aires 1987, 122.

46 Tulio Halperín Donghi, «Liberalismo argentino y liberalismo mexicano: dos destinos divergentes», in: T. H. D., *El espejo de la historia. Problemas argentinos y perspectivas latinoamericanas*, Buenos Aires, Editorial Sudamericana 1987, 141–165.

47 Einschränkend sei darauf hingewiesen, daß unter „Form" hier natürlich in erster Linie die realistische Wirkungsabsicht des Textes verstanden wird. Traditionelle Formen der spanischen Epik und (eher moderne) Formen „realistischer" Darstellung werden jedoch – wie ein Blick in einschlägige spanische Literaturgeschichten belehrt –

keineswegs als Widerspruch empfunden. Mit sicherem ästhetischen Instinkt folgt Hernández dieser unhinterfragten Gleichsetzung.

[48] Vgl. Roman Jakobson, „Die Rolle der subjektiven Einstellung. Über den Realismus in der Kunst", in: Elmar Holenstein (Hrsg.), *Roman Jakobson, Poetik, Ausgewählte Aufsätze 1921–1971*, Stuttgart 1979, 129–139.

[49] Es handelt sich um Vertreter der sog. «poesía gauchesca». Vgl. den gleichnamigen Artikel von Borges in der Essaysammlung *Discusión* von 1932.

[50] Die schroffe Gegenüberstellung von Hernández und Borges verfolgt in unserem Kontext natürlich diskurs*strategische* Ziele. Keineswegs erhebt sie den Anspruch, den „ganzen" Borges in die Analyse einzubeziehen. Maßgeblich für unsere Darstellung ist vor allem der *späte* Borges, während das „kreolistische" – u. a. ja auch „avantgardistische" – *Jugend*werk weitgehend außer acht gelassen wird. So schreibt der junge Borges 1920 in *Evaristo Carriego* die bekannten, wenn auch unter dem Einfluß der späteren kritischeren Töne oft vergessenen Sätze, die den Versuch unternehmen, „Liberalismus" in seiner argentinischen *Ur*form und (sozialengagierten) «martinfierrismo» miteinander zu versöhnen: «La independencia de América fue, en buena parte, una empresa argentina; hombres argentinos pelearon en lejanas batallas del continente, en Maipú, en Ayacucho, en Junín. Después hubo las guerras civiles, la guerra del Brasil, las campañas contra Rosas y Urquiza, la guerra del Paraguay, la guerra de frontera contra los indios [...] Nuestro pasado militar es copioso, pero lo indiscutible es que el argentino, en trance de pensarse valiente, no se identifica con él (pese a la preferencia que en las escuelas se da al estudio de la historia) sino con las vastas figuras genéricas del Gaucho y del Compadre. [...] el argentino [...] siente con don Quijote que [...] ‹no es bien que los hombres honrados sean verdugos de los otros hombres, no yéndoles nada en ello› (*Quijote*, 1, XXII). Más de una vez, ante las vanas simetrías del estilo español, he sospechado que diferimos insalvablemente de España; esas dos líneas del *Quijote* han bastado para convencerme de error; son como el símbolo tranquilo y secreto de una afinidad. Profundamente la confirma una noche de la literatura argentina: esa desesperada noche en la que un sargento de la policía rural gritó que no iba a consentir el delito de que se matara a un valiente y se puso a pelear contra sus soldados, junto al desertor Martín Fierro» (*Obras completas*, op. cit., 162 f.). [Die amerikanische Unabhängigkeit war in weitem Maße ein argentinisches Unternehmen; Argentinier kämpften auf den entlegenen Schlachtfeldern des Kontinents, in Maipú, in Ayacucho, in Junín. Danach kamen die Bürgerkriege, der Krieg gegen Brasilien, die Feldzüge gegen Rosas und Urquiza, der Krieg mit Paraguay, die Grenzkämpfe gegen die Indianer ... Es fehlt uns also nicht an militärischer Vergangenheit, aber es steht außer Zweifel, daß der Argentinier, wenn es darauf ankommt, sich in eine Heldenrolle hineinzudenken, sich nicht mit dieser Figur identifiziert (trotz allem Gewicht, das in der Schule auf das Studium der Geschichte gelegt wird), sondern eher mit den farbigen Figuren aus dem Geschlecht der Gauchos und der «compadres» ... der Argentinier ... teilt die Meinung von Don Quijote, daß ... „es nicht in Ordnung ist, wenn ehrliche Menschen für andere Menschen den Henker spielen, obwohl sie mit ihnen nichts zu schaffen haben" (*Quijote*, 1, XXII). Manches Mal war ich angesichts des leeren Geklingels der spanischen Rhetorik drauf und dran zu meinen, daß der Unterschied zwischen uns und Spanien unüberbrückbar war; diese zwei Zeilen des *Quijote* haben ausgereicht, um mich vom Gegenteil zu überzeugen; sie stehen da wie ein ruhiges und geheimes Symbol einer Seelenverwandtschaft. Der

tiefe Beweis wird erbracht in einer Nacht der argentinischen Literatur: in dieser hoffnungslosen Nacht, in der ein Sergeant der Dorfpolizei ausruft, er werde es nicht zulassen, daß man wider alles Recht einen aufrechten Menschen töte, und gegen seine eigenen Soldaten zu kämpfen beginnt, Seite an Seite mit dem Deserteur Martín Fierro.]

51 *Martin Fierro* ins Deutsche übertragen von Adolf Borstendörfer, Buenos Aires, Editorial Cosmopolita 1945, 248. Um die ideologische Tendenz der mir vorliegenden Ausgabe – einem bibliophilen Kuriosum in „Privateinband", so hat der Antiquar auf der vorletzten Seite handschriftlich vermerkt, d. h. eingebunden in echtes, geschecktes Pferdefell mit dem *Brandzeichen* „Martín Fierro" auf der oberen Hälfte und einem Phantasiewappen auf der unteren – zu ergründen, genügt die Lektüre des „Vorworts" des Übersetzers, in dem folgende allgemeine Würdigung des Werkes zu finden ist: „Unmittelbar, optisch fast wirken die Verse, die uns von einer Landschaft erzählen, deren Größe, Weite und Unberührtheit einmalig ist. In diese Landschaft werden Menschen hineingestellt, echt und unverbildet, weit in der Auffassung ihres Lebens, in der Art, sich zu geben. Es haftet ihnen nichts Gekünsteltes an, sie sind einfach, gastfreundlich, lustig und sangesfroh, Kinder, die es noch gerne anerkennen, daß die Natur ihre Mutter ist. Die große Seele des argentinischen Volkes offenbart sich in ihnen, die Seele auch jenes weiten und schönen Landes, das von den Gletschern Patagoniens bis in die Palmenhaine des Nordens reicht. So erscheint mir MARTIN FIERRO als die Verkörperung dieser argentinischen Seele, die sich frei und ungeknechtet in der grandiosen Weite ihrer Landschaft findet."

52 Zur allgemeinen Problematik vgl. Wolfgang Reinhard/Peter Waldmann (Hrsg.), *Nord und Süd in Amerika. Gegensätze. Gemeinsamkeiten. Europäischer Hintergrund*, Freiburg i. Br. 1992, 2. Kapitel: „Naturräumliche Ausstattung, Raumerschließung und Raumstrukturen", insbesondere Karl Lenz: „Frontiers und Kulturlandschaften in Nordamerika" (129–139) und Alfredo Bolsi: „Die Frontierzonen im argentinischen Chaco" (140–151).

53 José Pablo Feinmann, «El pensamiento de la confederación argentina», in: J. P. F., *Filosofía y nación. Estudios sobre el pensamiento argentino*, Buenos Aires, Editorial Legasa ^{3}1986, 167–191.

54 Zu den verschiedenen Strömungen innerhalb des Revisionismus, vgl. die in Anmerkung 44 genannten Arbeiten!

55 Die Argumentation des Revisionisten Feinmann führt in der Einschätzung der Figur des Martín Fierro damit in einem wesentlichen Punkt zu der Negativeinschätzung zurück, wie sie ein Erzliberaler vom Schlage eines J. L. Borges seinerzeit formuliert hatte.

56 Wobei wir hier absehen von der oben erörterten Begriffsverwendung, bei welcher „Revolution" identisch gesetzt wird mit «emancipación» bzw. «independencia».

57 Der katholische Dichter Paul Claudel hat in den 30er Jahren eine ähnliche religiös inspirierte Etymologie des Wortes «connaître» als «con-naître» = «amour» (im biblischen Sinne) vorgelegt; «en abrazo mortal»: Paz erweitert diese Spekulation lediglich um seine Bataille-Lektüre!

58 Siehe Nelson Martínez Díaz: «La revolución mexicana», in: Manuel Lucena Salmoral (Hrsg.), *Historia de Iberoamérica*, Tomo III: *Historia contemporánea*, Madrid, Cátedra 1988, 521–537.

59 «La revolución maderista fue, en gran parte, un movimiento reformista que inten-

taba preservar y reforzar el sistema de ‹libre empresa› ya existente» (nach Cockcroft, zit. 527). [Die maderistische Revolution war größtenteils eine reformistische Bewegung, die das System des „freien Unternehmertums" zu bewahren oder noch zu verstärken trachtete.]

[60] Zu den wichtigsten Repräsentanten des Genres gehören u. a.: Martín Luis Guzmán, *El Águila y la Serpiente*, 1928. Mauricio Magdaleno, *El resplandor*, 1937. José Revueltas, *El luto humano*, 1943. Juan Rulfo, *Pedro Páramo*, 1955. Carlos Fuentes, *La región más transparente*, 1957. Carlos Fuentes, *La muerte de Artemio Cruz*, 1962. Agustín Yáñez, *Al filo de agua*, 1947. Agustín Yáñez, *La creación*, 1957. Jorge Ibargüengoitia, *Los relámpagos de agosto*, 1964. Fernando del Paso, *José Trigo*, 1966. Elena Poniatowska, *Hasta no verte, Jesús mío*, 1969 (vgl. Marta Portal, *Los de abajo*, 32f.).

[61] Römische Ziffern bezeichnen die Teile, arabische Ziffern die Kapitel des Romans.

[62] Er wird zunächst zum «Coronel» (I, 18), dann sogar zum „General" (II, 2) ernannt.

Teil III und Epilog

[1] Die Entstehung des Diskurses anhand einer Geschichte seiner wichtigsten Vertreter wird nachgezeichnet bei Paul Verdevoye: «Aproximaciones al Lenguaje Porteño de Roberto Arlt», in: Centre de Recherches Latino-Américaines de l'Université de Poitiers (Hrsg.), *Seminario sobre Roberto Arlt*, Poitiers 1980, 133–185.

[2] So beklagt er im letzten Kapitel des *Facundo* zwar jene allgemeine «ignorancia en que viven en Europa de la situación de América» (1974, 243) [Unkenntnis, in der man in Europa im Hinblick auf die Situation in Amerika lebt], erwähnt die «ceguedad» [Blindheit] der französischen Außenpolitik gegenüber Argentinien, beschwört jedoch gleichzeitig immer noch das Bild «de esa Francia ideal y bella, generosa y cosmopolita, que tanta sangre ha derramado por la libertad, y a que sus libros, sus filósofos, sus revistas, nos hacían amar desde 1810» (ebd.) [dieses idealen und schönen, generösen und kosmopolitischen Frankreich, das so viel Blut für die Freiheit vergossen hat und das seine Bücher, Philosophen und Zeitschriften uns seit 1810 lieben gelehrt haben].

[3] Ausführlich zu dieser Frage vgl. meinen Aufsatz: „Die Vereinigten Staaten als Modell. Zur Frage der Aktualität des Nordamerikabildes bei Sarmiento und Martínez Estrada", in: Wolfgang Reinhard/Peter Waldmann (Hrsg.), *Nord und Süd in Amerika. Gegensätze. Gemeinsamkeiten. Europäischer Hintergrund*, Freiburg i. Br. 1992, 986–998.

[4] Es handelt sich um die letzten Sätze von *Conflicto y armonía de las razas en América* (Obras de Sarmiento, Bd. XXXVIII, Buenos Aires 1900).

[5] Als Wirtschafts- und Sozialreformer war Batlle y Ordoñez nicht ohne Erfolg und gilt als Vertreter eines gemäßigten Staatssozialismus.

[6] 1896: *El que vendrá*, in: *Revista Nacional*. 1897: *La novela nueva* (= *La vida nueva*). 1899: *Rubén Darío. Su personalidad literaria. Su última obra* (= *La vida nueva*, 2. Aufl.). 1900: *Ariel* (= *La vida nueva*, 3. Aufl.). 1906: *Liberalismo y jacobinismo*. 1909: *Motivos de Proteo*. 1913: *El mirador de Próspero*. Postum erschienen: 1920: *El camino de Paros* (es handelt sich um die gesammelte Ausgabe der für *Caras y Caretas* während der Europareise verfaßten Artikel). 1932: *Nuevos motivos de Proteo*. Wie schon gesagt, handelt es sich nicht um Rodós Gesamtwerk, sondern lediglich um die in Buchform,

nicht aber um die gleichzeitig in Zeitungen in großer Zahl erschienenen übrigen Arbeiten Rodós. So erscheint in den 80er Jahren eine große Anzahl literaturkritischer Artikel aus seiner Feder; nur «El que vendrá» jedoch hatte die Resonanz, die es Rodó opportun erscheinen ließ, den Artikel später als Buch erneut zu veröffentlichen.

7 «‹El que vendrá›, en realidad, ‹no dice[n] nada›» (Moraña 1987, 657, Anm. 12).

8 «En Rodó», sagt M. Moraña, «esa búsqueda se extenderá dentro de los precisos límites marcados por los valores de la tradición cultural europea y el individualismo liberal y romántico, y sus tendencias básicas – el americanismo de *Ariel*, el proteísmo – no serán, en esencia, diferentes a algunas líneas ideológicas que elaboraba, con mayor colorido, la estética dariana» (1987, 657f.). [Rodós Suche bewegt sich genau innerhalb der durch die Werte der europäischen Kulturtradition sowie den liberalen und romantischen Individualismus abgesteckten Grenzen, und seine grundlegenden Tendenzen – der Amerikanismus von *Ariel*, der Proteismus – unterscheiden sich in weltanschaulicher Hinsicht letztlich kaum von denjenigen, die, wenn auch farbenreicher, in der Ästhetik Daríos zu finden sind.]

9 Wir werden weiter unten sehen, daß sich Rodó an diesen „Code" selbst nicht vollständig halten wird!

10 «[...] el ambiente *providencial* de la cultura» (187; Hervorhebung: W. B. B.).

11 Es fehlt nicht an Literarhistorikern, die José Martí – nicht nur dem Alter nach – an die Spitze der modernistischen Bewegung setzen. Noch der greise Sarmiento anerkannte 1887 den Rang Martís als wichtigstem Schriftsteller spanischer Sprache: «En español nada hay que se parezca a la salida de bramidos de Martí» (zit. bei Fernández Retamar 1987, 563). [Im spanischen Sprachraum gibt es nichts Vergleichbares zu den Eruptionen Martís.] Bei einem Zusammentreffen mit Darío 1893 nennt Martí diesen «hijo» [Sohn], eine Bezeichnung, die der Nicaraguaner offenbar mit Stolz für sich in Anspruch nahm. 1913 allerdings scheint er das Urteil zu revidieren und schreibt: «¿No se diría [Martí] un precursor del movimiento que me tocara iniciar años después?» (Fer. Ret., 571). [Es ist doch wohl so, daß Martí ein Vorläufer der Bewegung war, die ich selbst dann Jahre später initiieren sollte.] Fernández Retamar seinerseits versucht anhand der Bemerkung nachzuweisen, daß Martí keineswegs ein Vorläufer der modernistischen Bewegung war, sondern ihr eigentlicher Begründer. Eine umfassende Studie zum Modernismus allerdings stehe noch aus, so schränkt er später ein.

12 Vgl. Ottmar Ette, *José Martí. Teil I: Apostel – Dichter – Revolutionär. Eine Geschichte seiner Rezeption*, Tübingen 1991; erst im – bereits angekündigten – „Zweiten Teil" will Ette sich mit „Martí selbst", also einer Analyse seiner Schriften, befassen.

13 Römische Ziffern bezeichnen die fünf durch Leerzeilen markierten Hauptabschnitte; arabische Ziffern die Unterabschnitte.

14 Im ungekürzten spanischen Original lautet der Satz: «Los pensadores canijos, los pensadores de lámparas, enhebran y recalientan las razas de librería, que el viajero justo y el observador cordial buscan en vano en la justicia de la naturaleza, donde resalta en el amor victorioso y el apetito turbulento, la identidad universal del hombre» (32). [Schmalbrüstige Schreibtischdenker lieben es, aus Büchern gewonnenes Wissen über Rassen hervorzukramen und wieder aufzuwärmen, das ein unvoreingenommener Reisender oder ein Beobachter mit Herz in der gerechten Natur vergeblich aufzufinden versucht, denn hier springt die universelle Identität des Menschen im Sieg der Liebe und dem Ungestüm der Leidenschaft unvermittelt ins Auge.]

[15] „Ein allgemeines Kennzeichen der Situation Amerikas ist seine Provinzialität. Die Zukunft des Kontinents hängt davon ab, diesen Zustand zu überwinden. Alle Anstrengungen müssen darauf abzielen, dies zu erreichen" (s. o.).

[16] In Grimms Wörterbuch findet sich folgendes Zitat aus Heyses *Kinder der Welt*: „Sein Sohn machte ihm Kummer, der in Franzelius Umgang allerlei toll communistische Ideen eingesogen hatte und den biederen Bourgeois und Fortschrittsmann, der sein Vater war, mit Siebenmeilenstiefeln überholte" (Bd. 16, 815).

[17] Vgl. Juan de Castellanos (1522–1607), *Elegías de varones ilustres de Las Indias*.

[18] Zu erwähnen in diesem Zusammenhang ist z. B. César Rojas Tello (1880–1945), der Begründer der peruanischen Archäologie. Rojas Tello ist «serrano», er stammt aus dem andinen Hochland. Wissenschaftlich bedeutsam ist vor allem die durch ihn geleistete Erforschung der Chavínkultur.

[19] Vgl. etwa den berühmten Vorschlag von Concha Meléndez in *La novela indianista en Hispánoamérica* von 1934 – einem der ersten und grundlegenden Beiträge zur Erforschung des literarischen Indigenismus –, den Begriff auszuweiten auf «toda novela en que los indios y sus tradiciones están presentes con simpatía» (zit. bei Almuneda Mejías Alonso, «La narrativa de Rosario Castellanos y el indigenismo», in: *Cuadernos Americanos* 260/3 [1985], 206).

[20] «[...] la voz latina ‹*indigena*› significa ‹nacido allí, autóctono›, y el prefijo de la palabra no corresponde a otra cosa que a la preposición del latín antiguo *indu* (‹en›) y no tiene evidentemente ninguna relación con la voz ‹indio›. En términos etimológicos, pues, el indígena no sería sólo el indio, sino cualquier ser humano natural de esa región o país» (Siebenmann 1988, 178, Anm. 20.) [Das lateinische Wort ‹*indigena*› bedeutet „hier-geboren, autochthon"; das Präfix des Wortes entspricht lediglich der Präposition des altlateinischen ‹*indu*› („in, auf") und hat offensichtlich keine Beziehung mit dem Wort ‹indio›. In etymologischer Hinsicht ist der «indígena» also keineswegs nur der Indio, sondern jedes menschliche Wesen, das seiner Geburt nach aus einer bestimmten Gegend oder einem bestimmten Land stammt.]

[21] «Yungas» sind folkloristische Karnevalsriten.

[22] Zur Interpretation der Arguedas-Rede vgl. das Kapitel «La gesta del mestizo» in Angel Rama, *Transculturación narrativa en América Latina*, México Siglo XXI Editores ³1987, 173–193.

[23] Zum Grundsätzlichen vgl. W. B. B., «Arqueología del indigenismo», in: Birgit Scharlau (Hrsg.), *Lateinamerika denken. Kulturtheoretische Grenzgänge zwischen Moderne und Postmoderne*, Frankfurter Beiträge zur Lateinamerikanistik 5, Tübingen, Günter Narr 1994, 327–336.

[24] *La ciudad y los perros* erscheint 1963.

[25] Vgl. Michail Bachtin, *Probleme der Poetik Dostojevskijs*, München 1971 (1963).

[26] Alejo Carpentiers Roman *El reino de este mundo* ist ein gutes Beispiel für die erwähnte realistische Tradition des vielstimmigen Diskurses. Wir werden in den folgenden Kapiteln verschiedentlich auf Carpentier zurückzukommen haben.

[27] Gemeint ist jene technisch-rationale Macht der modernen Naturbeherrschung, wie sie sich ausspricht in Descartes' berühmter Definition des Menschen als «maître et possesseur de la nature» (vgl. *Discours de la méthode*, 6ème partie).

[28] Zu den linguistischen Aspekten des Romans vgl. Alberto Escobar, *La serpiente de oro o el río de la vida*. Universidad Nacional Mayor de San Marcos. Lima, Editorial

Lumen 1993. Es handelt sich um die in den 60er Jahren an der Ludwig-Maximilians-Universität München entstandene Dissertation des großen peruanischen Literaturwissenschaftlers und Linguisten, die nunmehr in einer von der Universität San Marcos, Lima, betreuten Neuausgabe vorliegt. Zu den Umständen ihrer einstigen Wirkung äußert sich der Klappentext wie folgt: «En 1971, en una mesa redonda en el Instituto Porras, posterior al XV CONGRESO DEL INSTITUTO INTERNACIONAL DE LITERATURA IBEROAMERICANA (en Huampaní), el profesor colombiano residente en la RFA Rafael Gutiérrez Girardot, habló de las bondades de la entonces en boga ‹estilística›, pero aclaró que él se refería a la ‹estilística alemana› y no a la que llegaba a nosotros *en la aguada versión de los Alonso.* En la mesa había ilustres y polémicos ‹alonsistas›, así que se armó la de Dios es Cristo, etc. En la mesa también estaba el joven profesor Alberto Escobar, llegado no hacía muchos años de Alemania, habiéndose doctorado con el libro que Ud., amable lector, tiene en sus manos.» [1971, anläßlich einer Gesprächsrunde im Instituto Porras, einige Zeit nach dem gerade zu Ende gegangenen 15. Kongreß des INSTITUTO INTERNACIONAL DE LITERATURA IBEROAMERICANA (in Huampaní), pries der in der BRD ansässige kolumbianische Professor Rafael Gutiérrez Girardot die Vorzüge der damals in Mode befindlichen „Stilistik“, erklärte jedoch gleichzeitig, daß er damit die „deutsche Stilistik“ meinte, nicht aber die, von der wir Kenntnis hätten *in der verwässerten Version der Alonsos.* Am Tisch waren angesehene und mit Kampfesgeist ausgestattete Anhänger Alonsos anwesend, so daß ein auf der Stelle ausbrechender Glaubenskrieg unvermeidlich war etc. Anwesend war auch der junge Professor Alberto Escobar, der wenige Jahre zuvor aus Deutschland zurückgekehrt war und seinen Doktor erworben hatte mit eben dem Buch, das Sie, verehrter Leser, nun in Händen halten.]

[29] Vgl. Luiz Costa Lima, *O controle do imaginário. Razão e Imaginação nos Tempos Modernos*, Rio de Janeiro ²1989.

[30] Vgl. Dieter Janik, *Magische Wirklichkeitsauffassung im hispanoamerikanischen Roman des 20. Jahrhunderts. Geschichtliches Erbe und kulturelle Tendenz*, Tübingen 1976. – Irlemar Chiampi, *El realismo maravilloso*, Caracas 1983. – Vittoria Borsò, *Mexiko jenseits der Einsamkeit. Versuch einer interkulturellen Analyse – Kritischer Rückblick auf die Diskurse des Magischen Realismus.* Frankfurt a. M. 1994.

[31] Siehe hierzu insbesondere die Kapitel «Magie et religion» bei Claude Lévi-Strauss, *Anthropologie structurale*, Paris, Plon 1974 (1958), 181–266.

[32] Vgl. «Papel social del novelista», in: A. Carpentier, *Tientos y diferencias.* Buenos Aires, Calicante Editorial 1967, 101–119.

[33] Zur kritischen Diskussion des Begriffs vgl. insbesondere die in den Kapiteln I bis V vorgetragenen diskursanalytischen Argumente der Arbeit von Vittoria Borsò; siehe Anmerkung 30.

[34] Vgl. Young 1983, 46.

[35] Vgl. W. B. B., «El pasado como creación: el alcance historiográfico del ensayo *La expresión americana* de José Lezama Lima», in: *XXVIII Congreso del Instituto Internacional de Literatura Iberoamericana. Letras coloniales: Interacción y vigencia*, University of Providence (im Druck).

[36] „Neptunismus“ ist im Gegensatz dazu eine Theorie, die die Entstehung der Gesteine durch Kristallisationen im Urozean erklärt. Goethe z. B. verstand sich wohl eher als Neptunist denn als Plutonist. Vgl. den Dialog von Anaxagoras und Thales in *Faust II*

(siehe *Goethe Werke*, Frankfurt a. M., Insel Verlag 1965, Bd. 3, 224 f.), in dem beide Positionen typisiert werden.

[37] Zur Unterscheidung der Begriffe vgl. Joseph Lortz: „Der Ausdruck Gegenreformation wird leider oft genug ungenau und für verschiedene Inhalte benutzt. Wir unterscheiden ihn vom Komplex der innerkirchlichen Reform und nehmen ihn im folgenden wörtlich als die gegen die protestantischen Bewegungen gerichteten katholischen Bestrebungen" (J. L., *Geschichte der Kirche in ideengeschichtlicher Betrachtung*, Münster 1964, 172).

[38] Vgl. Hans Blumenberg, *Die Legitimität der Neuzeit*, Frankfurt a. M. 1966.

[39] Vgl. E. Gimbernat de González, «La curiosidad barroca», in: *Coloquio Internacional sobre la obra de J. Lezama Lima*, Bd. II: Poesía, Université de Poitiers, Centre de Recherches Latino-américaines 1984, 59–65.

[40] Vgl. W. B. B., «Deconstrucción del ‹oscuro hombre de genio›: lectura alegórica de un cuento de Borges», in: *Coloquio Aniversario: Prácticas textuales y discursos metodológicos*, Université de Poitiers, Centre de Recherches Latino-américaines. XXV Coloquio Internacional 1990 (im Druck) sowie „Neue Welt und alter Buchstabe, oder: Ist Borges ein lateinamerikanischer Schriftsteller?", in: *Iberoromania* 35 (1992), 84–97.

[41] Ich kürze ab: *REM*.

[42] Ich kürze ab: *CAS*.

[43] Vgl. Michail Bachtin, „Das Wort im Roman"; in: M. B., *Die Ästhetik des Wortes*, hrsg. von Rainer Grübel, Frankfurt a. M., Suhrkamp 1979, 154–300. – Wegweisend für die zeitgenössische Rezeption der Dialogforschungen Bachtins ist Julia Kristevas Artikel «Le mot, le dialogue et le roman» geworden (in: J. K., *Semeiotiké. Recherches pour une sémanalyse*, Paris, Editions du Seuil 1969, 143–172).

[44] Beim Kauf eines Pferdes überläßt Lenormand deshalb dem Pferdeverstand seines Sklaven Ti Noel blindlings die Entscheidung.

[45] «[...] el tataranieto del criollo se casó con la tataranieta del aragonés [...]» (24) [der Ururgroßenkel des Kreolen heiratete die Ururgroßenkelin des Aragonesen].

[46] Vgl. Ottmar Ette, „Intertextualität. Ein Forschungsbericht mit literatursoziologischen Anmerkungen", in: *Romanistische Zeitschrift für Literaturgeschichte* 3/4 (1985), 497–522.

[47] „Interpretation" ist insofern die Basis des *hermeneutischen* Zugriffs auf Texte. Vgl. Hans-Georg Gadamer, *Wahrheit und Methode. Grundzüge einer philosophischen Hermeneutik*, Tübingen [2]1965, 200 f., 318 f.

[48] Der Satz spielt an auf eine fixe Idee des Gründungsvaters José Arcadio, der Macondo nach der Entdeckung des Eises seinerzeit in eine «ciudad de los espejos» hatte verwandeln vollen (vgl. 28).

[49] Vgl. Jean-Jacques Rousseau, *Discours sur les sciences et les arts*; in: J.-J. R., *Du Contrat social*. Paris, Classiques Garnier 1962, 12.

[illegible] Pouillet [illegible] 1975 [illegible]

BIBLIOGRAPHIE

A. Primärwerke

Alberdi, J. B., *Fragmento preliminar al estudio del derecho* (Introducción y notas de Ricardo Grinberg), Buenos Aires 1984.

Alegría, Ciro, *La serpiente de oro*, Lima 1981.

Arguedas, J. M., *El zorro de arriba y el zorro de abajo*, in: *Obras completas*, Bd. 5.

Arguedas, J. M., *Agua*, in: *Obras completas*, Lima 1983, Bd. 1, 57–82.

Arguedas, J. M., *Los ríos profundos, Obras completas*, Tomo I–IV, Lima 1983.

Arguedas, J. M., «No soy un aculturado ...», abgedruckt als Vorwort der Taschenbuchausgabe des Romans *El zorro de arriba y el zorro de abajo*, Lima 1983.

Azuela, M., *Los de abajo*. Edición crítica de Jorge Ruffinelli (Coordinador), Madrid 1988.

Azuela, M., *Los de abajo*. Edición de Marta Portal. Segunda Edición, Madrid 1983.

Borges, J. L., *Historia universal de la infamia*, in: *Obras completas*, Buenos Aires 1974, 287–345.

Borges, J. L., *Discusión*, in: *Obras completas*, Buenos Aires 1974, 173–286.

Borges, J. L., «José Hernández», in: *Prólogos con un prólogo de prólogos*, Buenos Aires 1975, 89–99.

Borstendörfer, A., *Martin Fierro* (ins Deutsche übertragen von A. B.), Buenos Aires 1945.

Cardenal, E., *Homenaje a los Indios americanos*, Carlos Lohlé, Buenos Aires, México 1972.

Carpentier, A., «Papel social del novelista», in: *Tientos y diferencias*, Buenos Aires 1967, 101–119.

Carpentier, A., *El reino de este mundo*, Biblioteca de Bolsillo, Barcelona 1986.

Carpentier, A., «Problemática de la actual novela latinoamericana», in: *Tientos y diferencias*, México 1964, 5–46.

Cortázar, J., «Reunión», in: *Todos los fuegos el fuego*, Buenos Aires [16]1975.

Equipo pastoral de Bambamarca (Hrsg.), *Vamos caminando*, Centro de estudios y publicaciones (CEP), Lima [6]1981.

Feinmann, J. P., *El ejército de ceniza*, Buenos Aires 1986.

García, J. U., *El nuevo indio*. 3ª ed. con un Anexo, Prólogo de E. Valcárcel, Lima 1973 (1930).

García Márquez, G., *Cien años de soledad*, Buenos Aires [27]1971.

Hernández, J., *El gaucho Martín Fierro. La vuelta de Martín Fierro*. Ed. de Luis Sáinz de Medrano, Madrid 1982 (zitiert als *MF*).

Inca Garcilaso de la Vega, *Comentarios Reales*, Biblioteca peruana, Tomo I–III, Lima 1973.

Lezama Lima, J., «La curiosidad barroca», in: *La expresión americana (Obras completas*, México 1977, Tomo II, 302–324).

Mariátegui, J. C., «El problema del indio», in: *7 Ensayos de interpretación de la realidad peruana*, Lima 1968, 30–41.
Martí, J., «Nuestra América», in: *Nuestra América*, Caracas 1977, 26–33.
Neruda, P., *Canto general*, Barcelona 1980.
Neruda, P., «Alturas de Macchu Picchu», in: *Canto General*, Barcelona 1980, 23–37.
Paz, O., *Posdata*, Siglo XXI, México 1970.
Paz, O., *El laberinto de la soledad*, México 1950.
Rodó, J. E., *Ariel*, in: *Obras completas* (Hrsg. Alberto José Vaccaro), Buenos Aires 1956, 157–210 (zit. als *A*).
Sahagún, B. de, *El México antiguo* (Selección y reordenación de la HISTORIA GENERAL DE LAS COSAS DE NUEVA ESPAÑA de fray Bernardino de Sahagún y de los informantes indígenas. Edición, prólogo y cronología de José Luis Martínez), Caracas 1981.
Sarmiento, D. F., *Conflicto y armonía de las razas en América*, Obras de Sarmiento, Bd. XXXVIII, Buenos Aires 1900.
Sarmiento, D. F., *Facundo*. Edición anotada y comentada por J. L. Borges, Buenos Aires 1974.
Valcárcel, L. E., *Tempestad en los Andes*, Lima 1972 (1927).
Vasconcelos, J., «La raza cósmica (Misión de la raza iberoamericana)», in: *Obras completas*, Tomo II, México 1958, 903–942.

B. Sekundärliteratur

Aínsa, F., *Identidad cultural de Iberoamérica en su narrativa*, Madrid 1989.
Alcira Arancibia, J. (Hrsg.), *Literatura e identidad latinoamericana, siglo XX. IV Simposio Internacional de Literatura*, Instituto Literario y Cultural Hispánico, Buenos Aires 1991.
Arizpe, L., «El ‹Indio›: Mito, profecía, prisón», in: Zea 1986, 333–343.
Auerbach, E., *Mimesis. Dargestellte Wirklichkeit in der abendländischen Literatur*, Bern 1964 (1946).
Bachtin, M., *Probleme der Poetik Dostojevskijs*, München 1971 (1963).
Bachtin, M., „Das Wort im Roman", in: M. B., *Die Ästhetik des Wortes*, hrsg. von Rainer Grübel, Frankfurt a. M. 1979, 154–300.
Barrenechea, A. M., «Estudios sobre el *Facundo*», in: *Textos hispanoamericanos de Sarmiento a Sarduy*, Caracas 1978, 7–86.
Barroso, J., *‹Realismo mágico› y ‹lo real maravilloso› en ‹El reino de este mundo› y ‹El siglo de las luces›*, Col. Polymita, Miami 1977.
Berg, W. B., *Grenz-Zeichen Cortázar. Leben und Werk eines argentinischen Schriftstellers der Gegenwart*, Frankfurt a. M. 1991.
Berg, W. B., „*Pedro Páramo* als Bildungsroman. Ein Versuch, Juan Rulfo europäisch zu verstehen", in: R. Kloepfer (Hrsg.), *Bildung und Ausbildung in der Romania*, Bd. III: Iberische Halbinsel und Lateinamerika, München 1979, 301–317.
Berg, W. B., „Die philosophische Grundlegung der argentinischen Identitätsdebatte im frühen 19. Jahrhundert (Anmerkungen zu Juan Bautista Alberdis *Fragmento preliminar al estudio del derecho*)", in spanischer Übersetzung: «La fundamentación

filosófica del debate argentino acerca de la identidad en Juan Bautista Alberdi», in: *Revista de filosofía latinoamericana y ciencias sociales*, N° 19, 1994, 7–19.
Berg, W. B., «Arqueología del indigenismo», in: B. Scharlau (Hrsg.), *Lateinamerika denken. Kulturtheoretische Grenzgänge zwischen Moderne und Postmoderne.* Frankfurter Beiträge zur Lateinamerikanistik 5, Tübingen 1994, 327–336.
Berg, W. B., „Neue Welt und alter Buchstabe, oder: Ist Borges ein lateinamerikanischer Schriftsteller?", in: *Iberoromania* 35 (1992), 84–97.
Berg, W. B., «Civilización hecha cenizas. La presencia de Sarmiento en la novela histórica contemporánea», in: Roland Spiller (Hrsg.), *La novela argentina de los años 80*, Frankfurt a. M. 1991, 77–97.
Bethell, L. (Hrsg.), *Spanish America after Independence c.1820–c.1870*, Cambridge 1987.
Bethell, L. (Hrsg.), *Colonial Spanish America*, Cambridge 1987.
Bethell, L. (Hrsg.), *The Independence of Latin America*, Cambridge 1987.
Beyhaut, G., *Süd- und Mittelamerika II. Von der Unabhängigkeit bis zur Krise der Gegenwart*, Fischer Weltgeschichte, Bd. 23, Frankfurt a. M. 1965 (zitiert als *FW* II).
Blumenberg, H., *Die Legitimität der Neuzeit*, Frankfurt a. M. 1966.
Bolsi, A., „Die Frontierzonen im argentinischen Chaco", in: W. Reinhard/P. Waldmann (Hrsg.), *Nord und Süd in Amerika. Gegensätze. Gemeinsamkeiten. Europäischer Hintergrund*, Freiburg i. Br. 1992, 140–151.
Borsò, V., *Mexiko jenseits der Einsamkeit. Versuch einer interkulturellen Analyse – Kritischer Rückblick auf die Diskurse des Magischen Realismus*, Frankfurt a. M. 1994.
Bravo, J. A., *Lo real maravilloso en la narrativa latinoamericana actual; ‹Cien años de soledad›, ‹El reino de este mundo›, ‹Pedro Páramo›*, Lima 1978.
Brunner, O./W. Conze/R. Koselleck (Hrsg.), *Geschichtliche Grundbegriffe. Historisches Lexikon zur politisch-sozialen Sprache in Deutschland*, Stuttgart 1972 (ff.).
Buschrucker, C., *Nacionalismo y Peronismo, la Argentina en la crisis ideológica mundial, 1927–1955*, Buenos Aires 1987.
Carrión, B., «El mestizaje y lo mestizo», in: L. Zea (Hrsg.), *América Latina en sus ideas*, Siglo XXI, México 1986, 375–398.
Casalla, M., *América en el pensamiento de Hegel. Admiración y Rechazo*, Buenos Aires 1992.
Castilla Urbano, F., *El pensamiento de Francisco de Vitoria. Filosofía política e indio americano*, Barcelona/Iztapalapa, México 1992.
Chiampi, I., *El realismo maravilloso*, Caracas 1983.
Chirinos Soto, E., *Historia de la República. 1821 – Perú – 1982*, Lima ²1982.
Collis, M., *König, Priester und Gott. Montezumas Vision und Schicksal*, Hamburg 1956 (Originaltitel: *Cortés and Montezuma*).
Cornejo Polar, A., *Los universos narrativos de José María Arguedas*, Buenos Aires 1973.
Cornejo Polar, A., «La imagen del mundo en *La serpiente de oro*», in: *La novela peruana. Siete estudios*, Lima 1977, 49–64.
Costa Lima, L., *O controle do imaginário. Razão e Imaginação nos Tempos Modernos*, Rio de Janeiro ²1989.
Dahms, B., *Bartolomé de Las Casas (1484–1566). Indio-Politik im 16. Jahrhundert und ihre Rezeption in lateinamerikanischer Literatur*, Tübingen 1993.
Davies, N., *The Aztecs. A History*, Oxford 1973 (dt.: *Die Azteken. Meister der Staatskunst. Schöpfer hoher Kultur*, Hamburg 1976).

Diwald, H., *Anspruch auf Mündigkeit: 1400–1555. Propyläen Geschichte Europas*, Bd. 1, Frankfurt a. M., Berlin, Wien 1982.

Dornbusch, R., J. C. de Pablo, *Deuda externa e inestabilidad macroeconómica en la Argentina*, Buenos Aires 1988.

Dussel, E., *1492. El encubrimiento del otro. Hacia el origen del mito de la modernidad*, (Conferencias de Frankfurt, Octubre de 1992), Madrid 1992.

Eitel, W. (Hrsg.), *Lateinamerikanische Literatur der Gegenwart in Einzeldarstellungen*, Stuttgart 1978.

Escobar, A., *Arguedas o la utopía de la lengua*, Instituto de Estudios Peruanos, Lima 1984.

Escobar, A., *La serpiente de oro o el río de la vida*, Universidad Nacional Mayor de San Marcos, Lima 1993 (1965).

Ette, O., „Intertextualität. Ein Forschungsbericht mit literatursoziologischen Anmerkungen", in: *Romanistische Zeitschrift für Literaturgeschichte*, 3/4 (1985), 497–522.

Ette, O., *José Martí. Apostel – Dichter – Revolutionär. Eine Geschichte seiner Rezeption*, Tübingen 1991.

Fagg, J. E., *Latin America. A General History*, New York 1963.

Feinmann, J. P., «El pensamiento de la confederación argentina», in: *Filosofía y Nación*, Madrid, Buenos Aires, México 1986, 196–191.

Feinmann, J. P., *Filosofía y nación. Estudios sobre el pensamiento argentino*, Buenos Aires [3]1986.

Fernández Moreno, C. (Hrsg.), *América Latina en su Literatura*, Paris 1972.

Fernández Retamar, R., «Naturalidad y novedad en la literatura martiana», in: L. I. Madrigal (Hrsg.), *Historia de la literatura hispanoamericana*, Tomo 2: *Del neoclasicismo al modernismo*, Madrid 1987, 563–572.

Figueroa, D., *Aufklärungsphilosophie als Utopie der Befreiung in Lateinamerika. Die Befreiungstheorien von Paulo Freire und Gustavo Gutiérrez*. Campus Verlag. Frankfurt a. M., New York 1989.

Flores de Tejada, E., «El poema trágico de Barranca Yago», in: *¿Algo más sobre Sarmiento? 1811 – 1888 – 1988*, Universidad Nacional de San Juan, Facultad de Filosofía, Humanidades y Artes, San Juan 1989, 175–188.

Forster, D. W., *Handbook of Latin American Literature*, New York, London [2]1992.

Gadamer, H.-G., *Wahrheit und Methode. Grundzüge einer philosophischen Hermeneutik*, Tübingen [2]1965.

García Canclini, N., *Culturas Híbridas. Estrategias para entrar y salir de la modernidad*, Buenos Aires 1992.

Gimbernat de González, E., «La curiosidad barroca», in: *Coloquio Internacional sobre la obra de J. Lezama Lima*, Bd. II: Poesía, Université de Poitiers, Centre de Recherches Latino-américaines 1984, 59–65.

Goic, G. (Hrsg.), *Historia y crítica de la literatura hispanoamericana, I: Época colonial*, Barcelona 1988. *II: Del romanticismo al modernismo*, Barcelona 1991. *III: Época contemporánea*, Barcelona 1988.

Grenz, W. (Hrsg.), *Deutschsprachige Lateinamerika-Forschung: Institutionen, Wissenschaftler und Experten in Deutschland, Österreich und der Schweiz; neuere Veröffentlichungen*, Frankfurt a. M. 1993.

Halperín Donghi, T., «El revisionismo argentino como visión decadentista de la historia nacional», in: *Alternativas*, Santiago de Chile 1984, 72–93.

Halperín Donghi, T., «Liberalismo argentino y liberalismo mexicano: dos destinos divergentes», in: T. H. D., *El espejo de la historia. Problemas argentinos y perspectivas latinoamericanas*, Buenos Aires 1987, 141–165.

Halperín Donghi, T., *El revisionismo histórico argentino*, Buenos Aires 1971.

Hassler, P., *Menschenopfer bei den Azteken? Eine quellen- und ideologiekritische Studie*, Reihe XIX, Volkskunde/Völkerkunde, Abt. B: Ethnologie, Bd. 30, Bern 1992.

Hegel, G. W. F., *Vorlesungen über die Philosophie der Geschichte, Werke, Bd. 12*, Frankfurt a. M. 1970.

Henríquez Ureña, M., «José Martí», in: *Breve historia del modernismo*, Fondo de Cultura Económica México, Buenos Aires 1961 (1954), 53–66.

Herring, H., *A History of Latin America*, New York 1962.

Íñigo Madrigal, L. (Hrsg.), *Historia de la Literatura Hispanoamericana, I.: Época colonial*, Madrid 1982. *II.: Del neoclasicismo al modernismo*, Madrid 1987.

Jakobson, R., „Die Rolle der subjektiven Einstellung. Über den Realismus in der Kunst“, in: E. Holenstein (Hrsg.), *Roman Jakobson, Poetik, Ausgewählte Aufsätze 1921–1971*, Stuttgart 1979, 129–139.

Janik, D., „Gabriel García Márquez“, in: W. Eitel (Hrsg.), *Lateinamerikanische Literatur der Gegenwart*, Stuttgart 1978, 330–360.

Janik, D., *Magische Wirklichkeitsauffassung im hispanoamerikanischen Roman des 20. Jahrhunderts. Geschichtliches Erbe und kulturelle Tendenz*, Tübingen 1976.

Janik, D., *Stationen der spanischamerikanischen Literatur- und Kulturgeschichte. Der Blick der anderen – der Weg zu sich selbst*, Frankfurt a. M 1992.

Jurt, J., „Entstehung und Entwicklung der LATEINamerika-Idee“, in: *Lendemains* 27/7 (1982), 17–26.

Konetzke, R., „Überseeische Entdeckungen und Eroberungen“, in: *Propyläen Weltgeschichte*, Bd. 6, Frankfurt a. M. 1986, 337 ff.

Konetzke, R., *Süd- und Mittelamerika I. Die Indianerkulturen Altamerikas und die spanisch-portugiesische Kolonialherrschaft*, Fischer Weltgeschichte, Bd. 22, Frankfurt a. M. 1965 (ff.) (zitiert als *FW* I).

Konetzke, R., „Ramón Menéndez Pidal und der Streit um Las Casas“, in: *Romanische Forschungen* 76 (1976), 447–453.

Kristeva, J., «Le mot, le dialogue et le roman», in: J. K., *Semeiotiké. Recherches pour une sémanalyse*, Paris 1969, 143–172.

Lenz, K., „Frontiers und Kulturlandschaften in Nordamerika“, in: W. Reinhard/P. Waldmann (Hrsg.), *Nord und Süd in Amerika. Gegensätze. Gemeinsamkeiten. Europäischer Hintergrund*, Freiburg i. Br. 1992, 129–139.

Lévi-Strauss, C., *Anthropologie structurale*, Paris 1974 (1958).

Lienhard, Martin: «La legitimación indígena en dos novelas centroamericanas: *Balún Canán* (R. Castellanos) y *Hombres de maíz* (M. A. Asturias)», in: S. Yurkievich (Hrsg.), *Identidad cultural de Iberoamérica en su literatura*. Alhambra. Madrid 1986, 265–277.

Lindig, W./M. Münzel, *Indianer. Kulturen und Geschichte der Indianer Nord-, Mittel- und Südamerikas*, München 1976.

Lortz, J., *Geschichte der Kirche in ideengeschichtlicher Betrachtung*, Münster 1964.

Lotman, Ju. M., *Die Struktur literarischer Texte*, München 1972.

Lynch, J., «La formación de estados nuevos», in: *Historia de Iberoamérica*, Tomo III: *Historia contemporánea* (Coordenador: Manuel Lucena Salmoral), Madrid 1988, 131–247.

Madrid, L., «Octavio Paz o la problemática del origen», in: *INTI* 28 (1988), 39–57.

Mann, G./A. Heuß/A. Nitschke (Hrsg.), *Propyläen Weltgeschichte. Eine Universalgeschichte*, Bd. 1–10, Berlin, Frankfurt a. M. 1986 (Erstausgabe 1960–1964) (zitiert als *PW* 1, *PW* 2 etc.).

Martínez Díaz, N., «La revolución mexicana», in: M. Lucena Salmoral (Hrsg.), *Historia de Iberoamericana*, Tomo III: *Historia contemporánea*, Madrid 1988, 521–537.

Martínez Díaz, N., «El federalismo: 1850–1875», in: *Historia de Iberoamérica*, a. a. O., 249–316.

Mejías Alonso, A., «La narrativa de Rosario Castellanos y el indigenismo», in: *Cuadernos Americanos* 260/3 (1985), 206.

Menéndez, Coronel R. F., *Las Conquistas Territoriales Argentinas*, Círculo Militar, Buenos Aires 1982.

Menéndez Pidal, R., *El Padre Las Casas. Su doble personalidad*, Madrid 1963.

Meyer-Minnemann, K., „José Enrique Rodó, *La novela nueva*", in: *Der spanisch-amerikanische Roman des Fin de siècle*, Tübingen 1979, 85–94.

Mignolo, W., «Cartas, crónicas y relaciones del descubrimiento y la conquista», in: L. Íñigo Madrigal (Hrsg.), *Historia de la literatura hispanoamericana*, T. 1: *Época colonial*, Madrid 1982, 57–116.

Milhou, A., „Lateinamerika", in: *Die Geschichte des Christentums. Religion. Politik. Kultur*, Bd. 8: *Die Zeit der Konfessionen (1530–1620/30)*, Freiburg i. Br. 1992, 772–874.

Moraña, M., «José Enrique Rodó», in: L. Íñigo Madrigal (Hrsg.), *Historia de la literatura hispanoamericana*, Tomo 2: *Del neoclasicismo al modernismo*, Madrid 1987, 655–665.

Niedergang, M., *Les 20 Amériques latines*, T. I–III (Points Po 26), Paris 1969 (1062).

Nohlen, D. (Hrsg.), *Lexikon Dritte Welt*, Reinbek bei Hamburg 1989.

Nohlen, D./F. Nuscheler (Hrsg.), *Handbuch der Dritten Welt*, 2. Aufl. Hoffmann und Campe, Hamburg 1982, 3. Aufl. Dietz, Bonn 1992, Bd. 2: *Südamerika*, Bd. 3: *Mittelamerika und Karibik*.

Ossio, A., Juan M. (Hrsg.), *Ideología mesiánica del mundo andino*, Lima 1973.

Pazos, A. M., *La Iglesia en la América del IV Centenario*, Madrid 1992.

Rama, A., «La narrativa en el conflicto de las culturas», in: A. Rouquié (Hrsg.), *Argentina hoy*, Madrid 1982, 249–279.

Rama, A., *Transculturación narrativa en América Latina*, México ³1987.

Reichardt, D. (Hrsg.), *Autorenlexikon Lateinamerika*, Frankfurt a. M. 1992.

Reinhard, W., *Geschichte der europäischen Expansion*, Band 2: *Die Neue Welt*, Stuttgart, Berlin, Köln, Mainz 1985.

Reinhard, W., „Mythen und Antimythen der atlantischen Schicksalsgemeinschaft", in: W. Reinhard/P. Waldmann (Hrsg.), *Nord und Süd in Amerika. Gegensätze – Gemeinsamkeiten – Europäischer Hintergrund*, Freiburg i. Br. 1992, 17–27.

Rela, W. (Hrsg.), *A Bibliographical Guide to Spanish American Literature: Twentieth-Century Sources*. Mit einem Vorwort von David William Foster, New York, Westport, Connecticut, London 1988.

Ritter, J./K. Gründer (Hrsg.), *Historisches Wörterbuch der Philosophie*, Darmstadt 1971 (ff.).

Rock, D., *La Argentina autoritaria. Los nacionalistas, su historia y su influencia en la vida pública*, Buenos Aires ²1993.

Roig, A. A., «Barbarie y feudalismo en las páginas de Facundo», in: *¿Algo más sobre Sarmiento? 1811 – 1888 – 1988*, Universidad Nacional de San Juan, Facultad de Filosofía, Humanidades y Artes, San Juan 1989, 227–268.

Romero, J. L., *Breve historia de la Argentina*, Buenos Aires 1987.

Ruiz Moreno, I. J., «Alberdi y la Constitución», in: J. B. Alberdi: *Bases y puntos de partida para la organización política de la República Argentina*, Vaduz 1978, I–XXIII.

Sack, R. D., *Human Territoriality, its Theory and History*, Cambridge 1986.

Sandner, G./H. A. Steger (Hrsg.), *Fischer Länderkunde. Lateinamerika* (Fischer 6126), Frankfurt a. M. 1973.

Scharlau, B./M. Münzel/K. Garscha (Hrsg.), *Kulturelle Heterogenität in Lateinamerika*. Bibliographie mit Kommentaren, Tübingen 1991.

Siebenmann, G., «*La serpiente de oro*, de Ciro Alegría: novela cholista», in: *Ensayos de literatura hispanoamericana*, Madrid 1988, 158–178.

Siebenmann, G., «Novela y realidad de la revolución mexicana. Reconsideración de *Los de abajo* de Mariano Azuela», in: *Ensayos de literatura hispanoamericana*, Madrid 1988, 318–339.

Todorov, T., *Mikhaïl Bakhtine. Le principe dialogique*, Paris 1981.

Todorov, T., *La conquête de l'Amérique. La question de l'autre*, Paris 1982.

Valcárcel, L. E., *Ruta cultural de Perú*, Lima ³1965 (1945).

Vargas Llosa, M., «Novela primitiva y novela de creación», in: *Revista de la Universidad de México* XXIII/10 (1969).

Verdevoye, P., «Aproximaciones al Lenguaje Porteño de Roberto Arlt», in: Centre de Recherches Latino-Américaines de l'université de Poitiers (Hrsg.), *Seminario sobre Roberto Arlt*, Poitiers 1980, 133–185.

Wentzlaff-Eggebert, H., *Las literaturas hispánicas de vanguardia. Orientación bibliográfica*, Frankfurt a. M. 1991.

Werz, N., *Das neuere politische und sozialwissenschaftliche Denken in Lateinamerika*. Arnold-Bergstraesser-Institut, Freiburg i. Br. 1991.

Werz, N. (Hrsg.), *Handbuch der deutschsprachigen Lateinamerikakunde*, Freiburg i. Br. 1992.

Young, R. A., *El reino de este mundo. Critical Guides to Spanish Texts 34*, London 1983.

Zea, L., «Búsqueda de la identidad latinoamericana», in: *El problema de la identidad latinoamericana*, Universidad Nacional Autónoma de México, 1985, 7–31.

REGISTER*

* Zur Beachtung: Die Seitenzahlen der Registereinträge aus den Anmerkungen beziehen sich auf den laufenden Text.